民间文献研究

郝平◎主编

第一辑

商务印书馆
创于1897　The Commercial Press

图书在版编目（CIP）数据

民间文献研究. 第 1 辑 / 郝平主编. — 北京：商务
印书馆，2024
ISBN 978-7-100-23309-5

Ⅰ.①民… Ⅱ.①郝… Ⅲ.①地方文献—研究—中国
Ⅳ.① G256

中国国家版本馆 CIP 数据核字（2024）第 006555 号

民间文献研究

（第一辑）

郝　平 主编

商　务　印　书　馆　出　版
（北京王府井大街 36 号　邮政编码 100710）
商　务　印　书　馆　发　行
北京顶佳世纪印刷有限公司印刷
ISBN 978-7-100-23309-5

2024 年 4 月第 1 版　　　　开本 787×1092　1/16
2024 年 4 月北京第 1 次印刷　　印张 27

定价：138.00 元

卷首语

　　自 20 世纪初梁启超发出新史学的呼吁以来，中国史学的不断进步有赖于两方面的推动：一是从马克思主义到西方社会科学理论的次第引入，二是新史料的不断挖掘，"上穷碧落下黄泉，动手动脚找材料"成为治史者的基本信条。改革开放以来，"眼光向下"的社会史转型、"走向田野"的人类学取径、"资政育人"的社会服务使命，都驱动着史学研究转向民间社会和民间文献。《民间文献研究》辑刊即在这种背景下应时而生。

　　民间文献是对一种特定类型历史文献的统称，它的制作、形成、使用、传播、保管、复制和转换等生命过程主要是在民间社会的情境之中完成的，它的内容与民间社会或国家在民间社会的在场有关。从生命史的角度关注历史文献与特定历史情境的关系，将历史文献纳入民间社会这一情境中进行考察，这是民间文献概念提出的关键理论视角。新史料呼唤新方法，新史料需要新方法。民间文献不仅是一种历史文献类型，同时体现了一种研究视野、理念和方法，也即"作为方法论的民间文献"。这一概念体现了史学、档案学、文书学、人类学、考古学、社会学、金石学、文献学等多学科视野。《民间文献研究》的办刊主旨即在推动与民间文献相关的理论探索、田野考察、文献搜集、史料整理、研究实践、理念传播和社会服务等各项工作。

　　山西历史悠久，文化传统深厚。由于地处山区，又毗邻唐宋以来历朝国都，凡中原有战乱灾荒发生，山西就成了民众的避风港，也成了历史文化的保留地。特别是北宋南渡之后，北方迭遭兵燹，朝代反复更替，华北平原人口凋零，山西稍显安定。宋代以来，山西的这种区位特征使山西保留了较为丰富的民间文献，形成了以祠庙碑刻和民间文书为主要特色的区域民间文献群。祠庙碑刻展现出了宋代以来华北区域社会的长时段演变，成为中国众多典型区域中别具特色的一个历史样本。民间文书尤以山西商人原始经营文书最具特色，近年来，大量山西商人文书井喷式地出现在文物市场上，各种书信、账簿、清单、契约、单据、规程等文书形成了一幅丰富多彩的文书世界的画卷。这些文书是开展明清社会经济史研究极有价值的重要史料。祠庙碑刻和民间文书构成山西民间文献最具价值的两个亮点。山西大学历史学科历来重视"走向田野与社会"，2016 年又组建了民间文献整理与研究中心，形成了特色鲜明的研究方向。《民间文献研究》辑刊也体现了"扎根田野、立足山西、放眼全国、面向世界"的办刊原则。

与其他成熟的研究领域相比，民间文献这一领域尚处于起步阶段，研究团队、学术规范、基础理论和史料累积均显不足。在当前民间文献研究领域的发展中，亟待解决三个问题。一是理顺民间文献的发布机制，大量民间文献要么"养在深闺人未识"，要么"玉在椟中求善价"，学者往往无缘一见。这就需要处理好收藏家、收藏机构、整理者与研究者之间的关系，建立科学合理的民间文献发布机制。二是在民间文献的搜集、整理和研究过程中，我们深感当前学界还缺乏相关的学术规范，以致连最基本的参考文献标注格式尚付之阙如，这不利于民间文献研究的深入发展。这就需要相关收藏、整理和研究人员通过交流逐步形成共识，建立田野考察、文献保护、文献编目、文献整理、数字化和学术研究等相关学术规范，建立民间文献研究的话语体系。三是专业从事民间文献研究的研究者目前还存在数量少、力量分散、观念分歧、动机复杂等问题，这尤其需要加强相关研究者的交流协作，努力构建和完善民间文献研究的学术共同体。《民间文献研究》的办刊愿景就是成为民间文献刊布的发布平台、促进学术规范共识建立的交流平台和凝聚相关研究力量的协同平台。

"士不可不弘毅，任重而道远"，《民间文献研究》还是一个初生的幼儿，它的成长是办刊者的愿望，更有赖于所有有志于民间文献研究的各界同仁的鼎力支持，以不使后之学者徒唤"文献不足故也"为盼！

目录

专题研究

郝平 **

传统村落历史文献刍议 *

摘 要： 广义上的传统村落历史文献泛指历史文化遗存，包括文字、实物、口传、行为和影音等等各种形式，狭义上则专指经过信息转换后便于收藏保存的相关村落文献，以文字、图形和影音三种形式为主。传统村落历史文献的内容丰富，可分为物理、归户、提要、参考等四类基本信息。作为传统村落学、民间文献学、区域社会史等领域融合发展而来的新研究方向，传统村落历史文献是对民间文献开展区域性综合研究的最小单元，具有重要学术价值。

关键词： 传统村落 历史文献 文献形式 文献内容

一、问题的提出

在现行传统村落调查和立档过程中，申报表除填写村落基本信息外主要包含四个方面的内容：自然遗产、物质文化遗产、非物质文化遗产及历史见证物。[①] 从学理上讲，这些内容大致可以分别归纳为地理、实物、非遗和文献四大要素。这可以说是传统村落保护、利用和研究的四块基石。由于研究对象、视角和方法的差异性，不同学科对传统村落各要素的研究各有侧重。地理学者多聚焦于自然遗产方面，文物和建筑学者更多地关注物质文化遗产，民俗和人类学者对非物质文化遗产更为重视，历史学者则更青睐于历史见证物，也即历史文献。[②] 历史文献视角下的传统村落研究始终是较为薄弱的方面。

在传统史学中，村落这一层级的历史文献并不受重视，官学性质决定了其具有"重中央、略地方、缺基层"的特点，即便是中国发达的地方志传统也主要关注到县一级，府县志对于村落的情况关注寥寥。明清

* 本文系国家社科基金冷门绝学研究专项学术团队项目"太行山传统村落文献的抢救性保护与数字化整理研究"（项目批准号 23VJXTO20）阶段性成果。

** 郝平，山西大学历史文化学院教授。

① 参见冯骥才：《中国传统村落立档调查田野手册》，文化艺术出版社，2014 年。

② 徐鹏：《基于历史文献挖掘的县域乡村历史文化资源研究》，《城市建筑》2021 年第 6 期。

时期兴起的乡镇村志、名山大川志、寺观志则覆盖面较窄，大部分区域仍缺乏翔实的村落历史文献资料记载。而近代以来兴起的田野调查、档案整理等能追溯的历史大多到晚清时期，对于认识传统村落仍显不足。因此，可以说村落及其历史文献研究是传统史学的一个短板，是以往最被忽视的部分。

民间历史文献是当前区域社会史、历史文献领域研究的新趋势。目前民间历史文献研究多重实践而轻理论概括。一方面，民间历史文献首先是对一种特定类型历史文献的统称，它的制作、形成、使用、传播、保存、复制和转换等生命过程主要是在民间社会的情境之中完成的，它的内容与民间社会或国家在民间社会的存在有关。另一方面，民间历史文献体现了一种研究视野、理念和方法，也即作为方法论的民间历史文献概念。① 民间历史文献的搜集多集中在村落之中，可以说，民间历史文献研究自始至终与村落研究紧密联系在一起，但是，囿于史学研究与传统村落保护领域的隔膜，罕有史学研究者从传统村落角度思考民间文献问题。

传统村落历史文献泛指现存于传统村落之中或与传统村落有关的所有历史文献，为了叙述方便，可以简称为"村落文献"。作为民间文献的一种重要类型，村落文献既不是按照物质载体的形式进行分类，也不是按照文献记载的内容进行分类，而是采用以村落这一行政区划为基本单元，将该区域内发现的所有文献纳入其中的分类方式。这就体现了一种非要素化的综合研究取向，对于弥补各种民间文献分类的不足有重要的方法论意义。

传统村落作为开展民间文献综合研究的最小空间单元，对区域内的各类文本材料进行搜集整理的过程本身就蕴含着民间文献整理中非常重要的"归户性"和"完整性"原则，代表了今后该领域的一个新研究趋势。此外，由于这一过程实际也蕴含着对文献内容的整理和形式的转换，因而有必要从形式和内容两方面对其开展研究，本文即是对这一领域的初步尝试。

---

① 民间历史文献研究目前多侧重于实践，概念探讨不多，参见王蕾等著：《民间历史文献整理概论》，广西师范大学出版社，2020年，第4—6页。

二、传统村落历史文献的形式及其转化

文献的含义有广义和狭义之别，广义的文献泛指承载知识的一切形式之信息载体，狭义的文献则特指以记录知识为目的而产生的信息载体。[①] 两者的区别主要是在文献形式方面，广义的文献不局限于任何形式，而狭义的文献更加强调可以脱离信息产生源头、物质载体，而被收藏保管，如图书馆、档案馆等专门机构中收藏、保存的文献。[②] 广义和狭义的文献的含义之别就成了村落文献形式研究的一种思路。

村落文献内容的丰富性决定了其原始信息载体物质形式的多样性，主要包括文字、实物、口传、行为等。在搜集、整理村落文献的过程中，这些多种形式的文献都可以直接进行观察、测量和记录。但在后续整理时，实物、口传、行为等类文献形式，有的无法直接收藏，有的不宜进行收藏，更宜进行原地保护。这时，村落文献通常会以文字、图形或影音的形式进行转换，这类经过转换的文献最终又会进入图书馆、档案馆、资料室、文化馆等专门机构进行收藏保管。上述村落文献搜集、整理、转换、保存的生命过程就蕴含着广义和狭义村落文献的区分。文献学理论与村落文献搜集整理过程殊途同归。因此，下面就结合村落文献的广狭区分和搜集、整理、转换的过程两个视角来探讨村落文献的形式问题。

（一）广义的传统村落历史文献形式

广义的传统村落历史文献泛指现存所有能够反映传统村落信息、体现其价值的信息载体，基本等同于历史文化遗存，是传统村落田野作业的主要对象。

---

① 闫晶:《中国文献学的理论认知研究》，吉林出版集团股份有限公司，2019年，第1—3页。
② 李小贞、宋丽斌、赵毅:《现代馆藏管理与资源建设》，吉林人民出版社，2020年，第34页。

　　传统村落历史文化遗存可以分为物质文化遗存和非物质文化遗存，其中物质文化遗存主要有山脉、水系、植被、道路等自然景观，庙宇、宗祠、古建、民居、古桥、水井、鼓楼、书院、神像、壁画、对联、作坊、香炉、神台、神驾等人文景观，这些遗存主要以实物、文字或图像的形式存在。非物质文化遗存包含传统美术、书法、音乐、舞蹈、戏剧、杂技、传统技艺、传统体育和游艺、民间传说、传统礼仪、岁时节庆、婚丧嫁娶、医药和历法等，它们主要以文字、口述、行为等形态存在。在文献形式层面上，物质文化遗存和非物质文化遗存常常是结合在一起，难以截然分离的。非物质文化遗存主要是依托在传承人身上的活态文化，但也体现在相关的物质性的信息载体之上。

　　在田野作业过程中，广义的村落文献要完成形式的转换。村落文献的形式转化方式如图 1 所示。对于不同类型的村落文献形式采取针对性的转换方式。对于实物形式的遗存，田野作业通过拍照或录像采集信息，并配以相应的文字记录和说明，还需要进行数据测量，重要的实物遗存还需要进行三维扫描以获取更为完整的数据信息。对于文字形式的遗存，不同文字载体要进行区别对待，例如石刻载体可以通过传拓、拍照、三维扫描等方式采集文字信息，原则是尽可能完整清晰地保留原始信息。对于口传形式的文献，调查者主要通过录音录像形式留存影像信息，录音录像信息都要转译为文字信息，以便于后续

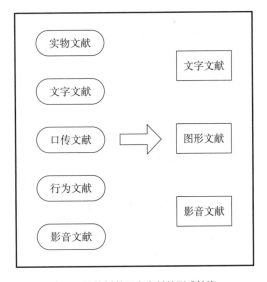

图 1　传统村落历史文献的形式转换

的整理和研究。对于行为形式的遗存，田野作业主要通过录像方式留存影像资料，同时以田野调查日志或记录的方式留存相关文字资料，也需要注意保留相关口述信息。近代以来，随着西方摄像技术传入中国，部分传统村落保留了一些原始的影像形式的历史文化遗存，以照片为主要形式。这些影像形式遗存大多保留在海外，其获取方式主要是文献检索，并且大多需要开展深入的考证，以辨明其具体信息。此外，为了对调查区域和对象有更直观的了解，有时还需对村落地形地貌或庙宇等遗存物进行平面图、立体图、线绘图等图形图像绘制工作，这些虽然不是传统村落的原始文献，也属于广义上的传统村落历史文献。经过上述文献形式的转换，广义的村落文献就转换为狭义的村落文献。田野作业是进行这种文献转化的最主要的研究方法和技术手段。

（二）狭义的传统村落历史文献形式

狭义的传统村落历史文献可以是历史文化遗存，但主要是在广义的村落历史文献基础上转换而来的文献形式，主要可以分为文字文献、图形文献、影音文献三类。这三者之间没有绝对的界限，常常共存于同一物质载体之上。例如，在田野过程中，无论是纸质还是其他实物上记载的文字文献都需要通过拍照、扫描或影印的方式转换成图形或影像文献，以充分保留其信息。

依照物质载体的不同，文字文献主要包括纸质文献和石刻文献，在实际的田野作业中，我们还会遇到布质、木质、砖雕等其他类型的载体。纸质文献通常指的是各类文书，如族谱、契约、书信、账簿、日记、诉讼文书、剧本、唱本、宗教科仪书、日用类书等，这些文书通常以单页或簿册的形式存在。常见的石刻文献包括墓志铭、买地券、庙宇碑刻、楹联石刻、石窟石刻、石刻牌匾、石刻题记、各种石雕刻字等类型。此外，跟村落相关的地方志、调查报告、村庄档案等与传统村落有关的文献也属于文字文献。

图形文献可以分为两类。一种是对村落历史文化遗存中图形的记录，庙宇和古建的纹饰图案、碑刻和壁画的图像记录、纸质文本中关于舞蹈、动作、竞技、戏曲等的图像描绘等都属于此类。这些都是对于传统村落历史文化遗存固有的图形信息的转换。另一种是利用现代技术对传统村落基本信息进行记录的结果，如村落地形的平面图、高程图等测绘图样、对建筑物的素描图像等。这些是以图形形式对传统村落信息进行的整理和加工。

影音文献主要指传统村落调查过程中产生的照片、录音和视频文献。从民国时期开始，以照片为主要形式的村落相关影音文献已经存在，这些照片大部分为当时旅居国内的外国人拍摄，目前多收藏于国外大学、图书馆和档案馆中。新中国成立后，我国对传统村落遗存也进行了大量影音拍摄，如传统节日、宗教祭祀、民俗活动等的纪录片拍摄都属于此类。

狭义的村落文献均可以在博物馆、文化馆、档案馆、资料室、图书馆等文献收藏保管机构中进行收藏、保管和储存。传统村落的历史文化遗存应该尽可能地遵循"原地保管保护"原则，以保留其信息的完整性。

三、传统村落历史文献的内容

村落文献除形式外，还需注意其内容。通常而言，村落文献的内容是通过不同形式综合展现的，如村落中庙宇完整信息的呈现既有文字形式，也有实体和图像形式，甚至在搜集其信息时还会通过绘图、拍照等形式进行记录。在田野作业中，尤其要注意不同载体文献共同辅助表现传统村落的内容。由于不同类型文献的内容差异较大，此处首先以碑刻为例对村落文献内容的特点进行概述，然后对村落文献的一般情况进行总结。

（一）碑刻内容的范例

碑刻是传统村落中最为常见的文献类型之一，从原始载体看其属于实物文献中的石刻类。田野作业对碑刻进行处理的过程中，对其进行拍照后就转换成了影音文献中的照片文献，将其内容进行抄录或拓印后就成为兼具图形和文字的文献类型（有些碑刻的内容本身就是图形）。因此，碑刻可以转换成不同类型、不同载体形式的村落文献。具体而言，碑刻中反映的内容信息有：

1. 物理信息。碑刻原石本身是存在于时空中的实体，具备材质、形制和尺寸信息等物理属性。碑刻的材质有青石、砂石等多种类型，形制包括笏首方趺、圭首方趺、螭首龟趺等不同形状，尺寸则需要通过实际测量来获取长、宽、高等具体信息。这些物理信息本身是碑刻这类历史文化遗存实物属性的体现，当它被记录下来时就转换成了文字文献。

2. 环境信息。碑碣存在于传统村落具体的环境中，包括庙宇、祠堂、墓地、民居、路、桥、井、古树等周围，这些环境包含着解读碑刻的重要信息。因此田野作业过程中需遵循"原始保存"原则，尽量不挪动这些碑刻所在的位置，同时对与其同处一地的碑刻、题字等其他文献进行信息采集，这些都可以作为解读碑刻的重要参考。

3. 历史信息。这是针对那些已经和原始环境发生过分离的碑碣而言的，指碑刻在历史时期的位置移动、破坏或修复等相关历史信息。碑刻原来的具体位置、发现经过、保存过程等往往蕴含着这些历史信息，这些信息也是解读碑刻的重要参照。由于碑刻是一种不太容易移动的实物类文献，因此其历史信息相对简单，不似契约文书等流向市场后的变动复杂。一般而言，这些历史信息虽然也可以通过检索文献获取，但更多需从当地民众中的采访获取，因此历史信息实际上也是口传文献的一部分。

4. 归户信息。归户是对碑刻产生或曾经保存的地点或机构如区域、村庄、家族、家庭、个人、商号、庙宇、会社等进行判断和归属的过程。传统村落中碑刻文献的归户一般归到庙宇、村庄和区域等。由于碑刻的所有主体可能发生改变，因此归户信息也存在历史变动。此处所指的归户信息特指田野调查时的归户情况，这也体现了田野作业中"归户性"的方法论原则。

5. 文字信息。碑文是碑刻最重要的信息，也是整理的主要目标。碑文信息主要有：碑阳首题、碑阳碑首额题、碑阳纪年、碑阴首题、碑阴碑首额题、碑阴纪年、其他特殊位置（如侧面和底座等）的碑文情况等。碑文通常还包括语种、书体、铭文行款等描述性的信息。碑文的整理依照碑刻具体情形可以采取普通格式、逐行整理格式和原格式等三种方式。其中，普通格式的技术要求低且排版简单，能够满足大部分普通场景的需求；逐行整理格式适用于碑文无法连缀起来的断残碑刻；原格式整理充分保留了碑文的格式信息，适用于对碑刻题名的整理。

6. 图案和格式信息。碑碣上除文字信息外还有部分非文字信息，主要指图案和格式。图案信息常见于碑首和碑刻边缘的装饰性线刻绘画，这些图案除本身的美术史价值外，也具有一定的社会经济史价值，研究者可以根据这些图案来分析区域间审美习俗的相互关系。此外，碑文中偶尔还会出现印章这一图文结合的特殊符号，碑文的字体或书法也可以视为一种图案信息。格式信息主要有两种，一种是在叙述中因尊重或自谦而改变格式，如对神灵或帝王的名讳进行空格、换行等处理，另一种是对捐款提名中出现的地点、个人、商号名称、捐款数额、货币单位等信息的整理。图案和格式信息都可以通过拓片、线绘图、文字整理等形式进行记录。

7. 保存状况信息。碑刻保存状况主要分为物理保存状况和碑文保存状况两部分，指的是碑刻在长期存世过程中经历风蚀、水淹、火烧、掩埋、遮掩等导致损毁、漫漶或残断的情形，对于这些保存状况也需进行记录。这类似于文物品相的定级和描述，需要制定相关评定标准。

8. 碑刻处理的信息。指的是对碑刻进行挖掘、清洗、拍照、拓印、抄录等行为的记录。田野作业中对碑刻的每一次调查、搜集和记录的过程都会形成后续调查者需要了解的历史信息，因此要注重此类信息的记录。

9. 参考文献信息。有些碑刻在被挖掘、整理前已被收录到其他文献记录中，可以通过检索获取，这些信息是认识碑刻的重要参考文献。由于许多碑刻并未收录到正规出版物中，无法通过正规发行渠道获取，因此在田野作业中也应注意此类文献的搜集。

10. 索引信息。主要包括碑刻编号、碑刻定名及文献识别号等，这类信息的主要功能是方便对相关碑刻进行检索。

（二）传统村落历史文献的内容类型

将上文所列碑刻的十种内容信息进一步归纳，可以概括为四种类型：一是物理信息，指的是碑刻原石作为实物的信息和数据；二是归户信息，包括所在位置、环境与历史变迁信息；三是文化信息，包括文字、图案和格式等信息；四是参考信息，包括保存状况、处理方式、参考文献、索引等信息。

作为村落文献中极具典型意义的一类文献，碑刻信息内容的类型区分对于其他村落文献也是适用的。这种分类具有普遍意义，对其归纳可得表1。

表1 传统村落历史文献的内容一览表

序号	类型	碑刻示例	特征
1	物理信息	作为实物的信息和数据	传统村落历史文献物质载体本身的物理属性
2	归户信息	所在位置、环境与历史变迁信息	历史时期与传统村落历史文献有关的归户主体的信息
3	文化信息	文字、图案和格式等信息	文献信息内容的全部或摘要，充分地体现文献蕴含的价值
4	参考信息	保存状况、处理方式、参考文献、索引等信息	与文献有关的其他辅助信息，对文献搜集、整理和研究本身的记录

物理信息主要是指村落文献物质载体本身的物理属性。由于传统村落历史文献不仅仅是传统村落的研究机构或文献收藏机构所收藏的文献（狭义的村落文献），还包括传统村落现存的各种形态的历史文化遗存（广义的村落文献）。从这个角度来说，传统村落历史文献具有两重性：一方面是与历史文化遗存不能分离的、固化在遗存本体中的信息，另一方面是与历史文化遗存本体可以分离、转换的信息。这就是物理信息和文化信息的区分。不同类型的村落文献的物理信息有较大差异。绝大部分的村落文献尚未完成文献的转化，尚未成为传统史学中已经整理好的文献。换言之，村落文献很大程度上还依托于一定的物质载体，还保留着其作为物的基本属性。这些文献可以通过一定的技术手段转换为文字、图形或影音的形式，以另外的物质载体的形式呈现出来，这也体现了前述广义与狭义文献的区别。但是，有些村落文献的实物已经不存，只保留下来相关文献记载，例如各种地方志、文集、资料集、照片和录像等文字、影像资料。这些文献的物质载体形式已经与内容发生了

分离。前一类主要依靠田野调查来发现，后一类则主要靠传统的文献检索。对于后一类村落文献来说，物理信息的意义就不是特别重要，追本溯源考证史源的归户信息才显得更为重要。

归户信息是历史时期与村落文献有关的归户主体的信息。村落文献总是存在于某一具体环境，并由该环境中的人类活动产生，因此在文献整理时需要格外注重其与传统村落间的关联性，即强调其归户信息，这体现了从传统村落看待文献的研究视野。归户信息的意义在于将具体文献放置在一个普遍的、整体的结构之中，明确文献所在的位置，进而将同一区域中不同类型的文献进行整合处理，从而增进对传统村落的认识。有些村落文献已经流散到了村落之外，流入文物市场、博物馆、档案馆或海外，脱离了村落的环境，归户信息显得尤其重要。村落文献不仅包括对村落中原始历史文化遗存的收集整理，同时也应包含脱离原始环境的文献在收藏机构中的情况整理。对于不同物理载体形式的村落文献来说，情况也有所不同。在当前文物工作中，通常会用不可移动文物和可移动文物来进行区分。如建筑无法脱离传统村落而被收藏，通常被归类为不可移动文物。这类村落文献的归户信息较容易进行著录。再如，契约文书类的遗存就很容易脱离传统村落而流散到收藏者或机构手中，这种类型通常归类为可移动文物。对于这一类情况，归户信息既包括原始的收藏保管情况，也包括其从流入市场到最终进入收藏机构的完整流转情况，这些都属于归户信息，都需要进行记录。简言之，归户信息与村落文献流转的整个生命过程都有关系，具有时间序列的结构。

与物理信息相对，任何村落文献都承载着特定的文化信息，这些文化信息是可以脱离其原始的物质载体被记录、整理和保存的。文化信息的著录形式既可以是完整的，也可以是提要式的。记录完整的文化信息是村落文献整理的主要目的，也常常是传统村落田野作业的基本目的，即史料的获取。提要式的文化信息包括文献的摘要和关键词等方便检索的信息，主要是用于完成文献的数据化、提取元数据、建立数据库、方便进行文献检索。不同类型的村落文献的文化信息常常差异很大。对于包含文字的村落文献，文化信息可以以文字的形式整理，包括了文字内容、书体、格式等信息。对于包含图形（如纹饰）的村落文献，文化信息主要是以图形的形式进行整理的，包含其大小、形状、相对位置等信息。对于包含语音、图像的村落文献，文化信息则以影像形式整理。对于不包含特定文字、图形和其他信息的纯粹实物文献，其文化信息就很有限，主要是物理信息。

参考信息是与村落文献相关的各种保存状况、处理方式、保管方式、参考文献等。传统村落研究者对自己研究过程的记录也属于参考文献。参考文献主要是对村落文献进行搜集、保护、利用、整理、转换和研究过程本身的记录。所有这些活动都不仅仅是以村落文献为对象的，同时也增加了村落文献的容量。村落文献的容量是不断发展的，并非一成不变的。参考文献对于后续研究者非常重要，是为了开展后续研究而有意识记录的辅助性质的信息。

总之，村落文献的内容信息主要包括以上四个主要部分，也可以视作四大基本类型。无论是何种形式和内容的村落文献，这一概括基本是适用的。

（三）传统村落历史文献内容的性质

传统村落历史文献的上述四种类型信息又可以从两个角度进行进一步的区分，这既能明确这些类型村落文献内容的性质，又能体现出传统村落历史文献内容的内在逻辑结构。

从与历史文化遗存本体的关系来说，这四种类型信息可分为两大类：本体信息和附加信息。村落文献并不仅仅指历史文化遗存本身所包含的信息，也包括与这些历史文化遗存有关的其他情境性的信息，这两类信息内容构成一个整体。前者即本体信息，后者即附加信息。物理信息和文化信息是历史文化遗存本身承载的信息，也即本体信息，它们分别记录了文献的物理载体和文化内容。不同物质载体有不同的物理信息种类，如纸质、石刻等，它们的具体表现形式不同，但其性质都是历史文化遗存的物质载体。物理信息通常是不能脱离村落文献的实物而存在的。文化信息则记录了历史文化遗存所承载的各种文字、图形、语音、影像等内容，这些内容可以与其物质载体相分离——可以通过田野作业等方法完成信息载体的转换过程。物理信息和文化信息相互结合，构成了完整的村落文献的本体信息。它们依附于村落文献本体，通常是不会改变的，除非文献本身被损毁或篡改，文化信息较容易转换载体，物理信息则较难转换。相反的，归户信息和参考信息则属于文献的附加信息，不是文献本身的信息，是与文献有关的主体的信息。这里的主体既可以是个人，也可以是家族、社区、社团、企业，甚至可以是村落、地区等社会地理概念，两者的区别主要在于时间先后的差异。归户信息是历史时期与传统村落历史文献有关的主体的信息，也就是归户主体；参考信息则是与当代村落文献的收藏研究者这一主体有关的信息，也就是收藏研究主体。

从所承载信息可转化的情况而言，前述四种村落文献的信息内容也可以分为两类。物理信息和归户信息属于村落文献的固化信息，即不容易发生转化。物理信息不能转化的原因主要是其物质载体具有唯一性，即便是使用现代的高仿复制技术，复制品通常也不能完全复制物质载体的全部物理化学性质。物理信息是固化在村落文献的物质载体中的信息。归户信息是和村落文献归户主体有关的信息，归户主体是客观的历史事实，历史上的归户主体是不可能在当代增加和转化的，即便考虑到不断发展的历史考证，也不能改变作为历史事实的归户主体不可改变的性质。历史考证的演变只是参考信息，而不属于归户信息。归户信息是固化在归户主体之中的信息。物理信息和归户信息都是固化在村落文献本身之中的信息，它们通常不能被转化、添加和丰富。文化信息和参考信息对应于文献中能够进行转化的信息，即可转化信息。从文献本身来说，文化信息是文献脱离其原有物质载体之后被记录下来的主要内容，它的转化方式主要是转变其承载的物质载体，使之更容易被收藏和保管。从文献的收藏研究者角度来说，参考信息也是可转化的。通过文物市场交易、文物征集等活动，文物收藏者可以不断发生改变。随着传统村落研究越来越受到关注，越来越多不同学科的研究者会加入村落文献研究之中，社会力量也会越来越多地参与其中。村落文献的收藏研究主体是不断变化和丰富的。参考文献通常是通过不断增补的方式来完成转化的。在传统村落的田野作业中，固化信息只能进行记录，文化信息则可以在记录的同时完成转化，转变其物质载体之后进行收藏和保管，参考信息则在收藏和研究过程中不断增加和丰富。

表 2　传统村落历史文献各种类型内容的性质表

内容类型	与遗存本体的关系	信息可转化情况
物理信息	本体信息（形式）	固化信息（固化在物质载体中）
归户信息	附加信息（历史归户主体）	固化信息（固化在归户主体中）
文化信息	本体信息（内容）	可转化信息（转化方式为改变载体）
参考信息	附加信息（当代收藏研究主体）	可转化信息（转化方式为不断增补）

由于传统村落历史文献的复杂性，以上这种概括不是非常严格，但大体反映了传统村落历史文献的内在逻辑结构。

四、结论

传统村落历史文献作为传统村落的四大要素之一，是以往研究中较为薄弱的一个环节。本文主要从形式和内容两个方面对传统村落历史文献做了初步探索，得到的初步结论如下：

广义的村落文献等同于村落历史文化遗存，依照原始保存形式，可以分为文字、实物、口传、行为和影音文献等类型。在传统村落田野作业的过程中，这些原始的村落文献可以通过抄录、测绘、拍摄、拓印、录制等形式转换为文字、图形和影音三类文献，从而转变为收藏和研究机构便于保存和管理的文献形式，这一过程实际对应于村落文献从广义到狭义的转变过程，即传统村落历史文献形式转换的过程。

村落文献的内容可以区分为物理信息、归户信息、文化信息和参考信息等四类。这四类信息分别反映了村落文献的物质载体、所有者归属、文化内容、与之相关的辅助信息。这种分类同时也反映了研究者对村落文献进行搜集、整理与研究的路径。物理信息与文化信息是形式和内容两方面的历史文化遗存本体的信息，归户信息和参考信息是历史时期相关归户主体和当代收藏研究主体的信息。物理信息和归户信息是固化在传统村落历史文化遗存之中的固化信息，只能记录，不能转化。文化信息是可以改变载体完成转化的信息，参考信息是可以通过研究的深入而不断增补的信息。

作为民间历史文献的一种重要类型，村落构成了从空间上整合各类民间文献开展综合研究的最小单元，能够尽可能地保存文献完整面貌，并为文献归户和利用提供便利，因而具有广阔的研究前景。

中国古代的民间规约与社会秩序

卞利*

摘　要：本文从民间文献、民间规约暨民间规约概念界定、类型特点及其功能与作用等视角，对中国古代民间规约做了系统分析与深入探讨。中国古代民间规约内容丰富，类型繁多，形式多样，举凡村规民约，宗族规约，会社规约，会馆、公所暨行业类规约，寺庙官观等宗教设施管理类规约，以及日常暨社会生活类规约，可谓是应有尽有。在"遵国法"，即不违背国家法律的条件下，各类民间规约与国家法律及地方法规一道，彼此渗透，互相配合，良性互动，共同维护了中国古代的社会秩序与社会稳定，是国家法律的必要补充和自然延伸，是中国古代基层社会与组织极为重要的治理方式和手段之一。

关键词：中国古代　民间规约　国家法律　社会秩序

"官有正条，各宜遵守；民有私约，各依规矩。"① 先秦萌芽、秦汉魏晋南北朝初步发展、隋唐定型、宋元至明清成熟完善、明清时期达到鼎盛、近代开始转型的中国古代民间规约，广泛地存在和深深地植根于中国传统社会之中，并与国家法律及地方法规相共与存，互为补充，彼此互动，共同维持着国家机器的正常运转和社会经济的有序发展。正如马克斯·韦伯在《社会学的基本概念》一书中所云："一种导引管理组织行动的秩序，可称作'行政秩序'（Verwal-tungsordnung）。而一种规范约束其他的社会行动，并保证行动者享有由此一规则所开启的机会的秩序，则称为'规约式秩序'（Regu-lierungsordnung）。"②

下面，我们充分利用大量丰富而翔实的中国古代各类民间规约文献，对"民间文献""民间规约文献"和"民间规约"概念的内涵与类型进行梳理与界定，并着重就中国古代民间规约的起源、发展及其演变过程，中国古代民间规约的功能与作用，以及民间规约与国家法律、地

---

* 卞利，南开大学中国社会史研究中心暨历史学院教授。

① 《清道光十八年仲秋月安徽省祁门县滩下村永禁碑》，原碑现立于安徽省祁门县渚口乡滩下村内路旁。

② 〔德〕马克斯·韦伯：《社会学的基本概念》，顾忠华译，广西师范大学出版社，2005年，第69页。

方法规之间复杂互动关系，中国古代民间规约与社会秩序等问题，进行说明、分析和论述，以就教于方家贤达。

一、民间文献、民间规约文献及中国古代
民间规约的概念与类型

（一）民间文献、民间规约文献及民间规约概念的界定

"民间"是相对于"官方"而言的。

民间文献是指来自民间并记载民间日常生产与生活事项的文献。民间历史文献则是历史上民众日常生产与生活中形成和使用的文字记录及文献资料。

民间规约文献，首先是指来自民间文献中记录的各类规约，但民间规约文献并不仅仅局限于民间文献或民间历史文献中记录的规约文献，而是既包括民间文献或民间历史文献中记录的规约，如族谱中的祖训、家训、家规、族规、祠规、家法、族约、宗约和会社规约等，独立成册的民间规约文献如北齐颜之推所撰的《颜氏家训》，以及散件类合同规约文书和金石碑铭等。同时也包括官方文献或官方历史文献中记载和收录的民间规约，诸如各类名人文集、方志中收录的民间规约，这类民间规约，若吕维祺《明德先生文集》中的《伊洛会约》、康熙《永丰县志》中的《永丰乡约》等皆是。

无论是纸质文献，还是金石碑铭类文献，其中记载或收录的民间规约文献，我们一概称之为"民间规约文献"。就此而言，中国古代民间规约并不仅仅局限于诸如族谱、宗教和民间信仰科仪书，部分民间碑铭等中国古代不同时期纯粹的民间文献——历代名人文集、方志等非民间文献，其中所收录的宗族、会社、会馆、行业公所和善堂、善会规约、宗教暨民间信仰规约、村规民约等各类民间规约者——皆称之为民间规约文献。

何谓民间规约？或者说民间规约概念的内涵和外延是什么？从字面上看，民间规约中的"民间"主要是相对于"官方"而言，它是指

某一特定地域、组织或人群，根据当地风土民情和社会生产与生活习惯，共同商议制定，并在一定时间和空间范围内共同遵守的自我管理、自我服务、自我约束之共同规则或约定。民间规约又是由"规"和"约"两部分构成的，"规"指的是某一地域、组织或人群共同制定和遵守的规则、规矩与规范，其所维护的是一定范围内地域、组织和人群的整体利益，具有相对稳定性、原则性、权威性、整体性和针对性等特征；而"约"则是部分地域、组织或人群为某一特定事项而共同发起、商议、签署和制定，并为某一特定地域、组织或人群共同约定条约或文约，其所规范的是某一特定地域、某一组织或特定人群的公共利益而非私人利益。在特定时间和空间背景下，"约"是"规"的具体化，或者说"约"是在"规"的指导下，因时、因地、因人、因事而发起、制定与签署或达成的某种约定。

需要特别强调的是，作为某一特定地域、组织或人群推举或公认的精英人物，其个人所倡导、撰写和制定的非官方规约文献，亦属民间规约文献范畴，如明正德十二年（1517）湛若水手订的广东增城县《大科书院训规》①、清康熙年间李光地为家乡福建安溪县湖头村制定的《同里公约》②和李氏宗族的《本族公约》③等，显然皆应归入民间规约文献范畴。

此外，中国古代还有大量民间口述及约定俗成的"乡例""俗例""定规"等民间规约，尽管未能行诸文字，但显然亦属于民间规约文献范畴。

（二）中国古代民间规约与官方规约的区别与联系

民间规约与官方规约之间，有着相对较为明晰的界限与各自不同的特征和功能，且彼此分工明确，这就是所谓的"朝廷有法律，乡党有禁条。法律维持天下，禁约严束一方"④，"体律例以著家规，盖国法以绳

---

① 湛若水：《湛甘泉先生文集》卷6《大科训规》，清康熙二十年（1681）黄楷刻本。
② 李光地：《榕村别集》卷5《同里公约》，清乾隆刻本。
③ 李光地：《榕村别集》卷5《本族公约》，清乾隆刻本。
④ 《清康熙五十三年八月云南昆明县小麻苴彝族村乡规碑》，原碑现存云南省昆明市官渡区阿拉彝族乡小麻苴村龙树庵中殿墙上，转引自倪根金辑：《中国古代护林碑刻辑存》，凤凰出版社，2018年，第88页。

黎庶，家规以训子孙，诚能恪守家规，则于国不失为良民，于家不失为肖子，承先裕后，将见此无艾矣。"[①]但有时两者界限又十分模糊，难以分清，即就地方官府经常使用的"告示""示谕"之类的公务文书而言，有些看似纯粹的官方文献，但其中确有不少是地方官府应民间请求事项而专门制作、颁发与施行的。中国古代地方告示类规约文献原件现存较多的徽州府暨府属各县，其中不少告示是专门应所在府、县之地方宗族或乡里等组织暨人员等请求而制作、颁发与施行，并非全府、全县的普发性公务文书。所幸清代徽州府暨府属各县部分官府告示，与民间请求官府颁发告示的文稿原件一并遗存至今，从而为我们理解和分析民间规约与官方告示之间的关系，提供了极具说服力的第一手资料。如雍正九年（1731）九月三十日安徽祁门县知县于凝祺颁发的《严禁强捕版潭河河鱼告示》，是应居住在该县十三都版潭河村康、凌两姓的请求而制作与颁行的。其内容如下：

祁门县正堂加三级于［凝祺］为恳宪赏示、剪棍强捕、裕课正业事。据康兼伯等具禀前事，词称：身等祖居南乡十三都地方，住屋门前土名版潭河，系身等康、凌两姓陞科供税，系律字一千九十三号，计河税一亩，鳞册载明四至，向系本地渔户交租，上供国赋，下资民生。近因以来，塞遭罡棍胡惟光等一党不法凶徒日驾鸭船，成群结党，强捕河鱼，恣横行凶，无敢理阻，以致河穷鱼少，户不肯交租，坑累身等河税虚供。幸际宪天福星荣任，百度维新，情急号究，剪棍杜害。金批："是否官河，抑系康协诚、凌务衍陞科之业？着约保同公正确查禀覆，并赍鳞册验夺。"乡约康诚一、公正康万全、保长胡雷以奉批查明，赍册呈验事。金批："既系康、凌二姓陞科之业，胡惟光等何得捏词诳渎？殊属刁健，本即重处，姑念无知，宽免销案可也。"事关承丈税河，荷蒙天断，明烛万里。无如棍徒悫不畏法，更横强捕，擅捉河鱼，累税虚供，不叩赏示严禁，民业莫保。似此不法，烹国屠民，莫此为甚。为此公吁，伏乞宪天作主，厘奸剔弊，兴利除害，恩准给示，严禁杜棍，毋容强捕擅捉河鱼，得蓄取租，以济税赋，公私两感，顶恩上禀等情。据

---

① 同治《松阳赖氏宗谱》卷1《家规》，清同治八年（1869）木活字本。

此，合行出示严禁。为此，示仰版潭河地方保甲、居民人等知悉：倘后遇不法鸭船入境强捕河鱼者，许即立拿赴县，以凭大法究处。各宜凛遵毋违。特示。

雍正九年九月卅日示。

仰①

上文所录之文字，即系该告示原文。与这张钤有祁门县满汉合璧朱印告示同时遗存至今的，还有 36 件（含册籍与散件文书）明清至民国时期祁门县十三都版潭河村康氏宗族文书。在遗存的 36 件文书中，我们意外发现了雍正八年（1730）二月十五日康、凌二姓公同商议制定的《束心合同文约》。经文字仔细比对和文本分析后，我们推测，该件《束心合同文约》极有可能系提供给祁门知县于凝祺用于批示的合同文约原稿。现谨将该《束心合同文约》内容照录于下：

立复申饬束心合同文约康协和、凌务本、康诚一、康衍庆、余永升，原有承祖版潭税河一号，计高地四百步正，康得二股，凌得一股，鳞册炳据，向取鱼租以供国课，历有年矣。近有不法鱼船，纵放鸬鹚，恃强盗取，坑身国课虚纳，是以目击心伤。于是，三门合众佥议，写立合同，出备费用，请示勒石严禁，长养河鱼，庶河税可保而国课可供矣。自立合文之后，每逢秋、冬，租与约内之人，递年定议租鱼壹百觔正，三门照股份相分无词。或租与客姓鱼船，须要三门眼同出租，不得私议。倘有不法之徒恃强硬取，以致口角，所有费用，亦要同心照股均出，不得退缩，累及出身之人。如有梗顽不出费者，其鱼租永远不许收取。凡出身经事者，亦不得徇私肥己。如有等情，查出见一罚十，共立合文三纸，各执一纸，永远存照。

再批：所有本都三保土名石迹源各处山场，同日严禁、长养。照。

再有金竹洲树木，系康协和、凌务本二家命脉，毋许盗砍。如有犯者，公罚无词。照。

---

① 《清雍正九年九月三十日安徽祁门县严禁强捕版潭河河鱼告示》，原件藏安徽大学徽学研究中心特藏室。

雍正八年二月十五日，立复申饬束心合同文约人康协和

万铨　肇佐　熊兄弟　肇侑　杨光

凌务本　经手凌必选　万全

康诚一　经手康日宣

康衍庆　经手康心瞀

余永升　经手余锅[①]

这件由雍正八年（1730）二月十五日祁门县十三都版潭河村康协和堂、凌务本堂等祠堂康、凌二姓众人，外加聚居于此的余永升祠堂众人，共同商议、经手起草和订立的《束心合同文约》，明确提出了"三门合众佥议，写立合同，出备费用，请示勒石严禁"的主张。而上一件雍正九年（1731）九月三十日祁门县知县于凝祺颁布的《严禁强捕版潭河河鱼告示》，显然是在雍正八年二月十五日由祁门县版潭河村康协和、凌务本、余永升等祠堂名下康、凌三姓众人订立的《束心合同文约》向其请求颁发告示并勒诸贞珉的情况下制作颁发的，可能系余姓宗族规模较小，在于凝祺正式颁布的告示中，仅出现康、凌二姓而已。就这一视角和问题而言，民间规约与地方官府规约之间，并无不可逾越的实质性界限与区别，只是出于增强其合法性、权威性与震慑性的需要，康、凌二姓才联合向祁门知县于凝祺呈文，恳求以祁门县知县和祁门县官方名义批准并颁发告示，这种行为恰恰表明了民间与地方官府之间保持着沟通与互动关系。就此而言，诸如全国各地的谱牒文献中，大量收录所在地方官府关于保护本宗族祖坟暨田产等的告示类规约，表面上看，似乎是属于官方告示，其实更应被视为民间规约。忽视民间规约这一重要特征和属性，无视民间社会群体同所在地方官府暨主要官员的彼此互动，狭义地理解民间规约中的"民间"概念，显然是不妥甚至是错误的。

（三）中国古代民间规约的类型划分

中国古代民间规约内容丰富，类型复杂，形式多样。尽管学术界对

---

① 《清雍正八年二月十五日安徽祁门县康协和、凌务本等立复申饬束心合同文约》，原件藏安徽大学徽学研究中心特藏室。

民间规约类型的划分，因论者所依据的原则与标准，以及所持立场和视角不同而略有分歧，[①] 但若就民间规约的内容而言，我们以为，中国古代民间规约可以划分为以下几种不同类型：

第一，村规民约。"国有律法，民有乡规"[②]，村规民约通常也被称为"乡规民约"（但并不完全等同于"乡规民约"，从中国古代历朝乡村基层组织来看，"乡"与"村"的空间地域范围和边界差异很大。因此，若就其准确性和基本内涵而言，我们更倾向于以"村规民约"取代"乡规民约"的称呼）。特别是在以农耕为主、自给自足的中国古代帝制地主制社会中，村规民约在类型繁多、内容丰富和形式复杂的中国古代民间规约中，占据着主导性和支配性地位，堪称中国古代民间规约的主体。那么，什么是村规民约？"村规"与"民约"之间有无界限与区别？若有，其界限与区别何在？两者之间的关系又是如何呢？根据对中国古代村规民约存在形态的分析，我们认为：村规民约是指在某一个或数个特定村落地域范围内，按照当地经济、社会、教育与文化、风土民情和习惯，由某一个或数个村落组织、人群共同协商制定，某一共同地域、组织或人群在特定时间内共同遵守的自我管理、自我服务、自我约束的共同规则或约定。村规民约由"村规"与"民约"两部分组成，这里所指的"民约"，既不是"民间规约"的简称，也不是私人约定的"私约"，而是村民之间共同遵守的公共"规则"或"约定"，即"公约"。根据这一界定，我们可将村规民约依次划分为综合类、生产类和生活类三种类型。若依据具体内容划分的话，中国古代的村规民约又可细分为乡约暨保甲规约，综合性、专门性村规民约暨乡村禁约，义庄、义田、族田、义仓、社仓、村族公益、慈善暨救助规约，乡村生态环境暨维护乡村经济秩序规约，乡村赋税、差役、财

[①] 参见刘笃才、祖伟：《民间规约与中国古代法律秩序》，社会科学文献出版社，2014年；卞利：《国家与社会的冲突和整合——论明清民事法律规范的调整与农村基层社会的稳定》，中国政法大学出版社，2008年；卞利：《明清徽州社会研究》，安徽大学出版社，2004年。

[②] 《清嘉庆十四年三月云南呈贡县大王家营等七村乡规民约碑》，转引自倪根金辑：《中国古代护林碑刻辑存》上册，凤凰出版社，2018年，第255页。

产管理暨纠纷处置规约，以及坟茔规约、乡村治安、劝世暨社会教化类规约等类型。

第二，宗族规约。宗族规约的范围相对较广，是指某一地域以男性血缘关系为纽带所组成的宗族组织或人群，在特定的时间与空间范围内，按照当地风俗习惯与本宗族的实际，由宗族内的头面人物即族内精英共同倡议发起、协商制定，该宗族组织或人群在一定时间和范围内共同遵守的自我管理、自我服务和自我约束的共同规则与约定。在长期的历史和社会实践中，中国古代社会的不同时期，特别是在北齐颜之推撰著《颜氏家训》之后，各地宗族先后制定、形成了一整套包括祖训、家训、庭训、遗训、家规、宗规、族规、祠规、家法、家典、家政、家教、公同公约、专门条例，甚至宗族谱牒的纂修《凡例》即谱规谱例等在内的宗族规约。这种以民间成文法形式而出现和存在的家族规约，对某一特定聚落中具有血缘关系的同姓宗族成员群体行为和观念具有较强的约束力，所谓"乡先生患其家之不齐也，因立规以齐之。规者，为圜之器，借治物以治人，于物则为圜，于人则为正。言规而矩，绳墨在其中"[1]，"约者，约以改恶从善，令知其不得不然"[2]。一旦受规约规范和约束的宗族成员触犯或违反该宗族规约，即会遭到宗族的各种处罚，严重的甚至会被处以极刑，即剥夺生命（尽管剥夺族人生命的宗族规约或规条严重违犯国家法律，但在中国古代民间宗族聚居的社会中，尤其在相对偏僻闭塞的强宗大族聚居之区，这种宗族规约确有一定范围的存在）。为了取得合法性和权威性地位，并增强其震慑性，不少宗族甚至将本族规约呈请当地父母官，恳求以当地长官和官府的名义给予钤印颁示，成为得到国家政权代理人的地方官府批准和认可的民间规约。常建华曾汇辑的明代正德十五年（1520）安徽祁门县奇峰郑氏一本堂《堂规》、嘉靖二十九年（1550）广东南海县佛山冼氏宗族《家训》、万历十六年（1588）湖南长沙县檀山陈氏宗族《族约》、万历十九年（1591）河北宁晋王氏宗族《族约》、万历二十六年（1598）歙县朱氏宗族《祠规》，以及崇祯十一年（1638）江西龙南县桃川赖氏宗族《家约》，即是通过申

---

① 道光《大冶胡氏宗谱》卷首下《家规》，清道光三年（1823）传善堂木活字本。
② 道光《三阳宁氏宗谱》卷1《训约》，清道光四年（1824）种德堂木活字本。

请官府批准而颁行的族规例证。① 其实，这种以请求地方官告示准行的宗族规约还有很多，如明万历三十六年（1608）七月浙江缙云县给白竹卢氏宗族家规暨保留刑器告示卢氏宗族《家规》②、清康熙二十七年（1688）七月安徽徽州府正堂禁程氏伪谱告示③、康熙四十年（1701）十月湖南宁乡县知县准行汤氏宗族纂修族谱告示④、清雍正十二年（1734）四月湖南澧州直隶州安福县正堂准行永定县江家河湾江氏宗族《家规》告示⑤、乾隆二年（1737）安徽桐城县知县批准皖桐王氏宗族《家规》告示⑥ 等，都属于恳请地方官府批准颁行的宗族规约。即使如明隆庆六年（1572）刊印的徽州府祁门县《文堂陈氏乡约家法》⑦，亦是得到时任知县廖希元钤印批准而刊刻的宗族规约类乡约。这类经过官方告示批准施行的宗族规约和乡约，亦因此成为国家法律和地方行政法规的一个重要补充与延伸。⑧ 从存在形态上看，中国古代宗族规约，既有独立成册的单行本家训和族规家法，如浙江《浦江郑氏家范》、徽州府休宁县《茗洲吴氏家典》等，也有各类谱牒中收录的家训、祖训、遗训、家规、宗规、祠规、族约、家典、家法、家政和家教等宗族专门规约，还有大量宗族合同议约类散（单）件文书。基于宗族规约数量庞大这一事实，我们谨将其细分为家训、宗训、祖训、遗训、箴训、规训、庭训，家规、宗规、族规、祠规，家约、宗约、族约、戒约、禁约、议约、合同文约，家典、家法，以及谱牒规约等五大类型。由于我国传统乡村大多呈聚族而居格

---

① 参见常建华：《明代宗族研究》，上海人民出版社，2005 年，第 335—342 页。

② 光绪《白竹卢氏宗谱》卷 1《家规》，清光绪二十四年（1898）木活字本。

③ 康熙《新安世忠程氏原录琼公支谱》卷 10《禁伪谱碑文》，清康熙四十九年（1710）刻本。

④ 康熙《麻山汤氏族谱·抄录告示》，清康熙四十年（1701）刻本。

⑤ 民国《江氏三修族谱》卷首 2《家规》，1942 年信文堂木活字本。

⑥ 嘉庆《皖桐王氏宗谱》卷 2《家规》，清嘉庆二十三年（1818）崇孝堂刻本。

⑦ 隆庆《文堂陈氏乡约家法》云："兹幸我邑父母廖侯莅任，新政清明，民思向化，爰聚通族父老会议闻官，请申禁约，严定规条，俾子姓有所凭依，庶官刑不犯、家法不坠，或为一乡之善俗，未可知也。自约之后，凡我子姓，各宜遵守，毋得故违。如有犯者，定依条款罚赎施行，其永毋怠。"明隆庆六年（1572）刻本。

⑧ 参见瞿同祖：《中国法律与中国社会》，中华书局，1981 年；〔日〕滋贺秀三：《中国家族法原理》，张建国、李力译，法律出版社，2003 年；朱勇：《清代宗族法研究》，湖南教育出版社，1987 年。

局，宗族与村庄往往显现出重叠的特征，"在福建和广东两省，宗族和村落明显地重叠在一起，以致许多村落只有单个宗族，继嗣（agnatic）和地方社区的重叠在这个国家的其他地区也已经发现，特别在中部的省份"。[①] 因此，在大姓望族聚居的单一姓氏村落中，由族长为核心的族内缙绅集团所制定的管理与约束同姓宗族成员的族规、家法、家约、宗约、族约等宗族规约，实际上亦同时兼具管理和约束居住于本村村民的村规民约功能与性质。就此而论，中国古代的村规民约与宗族规约具有一定程度上的交叉与重合。

第三，会社类规约。秦汉以来，作为民间组织或团体的会社遍布社会生产与社会生活各个领域，它不仅起源较早，如汉代的政治型集会结社等，而且在唐代曾一度达到繁盛的状态，出现了诸如互助型、宗教型、祭祀型、宗族血缘型，以及文人怡老型会社（如白居易倡议发起的香山九老社等）与女人社等各种类型的会社，并订立了细致规范的"社条"即会社规约，作为会与社活动的规则与约定，以此来规范和约束会社成员的权利、责任与义务。诚如宁可在《述"社邑"》一文中所指出的那样，此类社邑中"社的宗旨、职能及社人的权利义务已非纯依习惯和传统，而是采取社条、社约的社会契约的形式加以规定，并可由子孙继承……不遵社条要处罚，直到驱逐出社。"[②] 此类社邑规约广泛存在于社会的各个阶层，在政治、经济、文化、教育乃至宗教等各个方面发挥过重要的规范、指导与约束作用。根据会社活动的内容和性质，我们将会社类规约依次划分为政治暨学术型会社规约、文会诗诗类会社规约、宗族盟会里社规约、公益慈善性会社规约、宗教信仰暨民间信仰祭祀类会社规约、娱乐休闲类会社规约以及其他各类会社规约等七大部类。

第四，会馆、善堂、公所暨各类行业规约。会馆、善堂和公所多系中国古代特别是明清时期同乡或同业人员组成的组织，行业则门类众多，有所谓"三百六十行"之称，且每行都立有规约，所谓"从来商贾

---

① 〔英〕莫里斯·弗里德曼著，王铭铭校:《中国东南的宗族组织》，刘晓春译，上海人民出版社，2000年，第1页。

② 宁可:《述"社邑"》，《北京师院学报（社会科学版）》1985年第1期。

贸易，昔有定例，而百工技艺，各有成规"①。这些规约涉及会馆和公所管理、经营者及其与经营活动相关的各个方面内容，是会馆、善堂、公所暨行业开展活动、维持秩序的基本规范之一，所谓"公议《条规》，刊刻印刷。寓居之人，各送一纸，以便遵守。既全义举，亦全乡情也"②，"百行贸易，莫不有行规，以昭划一而重稽查"③即是此意。依据中国古代会馆、善堂、公所暨行业规约文献的留存状况，我们谨依次将其细分为会馆、公所、善堂规约，农业、商业暨手工业等行业规约，教育、学校与部分书院管理暨科举考试类规约，以及图书管理暨文化艺术类规约等类型。其中农业类规约部分内容与村规民约或有交叉与重叠。

　　第五，寺庙宫观等宗教设施及宗教活动管理类规约。寺庙宫观等宗教设施管理类规约，是指管理与处理本寺庙宫观事务的规则和约定。这些规约既包括寺庙宫观的综合性管理规约，也包括诸如禅堂、厨房、讲堂、净业堂、客堂、山寮、浴堂、园房寮、经堂、经书等寺庙宫观田宅等动产与不动产的管理规约，还有寺庙宫观僧徒、道士等人员管理规约，以及祭祀、请神、朝觐、送神、禁忌和慈善等规约，具有教派性、区域性和民间性等特点。作为管理、规范和约束各类宗教组织机构和设施、教俗人员，如佛教的寺庙庵院、道教的宫观、伊斯兰教的清真寺、基督教和天主教教堂及其内部设施、教徒等宗教活动事务之类的寺庙宫观规约，它对管理寺庙宫观、规范和约束包括教徒在内的各类人群在寺庙宫观等宗教活动场所及其内外设施的言论与行为，维持宗教活动合法合规、正常有序开展，具有其他规约不可替代的功能与作用。同各类宗教的清规戒律相比，尽管寺庙宫观等宗教设施及人员管理规约亦有与之相同或相通的一面，并与宗教的清规戒律互为补充，但因寺庙宫观等宗教设施管理类规约并不针对各类宗教教义和清规戒律本身。因此，两者之间的区别与差异是极为明确而显著的。

---

① ［清］湖南调查局编印：《湖南商事习惯报告书》，转引自劳柏林点校：《湖南民情风俗报告书　湖南商事习惯报告书》，湖南教育出版社，2010 年，第 272 页。

② 休宁会馆编：《京都休宁会馆公立规约》，民国排印本。

③ 《［湖南］山货店条规》，转引自彭泽益主编：《中国工商行会史料集》上册，中华书局，1995 年，第 241 页。

第六，日常生活暨社会生活规约。民间日常生活暨社会生产与生活，包括物质和精神生产与生活两个方面，内容涉及民间的礼仪生活、衣食住行、家庭和家族成员生产与生活、民间信仰与神灵祭祀、社会治安与社会问题、社会教化等各个方面，而无论就其内容之丰富性，还是类型之复杂广泛性而言，日常生活暨社会生活规约都是民间规约中不可或缺的重要组成部分。鉴于民间日常生产暨社会生产规约已有部分归入宗族规约和村规民约等民间规约之中，我们谨将以上五大类民间规约中的物质和精神生活等日常生活暨社会生活类规约单独析出，并独立分为居家仪礼暨家族生活管理规约、墓茔祀产管理暨坟墓祭祀标挂规约、祠堂管理暨祭祀规约条例、民间信仰暨活动规约以及移风易俗暨女性训诫规约等类型。如此划分主要是基于此类民间规约往往与各类规约互相交叉与重叠这一事实。当然，如此类型划分，很难避免部分宗族规约、村规民约等各自分割，进而导致一些综合性规约无法归类的现象。

民间规约是维护组织暨社会秩序、实现组织或社会稳定，以及政治、经济、教育、文化发展和文化认同的重要手段，是中国传统社会特别是基层社会治理、经济管理活动和教育文化发展中不可或缺的重要规范之一。在中国传统社会特别是在"礼法合治"的中华法系架构内，中国古代民间规约本身即具有准"法"的性质和作用，这就是所谓"因俗而治"的民间法。它规范和约束着被规约所覆盖的人群之行为方式及政治、社会、经济、教育和文化的基本秩序。在国家、地方与民间社会保持良性互动的条件下，良好、系统而完善的民间规约，有助于维系基层政治、经济、社会、教育、文化及生活秩序，有助于维护基层政治、经济、社会、教育和文化等领域稳定，促进政治、经济、社会、教育和文化等领域的健康发展。相反，陈腐而落后的民间规约则只会起到相反的负面作用，不仅无助于政治、经济、社会、教育和文化乃至日常生活秩序的维系，反而会引发矛盾、争端、混乱，乃至对立，从而使正常的政治、经济、社会、法律、教育、文化暨日常生活秩序受到干扰，并最终使社会或组织陷入混乱状态。同样，在国家政治相对腐朽昏暗的情况下，处于相对权力真空中的地方基层社会或组织单位，亦常常会采取主动调整部分民间规约的方式，来寻求地方权力的保护、支持与平衡，尽可能减少其同中央和地方政权的矛盾、对立与冲突，进而在一定地域暨社会范围或本组织内最大限度地保护其自身的权益。

应当说，中国古代民间规约是在中国古代政治、经济、社会、法律、教育和文化等领域的发展过程中，针对不同时期、不同地区、不同组织和人群的实际，或约定成俗，或共同商议制定而形成并发挥作用的规则与约定。有些非文字性的民间规约，其本身亦是由一定地域、社会组织和单位暨群体长期生产与生活实践中约定俗成的，诸如经济、社会、文化、教育乃至日常生产与生活中的"乡规""乡例"及"俗例"等。特别需要指出的是，以文字暨文本形式为主体构成的民间规约，绝大部分是在遵依国家法律和地方法规的前提下，并在当时中央政府或当地官府的指导下，在规约所在地域或组织精英人物广泛讨论与协商的基础上制定并实施的。因此，在某种程度上说，中国古代各类民间规约是对中央和地方官府的某些制度、法律和政策的细化与分解，并且同当地政治、经济、社会、文化与教育或组织群体的具体实际相结合，因地制宜、因时制宜、因事制宜和因人制宜地加以不断调整，以应对不断发展和变化的形势，这其实正是民间规约内涵的进一步拓展与延伸。如明代中叶，特别是嘉靖时期（1522—1566）全国各地所倡行的乡约，尽管其本身是一种官方行为。明嘉靖五年（1526），钦差总理粮储兼巡抚应天等府地方都察院右都御史陈凤梧就在其所辖的地域范围内颁行《申明乡约以敦风化事告示》，倡导建立乡约，以加强社会教化，强化对基层社会的控制。但在具体执行过程中，许多地区的乡村组织和民间团体在所在地方官府的申示下，或将该告示内容予以转发，或将其镌刻勒石，竖立于本乡、本社、本里或本族，并结合当地和自身的实际，因地制宜地制定了一系列更为细化且易于操作的乡约条款。如明嘉靖五年（1526）南直隶徽州府歙县江村①、绩溪县十二都上乡祖社②、祁门县十七都里社③、

① ［清］江登云辑，［清］江绍莲续编，康健校注：《橙阳散志》卷10《艺文志上·碑·建立社坛示碑》，安徽师范大学出版社，2018年，第162页。
② 《明嘉靖五年二月安徽绩溪县上乡祖社申明乡约碑》，原碑现立于安徽省绩溪县瀛州乡大坑口村尚书府门前。
③ 《明嘉靖五年四月安徽祁门县拾柒都里社申明乡约碑》，原碑现卧于安徽省祁门县彭龙乡彭龙村西田野沟渠上。

苏州府长洲县九都二十图^①和二都七图里社^②等地的碑刻或书面文字，甚至远在山东的济宁州^③，也都转发并记录了当地实施陈凤梧倡行乡约的告示。嘉靖末年，徽州知府何东序在徽州府倡建乡约^④，以及隆庆年间祁门县文堂陈氏乡约^⑤、万历年间的婺源县沱川余氏乡约^⑥、明嘉靖十四年（1535）山西安邑县东阳中阳乡约^⑦、嘉靖二十四年（1545）四月福建晋江县青阳乡约^⑧和万历泉州府的惠安乡约^⑨等，各地乡约的大量建设，彰显出明嘉靖至万历年间，全国各地兴起创建乡约热潮，并建立无以计数乡约组织这一客观事实。尽管全国各地乡约在具体内容上大同小异，但都显示出了各自不同的地域或组织特色与差异。经过乡约的倡导与实施，国家意志变成了乡民的实践，国家和乡村社会借此实现了彼此支持、相互协调和互相配合的良性互动，乡约建设与发展这一社会实践本身，使其具备了民间规约最鲜明的本质特征。

还应指出的是，民间规约作为基层社会治理、经济、教育和文化管理，以及生产与日常生活安排的一项非制度性设置，其本身带有一定的自治功能与性质。中国古代帝制时代以皇权为中心的专制主义中央集权统治，在所谓"皇权不下县"的治理模式下，基层社会特别是相对封闭孤僻的边远山区乡村基层社会，基本上处在一种远离权力中心的权力真空状态，专制政权难以将其触角伸展到这些地区，从而实现直接统治与具体管控。加之中国古代乡村社会大部分地区又处于聚族而居的状态，

---

① 《长洲县九都二十图（嘉靖五年二月）》，王国平、唐力行主编：《明清以来苏州社会史碑刻集》，苏州大学出版社，1998 年，第 674—675 页。

② 道光《浒墅关志》卷 9《庙宇·明嘉靖五年江苏长洲县二都七图知县田定立申明乡约碑》，清道光七年（1827）刻本。

③ 道光《济宁直隶州志》卷 3《风土·明嘉靖三年山东济宁州遵巡抚陈倡行乡约告示碑》，清道光二十一年（1841）刻本。

④ 嘉靖《徽州府志》卷 2《风俗》，明嘉靖四十五年（1566）刻本。

⑤ 隆庆《文堂乡约家法》（不分卷）。

⑥ 万历《沱川余氏乡约》3 卷本，明天启刻本。

⑦ 《明嘉靖十四年山西安邑县东阳中阳乡约记》，转引自刘泽民总主编，李玉明执行总主编，张培莲主编：《三晋石刻大全·运城市盐湖区卷》，三晋出版社，2010 年，第 100 页。

⑧ 《明嘉靖二十四年四月福建晋江县青阳乡约记》，转引自郑振满、〔美〕丁荷生编：《福建宗教碑铭汇编·泉州府分册上·晋江县》，福建人民出版社，2003 年，第 125—127 页。

⑨ ［明］叶春及：《石洞集》卷 7《惠安政书十一·社学篇》，《景印文渊阁四库全书》集部，第 225 册，台湾商务印书馆，1986 年，第 506—512 页。

宗族组织往往与城乡特别是乡村行政基层组织相互渗透、彼此配合，甚至互相重叠。因而，我们认为，在聚族而居的乡村社会中，大姓望族所制定与施行的包括族规家法等在内的宗族规约，在一定程度上亦具有村规民约的性质与功能。我们还注意到，在中国古代各地城乡基层社会中，除了普遍存在的宗族组织外，还有各种不同类型的民间团体，如会社等组织，这些会社组织所制定与施行的各类规约，同样具有民间规约的性质与功能。这类民间规约，在会社组织内部和会社成员中具有广泛的认知与认同，对保证会社组织正常而持续运行，以及对会社成员权利、责任和义务等的保障，都具有极为重要的规范与约束作用。此外，由基层社会部分人群订立并经由当地官府批准颁示的各类保护群体利益免受侵害的"告示"，无论就其所规范的范围，还是就其所涉及的内容而言，亦应被视为当地基层组织和群体主动邀请国家权力进入，并借以增强其合法性、权威性与震慑性功能和作用的民间规约范畴。

中国古代特别是明清时期，各地民众常常以商议订立合同文约、"议墨合文"等方式，规范部分人群行为的文本式规约，因其内容涉及赋税征收，差役佥派，土地和山场租佃，地界或山界划分，山林、坟墓与水利保护，祖先祭祀，公益设施兴建与管理，家产分析继承，诉讼调解与息讼，以及公平交易秩序等各个领域、各个层面。因此，这类合同议约，与我们今天所习惯称呼的商业类合同尽管名称相同，但内容却有天壤之别，作为协调个体（少数人）与整体关系、规范"合同""议墨"双方或多方当事人权利、责任与义务的"民约"，它对制定和签署合同文约的当事人个体或群体行为，具有极强的规范性和约束力。显然，它亦应被归入民间规约的范畴。

总之，无论在内容上，还是在类型与形式上，中国古代民间规约都极具丰富性和复杂性等特征，而且还会随时随地产生，并因地制宜、因时制宜、因事制宜和因人制宜地不断进行调整，借以因应不断发展和变化的形势。尽管我们试图根据内容、形式、功能和性质对中国古代民间规约进行分类，但并非所有民间规约都如上述分类那样而呈现出相对独立性的特征。恰恰相反，这些民间规约往往是你中有我、我中有你，表现出彼此渗透、相互交融的综合性特征，尤其是内容非单一性的综合类民间规约，如宗族规约等更是如此。

二、中国古代民间规约的基本特征与主要功能

（一）中国古代民间规约的基本特征

中国古代民间规约内涵丰富，形式多样，类型复杂，内涵与外延范围亦相当广泛。但概括而言，它主要具有以下几大特征：

首先，民间规约具有鲜明的地域性。正如法国年鉴学派代表人物费尔南·布罗代尔（Fernand Braudel）所指出的那样："作为'历史的缺席主角'，习惯和常规是个范围不易确定的辽阔王国。习惯侵入整个人类生活的领域，犹如夜色布满整个画景一样。但是，这个无记忆、无意识的阴影同时包含着黑暗程度不一的几个区域。关键在于如何在黑暗和光明之间，在照章办事和清醒决定之间划分界限。"[1] 尽管布罗代尔所指的区域是15—18世纪世界的各大区域，但他所强调的"习惯"和"常规"的区域性特点，完全适用于我们所讨论的中国古代民间规约之地域性特征。任何民间规约都是产生和存在于某一特定地域，并在这一特定地域空间疆界内发挥作用的。即以村规民约而言，如清顺治三年（1646）广东南海县佛山乡为严禁开涌、保护耕地和坟墓所制定与颁布的乡村禁约，就明确规定了村规民约所适用的空间范围，即"三山、岭冈、罗播、田心、寺边、张槎各处乡民知悉，务要恪遵示禁，不许妄意变更，仍前私挖涌源，致潦水淹浸，伤害民生风水。如有故违，许各堡乡民指名具呈赴府，以凭拏究重治，决不轻贷"[2]。跨地域的会馆、公所等地缘或业缘性组织的规约，尽管其所涉及的地域空间范围较广，但也只是局限于规约中所列举的地域与人群，并不涉及规约所规范和约束之外的地域空间。显然，地域性是中国古代民间规约最为显著的基本特征

---

① 《资本主义的活力（代译序）》，〔法〕费尔南·布罗代尔：《十五至十八世纪的物质文明、经济和资本主义　第一卷　日常生活的结构：可能和不可能》，顾良、施康强译，商务印书馆，2017年，第7—8页。

② 道光《佛山忠义乡志》卷13《乡禁志》，清道光十一年（1831）刻本。

之一。

　　其次，民间规约具有极强的时效性。不管是何种类型、哪一地域的民间规约，从制定、颁布到实施，通常都具有非常明确的时间限定。即使是相对较为稳定的村规民约、宗族规约和日常生活规约，亦都有其自身的时效性表达与限制，并在规定的有效期内发挥其功能和作用。失去了规约规定的时效和期限，该规约便不再具有任何约束力。如清嘉庆二十三年（1818）松江府娄县义园修订的《规条》，在对同乡旅榇暂行停寄由"前议三年为限"，调整为"自辛巳年起，公议一年为限"①时，前一《规条》所规定"三年为限"的时限规定，自动被新的"一年为限"所取代，并终止其继续发挥效力和作用。有些民间规约为了强调其时效性，甚至还严格规定了规约的起始与终止时间，如清道光十二年（1832）福建《福州会馆章程》即明确规定："本章程成立，两馆旧章皆作无效。"②也就是说，在此之前制定和实施的《章程》自动失去其约束力。因此，我们认为，时效性是继地域性之后民间规约的又一最基本特征。

　　再次，民间规约还有保守性、封闭性与排他性特征。中国古代各类民间规约基于维护、规范和约束特定地域、组织与人群的权利、责任和义务这一宗旨与原则，从发起者、协商者、制定者、执行者到监督者五个层面来看，它都具有非常强烈的保守性、封闭性和排他性，无论是村规民约、宗族规约、会社规约、社会生活规约，还是书院、学校以及会馆、行业公所乃至宗教规约等，其保守性、封闭性和排他性的特征都非常显著。如清雍正四年（1726）八月浙江湖州吴兴县姚氏宗族的《家训》，就明确规定："非我族类，直当告庙摈斥，三尺创惩可也。"③清同治年间，苏州安徽会馆《规条》中所限定的"非同乡不准留居"④条款，都具有明显的保守性、封闭性和排他性。而这种保守性、封闭性和排他

---

① 光绪《新安义园征信录·规条》，清光绪刻本。
② 李景铭：《闽中会馆志·福州会馆规约》，转引自王日根、薛鹏志编：《中国会馆志资料集成》第 1 辑第 4 册，厦门大学出版社，2013 年，第 75 页。
③ 宣统《吴兴姚氏家乘》卷 19《续训言》，清宣统二年（1910）刻本。
④ ［清］阚凤楼：《苏垣安徽会馆志》卷上《程公祠暨会馆续行增禀规条》，清光绪六年（1880）刻本。

性，往往会直接导致规约本身在维护所在地域、组织和人群的权益时，往往会触犯甚至违犯国家法律和地方法规，进而导致与国家法律及地方法规之间的对立和冲突，严重者甚至会发展到难以收拾的后果。特别是在明清时期部分宗族规约中，有的甚至出现对违犯宗族规约的族人给予剥夺生命的"处死"条款，这显然是严重违背和触犯了当时国家或王朝的法律。如明万历江西鄱阳县洪氏宗族《族规》，就对盗窃牛马等违犯《族规》的宗族成员，给予活埋的严惩："若偷盗本族及外姓之人财物者，或访出，或捉获，看赃轻重，即禀尊长，令族人等俱付祠堂，照赃拟罪。如菜蔬、柴果之类，重责二十；如偷禾稻、树木、池鱼之类，重责四十，仍追原物给主；如偷牛马之恶，连人捉获者，不论轻重，面同族众、尊长，照依旧例，绑拿赴山，即时活葬。"[1] 针对宗族族规家法严重悖礼违法的现象，已经深刻意识到问题严重性的安徽绩溪县南关惇叙堂许氏宗族，为避免与国家法相对抗而可能导致不可预知的严重后果，在清光绪年间制定《家法》时，该宗族重申："家法治轻不治重，家法所以济国法之所不及，极重，至革出祠堂、永不归宗而止。若罪不止此，即当鸣官究办，不得私行。山乡恶俗，有重责伤人及活埋者，此乃犯国法，非行家法也。"[2]

复次，民间规约还具有显著的灵活性与变通性特征。中国古代民间规约在制定和实施后，并不是一成不变的，而是会根据变化的形势，因事、因时、因地、因人而适时予以调整，特别是因应形势变化而不断增订的民间规约及其条款，其实正是民间规约区别于国家法律和地方法规的一个显著特征。如清乾隆二十八年（1763）北京歙县会馆的《增议规条》，就是在"原有条例"的基础上进行增损而形成的，"建立之初，原有条例，今复因时制宜，就原例公同商酌，增损详悉，共二十条，刊刻刷印。凡寓会馆者，各送一册，务期遵守，毋致紊乱，庶全公所，亦洽乡情"[3]。可以说，对规约内容和形式的每一次修订与增删，都是对此前

① 万历《兰溪洪氏族谱》卷5《兰溪洪氏族谱规条》，转引自王强主编：《明代族谱》第2辑第10册，凤凰出版社，2017年，第277页。

② 光绪《南关许氏惇叙堂宗谱》卷8《家法》，清光绪十五年（1889）木活字本。

③ ［清］徐上镛辑：《重续歙县会馆录·乾隆二十八年增议规条》，清道光十四年（1834）刻本。

规约的补充与完善，并以最新修订增删后的规约作为依据。以广州的粤秀书院规约为例，从清雍正十一年始至道光七年（1733—1827），短短不到百年时间，该书院规约就"因时斟酌"①"随时少有增删"②，而前后进行了近十次的修订与补充，且每一次修订、增删与调整后的《现行规条》，都会成为该书院现实施行的最新规范。粤秀书院院规的频繁调整与补充，真实地反映了民间规约的灵活性与变通性特征。

最后，是民间规约的严肃性、合法性、权威性和震慑性。尽管中国古代民间规约是特定地域、特定组织和特定人群为自我管理、自我服务、自我约束而订立的民间规则与约定，但为了强调其严肃性、合法性、权威性和震慑性，民间规约的发起人、制定者或执行人，往往会借助当地官府的力量，并通过当地官府渠道，以官方颁发"告示"的名义与方式予以发布和施行。清乾隆五十五年（1790）七月，鉴于广东海丰县赤石碗窑乡黄京埔村"离县较远，近有匪徒滋扰，平空讹诈，□盗拔良，服毒吓骗，藉□诞陷，以及凶横强借、流氓乞丐、麻疯瞽目、撒赖恐吓等事……深为民害"，该村居民简文详、曹廷杰和余兆伟等，即呈文恳请知县示禁。七月初四日，海丰县朱知县接受呈文，并以海丰县名义发布告示，严厉申明："嗣后，再有前项不法之徒，强借吓诈，无故扰害等事，许即协同保练捉拿解赴本县，以凭从重究办。该保练倘有知情纵容情弊，察出一体严究，决不宽贷。"③在该告示正文之后，黄京埔村民还特地补充文字，进行重申，云："以上诸恶，即奉县主严禁。兹我乡再申乡议，如乡内有一家被害，则合乡者执本公结，以相扶助，切莫袖手旁观。至于盘费则用合乡各家均派，与被害者无关。合将告示碑永存。"④黄京埔村这种以主动邀请海丰县知县介入的方式，以地方官府"告示"名义颁布与施行其村规民约，并与之互相呼应，这是中国古代民间规约的一种常见形态。事实上，中国古代各地的会馆、行业公所暨

---

① ［清］梁廷枏：《粤秀书院志》卷2《规则》，清道光二十七年（1847）刻本。
② 同上。
③ 《清乾隆五十五年七月广东海丰县赤石碗窑乡黄京埔村禁丐匪碑》，转引自谭棣华、曹腾騑、冼剑民编：《广东碑刻集》，广东高等教育出版社，2001年，第840—841页。
④ 同上书，第841页。

各个行业制定和实行的各类规约，亦多以请求所在地方官府颁发"告示"的名义予以发布，其目的就是强化民间规约的严肃性、合法性、权威性与震慑性，进而为规约畅通无阻地实施提供有力的政治和权力保障。

（二）中国古代民间规约的主要功能

当然，中国古代各类民间规约，不仅具有以上诸多显著特征，还具有多方面的功能与作用。概括而言，民间规约的基本功能，主要还是为了规范与保障特定地域、组织和人群的利益，约束其思想观念和言行举止，进而维持所在地域和组织的政治秩序、经济秩序、社会秩序、法律秩序、文化教育秩序和伦理道德秩序。具体而言，这些功能主要表现在以下几个方面：

第一，规范与约束功能。规范和约束特定地域、组织和人群的群体行为，协调个体与群体关系，这是中国古代民间规约最基本也是最主要的功能之一。所谓"朝廷有律例，商贾有规约。夫《规约》《章程》，方可合符王道。市肆之中，各行有《条规》"[1]，正是明确地表达了民间规约的性质与功能。在王朝和国家法律的指导下，各个地域与各行各业及其组织，为了维护地域、行业和组织群体的秩序，保障其利益，大都会制定并实施处理自身各种事务的规则与约定。但法律毕竟是宏观的王朝与国家大法，民间规约则是某一特定地域、组织和人群内部的行为规范与行动准则，只是国家法律和地方法规的补充与延伸。在"礼法合治"的中国传统礼俗社会中，无论是村规民约、宗族规约与会社规约，还是会馆、公所暨行业规约乃至宗教暨民间信仰规约，以及各种"议墨合文"和合同文约，这些民间规约最基本也是最主要的功能，就是规范和约束特定地域或组织、人群的思想观念与行为举止，维护某一特定地域和组织人群的各种权益，调解各种矛盾与纠纷，进而发挥惩恶扬善、趋利避害的作用，它们是个体行为服从群体行为的集中体现。只有将其特定地域或组织群体成员的言行举止、权利、责任和义务以规约的方式予以明确规范与约束，并在国家法律和地方法规的指导下，才能真正维持特定

---

[1] 《清光绪三十年湖南武冈书业条规》，转引自彭泽益主编：《中国工商行会史料集》上册，中华书局，1995年，第285页。

地域、组织和人群的既定利益和既有秩序，才能实现国家与基层社会或民间组织的良性互动。正如休宁县《富溪程氏中书房祖训家规》所云："家国一道也，国有法，家有规，均所以制治防危而不可废焉者也。"①民间规约与国家法律、地方法规各有其自身明确的分工，民间规约只有在依照和遵守国家法律与地方法规之间，才能发挥其功能与作用。

第二，互助和救济功能。从中国古代各类民间规约丰富的内容中，我们不难发现，抚恤、扶持、互助与救济类规约，始终在民间规约中占据较大比重。且不说宗族规约和村规民约中的族田、义田、义庄、义仓、学田和膏火田等管理规约本身，即是为救助和接济本宗族生产与生活困难成员及资助子弟读书科第而创设的。即使是会馆、善堂、公所暨行业规约，其互助互济与救济功能也是显而易见的，这就是所谓的"备棺施济，原为贫乏孤寡、无力措办者而设"②。清光绪二十年（1894）苏州圆金业公所为救助同业中之年老贫苦无依者，曾动员同行业者解囊捐助，设立专项救助资金，并制定相关规约，要求成员"遵照旧章，同业中有年老无依者，仍由公所养赡，病则医药，故则殓理，并将失业各伙设法安插"③。总之，"出入相友，守望相助，疾病相扶，患难相恤"④，始终是中国古代民间规约恒久存在并保持活力的一项基本功能。

第三，奖励与惩罚功能。"奖其善以示劝，罚其恶以示惩"⑤，中国古代各类民间规约大都具有奖励和惩戒功能，并将奖励与惩罚相结合，对严格遵守规约、认真履行规约所赋予的权利、责任和义务者，各类民间规约一般都设有专项奖励条款，对其进行表彰与奖励。清乾隆十四年（1749）、四十三年（1778）和嘉庆十四年（1809），安徽黟县南屏叶氏宗族即多次重申严禁赌博规约，对族内参与赌博成员予以严惩，同时对举报和访拿者给予重奖，规定："族中邪僻之禁至详，而所尤严者赌博。

---

① 宣统《富溪程氏中书房祖训家规封丘渊源考》（不分卷），清宣统三年（1911）抄本。

② 道光《上海同仁堂征信录·施棺条约》，转引自王日根、薛鹏志编纂：《中国会馆志资料集成》第1辑第9册，厦门大学出版社，2013年，第10页。

③ 《清光绪二十年圆金业兴复公所办理善举碑》，转引自苏州历史博物馆等编：《明清苏州工商业碑刻集》，江苏人民出版社，1981年，第173页。

④ 道光《锦营郑氏宗谱》卷末《祖训》，清道光元年（1821）木活字本。

⑤ 道光《丁氏宗谱》卷1《家训》，清道光十四年（1834）木活字本。

赌博之禁，业经百余年，间有犯者，宗祠内板责三十。士庶老弱，概不少贷。许有志子弟访获，祠内给奖励银二十两。"① 对不履行甚至违反规约者，一些组织还制定有严厉的惩罚条款，即如明嘉靖十六年（1537）休宁县《率滨吟社条约》，亦对怠懈违约者给予惩罚，责罚其缴纳笔、墨、纸，"作诗，每月一首，务宜会日完课。如怠懈者及失旨者，罚呈纸五十张、笔四管、京墨二笏入社，以助誊录"②。至于宗族规约、村规民约和日常生活或社会生活规约，以及会馆、善堂、公所暨行业类规约，其奖惩规定与功能，亦大都完善具体。奖惩相结合的功能，其实正是中国古代民间规约维系特定地域、组织和人群权利责任和义务，进而维持基层政治、经济、社会、文化与教育秩序的最基本功能，是民间规约贯彻落实国家法律与地方法规，维护基层社会与国家政权良性互动的重要方式之一。

总而言之，中国古代民间规约内容包罗万象，类型纷繁复杂，形式灵活多样。其功能也是多方面、多层次的，它对维护既有的社会秩序，维系国家与基层社会的良性互动关系，进而实现基层组织与社会的长治久安，起到了举足轻重的作用。

三、中国古代民间规约对社会秩序的维护

在对民间规约进行分类的同时，我们还要特别关注中国古代各类民间规约背后所隐藏与表达的社会信息，即规范组织与基层社会秩序，维护组织成员合法权益，维持基层社会稳定与经济发展。这既是民间规约应有之意，也是其制定者与施行者所要达到的目的和实现的愿望。

明代中叶以降，随着商品经济的发展与社会的繁荣，民间规约亦呈现出日益增多和不断格式化、程序化、具体化与精细化的趋势，小自个人和家庭，大到国家与社会，其触角几乎渗透到社会的各个角落与组织

---

① 嘉庆《南屏叶氏族谱》卷 1《祖训家风》，清嘉庆十七年（1812）木活字本。
② ［明］程应征：《率滨社录》卷首《率滨吟社条约》，明嘉靖二十七年（1548）刻本。

　　的各个层面。但无论内容、类型和形式如何复杂多样、千变万化，在维护社会经济、伦理道德和日常生产与生活秩序方面，其功能与作用都是相似或相通的。

　　首先，维护社会的伦理道德秩序。以明清时期民间规约特别是村规民约和宗族规约为例，明太祖的《圣谕六条》^①和清圣祖的《圣谕十六条》^②，被全国各地宗族乃至整个社会视为指导思想和最高准则，并以此为中心，将维护社会的伦理道德秩序、实现"父子有亲，君臣有义，夫妇有别，长幼有序，朋友有信"的五伦理想，作为宗族规约和村规民约的主要宗旨与目的。明嘉靖年间，浙江永嘉县项乔在《项氏家训》中云："圣训六句，乃做人之大略，尤为生员、为人师友者所当讲解体念。"^③万历休宁县《休宁宣仁王氏谱》的《宗规》指出："圣谕当遵：孝顺父母，尊敬长上，和睦乡里，教训子孙，各安生理，毋作非为。此六句包尽做人的道理，凡为忠臣，为孝子，为顺孙，为圣世良民，皆由此出。一切贤愚，皆通此义。"^④而明崇祯年间休宁县叶氏宗族更是在《重伦理以教家》的《家规》条款中，要求族内"父子亲、夫妇顺、长幼序、朋友信，此等人出而事君，必为忠臣，为良臣。总之，伦常原于天性，不事矫饰，本慈孝以为亲率，唱随以为顺根，友恭以为序，祛虚假以为信。合亲、顺、序、信以事君，伦理重而家教立矣"^⑤。这正是在贯彻明太祖《圣谕六条》的前提下，希冀通过制定和遵守《族规》，以维系宗族内部的伦理道德秩序。清光绪年间纂修、民国刊印的祁门《京兆

---

① 《明太祖实录》卷255，洪武三十年九月辛亥条云："上命户部下令：天下民每乡里各置木铎一，内选年老或瞽者，每月六次持铎徇于道路，曰：'孝顺父母，尊敬长上。和睦乡里，教训子孙。各安生理，毋作非为。'"台湾"中研院"历史语言研究所，1962年校印本，第3677页。
② 《清圣祖实录》卷34，康熙九年十月癸巳条："上谕礼部曰：'朕今欲法古帝王，尚德缓刑，化民成俗。举凡敦孝弟以重人伦、笃宗族以昭雍睦、和乡党以息争讼、重农桑以足衣食、尚节俭以惜财用、隆学校以端士习、黜异端以崇正学、讲法律以儆愚顽、明礼让以厚风俗、务本业以定民志、训子弟以禁非为、息诬告以全良善、诫窝逃以免株连、完钱粮以省催科、联保甲以弭盗贼、解雠忿以重身命。以上诸条，作何训迪劝导，及作何责成内外文武该管各官督率举行。'"中华书局，1985年，第461页。
③ ［明］项乔：《项乔集·项氏家训》，上海社会科学院出版社，2006年，第517页。
④ 万历《休宁宣仁王氏谱》卷6《谱祠·宗规》，明万历三十八年（1610）家刻本。
⑤ 崇祯《休宁叶氏族谱》卷9《保世·家规》，明崇祯四年（1631）刻本。

金氏宗谱》，则索性将明太祖《圣谕六条》和清圣祖《圣谕十六条》的文字悉数录载于族谱扉页之后，并以套红的龙纹方框予以刊布。[①] 可见，明清两朝最高统治者之《圣谕》，确已成为全国各地宗族制定宗族规约的指导思想与最高准则。因此，就规范和维系社会伦理道德秩序而言，明清两朝最高统治者的圣谕和民间规约的根本目标与宗旨是一致的。

其次，维护社会的尊卑、长幼、名分等级秩序。"名分乃天序大秩，人所共由，尊卑之礼，秩然而不可紊者也。宗族原乎一本，理当和睦，五服虽尽，尊卑名分犹存，于礼不可干犯，行坐之际，亦当谨守，不可违越次序。"[②] 作为民间规约的重要内容和类型之一，中国古代的宗族规约向来鼓吹"万殊一本"观念，宣扬和标榜"千流万派，归自一源；千枝万叶，出自一本"[③]，并在族长等族内精英人物主持下制定，用以维系宗族内部长幼、尊卑、上下、男女之等级秩序，从而实现"尊卑上下，秩然不紊；吉凶宾嘉，有典有则；视听言动，蹈矩循规，则身修而家亦于是齐矣"[④] 这一目的。为此，不少宗族还在其各类规约中，不厌其烦地阐述维系尊卑等级和名分制度的道理，"大抵宗法之立，无非尊祖睦族、劝诫子姓、共成美族，各宜遵守。毋玩毋狎，则昭穆由此而序，名分由此而正，宗族由此而睦，孝悌由此而出，人才由此而盛，争讼由此而息，公道由此而明，私忿由此而释，不惟光耀宗祖，且垂训后世于无穷矣"[⑤]。在严格规范和遵守尊卑名分和等级秩序的前提下，中国古代民间规约将每一个地域或组织的成员都纳入一定的社会组织体系中，并通过具体的规约条款，规范和约束地域或组织人群的行为举止，从而使其保持井然有序的"出礼入刑""礼法合治"格局。

再次，规范生产、交易、分配和消费活动，维护生产与生活秩序。"为方圆者，不可无规矩；为平直者，不可无准绳"[⑥]。无论是农业、手

---

① 民国《京兆金氏宗谱》卷首《圣谕》，1921 年刻本。
② 万历《重修休邑城北周氏宗谱》卷 9《家训》，明万历二十四年（1596）刻本。
③ 道光《桃源洑江郑氏族谱》卷 1《重修族谱启》，清道光七年（1827）木活字本。
④ 同治《华阳舒氏统宗谱》卷 1《庭训八则》，清同治九年（1870）叙伦堂木活字本。
⑤ 万历《商山吴氏宗法规条》，传抄本。
⑥ ［明］曹端：《曹月川先生遗书》卷 6《家规辑略》，转引自沈乃文主编：《明别集丛刊》第 1 辑，第 31 册，黄山书社，2013 年，第 439 页。

工业还是商业活动，只有在生产、交易、分配和消费的每一个环节，都通过制定规约进行合理有效的管理、规范与约束，才能使其始终保持健康与可持续发展状态。包括村规民约和行业规约等在内的中国古代各类民间规约，在规范与维护生产、交易、分配和消费秩序中，发挥了毋庸低估的作用，成为维护经济秩序、保持经济可持续发展的有力保障。明隆庆年间，祁门县文堂村陈氏宗族在其《文堂陈氏乡约》中，曾设置专门条款，对本村的山林生产进行了规范与管理，规定："本都远近山场，载植松杉竹木，毋许盗砍盗卖，诸凡樵采人止取杂木。如违，鸣众究治。"[①] 这款规约为该村林业生产发展提供了强有力的保障。清代嘉庆年间，汉口的新安会馆（又称"紫阳书院"），为规范和维护买卖秩序，亦曾以公议《条规》的方式规定："照墙新街及本码头，曾经请官示严禁，毋许摆摊、挑水。祠役随时查察，毋得疏惰。"[②] 正是凭借"定法则，严约禁"[③]，依法守规经营，才使汉口徽商所主持的紫阳书院得以保持健康的发展。而嘉庆二年（1797）歙县棠樾鲍氏《体源户规条》对每年食粮分配的规范，则有力地保证了鲍氏宗族族内救济与分配维持在公平合理的状态，"一、谷系给本族鳏寡孤独四穷之人，须合例者，不得徇情滥给；一、四穷及废疾与例相符、应给谷者，执事之人知会督总给与经折，孤子注明年庚，以备查考，再行给谷，以专责成；一、四者之外，有自幼废疾、不能受室、委实难于活命者，一例给发；一、鳏独年至六十岁，给领食谷。后有愿继于为子者，亦一体给领，全其宗祧。其子年至十八岁停止，其父母仍照例给发"[④]。为规范茶叶交易秩序，维护交易双方的经济利益，婺源县洪村还于清道光四年（1824）专门制定了《公议茶规》，并将其内容以刻碑勒石的形式予以公开施行，要求"凡买松萝茶客入村，任客投主入祠校秤，一字平称。货价高低，公品公买，务要前后如一。凡主家买卖，客毋得私情背卖。如有背卖者，查出罚通宵戏一台、银五两入祠，决不徇情轻贷。倘有强横不遵者，仍要倍罚无

---

① 隆庆《文堂陈氏乡约家法》。
② ［清］董桂敷:《汉口紫阳书院志略》卷8《杂志·旧规十六条》，清嘉庆十一年（1806）刻本。
③ 同上书，卷首《增订汉口紫阳书院志略序》。
④ 嘉庆《棠樾鲍氏宣忠堂支谱》卷17《祀事》，清嘉庆十年（1805）家刻本。

异"①。这里，需要特别指出的是，中国古代民间规约是在严格遵守国家法律即"遵国法"②的前提下，按照既定的规则与约定而制定和施行的，它严格地规范了经济秩序，保证了经济发展的健康平稳运行。

最后，强调治生和生计，要求其组织成员各司其职，各谋其事，维护职业秩序。在中国古代任何一个时代，无论是何种民间规约，大都强调治生和生计，强调各安生理，要求其所规范和约束的人群从事四民之业，克勤克俭，禁止游手好闲、为非作歹，这是维持个人暨群体生存最低限度的要求，所谓"职业为治生之本务，实成家之大计。无论城市村落，士、农、工、商，须各执其事，毋游手好闲，甘为荡子，上忧父母，下累妻子"③，但"治生之道，惟勤与俭"④，"人莫不欲生，有生计，有生理。如读书作文，秀才生计；耕田、种地，农夫生计；经营买卖，商贾生计；造作器皿，匠人生计。下此，佣工、挑脚，也是他生计。然各有个道理，在理中行，则为生路；在理外行，则为死路。这生路当各安之"⑤。实际上，早在北齐时，颜之推就在《颜氏家训》中指出："生民之本，要当稼穑而食，桑麻以衣。蔬果之畜，园场之所产；鸡豚之善，坞圈之所生。爰及栋宇器械，樵苏脂烛，莫非种植之物也。"⑥勤能开源，俭可节流，诚如明万历二十四年（1596）刊刻《休宁县城北周氏家训》所言："盖士、农、工、商，各有本业。士者，勤学好问，必至登名；农者，力耕苦种，必至于积粟；工者，专心艺术，必至于精巧；商者，夙兴经营，必至于盈资。各勤其职，理之正也。俭乃治家之本，一俭则胜于求人，其有布帛菽粟，未常不是俭中蓄也。男子务生理，勤于外；妇人务纺绩，勤于内，如此，未有不成家也。"⑦"凡人必业其一以

---

① 《清道光四年五月婺源县洪村光裕堂公议茶规碑》，原碑现嵌于江西省婺源县清华镇洪村光裕堂东外墙中。

② 万历《清溪郑氏家乘》卷4《规训》，明万历十一年（1583）刻本。

③ 乾隆《重修城东王氏宗谱》卷首《家规》，清乾隆二十一年（1756）木活字本。

④ 光绪《毗陵黄天荡顾氏宗谱》卷2《祠约》，清光绪三十二年（1906）梅山堂木活字本。

⑤ 咸丰《秦氏宗谱》卷2《家规》，清咸丰二年（1852）友鹿堂木活字本。

⑥ ［北齐］颜之推：《颜氏家训集解》卷上《治家篇第五》，《景印文渊阁四库全书》子部，第848册，台湾新文丰出版社，2008年，第942页。

⑦ 万历《重修休邑城北周氏宗谱》卷9《家训》。

为生，当随其才智而为之，然皆不外于专志坚精。勤励不息，乃能有成。仰事俯畜，可以饶裕。如生禀乖蹇，亦可免于冻馁，未有无所事事、流于游惰而可以为生者也。"① 可以说，民间规约在治生和生计职业等方面强调、规范与约束，各谋其事，安分守己，认真履行规约所规定的权利、责任和义务，方为良善之民。同时，有些民间规约还对四民职业的品德与操守予以特别强调，并严禁族人从事四民之外的职业，明万历安徽休宁县林塘范氏宗族《统宗祠规》即在"职业当勤"条款内，谆谆告诫族人："士、农、工、商，所业虽不同，皆是本职。惰则职业隳，勤则职业修，内可慰父母妻子依赖之心，外可免姗笑于姻里。然所谓勤者，非徒尽力，实要尽道，如士者则须先德行，次文艺，切勿因读书识字舞弄文法，颠倒是非，造歌谣，匿名帖。生员、举监，不得出入公门，有玷行止。仕宦不得以贿败官，贻辱祖宗，真有高贵不能淫、贫贱不能移、威武不能屈的造诣，方是丈夫。农者不得窃田水、纵牲口作贱、欺赖佃租。工者不得作淫巧、售敝伪器什。商者不得纨绔冶游、酒色荡费，亦不得越四民之外为僧道，为胥隶，为优戏，为椎埋、屠宰等件。犯者，即系故违《祖训》，罪坐房长。"② 由此可见，尽管某些民间规约对职业选择、职业操守和秩序的强调与维护，特别是视四民之外的职业为贱役，并进行排斥和惩处。但不能否定的是，它们确实减轻了游手好闲、为非作歹者对社会秩序所造成的危害，在一定程度上维护了社会秩序的安定。

在中国古代社会中，家庭是社会的细胞，是构成宗族和村落人群的最小单位。家庭成员的衣食住行、冠婚丧祭、教育教化、文化娱乐以及信仰活动等日常生产与生活，只有在合乎规范并得到约束的前提下进行，才不至于失序失控、处于无序混乱状态，毕竟"天下之本在国，国之本在乡，乡之本在家"③，"家国一理，齐治一机。况国易而家难，家之齐之尤难乎"④。对此，包括宗族规约在内的中国古代民间规约，从儒

---

① 宣统《富溪程氏中书房祖训家规封丘渊源考·隆庆元年程氏训规》（不分卷），清宣统三年（1911）抄本。

② 万历《休宁范氏族谱》卷6《谱祠·统宗祠规》，明万历三十三年（1605）补刻本。

③ 嘉靖《祁门金吾谢氏宗谱》卷首《序》，明嘉靖九年（1530）刻本。

④ ［明］程昌：《窦山公家议》卷1《管理议》，明万历三年（1575）刻本。

家传统的伦理道德出发，强调修身、齐家、治国、平天下，强化君臣、父子、兄弟、夫妇和朋友等伦理与社会秩序，并对家庭每一位成员的言行举止以及权利、责任和义务进行规范，要求他们"凡为同居者，父子有亲，兄弟有义，长幼有序，朋友有信；夫和妻柔，姑慈妇听；士勤诗书，农勤稼穑，工勤造作，商勤经营；无好赌博，无好争讼，无酣声色，无惑异端；过失相规，患难相恤，强不欺弱，富不欺贫"①。这些规约或训诫，对维护家庭与宗族组织内部的和睦相处，确实发挥了重要的作用。

俗话说："远亲不如近邻……结亲不如结邻。"② 中国古代的民间规约，特别是宗族规约，不仅要求其成员在家庭和宗族内部血缘关系范围内遵循"五伦"原则，维护家庭和族内尊卑、长幼、主仆和男女等级秩序，还规诫家人和族人，要和睦乡党邻里、守望相助、患难相恤、疾病相扶持，"乡党邻里之中，田业相近，同所质生，须要人和为本，不可因小利小忿互起争端，以成仇隙。大家兼容相让，朝夕相顾，出入相友，疾病相扶；喜有相庆，喜乱相救，田野相助，盗贼共逐；不可以财力凌人，不可以贤智自傲；德业相规，过失相戒。老者敬而少者怀者，孤者收而寡者恤。若无侵夺之端，便成仁美之俗"③。而对邻里乡党所居村落生态环境的保护、社会治安和经济秩序的维系，民间规约特别是村规民约也都有着详尽的规定，如清乾隆二十五年（1760）六月婺源县漳村的村规民约即规定："合村业主居民，并约保人等佥议：门前一节，上至滩头，下至滩尾，永禁养生。"④ 诸如封山育林之类的村规民约还有很多，它们在保护村庄生态环境、涵养水源、维系乡里社会生产和生活秩序方面，起到了举足轻重的作用。

会馆、善堂、公所暨各类行业规约，其内容更偏重于对同乡、同行及行业秩序的规范与约束，其中既有对其内部各项事务的管理，更有

---

① 万历《休宁范氏族谱》卷 6《谱祠·怡乐堂家规》。
② 道光《京江开沙王氏重修族谱》卷 2《王氏家训十则》，清道光二十七年（1847）斯美堂木活字本。
③ 道光《金华洞源蔡氏宗谱》卷 1《家规》，清道光二十八年（1848）木活字本。
④ 《清乾隆二十五年六月婺源县漳村养生维风禁示碑》，原碑现嵌于江西省婺源县思口镇漳村一古庙前墙上。

跨地域的各地官府之间的协调。如清末徽商于汉阳建立隶属于汉口新安（紫阳）书院的笃谊堂，作为暂存和运送客死武汉三镇同乡的公益性组织，在运送棺椁返乡时，须要经过湖北、江西和安徽三省之地，由于可能会遭到所经道路和码头的刁难、讹索和阻挠，急需当地官府予以协调与配合，"惟自汉登舟，中途水陆兼行，杠抬船载，起驳过山，由汉而饶，出饶而婺、而祁、而黟，直达休、歙、绩溪各邑。诚恐埠夫、船户指勒讹索，致使承揽信足恒多梗塞之虞，是以酌议定章，价归划一。枢到埠头，克日转运，不得延搁河岸，另索钱文"①。为此，新安（紫阳）书院分别将《规约》粘附于后，禀请湖北汉阳府、江西饶州府和安徽徽州府，恳请予以支持。汉阳府、武昌府、鄱阳县和祁门县分别同时在清光绪元年（1875）给予批准，并颁布告示予以晓谕。新安（紫阳）书院这种跨越省际协调的《规约》，在促成各省、府、县协力解决旅榇顺利还乡归葬，避免各地码头、商埠、船户敲诈勒索等方面起到了重要作用。而地域商帮和行业自律规约，则对维护经济与市场秩序方面，亦功不可没。清雍正二年（1724）九月，河南南阳县社旗镇山陕会馆，针对 20 余户商家"间有改换戥秤，大小不一，独网其利，内弊难除"之痼疾，"合行商贾会同集头等，齐集关帝庙"，公议《戥秤定规》，责成所有在此经营的商家，必须"秤足十六两，戥依天平为则，庶乎较准均匀者公平无私，俱各遵依。同行有和气之雅，宾主无疏戾之情。公议之后，不得暗私戥秤之更换，犯此者罚戏三台。如不遵者，举秤禀官究治"②。诸如以上会馆、善堂、公所暨行业所协商公议制定的各类规约，对维护经济和社会秩序等方面，无疑是起到非常重要作用的。

其他诸如会社、寺庙宫观和社会生活类规约等，大体亦皆在其各自所规范和约束范围内，责成其地域、组织或人群，严格遵守，要求其按照规约规定的原则、内容与条款，履行其自身的权利、责任与义务，并对违反和触犯规约者予以惩罚，以维护既有的组织与社会秩序。鉴于其同其他类型的民间规约具有的相似或共同特征与功能，这里就不再一一

---

① 光绪《新安笃谊堂·告示》，清光绪十三年（1887）刻本。
② 《清雍正二年九月河南南阳县社旗镇山陕会馆同行商贾公议戥秤定规》，转引自许檀编：《清代河南、山东等省商人会馆碑刻资料选辑》，天津古籍出版社，2013 年，第 110 页。

展开说明和论述了。

总之，中国古代的民间规约涉及不同地域、不同组织、不同领域与不同人群，其对社会秩序的维护，主要体现在尊卑等级秩序、伦理道德秩序、经济秩序、组织秩序、生产和生活秩序等各个领域与各个层面。客观地说，中国古代的民间规约在上述各个领域，大体皆能与当时的国家法律和地方法规密切配合，并在遵依国法即不违反国家法律的前提下，与国家法律和地方法规彼此分工、相互支持、互相配合，确实起到了维护社会秩序的作用。即就宗族的族规家法和条约规约而言，除个别有明显与国家法律相抵触和对立的条款之外，绝大多数宗族规约，总体上是与国家法律保持一致的，诚如嘉庆安徽《皖桐王氏宗谱》所言："盖国有法甚详，其大旨无非教一世之人，为善去恶而以赏以罚。家规不一，其大旨亦无非教一族之人，迁善远罪而以劝以惩。是家规固所以奉行乎国法，亦所以维持夫国法也。"[1]

美国学者布迪（Derk Bodde）和莫里斯（Clarence Morris）在合著的《中华帝国的法律》一书中指出："中国普通人对这类伦理规范的认识及接受主要不是通过正式制订的法律制度，而是通过习惯和礼仪的普遍作用来完成的，这种情形比在大多数其他文明国家里要突出一些。宗族、行会以及年长绅士掌握非正式管理权的乡村共同体等等——这些和其他法律之外的团体通过对其成员们反复灌输道德信条、调解纠纷，或在必要时施行强制性惩罚，来化解中国社会中不可避免的各种矛盾。"[2]

最后，我们还必须特别强调，中国古代的民间规约与国家法律之间，毕竟并不总是保持彼此支持、互相配合与协调一致，并始终维持良性互动的。它们之间的矛盾、对立甚至冲突，往往会因各自利益诉求的分歧与差异而难以避免与消解，但"律设大法，礼顺人情，其间事势，亦有经变，难以划一论也"[3]。无论是国家法律还是地方法规，在其与民间规约发生抵触、碰撞和冲突之时，常常会采取对民间规约妥协与让步的方式，通过调整其政策和法律、法规，对民间规约的主张和诉求予以

---

① 嘉庆《皖桐王氏宗谱》卷2《家规》。

② 〔美〕D. 布迪、C. 莫里斯：《中华帝国的法律》，朱勇译，江苏人民出版社，1995年，第3页。

③ 〔清〕陈芳生：《疑狱笺》卷4《家财》，清康熙刻本。

承认或部分接受，从而使民间规约转化为官方意志，尽管这种妥协、让步和调整往往存在滞后性等不足与缺陷，但它毕竟是做出了妥协与让步，并付诸了实际行动。而本身就具有弹性和变通性特征的民间规约，为了获得合法性、权威性和震慑性地位与威权，通常亦会以随机应变的方式，主动邀请国家法律或国家与地方权力介入，来声张自己的意志和诉求。民间规约、国家法律和地方官府暨法规，就是在这样一种既有分工又有合作、既有相互配合又有彼此对立甚至冲突的场域中，发生着联系与互动，并共同支撑和维系着社会秩序。

越南会安华人的田土交易与产权流转

《町家文书》所见18—20世纪

张侃 *

摘 要： 16世纪以来，亚洲海洋世界显示了越来越强的开放性，长距离交易的活跃和人口的流动，使不同海域以港口城市为基点进行多元的文化、语言和宗教交融，不同文字的经济文书被移用、传承与改造。越南会安地处中国与印度的海洋通道，现留存《町家文书》[①]集中反映了会安明香社华人及清商经济活动，文书内容包括田土买卖、房产交易、财产继承以及立契管理等，展现了18—20世纪居留在会安的华人的社会身份、文化认同和族群识别等方面的历史变迁。

关键词： 越南会安 华人社区 契约文书 田土房宅 产权流传

越南会安地处中国与印度的海洋通道，在占婆王国时期开始了海上贸易活动。16世纪后期，港湾地带出现相对固定的商住区和贸易群体。17世纪初，这些地方形成了成片街区，成为亚洲的国际贸易港口。陈荆和、李庆新等学者对会安的贸易及华商活动进行多方面研究。因民间资料缺乏或获取不易，未就契约文书等展开较为深入的讨论[②]。1993—1998年，越南会安为申报世界文化遗产，委托日本文化厅、日本昭和女子大学国际文化研究所对老街区进行7次文化遗产调查，获得了田产交易的契约文书。2007年，日本昭和女子大学在取得文书保有者同意后，影印出版了《会安町家文书》。"町"是日语商业区的代称，经商者的住宅也就被称之为"町家"。会安的中国人社区，被日本学者称为"中国人町"或"唐人街"。《町家文书》以契约文书为主，涉及明乡社华人及清商经济活动的诸多层面。本文以此文献为主探讨会安华人从黎朝末年到阮朝末年的经济活动，并对他们的社会身份、文化认同和族群识别等进行论述。

---

* 张侃，厦门大学历史与文化遗产学院教授。

① 《会安町家文书》，昭和女子大学国际文化研究所，2007年。

② 越南契约文书的早期成果是日本学者山本达郎（Yamamoto Tatsuro）1940年撰写的《安南の不动产壳买文书》[《东方学报》（东京），1940年3月]。山本达郎用1786年和1789年的两份私人土地买卖文书简要分析1767—1867年越南的土地买卖状况。

一、会安契约文书的基本类型与书写格式

《町家文书》收录了 58 份的契约文书，最早于永祐五年（1739）订立，最迟为保大十二年（1937），涉及民间铺房、田地及居家住宅的买卖、典当、抵押，以及分家、继承等经济活动，大致可区分为六种文书类型：卖契（26 件），典契（13 件），债执契（7 件），单开文契（7件），分家书（2 件），其他（3 件）。按时间罗列如下：

表 1　契约文书类型表

立契时间	契约类型		
	卖契	典契	其他
永祐五年（1739）	断卖契		
景兴二十八年（1767）十月		债执契	
景兴三十二年（1771）七月	断卖契		
泰德五年（1782）八月	断卖契		
泰德八年（1785）二月	断卖契		
泰德八年（1785）八月			单开书
泰德八年（1785）十一月			单开书
泰德八年（1785）十一月			单开书
光中二年（1789）	断卖契		
嘉隆元年（1802）六月	断卖契		
嘉隆二年（1803）三月			抄契文书
嘉隆六年（1807）九月	断卖契		
嘉隆八年（1809）十一月	断卖契		
嘉隆十年（1811）正月			单开书
嘉隆十年（1811）三月		典执契	
嘉隆十年（1811）三月			单开书
嘉隆十年（1811）六月			单开书
嘉隆十一年（1812）八月	断卖契		

续表一

立契时间	契约类型		
	卖契	典契	其他
嘉隆十一年（1812）十月			申报书
嘉隆十三年（1814）			分家书
嘉隆十四年（1815）	断卖契		
嘉隆十六年（1817）	断卖契		
明命五年（1824）三月		债执契	
明命五年（1824）九月		债执契	
明命六年（1825）十月		债执契	
明命七年（1826）十二月	绝卖契		
明命十年（1829）四月		留执契	
明命十年（1829）十一月	绝卖契		
明命十二年（1831）十二月	绝卖契		
明命十九年（1838）七月		典执契	
绍治三年（1843）四月		执赎契	
嗣德七年（1854）十月		执赎契	
嗣德十年（1857）六月		执赎契	
嗣德十一年（1858）七月		债执契	
嗣德十九年（1866）七月		典执契	
嗣德二十三年（1870）七月			度分书
嗣德二十七年（1874）十二月		典执契	
嗣德二十九年（1876）七月			分家书
嗣德三十年（1877）十二月		执赎契	
嗣德三十年（1877）十二月	绝卖契		
嗣德三十二年（1879）十二月		执赎契	
同庆二年（1886）五月		卖赎契	
成泰二年（1890）七月	绝卖契		
成泰二年（1890）九月	绝卖契		
成泰六年（1894）十月	断卖契		
成泰八年（1896）十一月			单开书
成泰八年（1896）十二月		执赎契	

续表二

立契时间	契约类型		
	卖契	典契	其他
成泰十一年（1899）八月		留执契	
成泰十一年（1899）十一月	断卖契		
成泰十六年（1904）十一月	绝卖契		
维新五年（1911）六月	断卖契		
维新九年（1915）十二月		债执契	
启定六年（1921）六月	绝卖契		
启定七年（1922）二月		债执契	
启定七年（1922）五月	绝卖契		
启定七年（1922）六月	绝留契		
启定七年（1922）六月	绝留契		
保大十二年（1937）五月	断卖契		

　　契约文书由当事人各方共同协商，再邀请他人代书契据或合约书。典卖契有固定格式，其他类型的契约根据不同契据的特定要求，采用当地约定俗成的形式书写。契约文书主要以汉字书写，夹杂使用少量汉喃文字并受越文句法的影响。契约文书一般都在二三百字，一些文契多达五六百字。大部分文契都书写工整，语言流畅。契约文书多出自民间手笔，土地房屋买卖典押各有情由，田产状况各不相同。契约行文用语朴素生动，通常由代书人用毛笔由右至左竖列书写，文字从头到尾不留余地，数字一般用大写，以防添加篡改。

　　契文首先交代立契人的所在地，姓名（某某府、县、社，某某人）和契据性质。卖契约定不可回赎，通常写作"为立词绝卖私土并瓦家事""一立契断卖由"等字。而执赎契开头一般写上"为立词执赎私土庯事由""为卖赎私土庯事"或"一立词典执由"等字，以示区别。部分文契则按另一种开头形式直接写上"立绝卖文契人／立文契人某某府县社某某人"。契文内容注明交易标的物的各种细节。契据的前半部分交代产业名称、来源、产业坐落、状况及面积四至、承买／典人姓等的说明文字，按照会安民间语言习俗书写；后半部分是出卖或典押的承诺、条规、双方的责任义务及上手契情况等内容。如自交割之日起即归业主受业，交易后双方不许反悔，先悔者要罚款，而原契仍旧生效，立契时间等需一一写明。有的契约中还明确说明买卖双方都要履行的法定手续，以便确定双方的职责。如当地权转移交割之后，业主要承担缴纳赋税义务，而卖方须有无重复交易、来历不明、家内外人不许占拦等信用说明，还须担当不涉买方及一切不明之事。特别是卖契，一般都要写明卖方之责，除在开头申明绝卖外，在后面契文中还要重申"所绝卖之土家，一任买主居住，传子留孙永为己物"或"一交财主居住永不回赎""所断卖之土庸委是己物""自用抵挡不干买主之事"等语。各类契约都有约定承诺的惯例，通常写上"国有常法""若瞒昧、反言何理、及何人争阻""假诈不实、反覆何辞"，则"甘受这钱生息如例、甘受偿所损各铜"或"甘受重罪"等字样，表明了当事人希望"私约"得到官府承认和保护。关于承担违约责任，常常由当事人在契约中约定。

契约文书结束语通用是"故立文字／文契为照用者"或写作"兹绝留契""为此兹词"，表示契据主文的结束。契尾部分即主文左侧写有立契时间、立契人和各关系人（如长辈房亲等作为中间人）的姓名及签字画押。土地契约的构成除买卖双方签名画押外，还需有证见人、书写人等中间人物的签押。为了表示公正性，契约签订时必须有证见人。证见人或称为视诚人、认实人，一般是年长有声望者如社长、乡老等受邀参与，他们的签押上面通常盖着官印，以增加合法性。书写人，或称作／写词人、作／借单人、借字人、借文契人等，负责书写契约，一般由书写端正清楚者担任。签字画押。在立契人和上述有关人员完成书面认同、签字画押等合乎法律程序的手续之后，契约文书才能生效。这时，产权及使用权即归买受方所有。如有以前该产业产权移转的有关契据，也一并交给买主。由于会安地区土地权属关系比较复杂，所以契约双方有何约定，如取赎期限、产业价值及兑付货币名称、数额、收付及利息规定、土地交租纳粮、房屋维修费用负担等，都要在契据中一一写明。

会安契约格式受到了中国汉文契约格式的影响。现存越南国家图书馆的《国朝书契》为汉文文书，其中收录了各种契式。《国朝书契》的版本情况不明，刻版也较为粗糙，现无法予以明确断代。根据契约格式有"统元"（越南语：Thống Nguyên，1522—1527）标示，是越南后黎朝恭皇帝黎椿的年号，时间相当明代嘉靖元年（1522）至嘉靖六年

（1527）。由此推断，越南的契约格式最迟在明中叶定型。《国朝书契》以刻版形式颁布，则显示其已成为标准的文书规范。《国朝书契》收录的契约范本包含完整的格式和要件，即立契者姓名、买卖物品的来源、所在地、面积、价格、支付方式、买方的名字、卖主的签字、见证人的签名等。现举四例格式如下：

1. 断卖田文契（土、潭、池仿同）：某府县州坊社村册庄某色某并妻（或妾）某，缘使用缺乏（或逢路阻，计买不便），有己分田或断买田（或断买田）若干亩，高坐落某处，四至近（所、土、潭、池同前）。兹将上项田（或土、潭、池）断卖与某府县州坊社村册庄某官（或某色）某并妻某，依时价铜钱若千贯钱（或金、绢、布，集成千贯），随立契日交领足讫。断买之田（土、潭、池同）委是某己物，如有瞒昧假诈，某自用知，当不涉买主。从立契后，仰买主一任耕作，传子若孙，永为己物。国有常法，故立文契还买主有照用者。

统元某月　日

立契人：某（押、点指）

证见人：某或借、代书（并如前）

2. 典卖田文契（潭、池同）：某府县卅坊社册庄某色某并妻（或妾）某，因使用缺乏，有己分田或断买田若干亩，高坐落某处，四至近（仿如前、潭池亦同）。今将上项田（或土、潭、池）典卖与某府县州坊社村册庄某官（或某色）某并妻某，依时价铜钱若（或金、绢、布，集成千贯）千贯钱（□钱千贯准银千两），随立契日，交领足讫。所典之田（潭、土同）委是某己物，如有瞒昧假诈，某自用知，当不涉买主。从立契后，仰买主一任耕作，甚时来赎（谓秋田三月期，夏田九月期，潭池有定限），不得固执。国有常法，故立文契二道，各执一道为照用者。

典卖田文：卖交契文，合写两字"开用"两行于界拾贰道（用之土、潭、池，事体并同）

统元某月　日

立契人：某（押、点指）

证见人、代书：（并如前）

3. 交换田文契（仿池、土、田）：某府县州坊社村册庄某官（或色）某并妻某，有己分田（或断买田）若干贰高，坐落某处（四至近如前）及某府县州坊社村册庄某官（或色）某并妻某有己分田（或断买田）若干贰高，坐落某处（四至近如前），缘使两伴田（或土、潭、池）偏在隔远，耕作不便，两相自愿将上项田交换。立契之后，某处田等所丁某伴，各任耕作，永为己物。某田委是范某、丁某己物，如有瞒昧假诈，本人自用知，当不干直伴。国有常法，故立半字文契二道，各执一道为照用者。

立换田文契如典卖田契。

统元某月　日

立契人：范某（押、点指）

如丁某福，则谓"立契人：丁某（记）"

证见、代书：（并同如前）。范某伴（著范某证见）

丁某伴（著丁某证见）

4. 受债文约：某府县州坊社村册庄某（或色）某并妻某，今因使用缺乏，托得某人作一保，就某贯某官（或色）某并妻某家赐借铜钱千贯钱（或金、银、布，价钱若千贯），领取回家应用，自愿生息每月（谓月每贯生息钱千），期在某年月日，备将本息合得足数（年月虽多，息不过本），不敢欠缺，如有过期，坻柜某及保人甘受倍还（保人债四分之，后同）。国有常法，故立文字为照用者。

统元某月　日

佰钱人：某（点指）

保人：某（记）

代书：（并同）

《国朝书契》只是通用格式，会安民众的实际经济活动所涉事项远比此复杂，最终成立的文书会有不少变通之处。下面一件土地卖契可为具体对照：

立绝卖文契人明乡社香定邑池氏苗并弟妇武氏柳等，由前年彼与亲弟前陈宙观同造买私沙土庸一项四尺七寸，东西四近，依如单开内，坐落在本社香定邑地分。于嘉隆十四年（1815）彼亲弟物故，今彼与弟妇年高衰老，用度不敷，致彼等同应将此土庯绝卖许会安社人黎氏阁，依价钱六百一十贯。随立契日交领足讫，仰买主一任居住，永为己物。若彼等瞒昧，假作不实，后日何人争阻，彼自抵当，不干买主之事。国有常法，故立交契为照用者。

一、留交旧刻字一张。

一、又交单申一张。

一、又交旧契一张。

一、又交新单开一张。

明命十年（1829）十一月二十六日

视诚人：明乡社乡老、乡长（同记）

立绝卖契人：池氏苗（点指）、武氏柳（点指）

亲子尤安娘（记指）

亲子陈有福（记指）

作绝卖契人：黎福载（字记）①

　　这份绝卖文书记载了会安明乡社夫人池氏苗、武氏柳等会安妇女将土庯绝卖给会安社妇女黎氏阁的土地交易情况。契约写明立约人、立约内容、立约时间、土庯边界、成交价格等条款，同时也附注了与土地有关的其他上下手文书，还有卖地人的儿子及明乡社的各位见证人的签字画押，成为会安田产交易的典型契约。

二、会安华人田土买卖与华越杂居的社群格局

　　中国东南沿海的华人向外移居是一个长期的历史进程。明乡社是华人移居越南的特殊社群，前人已有不少分析。一般认为，他们在明清之际逃离清朝政权统治，成为"海上明朝"的有机组成，带有强烈的民族

---

① 《会安町家文书》，第28—30页。

情结。李庆新总结前人研究，认为明乡社呈现为两种不同形态，一种是自发形成的华人社区，一种是阮朝在全国范围内将华人居住区改为基层组织形式的村社[①]。在越南的社会系统中，明乡社是有别于越南土著的聚落。不过，明乡社并非封闭性社区。明乡人为了政治和经济因素而移民到会安的中国明朝旧臣，具有较高的知识和才能，越南王朝运用很多优待的政策来招募他们服务朝廷，把相当一部分明乡人册封成会安港口的管理人，以管制港口各国的船舶，承担定价、算计、翻译等工作。会安的税收管理机构中，明乡社控制货物的检验和收税，他们被任命为"该艚"等职，明清之际，朱舜水曾于1645年和1651年两度侨居越南，其间在会安居住12年，他在《安南供役纪事》称："该艚者，专管唐人及总理船只事务。"[②]会安的明乡社群借用商业管理特权以及经商活动，逐渐从明乡社附近的村社买下土田，形成私家房屋，地域范围涉及会安、金铺、清（青）霞、青（清）州、茂材等社。如明乡社的徐琚娘及亲娘徐氏在青霞社买卖房地产的文契即可为例证：

　　立文契人明香社徐琚娘及亲□徐氏和等由前亲母有造买土庸一所四间并土，坐落青霞社地分。东有砖墙，近前□禄土庸及前王祥有土；西有砖墙，近前杨长娘土庸；南近江；北近大路。东西四至据如契内。由丁酉年，彼及前亲□徐氏纶将归东土庸三间并土断卖许夫妻黄喜娘实钱四百贯。存土庸一间，归西留许彼等居住。于兹无有铜钱，乃将归西土庸一间并土断卖与夫妻黄喜娘，依时价钱五百贯。共丁酉年断卖土庸三间并土及兹土庸一间，共钱九百贯，随立契日交领足讫。所断卖土庸四间并土委是己物，若彼等瞒昧假诈，自用抵挡，不涉买主之事。仰买主一用居住，传子留孙，永为己物。国有常法，故立文字为照用者。

　　一、留旧单四张。

　　一、又丁酉年断卖文契一张。

　　一、又执文契一张。

---

① 李庆新:《"海上生明月"：越南明香与明乡社》，《中国社会历史评论》第10卷，天津古籍出版社，2009年，第205—233页。

② 朱谦之点校:《朱舜水集》卷2，中华书局，1981年，第31页。

泰德五年（1782）八月十三日

立文契人：徐琚娘（手记）、亲娘徐氏和（点指）

视诚人：乡长许禄观、陈锦观、吴述观、李春观、孙据观（记）

借字人：林助娘（记）

承抄旧单开：胡文阶（字记）①

　　根据其他契约文书内容，出卖土地业主为黄喜娘，也同样是明乡社人，而不是青霞社人氏。三年之后，该土房被划入明乡社地分。泰德八年（1785）的黄喜娘单开文契予以载明：

　　明香社香胜邑黄喜娘一承开由。兹彼有私林土庸一顷，坐落在本社本庸地分。兹彼承开东西四近具陈于次。香胜处一所林沙土庸一顷一高四尺，东有砖墙，近林玄娘、王祥有土并小陌；西有砖墙，近前杨长娘土；南近至大江；北近大路。由造买有文契，旧例无税。又端以上有字纸一张并已开报详尽依如单内。若彼妄开东西四近不实，则彼甘受家财入官，再受重罪。兹端。

泰德八年（1785）十一月十三日

立单开人：黄喜娘（点指）

借单人名：徒麟（记）

承抄旧单开人：胡廷（字记）②

　　嘉隆十年（1811）所立的一件土地单开文契则记载了明乡社香定邑妇人吴氏盛的土地买卖情形，"造买私白沙土一顷，在会安社地簿虎皮处"，说明此地块属于会安社。嘉隆十六年（1817），吴氏盛子女又将这块土地及房屋卖给社内的明乡人，内容如下：

　　明香社香定邑张至讲、至谆、至诗、氏杏、并伻同明等一立断卖契由。兹彼等前亲母有造买沙土一顷二尺九分并瓦家一座，坐落在会安社

---

① 《会安町家文书》，第168—170页。

② 同上书，第172—174页。

地簿虎皮处。东近前陈宙观砖墙；西近会安社路；南有砖墙，近前吴文才；北有砖墙，近会安社土。东西四近依如契内。兹彼等同应将此土并瓦家断卖与内社人夫妻林成娘，依价钱一千贯，随立契日交领足讫。所断卖之土家任其居住，传子留孙，永为己物。国有常法，故立文契为照用者。兹契由。留交旧契并刻字单开共十张。

嘉隆十六年（1817）仲夏月二十四日

立契人：张至讲、张至谆、张至诗、张同明（手记）

张氏杏（点指）

视诚人：会安社员职本社等（同记）

证见人：张怀琚、张同济、张同洽、张怀瑀（记）

写契人：陈心娘（字记）①

阮朝世祖嘉隆十三年（1814）的土地清丈显示，明乡社成员经过田地房产交易后，形成了华越杂居的形态。许多原来生活在附近村社的越南人出于经商、贸易等原因，也会选择在明乡社地分承买或承典店铺来居住。根据会安契约文书的不完全统计，大致可知情形如下：

表2　交易概况表

年代	立契相关人	籍贯
嘉隆十一年（1812）	卖主黄玉强	花铺社
嘉隆八年（1809）	买主英政	青霞社
嘉隆十七年（1818）	出典者范文政	青霞社
明命十年（1829）	承典者阮文忠	安仁社
明命十年（1829）	买主黎氏阁	会安社
明命十九年（1838）	买主胡余庆	会安社
明命十二年（1831）	卖主范文有	青霞社
嗣德七年（1854）	出典者裴氏仁	会安社
嗣德七年（1854）	出典者裴氏花	会安社
嗣德十九年（1876）	出典者胡德茂、承典者氏武	会安社
嗣德三十年（1877）	出典者潘有信	会安社

---

① 《会安町家文书》，第224—228页。

续表

年代	立契相关人	籍贯
成泰十六年（1904）	买主阮景	安长洲
维新五年（1911）	卖主胡文阶	清州社
启定六年（1921）	卖主阮景、买主武文年	安长洲、安美社
启定七年（1922）	卖主武文年、买主阮文超	安美社、罗寿社

三、分家文书呈现的家财分割与产业交割

家产分割是社会财富流动和重新分配的重要形态，留下大量的财产交割凭证与文书。传统中国文书系统中，分家文书有不少名称，如"分家文书""析产文书""分书""分单""清白分单""议墨合同""遗嘱合同""分关约书""关分合同""阄书""连环阄书""摞书"等。传统越南社会也实施分家制度，《国朝书契》存有两类通用格式。第一种残缺，存留内容如下：

（前缺）敢有违悖，妄起纷争端，定坐不孝之罪。夺其本分。国有常法，故立嘱书于道，付诸子各执一道，为照用者。

一、长男某官（或色）某分田土干高，（潭、园、田、土），坐落某处，四至近某。房屋干间厦，奴婢干人，财物某件（造有计，无即停开）。

一、次男某官（仿前）。

一、长女、次女分（亦仿前）。

一、继□男女分（亦较前□，无即停开）。

一、祭田，分田土干，坐落某处，四至（近某），□□长男某监守，以供祭祀。（唯买者有之，无祭者用之，田率家田土，以十分之为一，香火分交长男监守，如之无长男，用长女。）

统元某年　　月　　日

父：某官（或某色）某（押、点指）

有字记字万姓名，不识字留生艮，左一手，以防久弊。

母：某氏（点指）

证见人：乡长某（官、色）某（押、点指）

本社某（官、色）某（押、点指）

代书：某（官、色）某（押、点指）

　　这是类似于中国"阄书"格式的分家文书，内容包括财产的分割细目。越南的家庭财产分割实行儿女均分制，即儿子与女儿均有财产继承权，长子因主持家族祭祀而获得一份额外的财产。仁井田陞对于这种继承习俗有所说明，认为是中国南方习惯法成对东亚周边国家影响的结果。他对照了南宋法律、朝鲜（李朝）的《经国大典》、安南的《黎律》和日本的《养老令》，发现朝鲜与安南除了对负责祭祀的儿子增加一份额外财产外，其他兄弟姐妹是一律均分[1]。学界对中国南宋时期的室女是否拥有财产继承权有不同意见，尚无定论。邢铁先生延续仁井田陞的观点，即女儿承分是南方的习惯风俗。因南宋时期偏安南方，曾普遍存在女儿承分习俗，但随南宋的覆灭而在中国史上销声匿迹。越南虽然受到了中国律令制度的影响，但属南方风俗圈内，政治拥有相对独立性，反而完整地保留了女性继承权的习惯与律令。

　　《国朝书契》除了有"阄书式"的分家文书外，也有"遗嘱式"的分家文书，一般称之为"父嘱书"或"母嘱书"，格式如下：

　　某府县州坊社村册庄父某官（或色）某，缘妻某先己病故，自念行年衰老，旦夕靡常（或遇某疾病，或因有返行事由），遗下田产未有定分，忍于身后或起争端，所有祖业及新买土、潭、池、奴婢、房屋、财物，预造嘱书分为，逐分留与亲生男女干人及继假男女干人（物即停用），永为产业。其田土等物，委是夫妻己物，与内外亲属之人别无开涉瞒昧及重复交易等事。遗嘱之后，男女依本分，各勤生业，以承祭

---

① 〔日〕仁井田陞：《中国法制史研究·奴隶农奴法、家族村落法》（补订版），东京大学出版会，1981年，第365—392页、第527—545页。

祀。敢有违悖，妄起纷争，定坐不孝之罪，夺其本分。国有常法，故立遗书于道，付诸子各执一道，为照用者。

一、长男某官（或色）某分（如前）。

一、诸子分（仿前）。

统元某年　月　日

父：某官（或某色）（押、点指）

证见人：乡长某官某（押、点指）

本社某官（押、点指）

代书：本社（或某色）某（押、点指）

遗嘱式分家文书相当早地出现在中国，敦煌文书中就有此格式。学界常常认为，遗嘱继产主要用于户绝之家，目的是将遗嘱继产与立嗣继绝合为一体[①]，此论略为武断。古人也有以遗嘱方式"预分"或处置身后财产的举措，宋人袁采在《袁氏世范》中有"遗嘱公平维后患"和"遗嘱之文宜预为"的文书，其中表示的愿望是防止"子孙争讼"。由此可见，"预分"性质的遗嘱式分家文书可能很早传入越南，成为其家庭财产继承的一种格式文本。当然，上述只是文本格式，具体分家仪式和财产内容远比此复杂。在《町家文书》中，嘉隆十三年（1814）的分家文书比较真实地再现了200年前会安的分家形式，现录文如下：

明香社香定邑王建策计并妻名庄氏胜等一立词相分事由。前年前亲母彼有嘱词，已分许彼即王建策私土庸一顷，有立瓦家一座四间并厨家一座三间，坐落在明香社地分香定处，并田一亩七高五□坐落在罗守社地分，现有东西四近至依如单内。于前年，彼妻前徐氏论配合，与彼生□众子二人王氏太、王氏和。后彼妻故命和家财等物所□兵革毁失，厥后再娶庄氏胜为妻，生□众子各名：长女王氏合、王氏义、长男王珠仁、王珠信、王珠僖、王珠俊、女王氏贤共七人。兹彼但念年高衰弱，恐于风雨不期，致彼同立词相分之事，今彼与众子各名同应顺分。许前彼妻众子王氏太、王氏和一分，土庸归东二木位二间。存一分，土庸归

---

① 邢铁：《唐宋分家制度》，商务印书馆，2010年，第201页。

西二木位二间，彼置为香火事。存如私田一亩七高五口，彼留养食老。兹彼乃请本族视诚为凭，许彼相分，此务免其后虑。兹词。

一、所私土庯一顷有立瓦家一座四间并厨家一座三间。内此庯半分归西二木位二间并厨家二间，由彼留为香火事，长男王珠仁官守。内此庯半分归东二木位二间并厨家二间，由彼已分许王氏太、王氏和私物。

以上各于由关土庯，依亲父相分，许彼等已分受领明白，写为三本。一本交在本族执守，一本交在王珠仁管守，一本在王氏太、王氏和执守，免于后日众子纷争。兹词。

> 嘉隆十三年（1814）仲夏月十二日
> 立词相分人：王建策（点指）
> 本族视诚人：刘国珍、刘国珹（手记）
> 妻庄氏胜（点指）并亲女名王氏太、王氏和（点指）
> 王珠仁、王珠信、王珠僖、王珠俊（点指）
> 作词相分人：徒贵（字记）[1]

　　此份分家文书可能因同父异母的兄弟姐妹之间存在财产纠纷，父亲与继母为了免于日后争端，生前立下遗嘱。遗嘱不是家庭财产的最后分割，但已具备分家文书的各个要素，内容写得很周全。从形式上而言，分书可以分为契首、正文、契尾三部分。契首一般会交代分书当事人，阐述订立分书的缘由，说明财产分配的原则等内容；正文是对家产析分情况的具体记载；契尾包括立约时间、分书的签名画押人和分书的半书三部分。该契前言书着家庭全体成员的成长过程以及不得不分家的难处。男性尊长主持分家时，对于自己日后经济保障条件考量得比较仔细，首先要将尊长与配偶的日后生活、养膳费用抽出留下。分家书中对于香火事也规定得很详尽。养膳田产与香火事之所以特别从文契内抽出，为的就是保障尊长晚年生活，不至于分家以后老人家流离失所，无人奉养，衣食无助。为了避免分家后，再发生众子纠纷情形，分家书结尾部分声明："兹彼乃请本族视诚为凭，许彼相分，此务免其后虑。兹词。"分家书后面还细心规定"已分受领明白，写为三本。一本交在本族执守，一本交在王珠仁管守，一本在

---

[1] 《会安町家文书》，第62—66页。

王氏太、王氏和执守，免于后日众子纷争"。

王氏分家后，形成了产业物权各自分管的格局。但一年后，他们兄弟姐妹通过交易方式又合并了财产。王建策与前妻之女王氏太、王氏和将已继承为自己名下的房产绝卖给异母兄弟王珠仁夫妇，具体内容如下：

明乡社香定邑王氏太、王氏和一立契断卖由。前□间彼内祖姚有留来许亲父即王建策私土庯一顷并瓦家一座四间及厨一座三间，坐落在本社地分香定处。于去年彼父但念年高衰弱，风雨不期，乃将此土庯并瓦家、厨家半分。归东二木位二间、西夹香大分土庯并厨家一间乃立词相分，许彼女市妹二人永为私物。至兹彼女市妹家中贫乏，但念亲父相分已分，不忍卖许外人。兹彼同应立词断卖许亲弟夫妻王珠仁实钱三百三十贯，将回用事。随立契约日交领足讫。若彼女市妹瞒昧假诈，自用知当，一任亲弟传子留孙，永为己物。国有常法，故立文契为照用。

嘉隆十四年（1815）季夏日二十日

立契约断卖人：王氏太、王氏和（点指）

视诚人：明香社乡长蔡清观、张禄观、

张得观、李琬观、郭仁观、陈境观（手记）

写契断卖人：参书（字记）①

这份文书内容是家族内部的财产买卖转移，但涉及同父异母的亲属之间的交割，为了避免纠纷，明确物权，由明乡社的六位乡长作为见证人画押于契约。家族财产分割之际，留下祭祀田产，形成了共有产业，即族田、祠田，这些土地进行典押、买卖时，必有族众一起签名画押，个人无法独立做主。下面为由族长等人出面所立文契：

莫盘府延福县富沾下总会安社潘有信并本族等为立词执赎土庯事。缘前彼祖父母有造买私土庯一所十四尺、瓦家六屋，坐落在明乡社香定处地分。于去年月日，彼本族等业已顺应分，置此土为三。内摘归北并此瓦家六屋。东有半砖墙，近阮氏利今居；西有砖墙，近盛发号今居；

---

① 《会安町家文书》，第68—70页。

南有砖墙至井心，又近潘氏科已分；北近官路。东四四近具有执照词
内，置为本族祠堂。兹彼本族等仝应将此置祠土庯归北执于福建帮妇人
谢氏兰实钱五千五百贯，随立契日领取此钱将回，另办他所得便立为祠
堂。其如这土庯交与执居住，或□年颓弊，亦咱执主培补，彼等登记数
干日后，彼等有□据依原契来赎及受培补钱。若何人争阻，反言何理，
则彼等甘受所损各铜，不干执主。为此执赎词。

由留抄单开旧典执文契并执照新文契该八张。

嗣德三十年（1877）十二月十六日

潘有信（手记）

曾氏芳（点指）、潘氏科（点指）、潘氏好（点指）、潘有叔（手记）

潘氏事（点指）、潘氏清（点指）、黎氏（点指）、陈有惠（手记）

证见人：明乡社乡长谢光辉（记）

写文契人：潘有叔（字记）[1]

四、会安华商帮群成员的地产交易与产权流转

华人在越南的经济活动具有多样性，身份也存在差异。1909年成
书的《大南一统志（中圻）》卷5的"广南省·市铺"中对"会安铺"
有所描述："会安、明乡二社，南滨大江。岸两旁瓦屋蝉联，清人居住，
有广东、福建、潮州、海南、嘉应五帮，贩卖北货。中有市亭、会馆，
商旅凑集。其南，茶饶潭，为南北船艘停泊之所，亦一大都会也。"文
献划分了会安的不同群体，明乡社区和越南土著社区独立，聚集于此而
未入籍明乡社的华商帮群，则被称之为"清人"或"清商"。"五帮"华
人聚居的地区集中在港口中心的重要街道（现今是会安陈富街和阮泰学
街），往来都是华人，少与当地民族混合居住。

阮朝初期，即嘉隆及明命年间，会安房地产买卖主要是明乡人之间
或明乡人与越人之间的交易，没有各帮华商参与的迹象。阮朝嗣德时期

---

① 《会安町家文书》，第154—158页。

开始，各帮华商在当地购买房地产。根据文书所提供的信息，可统计寓居明乡社的华商如下：

表 3　华商置产表

年代	立契关系人	所属
嗣德十年（1857）	承典者黄得利	广东帮
嗣德十一年（1858）	买主吕润垣	广东帮
嗣德三十年（1877）	承典者妇人谢氏兰	潮州帮
嗣德二十三年（1870）	买主吕廷辉	广东帮
嗣德三十二年（1879）	出典者黄巨昌、承典者蔡合胜	广东帮、潮州帮
成泰八年（1896）	出典者妇人李氏茶、承典者顺胜号蔡芝荣	广东帮、潮州帮
成泰十一年（1899）	卖主妇人李氏茶、买主顺胜号蔡芝荣	广东帮、潮州帮
成泰十一年（1899）	出典者妇人李氏景、承典者王明合	福建帮、潮州帮
成泰十三年（1901）	买主蔡顺兴号	福建帮
同庆二年（1886）	承典者蔡顺隆号	福建帮
维新五年（1911）	买主陈和源	福建帮
启定七年（1922）	卖主蔡谦、买主蔡柔合	福建帮、潮州帮
保大十二年（1937）	卖主蔡柔合妇人陈氏祯、买主璜合号	潮州帮、潮州帮

地产交易实态有买卖、质典等不同形式，交易范围既有本帮群内部的，也有跨帮群的。如嗣德年间福建帮华商与广东帮华商之间铺户质押契约，内容如下：

广东帮寓明乡社黄巨昌夫妻等为立词执赎桑根土庸事。缘于前年父母有造买留来桑根土庸一顷四尺七寸并瓦家二屋，各有砖墙，坐落在明乡社香定邑地分。东西四近依如原单开内。兹黄巨昌等同应将此土庸并瓦家执赎许福建帮人蔡合胜夫妻现取钱五千贯，限立词日交领足讫。此土庸、瓦家等屋交许执主居住，限三年内将钱来赎。若□限不赎，则这土庸、瓦家同应绝交执主一用征居，永为己物。若后反复何辞，则此钱甘受生息如例。恐口无凭、故立文字留照兹执赎词。

一、留交单开一张。

一、留交旧文契并新旧绝卖词该十一张。留交新执赎词一张。

嗣德三十二年（1879）十二月初十日

黄巨昌（字记）

妻蔡氏（点指）、妹黄氏（点指）

亲子黄皆、黄文奄（字记）[①]

这份契约为质押合同，即广东帮商人黄巨昌夫妻将父母遗留的房产质押给福建帮的蔡合胜夫妇，获取现金五千贯。值得注意的是，这笔借款需要黄巨昌的妻子、妹妹、儿子共同签署，说明是以家庭名义举借的债务，家庭成员承担了还债的义务。另外需要说明的是，由于黄巨昌家族为清商，没有加入越南户籍，只能以附籍明乡社的身份购置地产或者进行土地抵押。

当然，田产交易也产生系列契约或者一组契约反映产权的不断变化。如成泰十一年（1899）签订的一组契约记载了福建帮商人将土庸执赎给潮州帮商人并绝卖的事例：

> 福建帮居明乡社香定邑妇人李氏景并亲子达记、谦记、书记等为立词留执赎桑根土庸事。缘彼有造买桑根土庸一顷征四尺七寸并瓦家二屋，各有上下石板，砖墙具足，坐落在香定邑。东西四近原有单开。兹彼等仝应将此土庸并瓦家执赎许潮州帮王明合并妻，依价钱五千贯，交领足讫。所执之土庸一用征居，限十年内有钱，据契追赎。若过限不赎，则这土庸应交绝卖许执主，永为己物。若后日何人争阻及反复何辞，则彼等甘受这钱生息如例。恐口无凭，乃立词执照。兹执赎词。

由留交旧单开自嘉隆十年（1811）并新旧执赎绝卖词共十三张。又新执赎词一张。

成泰十一年（1899）八月初三日

妇人李氏景（点指）

亲子蔡达记、谦记、书记（手记）

视诚：明乡社里长李青田（记）

写执赎词人：谦（字记）[②]

---

① 《会安町家文书》，第40—45页。

② 同上书，第46—48页。

后来，这份执赎契又在启定七年（1922）转为绝卖契，而债权人在潮州帮内部出现了转移，由"王明合并妻"变为了"蔡柔合号夫妻"，其中有何变故，史料阙如，不得而知。文书交代了财产转移的来龙去脉，华商之间的经济关系和产权交割得以清晰显示：

福建帮人、寓大禄县和美中社蔡谦为续词绝卖土庸事。缘于成泰十一年（1899）月日，忝之母亲及□兄达记并忝又□弟书记有将桑根土并瓦家庸一所，坐落在明乡社香定邑地分，仝应执赎于潮州邦蔡柔合号夫妻价钱五千贯，交领足讫。所执赎土庸，限十年内有钱据契追赎。若过期，则将这土庸应作绝卖许柔合号，永为己物。东西四近，原有单开并新旧文契留照。嗣后年久，这土庸至于□坏不堪，柔合号经多次修葺补造，费银二百八十元，连执赎钱五千贯值银六百七十元，共价银九百五十元。兹忝因年间家务忌腊先人等用，乃就柔合号另增银五十元，将回支用家务，前后共银一千元。忝愿认这土庸实已绝卖于柔合号管业，任其耕征创造，永为己物，中间并无来历不明等情。若后日何人争阻何理，以及反覆何辞，则忝甘受□，并赔偿所损各铜。口恐无凭，乃立绝卖词留照，兹绝卖词。

由留交嘉隆十年（1811）旧单开并新旧契十三张，又续认绝卖契一张，共十四张。

启定七年五月十四日（西历 1922 年 6 月 9 号）

蔡谦（手记）

续写绝卖契：谦（字记）[1]

此时，蔡谦的居住地被描述为"福建帮人、寓大禄县和美中社"，而不是"福建帮居明乡社香定邑"。大禄县和会安市同属广南省，此时可能是蔡氏家族在地域内有所移动，从会安迁居到了大禄县。蔡氏文契内容显示，典执期内还有抵押金的余额，可再要求补上典价的不足，即所谓加价。蔡谦母子的土地已经出典了，但借债尚未还之际，又向承典方要求增添典价。如果典价和加价接近卖价，承典者一方就对这笔交易

---

[1] 《会安町家文书》，第 50—52 页。

感到不满意，要求将其转为绝卖。补充订立"绝留契"的契约，两者加在一起作为买卖的凭证，合理合法地实现了完全的所有权转移。随后经过十余年，潮州帮蔡柔合号又进行了一次房产交易：

> 会安埔潮州帮蔡柔合号妇人陈氏贞并亲子蔡秀岩、蔡秀凯等为立词断卖私土并瓦家事。缘氏等前人有造买私土并瓦家一所，前后相连二屋，门数二百一十八号，坐落在日本路居明乡社香定邑地簿。东西四近依如旧契单开。兹彼等全应将此瓦家并私土全所断卖于潮州帮璜合号实价银六百元，该银即日交认足讫。该瓦家即交买主管业，永为己物。尚后日何人争阻，反言何理，氏等甘受其□。口恐无凭，立此断卖契交买主执照。并交此屋前后旧契单开共十五张，全交买主收执留照此断卖词。

保大十二年五月二十日（西历 1937 年 6 月 28 日）

妇人陈氏贞（点指）

亲子蔡秀岩、蔡秀凯（手记）[1]

五、明乡社老的乡里权威与立契流程见证

明乡社作为华人村社，由华人自发聚居而成。阮氏政权为了加强管理，将其作为特殊的行政单位纳入当地的管理体系主管理自己的村社。在隶属关系上，明乡社直属广南营（省级），而不像越人村社一样由县、府或总管辖，会安契约文书中已得到了证实。明乡社居民所立的契约开头只要简单地写"明乡社某某邑某某人"或明确地写"属省明乡社某某邑某某人""广南省明乡社某某邑某某人"。而非明乡社成员所立的契约，开头一般要清楚地写明立契人所属的府、县、总、社，如"奠盘府延福县富沾下总安美社某某人等"。不过，华人村社被纳入以越人为主的行政系统，但阮氏并未强迫其同化于越人，而是允许他们实行自治。

---

① 《会安町家文书》，第54页。

　　正因为如此，作为一级村社组织的明乡社，是一个"经济特区"。明乡社最早名字为"明香社"，蕴含"对明的忠诚者""延续明朝香火之人"的意识形态情结，该社第一任代表人物均具有"排清复明"的政治倾向。随着时间推移，这一倾向明显淡化，取而代之的是继续扩大发展贸易经济的商业性趋势。明命八年（1827）阮朝圣祖诏令"北客旧号'明香'均改著'明乡'"，《大南实录》也记载"更改各地方的'明香社'为'明乡社'"。这种转变在会安契约文书也有所体现，明命七年（1826）前所立的契约文书写的是"明香社"，明命七年（1826）之后所立的契约大部分写成"明乡社"。在明命七年（1826）十二月十六日所立的契约记录如下："明香社香胜邑人林成娘、吴氏峻等。"契约作为民间经济文书，也有个别的契约仍沿用"明香社"之称，如明命十二年（1831）十二月十日所立的绝卖契约仍旧使用"明香社"这一社号。

　　此外，同庆二年（1886）五月初十日所立的一份"卖赎词"则用另一个社号——"清乡社"写入契内，而立契人正是该社的乡长。契约内容具体如下：

　　清乡社乡长陈有觉并亲子陈文仕等为卖赎私土庸事。缘年前有私造买土庸一所归北并瓦家六屋。东有半砖墙，近今王氏□土庸；西有砖墙，近合发号土庸；南有砖墙，通至井心为界；北近官路。四近依如原契内，坐落在本社香定处地分。兹因家事亏本欠需，应轮将这土庸一所共瓦家六屋卖赎与福建帮莱顺隆宝号夫妻依价钱九千贯，随立契日交认足讫。这土庸轮交买主官业，仍限十五年内。若有备钱来赎甘受生息，如例十五年外，以如原本追赎。尚何人争阻，则受所损各铜。恐口无凭，故立文字留照。兹卖赎词。

　　一、留交抄单并新旧文契一本共十张订后。

同庆二年（1886）五月初十日

陈有觉、陈文仕（手记）

视诚：里长陈有觉、李诚壁（仝记）

写卖赎契：李广业（字记）[①]

---

① 《会安町家文书》，第162—166页。

　　明乡社按"会同社务"的形式组织行政管理机构，包括该社、乡老、乡长、正长、副长、通事和甲首等职位。该社是明乡社成立之初的最高行政长官，是社与政府以及其他村社之间的联系人，常由在当地官衙或膳务司任职的人担任。乡老是社里威信较高的老人，代表全乡的老人并是乡会的主持者。乡长由社里名望高且有经验、实力的人担任，年岁大了以后有可能成为乡老。从会安契约文书中的证见人通常有乡老、乡长、里长，他们证实契约签订过程，具有担保责任。若在明乡社范围内发生土地纠纷，该社的乡长就需要出面处理纠纷。如嗣德二十三年（1870）由明乡社乡长所立的一份土地度词记载如下：

　　属省明乡社乡长邱嘉福、王胜善、李善述仝为度分土庸事。照据社内故李明早原于嘉隆十年（1811）三月日承开私沙土庸二所，连络合成一顷，坐落在本社地分香定处，实土一高一尺七寸。留来伊长子李长正及弟克诗、克讲于嗣德十年（1857）六月日该等仝契将此土归东一所，典与施氏惠执取该等认钱一千五百贯，以广营生。至嗣德十一年（1858）七月日，兄弟转将这土庸绝卖许广东帮人吕廷辉取钱二千二百贯赎来氏惠，存剩下于兄弟认销。往嗣德二十二年（1869）十月日，克诗父子抵衙□各理在单，业承批，此土庸□非祠堂，而从前执与氏惠。契内具有该兄弟仝记后卖与廷辉，宜交归东土庸与该买主居管，各理在案。兹遵批复下度。归东土庸一所实土六尺六寸二分零里二毫，交该买主吕廷辉管业，受纳官税，永为己物。为照用者。兹度。

　　一、截归东私沙土一所，六尺六寸二分零里二毫，东近许氏智私土；西近李明早砖墙；南近大路；北近吴氏和私土。

嗣德二十三年（1870）七月初二日
乡长邱嘉福、王胜善、李善述（仝记）
写度词：蔡而进（字记）[1]

　　19世纪的越南乡村组织机构越来越精简。社会基层组织即村社组织主要由"社长"这一职务负责管理。与越南其他村社相同，明乡社

---

① 《会安町家文书》，第112—116页。

拥有自己的印章。乡老、乡长作为契约的视诚人，需要在契约上签名、盖章。到嘉隆年间（1802—1819），阮朝政府曾颁布了改组行政机构的政策，其中包括改组乡官机构。但到明命年间（1820—1840），这一政策才真正在各地得到落实。这时村社机构的最高行政职务为"里长"，拥有个人的印章。会安契约文书中明乡社乡官机构大约从成泰十一年（1899）起开始出现"里长"。

阮朝建立后，在相对安定的政治环境中，越南社会经济与华人商业活动迅速恢复，会安港埠也得到缓慢的重建。但自19世纪末，由于河流淤塞，一些西洋大船进出会安港区遇到困难，逐步转移到其他港口，导致该港埠商业经济日益衰退。1888年，法国入侵越南，阮朝被迫将河内、海防和沱㶞（即岘港，当时法国人称该地为"Tourane"）割让给法国。这些让地由印度支那联邦全权长官直接管理，不再属于顺化政府统治之范围。1908年，法国在沱㶞设立殖民统治机构，称为"沱㶞市管理会同"。法国将沱㶞建成一个在越中部的殖民地城市，影响了会安明乡社的法律性文件签署。成泰、维新、启定时期，会安明乡社的一些土地契约文书里出现两种印章，一是阮朝成太皇帝的印章，一是法国殖民势力的印章。这说明在会安地区土地买卖成交后可能还要经殖民政权认可，由该政权收取定额契税。

六、结语

中古学者余欣对契约文书的流动性和多元性提出了一些研究思路：1. 从不同时代契约形制的变化去把握整个中国契约发展史；2. 从不同地域的契约文书和文献记载的异同去理解中国契约形态的多元性；3. 从中国和周边国家契约制度的比较去透视东亚律令体系的互动性；4. 从中国与同时代分属不同法系的国家观照中去探索中外比较法学的新理路；5. 从汉文契约与少数民族契约的联系去梳理中国文明的形成过程；6. 从中国与世界各国（尤其是欧洲）契约观念差异去思考中国为何未能产生"社会契约"思想的问题，建构"中国契约思想史"，并以此作为建立文明间对话的新纽带。[1]

这些研究思路指向非常明确，即关注契约文书作为文本，如何与周边族群或者国家发生多元互动。汉字语法作为中原文书系统的基础要素，通过官方文书和私人契约与不同族群产生着各种接触和交流。契约文书作为中国人生活方式以及配置社会资源、确定产权归属以及社会身份的文字性证据，不仅在帝国拓殖边疆、海外移民中发挥作用，还有力地支持了近代早期中国人的贸易和垦殖，影响到国界之外或者周边族群的文化系统，使得这些地区形成契约制度，这是契约文书演进的另一面貌。如果将契约文书所指向的社会经济活动以及由此而产生的书写形态视之为契约文化，那么其变迁可视之为一个文化运动，具有文化迁移和模仿的过程，既表现有"趋异"和"分化"，也表现为"融合"和"同化"。

16—17世纪，亚洲海洋世界显示了越来越强的开放性，长距离交易的活跃和人口的流动，使得海洋世界不再是一个孤立的水上世界，而是民间与官方、大海与陆地进行政治、经济和文化交流的场域，不同海域通过港口城市的中介与世界有了密切联系。在以港口城市为基点的高度发达的经济网络中，形形色色的人群聚集在一起，进行多元的文化、语言和宗教交融，不同文字的经济文书被移用、传承。华人在会安较早地开展了商业贸易活动。1613—1618年，在秋盆河北岸形成了唐人街。经过了较为稳定的一个半世纪的发展期，华人成为会安城市经济人口的主体，达到了6000多人[2]。

越南的文字系统受中华文化影响很深。13世纪，他们借用或仿照汉字创造了汉喃字，用于书写地名、人名、告示等。喃字是按照汉字的构字方式，并以汉字表音、表义创造而成，书写比汉字复杂，表音也相当困难，笔画也较为烦琐，使用范围限于少数群体，因此未能取代汉字在社会各阶层普及。明代大批华人移居越南，他们带来了越南上层精英喜好的中华典籍，四书五经等经典得以广泛流传，普遍使用的民间文

---

① 余欣：《胡天汉月——海外中国古代契约研究史略》，《国际汉学》第7辑，大象出版社，2000年，第384页。

② 陈荆和：《十七、十八世纪之会安唐人街及其商业》，《新亚学报》1957年第1期。

献也渗透到了日常生活。越南以国家名义颁布的标准格式——《国朝契式》，明显受到汉文契约格式影响，比如田产交易契约即由立契人姓名、所卖土房名称、面积、土地坐落四至、买主姓名、土地价格、付款方式、买主享受的权利、土地权属的转移、交易的时间、见证人、契约文书书写人等十多个部分组成，成为标准范本。《町家文书》是会安民众保留下来的产权凭证，贯穿了黎朝末年、西山政权和整个阮朝 200 余年的时间。从格式看，《町家文书》大部分是属于土地、房屋等物权的交易文书，与《国朝契式》的文书构造基本一致。

任何物权交易形式都依托在政治、法律制度及社会、经济模式和民间习惯的大背景之下，以最普通的方式呈现社会日常生活的运作。契约文书与民众的生活形态紧密相联，契约秩序即社会秩序。本文讨论的契约包括越南人、明乡人和清商的诸多田产交易活动，由此探索会安当时的民风习尚的演变历程及其文化特征。这些契约文书与中国传统契约文书所展现的社会历史不同之处有两点值得关注：

第一，妇女在田地买卖和契约活动具有相当突出的地位，她们具有财产处置权，这与中国传统契约文本的格式较为不同。在越南的家庭中，女性具有比较高的地位，她们不但是家庭主妇，而且有一定的家长权力。她们有资格参加家族祭祀，家中重大事件也要丈夫与妻子一起商量，《国朝契式》中契约格式注明"某（或色）某并妻某"，说明了夫、妻、子财产占有的平等权利，就是越南社会经济的真实反映。明乡社华人虽然带有中国移居社会的特点，但也要按照地方经济习俗和被改造文本行事。与中国传统社会经济活动不同的是，越南妇女不少人从事商业，家庭经济一般由妇女打理。会安属于商业社会，流动性强，妇女的作用就更为突出，拥有比农村妇女更大的不动产的处置权，田产买卖往往由女性家长主持，晚辈男性附属其后，属于配角身份。

第二，明乡社和清商是代表不同时期进入会安进行商业活动的华人，他们作为契约活动的主角，显示了华侨在海外的社会经济形态。王赓武先生曾分析东南亚华人网络的历史作用，他认为东南亚侨居的华人以高度特殊化的家族体制和宗族性的村落构成了华人社会小群体的自主性特点。从契约文书看，会安华人社会特征的家族体制和宗族村落的迹象并不明显。甚至可以说，家族在会安商业社区所能发挥的作用相当有限，血缘或拟血缘集团在契约文书签订中的作用相当有限，因此担保、见证与中人与中国传统契约实践的诸要素无法等同。在契约文书订立过程中发挥作用的是具有相对自治权的明乡社及长老。越南政府将明乡社作为华人自治的基本单元，设立了该社、乡老、乡长、正长、副长、通事和甲首等职位进行综合管理，他们介入了契约文书实施的各个环节。比如证见人通常由乡老、乡长、里长担任，他们见证契约签订的过程，具有担保责任的身份。若在明乡社范围内发生土地纷争，就需要出面处理纠纷，显示了乡里权威确保契约有效性的作用。

民间文献与区域民间信仰图景的建构

——以明清以来梅山文化圈神像发愿文为中心 *

李慧君 **

摘　要： 明清以来湘中地区神像发愿文记录有造像人姓名、家庭成员、居住地址、所造神祇身份、造像缘由、开光时间等信息，是关于梅山宗教文化的地方性知识宝库。以信奉者群体自身产生的零次文献——发愿文为中心，以官方文献为辅助参考，有助于确定梅山文化圈的核心范围，建构梅山宗教信仰神祇谱系，勾勒梅山民间信仰和实践的整体面貌与特点。如此才能拨开梅山文化的迷雾，讲述真正接近历史事实的、完整的故事。此类民间文献的利用对打破乡土社会研究中史料匮乏的困境，纠正"他人话语"的偏颇具有重要意义。

关键词： 梅山文化　民间信仰　发愿文　木雕神像

　　"梅山文化"是 20 世纪 80 年代初提出的文化概念，指湖南中部"古梅山"地区的文化现象。[①]梅山文化以原始泛神信仰和巫觋崇奉习俗最具特色，是中国南方瑶、苗等少数民族宗教文化的典型代表。民间信仰是梅山文化的主核。然而，由于该文化的传承多依靠口口相传，文字记载稀缺，且目前使用的"史料"往往局限于中央编纂或监修的官方文献，其编者或作汉文化本位、"他者视角"下的只字片语描述，或因语言和思想隔阂彻底忽视，对于梅山民众信仰生活，学界至今依然以"信巫鬼、重淫祀"笼统概之，致使原本已过于神秘的梅山文化形态愈加模糊和混沌。

　　民间文献是指直接产生并保存于民间的文献，与传世典籍文献、地下考古文献构成了理论上的文献"全宗"。[②]因其生于草根社会，多具一定规模，不仅很大程度地弥补官方文献匮乏带来的认知空白，更成为研究某一地域或族群的历史文化信息第一手"自我视角"的知识宝库。梅山宗教文化相关的民间文献通常包括经书科仪、唱本、神谱等各式文书抄本及碑刻、神像图等，它们是梅山民间信仰的载体和具象表达，对研究该地区的宗教、民俗文化乃至思维、生活方式皆具重要价值。鉴于

---

* 本文系湖南省哲学社会科学基金青年项目"清代以来湘中地区木雕神像与发愿文整理研究"（项目编号 20YBQ059）阶段性成果。

** 李慧君，湖南博物院副研究员。

① 刘铁锋：《梅山文化概论》，《娄底师专学报》1997 年第 3 期。

② 乔福锦：《挖掘民间文献的多重价值》，《人民日报》2009 年 7 月 17 日。

此，本文以尚未引起学界足够重视的湘中地区木雕神像发愿文为中心，结合以通史、地方志、宗教经典等官方史料，尝试建构明清以来梅山文化圈民间信仰和实践接近历史事实的、完整的图景。

一、梅山文化圈神像发愿文概况

湘楚古梅山地雕造、祭拜木雕神像的传统古已有之，唐韩愈途经耒阳（今湖南衡阳市下辖）时曾作"偶然题作木居士，便有无穷求富人"，此处"木居士"即是对木雕神像的戏称。神像除造像本身，造像背部龛洞（亦称"臓箱"）还另封藏有发愿文、草药、纸钱等物。其中，发愿文又称"意旨""造像记"等，其内容简繁有异，但在体例上遵循一定的范例，通常包括造像人居住地址（凡界地址和神界地址）、造像人身份、所造神明身份、造像目的、开光时间、符文、开光人和书写人等信息。例如，清乾隆三十五年（1770）安化县信士开光立像的"南无慈悲救苦观音大士"像发愿文（图1）上书：

今据：大清国湖南道长沙府安化县下都河丘保楠木寨小九溪［凡界地址］，田茶湾庙王上岩嘴土地［神界地址］分居住，奉神雕刻，保安信士胡□惠、室人黄氏；男胡志乐、□黄氏，志榜、□黄氏，志栋、梁黄氏；孙男贤吉；父亲胡宝，佑保合家眷人［造像人信息］。□为因自于己丑年，为因九月内，为黄氏身体不安，星辰少顺［造像缘由］，诚心叩许南无慈悲救苦观（音）大士圣像一尊［神像身份］，今取庚寅年九月十七日酉时开点光明，永锁家堂，迎祥赐福，丏保合门清吉，人眷平安，男鲁有福，女纳千祥，耕种盛意，牧养兴肥，来财顺意，谋望亨通，光（官）非远殄，丙（火）盗肖（消）除，老者赐无疆之寿，少者招有道之财，年年堆金积玉，岁岁□亲□肥，栗人□□，屋润家肥，有等九言，万般余意，化在光中，全叩保佑［造像愿目］。乾隆卅五年九月十七日［造像时间］。

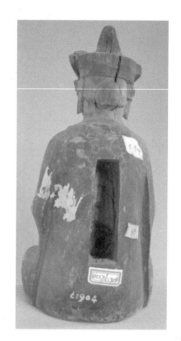

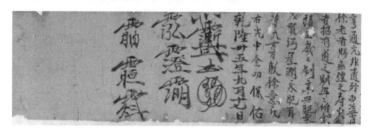

图1　南无慈悲救苦观音大士像正面、背面龛洞和发愿文
安化　1770年　像高22.8厘米　湖南博物院藏

后绘符文。

　　神像在家宅神龛上日常供奉并世代相传，每尊神像均配备有一卷或传袭过程中重新开光后留下的多卷发愿文。发愿文承载了梅山文化圈乡土社会底层民众特定时期的信仰、观念和社会生活信息，是研究该区域宗教文化不可替代的零次文献。但由于岁月腐蚀、运输过程中遗失、对

其意义不明而人为舍弃等原因，目前收集到的半数以上神像臟箱内的发愿文已缺失，留存下的发愿文更显珍贵。

自 20 世纪 70 年代末，英国学者基思·史蒂文斯（Keith G. Stevens）教授最早关注到流转至香港古董店的清代至民国时期十余尊木制雕刻神像以来，湘中神像开始引起国内外学者关注，并围绕这一现象展开过宗教学、艺术学、人类学、民俗学等方面的探讨。[①] 随着研究深入，承载重要文字和图像信息的发愿文亦浮出水面。当前聚焦发愿文的研究成果主要有：中南大学中国村落文化研究中心胡彬彬教授主持的"长江流域宗教文化研究"课题项目组收集长江流域发愿文约 1500 卷并产生了《从清代湖南佛教造像记看民众的信仰》[②]《明清时期长江流域的佛教造像愿文》[③] 等系列成果；巫能昌先生《清代以来湘中神像雕刻原因初探》等文对神像雕造的因由进行了归类。[④] 整体而言，梅山民间信仰谱系庞杂，神祇众多，前者关注的主要为佛教一条支脉；后者重点提取了发愿文中造像缘由信息进行分析。然而，发愿文蕴含着丰富的地理、社会、思想文化等民间信仰全方位信息，均值得进一步发掘整理。

本文使用的神像发愿文来源主要包括：湖南博物院收藏有湘中地区清代以来木雕神像 900 余件，其中 800 余件为长沙海关 1984 年移交给湖南博物院的查获没收的走私品。遗憾的是，湖南博物院获得此批藏品

---

① 国内外代表性研究成果如：Keith G. Stevens, "Altar Images From Hunan," *Journal of the Hong Kong Branch of the Royal Asiatic Society*, 1990 (Vol. 30), pp.298–299. Michela Bussotti, "Observations sur les sculpteurs de statuettes religieuses du Hunan," *Cahiers d'Extrême-Asie*, Vol. 19, 2010, pp.135–181. Patrice Fava, *Aux portes du ciel: La statuaire taoïste du Hunan: Art et anthropologie de la Chine*, Paris: Les Belles Lettres, 2012. 胡彬彬、李方：《长江流域民俗文化与艺术遗存：像影迴光》，湖南大学出版社，2013 年；陆序彦：《梅山乡土木雕》，湖南人民出版社，2014 年；Alain Arrault, translated by Lina Verchery, *A History of Cultic Images in China: The Domestic Statuary of Hunan*, The Chinese University of Hong Kong Press, 2020.；等等。
② 胡彬彬、李方：《从清代湖南佛教造像记看民众的信仰》，《贵州大学学报·艺术版》2013 年第 9 期。
③ 胡彬彬、吴灿：《明清时期长江流域的佛教造像愿文》，《世界宗教研究》2015 年第 2 期。
④ 巫能昌：《清代以来湘中神像雕刻原因初探》，《世界宗教研究》2018 年第 6 期。

时，仅有 100 余件发愿文保存于神像内。[①] 长期致力于中国南方神像信息收集与研究的法国远东学院研究员、社会科学高等研究院华澜（Alain Arrault）教授带领团队组建"湖南神像"数据库。[②] 除此之外，中南大学中国村落文化研究中心收集的长江流域佛像发愿文，安化县梅山文化博物馆、夏国安艺术博物馆等机构，地方资料室、档案馆，美国及中国台湾地区、湖南地区的民间藏家处收藏的木雕神像发愿文亦被纳入本文材料范围，能够较为系统地体现明清以来梅山文化圈民间信仰的神祇体系、地理范围、民众崇拜观念及族群特点。

二、湘中神像发愿文与族群信仰图景的建构

历史上，居住在梅山地区的族群曾先后被称为"长沙蛮""湘州蛮""梅山蛮"等。[③] 宋代开梅山时，居住在湘中古梅山地区的原住民"梅山蛮"包括现在的瑶族、苗族、侗族、土家族等多元族群。[④] 所谓梅山文化，所指的即是此楚人支脉"梅山蛮"携带并延续至今的文化现象。那么，梅山文化的地理范围究竟如何？其宗教信仰神祇谱系是何样貌？有何地域特点？民众因何信仰各类神祇？……民间文献因其基层性、原生态性，对于历史骨架血肉的填充无疑具有无可比拟的优势。以

---

① 笔者在田野调查中获知，神像为家庭中神圣之物，一般情况不会售卖，市场中交易的神像多为盗窃者盗得后卖出。部分知道神像背后封存发愿文的偷盗者会损坏发愿文，避免其上记录的来源信息流出引起不便。

② 法国远东学院"湖南神像"数据库网址：https://www.efeo.fr/statuettes_hunan/。在此特别向华澜教授对数据库的建设、慷慨开放和对本人的悉心指导帮助诚挚谢忱。

③ 从时间线路和活动区域来看，"长沙蛮"应是指秦汉长沙郡领地内的蛮夷族类。西晋末年，由于行政建置的变革，"湘州蛮"取代了"长沙蛮"。经过魏晋南北朝时期的大动荡之后，在历代封建统治者的军事镇压下，大部分"长沙蛮""湘州蛮"持续向南和向西南迁徙，其中"长沙蛮"中分化出一支"莫瑶"，晋以后曾居住于今湘中、湘南一带，至宋集结留居雪峰山北段的梅山一段，故唐宋史籍中出现了"梅山蛮"。由此，"梅山蛮"实际是湘楚大地上唐宋之前"长沙蛮""湘州蛮"的后裔。

④ 张泽洪:《宋代梅山蛮族属考释》,《中南民族大学学报（人文社会科学版）》2015年第 4 期。

对湘中神像发愿文的考察为基础，经与官方文献、地方文献等结合和比照，可勾勒出如下梅山文化圈民间信仰的图景。

（一）明清以来梅山文化的核心范围

梅山文化的具体范围是何？据《宋史·梅山峒蛮传》，"梅山峒蛮，旧不与中国通。其地东接潭，南接邵，其西则辰，其北则鼎、澧，而梅山居其中"。① 道光《宝庆府志》亦载："梅山十峒为新化、安化二县之总名。"② 峒，指山洞，多用于山地名；而所谓"峒蛮"，乃是唐宋时期对居住在中国南方地区少数民族的泛称。③ 此地东有九关十八锁的天然屏障，其余三面有雪峰山及其支脉环绕，一个名为"梅山蛮"的民族世代居住于梅山峒，政治上不归中原王朝管辖，经济上不与内地交通，是"不与中国通"的化外之地，国中之国。梅山东边的边界是潭州的益阳、宁乡、湘乡，南边的界限是邵州的邵阳，西边为辰州的沅陵，北边为定州的武陵、桃源。"梅山居其中"，夹在这这间的区域，自然就是宋熙宁五年（1072）章惇开梅山所设置的上下梅山新化、安化二县④。

明清以来梅山文化圈的范围是否与"古梅山"的地理区划一致？法国远东学院"湖南木雕"数据库收录的神像涵盖湖南博物院藏 870 件、法国远东学院范华（Patrice Fava）先生藏品 900 余件，湖南藏家颜新元先生藏品 1300 余件，台湾政治大学李丰楙教授藏品 400 余件，总数量达到 3500 余件，发愿文达 1500 余份，材料范围和规模均能在较大程度上代表湘中神像产地实际情况。经统计发愿文中来源地信息，写明造像出自安化地区的为最众，共计 376 例，宁乡（277 例）、新化（189 例）位居其次，益阳（52 例）、湘乡（43 例）、邵阳（13 例）、武冈（8 例）

---

① ［元］脱脱等撰，刘浦江等标点：《宋史》卷 432—496，吉林人民出版社，1995 年，第 9748 页。

② ［清］张镇南修，［清］邓显鹤纂：道光《宝庆府志》卷 60，清道光二十九年（1849）刻本，第 1821 页。

③ 李德洙、梁庭望主编：《中国民族百科全书 11》，世界图书出版西安有限公司，2015 年，第 209 页。

④ 《宝庆府志》载："熙宁五年，中书检正章惇经略湖南北，开复梅山，析其地为二县：安化为下梅山，隶潭州；新化为上梅山，隶邵州。"［清］梁碧海修，［清］刘应祁纂：康熙《宝庆府志》卷 2，清康熙二十三年（1684）刻本，第 165 页。

与隆回（4 例）等地亦有一定数量出产。[1] 可看出，木雕神像很大比例出自新化、安化，其他产地也大多处于文献中所载"古梅山"覆盖的湖南中部地区。这显然绝非巧合，而是充分证明了梅山文化是木雕神像的孕育场所，集中产地安化、新化等正是梅山文化的核心区域。华澜、米盖拉先生亦指出，木雕神像在广西、江西、四川等地也有零星发现，但应为宋代以后湘中居民南迁所致，湖南是此类神像的大量出产地，就目前所了解的情况来看，也是唯一出产地。[2]

1. 梅山文化的核心区域：新化、安化

木雕神像的数量半数以上来自新化、安化两县——梅山文化的发源地。新化自古为梅山旧地。康熙《宝庆府志》载："新化县，秦属长沙郡，汉属长沙国，本益阳县旧梅山地。"[3] 至于安化县，同治《益阳县志》按《明一统志》："安化县，本秦益阳县地，历代为梅山地。宋立五寨，以谨防御熙宁闲，始置安化县。"又按《方舆纪要》："安化县，汉益阳地，后为梅山蛮地，宋初立五寨，熙宁六年始置安化县，属潭州。"[4] 另据康熙《宝庆府志》："熙宁五年，中书检正章惇经略湖南北，开复梅山，析其地为二县，安化为下梅山，隶潭州；新化为上梅山，隶邵州。"[5] 可知，位于梅山故地雪峰山北麓新化县下游的安化县（历代均属"梅山蛮地"的范畴），应为宋开复梅山后新设置的行政辖区，自熙宁六年（1073）起正式成为"下梅山"。

2. 核心圈的扩大区域之一：东部宁乡等地

与官方文献中对梅山范围的界定有一定出入的是，明清以来湘中木雕神像的第二大产地为宁乡，其出产神像的数量 277 件，甚至超过了

① Alain Arrault, translated by Lina Verchery, *A History of Cultic Images in China: The Domestic Statuary of Hunan*, The Chinese University of Hong Kong Press, 2020:16.

② 〔法〕华澜、米盖拉：《明代以来湘中木雕神像研究》，李国强译，载陈子艾、华澜主编：《湘中宗教与乡土社会》下，宗教文化出版社，2006 年，第 254 页。

③ 〔清〕梁碧海修，〔清〕刘应祁纂：康熙《宝庆府志》卷 2，清康熙二十三年（1684）刻本，第 165 页。

④ 〔清〕姚念杨、吕懋恒修，〔清〕赵裴哲纂：同治《益阳县志》卷 1，清同治十三年（1874）刻本，第 153 页。

⑤ 〔清〕梁碧海修，〔清〕刘应祁纂：康熙《宝庆府志》卷 2，清康熙二十三年（1684）刻本，第 165 页。

"上梅山"新化县的 189 件。究其原因，固然有藏家主观、客观选择，发愿文信息不全带来的统计偏差，但其中的历史原因不容忽视。

据康熙《新化县志》："后章子厚开梅山，民皆逃奔宁、邵等县。"[①] 宋开梅山前后，新化原住民大量流亡，后世人口构成多为外地迁入；而逃亡的梅山初民中，人口较大比例来到了宁乡、邵阳。明《三才广志》载："安化县东南七十里，旧名青羊山，与大沩山（今宁乡县内）相接，奇峰迭耸状若芙蓉，中有芙蓉洞。"其后有"移风山"词条，"安化县东南七十里，梅山猺人于此从化，名取移风易俗之义"。[②] 可知，定居于大沩山一带与芙蓉山相邻的"移风山"居民即是宋开梅山时，逃离梅山故土的那部分"梅山猺人"。此部分移民带来的梅山文化亦在宁乡地区生根存续下来，使得宁乡成为梅山核心区外木雕神像最多的产地。

除宁乡外，大沩山群山周边的桃江、益阳、湘乡等地区亦成为宋及后代"梅山蛮"的迁徙地及木雕神像的重要产地，同时亦是梅山文化的重要区域。

3. 核心圈的扩大区域之二：西南隆回、武冈等地

西南隆回、武冈等神像产地严格意义上并不属于原"古梅山"的范围。宋开梅山后，政府征税镇压和元末明初湖南连年战祸兵燹，"梅山蛮"主体瑶、苗等土著民族逐渐离开梅山，向西、向南，往更偏僻、更荒蛮的山区迁徙。这一时期，"湖南瑶族大量向两广边境迁徙，遍布湖南辰州、沅州、靖州、桂阳、郴州和两广边境的连州、贺州、邵州"。[③] 上文康熙《新化县志》中亦载，开梅山前后，"梅山蛮"除向东部大沩山一带逃亡，西南方向的邵州同样为重要的迁徙地。"乾嘉苗瑶起义"（1795—1832）被镇压后，许多梅山土著在清廷的高压政策下迁徙，部分迁到今新化西南的隆回、洞口、绥宁、城步等地，甚至湘西、黔东南、川、滇、桂、粤乃至东南亚等地。[④]

① 故宫博物院编：康熙《新化县志·重修会同县志》，海南出版社，2001 年，第233 页。
② ［明］吴玟撰：《三才广志》卷 56，明刻本，第 2199 页。
③ 《瑶族简史》编写组编：《瑶族简史》，广西民族出版社，1983 年，第 128 页。
④ 李新吾：《梅山土著寻踪》，冷水江市政协文史学习委员会编：《梅山蚩尤文化研究 4》，湖南冷水江市政协，2004 年，第 285—286 页，引《湖南日报》2003 年 10 月 8 日 B3 版。

历史地理概念上的梅山，是指湖南中部以安化、新化为中心的湘中地域；然而，神像发愿文及散布于中国南方乃至海外少数民族族群中的《游梅山书》、《评皇券牒》、神像画^①等民间文献，却可印证作为文化范畴的梅山，范围要广阔很多。正如挪威人类学家弗雷德里克·巴斯（Fredrik Barth）所指出的，族群是文化承载的单位，而一个族群的边界，并非是地理的边界，而主要是"社会边界"。^②梅山文化圈的范围同样是一个非纯地理的，需要依凭社会文化属性来界定的，且由此活态化、与时俱进的超地域概念。上、下梅山所在地安化、新化毫无疑问是梅山文化的祖源之地和核心圈，而随着族群迁徙，梅山文化的范围也随之扩展至湖南东、西南等地区，又沿南岭走廊延伸至广西、广东、贵州、云南等地。于是，承载着古老梅山文化血液的外迁先民，在迁徙的过程中亦将其神灵信仰和习俗携带至中国南方及世界各地，形成了梅山文化的辐射圈。

（二）神祇类型与梅山地方神

1. 神祇类型与比例

明徐学谟撰《湖广总志·杂纪》载湘南明代瑶巫祭祀习俗："巫有练帛，长二三丈，画自盘古而下，三皇、五帝、三王及诸神，靡所不有。"^③梅山后裔瑶族民众信仰世界中"靡所不有"的众神殿堂可见一斑。经结合发愿文统计造像类型，可发现明清以来流行于梅山大地的神祇类型既有本土巫教（又称梅山教、师公教、扶教、元皇教等），又有大量道教和佛教神祇。据法国远东学院"湖南神像"数据库及湖南博物院馆藏数据（图2），湘中地区木雕神像以梅山地方性神祇为主要造像对象，特别是各类师公像占据了整批造像的半数左右。梅山地区供奉的道教神祇包括关公、南岳圣帝、司命灶神、药王孙思邈、鲁班、

---

① 梅山蛮的主体族群瑶族存用的《游梅山书》、《评皇券牒》、神像画等同样是考察梅山文化的重要民间文献，目前在湖南、广西，以及法国、越南、泰国等地均有发现。

② 〔挪〕弗雷德里克·巴斯主编：《族群与边界——文化差异下的社会组织》，李丽琴译，商务印书馆，2021年，第4—10页。

③ 〔明〕徐学谟：万历《湖广总志》第95卷，明万历十九年（1591）刻本，第3649页。

元帅天君、真武大帝、雷神、土地夫妇等，神像总量位居第二。佛教神祇以各式观音像为最众，另可见少量的释迦牟尼、阿弥陀佛、罗汉等佛像，类型和数量均低于前两类。受收藏者主观喜好、交通便利与否、价格高低等原因影响，湖南博物院与法国远东学院的藏品构成与当地实况难免存在差异，尽管如此，图2显示的分布数量仍能在一定程度上体现梅山民众宗教信仰的大致情况。

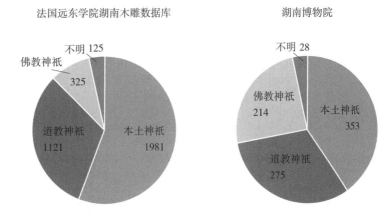

图2　造像题材与数量示意图

2. 梅山地方性神祇

透过神像发愿文可知，明清以来，梅山地方性神祇主要包括各村落的师公、梅山主神张五郎、梅山猎神及樟树神等自然神。

（1）梅山民间信仰的内核：师公崇信

师公"神祇化"是湖南极具地方特色的现象。师公像在梅山本土神祇像中比例最高。以湖南博物院收藏为例，在353例本地神祇像中，师公类塑像数量高达324例。从发愿文记载可知，梅山师公，也称"家主""家主菩萨""地主""度师""太公""阴公"等，实际身份是造像人本族、本村落或附近村落通过程式化仪式以达到调遣鬼神、驱邪禳灾目的的巫师。楚俗尚巫，"楚人之奉巫过于奉王令，宁违王禁而不敢违巫言"①，巫师崇信起源于久远的楚巫文化，经历数千年流传至今。万物有灵，却无法仰赖万物，转而信奉能够通灵的有神秘力的人类——师公，这是梅山先民在信仰对象上做出的选择。师公信仰是梅山文化圈的

_____

① ［明］刘基著，江山宜人评注:《郁离子》，安徽文艺出版社，2015年，第155页。

全民信仰。直至今日，师公仍然是梅山峒区社会从业者数量最多、信仰群体最庞大的民间教门。[①]

师公神像发愿文中，除多数造像人自称是习学"元皇正教"的"元皇弟子"外，多例发愿文中还出现了如"元皇大教""元皇法教""元皇五十三教""元皇梅山符法""淮南元皇雪山符秘诀一宗""先天元皇五雷雪山梅山娘娘收家书符诸般法诀一宗"等称谓和详细的符法名称。至于元皇教派的源头，有学者称史料记载唐陈靖姑是元皇教的创教始祖，她与兄长陈法通于闾山大法院拜法，元皇教也就承袭闾山大法主。[②]另见一件"高君法恩度师"像，立像人称其为习学"茅山小教各项秘旨"的弟子，可见近代梅山师公信仰与道教闾山派和茅山派发生过密切关系。

师公是生活于乡土社会的普通民众，师公像多穿着简单朴素，头戴饕餮纹日月法帽，身着搭扣式长衫法袍，手持符水碗、牛角等做法术时使用的法器，极具辨识性。通常以"姓氏＋公＋法号"或"姓氏＋法号＋先生"命名，法号中一般有"法"字，但并无辈分区别。从发愿文信息可知，梅山地区普遍存在在世或过世的师公塑像的现象，是因家族内师传方式，较大比重的师公像为雕造人亲人和师父双重身份。目前可知最早一例师公像为新化明嘉靖四十三年（1564）雕造的"老外祖谢法隆神像"（图3）。据发愿文载，信士张思宪合家眷人原于"嘉靖四十三年丙午岁雕刻老像"，一直承蒙该神像护佑，"凡事如意"。至康熙十二年（1673）起立新居，再次对该像重塑开光，祈祷愿目是"行香走火，保家防口，眷畜□牲，耕种旺相，每（美）事成群"。

师公像中也有少量的女性神像，通常为当地中年或老年妇女形象，多以"某氏娘娘""某氏仙娘""某氏妙仙"等命名，一般高髻，着对襟长衫，部分长衫外罩荷叶圆领，坐姿和法器多与男性师公像相仿，也多见持帕或抱子形象。如安化县信士李尹□叩请的"熊氏娘娘圣像"

---

① 李新吾、李志勇、李新民:《梅山蚩尤——南楚根脉　湖湘精魂》，湖南文艺出版社，2012年，第427页。

② 谢向平:《论梅山宗教中存疑的几个问题》,《湖南人文科技学院学报》2014年第5期。

图 3　老外祖谢法隆神像及发愿文（部分）^①　新化　1564 年　像高 45 厘米
范华（Patrice Fava）藏　© EFEO

（图 4）为怀抱幼儿的送子形象。据发愿文，之所以雕造该像，是因为信士之妻上年分娩时，曾许诺塑像以致谢还愿。可见此位熊氏娘娘为当地擅长施法求子嗣、催生保产的女性神职人员。

（2）梅山土俗神的最突出代表：张五郎

倒立形象的张五郎是梅山始祖神、猎神和猖兵之主，是梅山地区土俗神的最突出代表。发愿文所见的张五郎多具备双重神格：一是被猎人供奉的，作为梅山法主的，以法力助猎户打猎无伤、猎物丰硕的狩猎神；二是被行香走火元皇教弟子供奉的，作为梅山师公教分支的，拥有赶鬼去祟法力的驱邪神。^②

作为猎神的梅山法主张五郎可见民国三年（1914）安化县"番（翻坛）张祖师神像"（图 5）。"翻坛"的称呼与张五郎打猎摔下悬崖倒立而死的传说对应。据发愿文，梅王弟子伍超述希望祖师张五郎能在其打猎时"亲降临"，施展法术使其"身高万丈，炳熠齐天"，其所带猎犬亦能"赶狗化变，二十四只赶山犬，如狐如□"。发愿文结尾绘梅山教五

---

① 发愿文释文："今具：大清国湖广道宝庆府新化县上八都，龙王池川温庙王祠下新坡塘土地分住处，奉信士张思宪、室人谭氏；□男张应科、应锐、辛禄，嫁女秀连；上堂母亲刘氏，右泣合家眷人等。即日投慈自祖公以来，原嘉靖四十三年丙午岁雕刻老像一尊，叨蒙道泰，凡事如意，不亡天造，须至者思宪起立新居一所，发心雕刻老外祖谢法隆金容一尊，行香走火，保家防口，眷畜□牲，耕种旺相，每事成群，圣慈洪造。康熙十二年癸丑大岁九月初九乙亥除日丑寅二时，开光大吉，香火通行。当役丹青万子瑞雕刻，粗语张思聪拙书。"

② 李慧君：《张五郎信仰再探讨——基于 18—20 世纪张五郎神像和发愿文的考察》，《湖南人文科技学院学报》2020 年第 3 期。

图4　熊氏娘娘圣像及发愿文①　安化　像高22厘米　湖南博物院藏

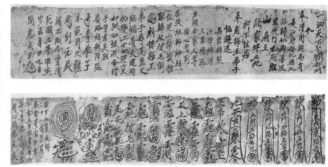

图5　翻坛张祖师神像和发愿文②　1914年　安化　像高18.5厘米
范华（Patrice Fava）收藏　©EFEO

---

① 发愿文释文："湖南长沙府安化县□常□乡巷树冲，阴师庙王土地居住，信士李尹□，于上年因妻蒋氏吩（分）喕（娩）之时，叩许熊氏娘娘圣像一尊，今于廿七年十月初五日雕刻圣相，开点神光，永保家室平安大吉。"

② 发愿文释文："一泗天下□□部洲　今奉：汉国湖南省长沙府安化县北路归化乡浮泥里扶竹花硚，红山庙王欧家坪土地祠下居住，奉教梅王弟子伍超述，长男绵照、次男绵淇、三男绵泥，右领合家人等，诚心雕刻番（翻坛）张祖师神相（像）一位，赶山捕猎，抢兽归坛，披毛倒死，祈保梅王弟子身高万丈，炳焰齐天，赶狗化变，二十四只赶山犬如狱如□，我今稽手，望来灵愿番坛祖亲降临。丹青弟子本邑周久疆，雕刻元辰涓卜取今皇清民国三年甲寅岁正月刀（初）九日开光点目。三十六员天将，二十八宿星君，春雷夏雷秋雷冬雷，五百蛮雷火车兵。丹青弟子周法雷，用心（开）光。"

猎兵马及道教雷法、天将星君等各式符篆。与融合了道教文
化的驱邪神、守护神等复合型神格相比，猎神张五郎则更多地保留了远古渔猎文化本色。猎神张五郎颇具影响，至今仍被湖南、江西、贵州、四川、广西、广东等山地的多个少数民族族群所供奉。

作为梅山师公教分支的张五郎可见民国二十二年（1933）宁乡"翻坛张世魁祖师圣像"（图6），"张世魁"的称呼可追溯至"青州知府张世魁"：明刊本《海游记》载，山东青州知府张世魁（小名五郎）为救被乌虎大王捉走的妻子月英，赴闾山习学巫法，后成救灾救难的法神。[①]该发愿文同时称张五郎为"猎兵帅将"，"五猖"为旧时汉族民间传说妖邪之神，谓能为祟于人，[②]梅山文化圈将其吸纳为可供张五郎或梅山师公召遣的各路猎兵。该"行缘弟子"以"行香走火"为职，塑像的原因是祈愿祖师佑其在香火行业中，"通灵有感，谷应山鸣，千年香火，万年灵验，助扶弟子，车马不停，千叫（叩）千应，万叫（叩）万灵"。同

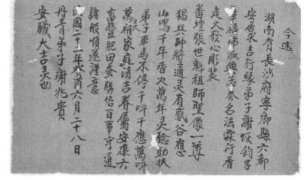

图6　翻坛张世魁祖师圣像和发愿文[③]　1933年　宁乡　像高16.6厘米

范华（Patrice Fava）收藏　©EFEO

① ［明］无根子集，叶明生校注：《民俗曲艺丛书·海游记》，施合郑民俗文化基金会，2000年，第306页。

② 叶大兵、乌丙安主编：《中国风俗辞典》，上海辞书出版社，1990年，第696页。

③ 发愿文释文："今述：湖南省长沙府宁乡县六都安居求吉行缘弟子谢恢钧，字□福，佛派兴志，奏名法霖，行香走火，诚心雕装番（翻）坛张世魁祖师圣像一尊，猎兵帅将，通灵有感，谷应山鸣，千年香火，万年灵验，助扶弟子，车马不停，千叫（叩）千应，万叫（叩）万灵，祈家庭清吉，眷属安康，六畜丰肥，田蚕胜倍，百事亨通，诸般顺遂。民国二十二年癸酉六月二十八日丹青弟子谢兆贵安臟大吉灵也。"

时，与供奉于家庭神龛上的其他神祇类似，张五郎还同时担负有庇荫"家庭清吉，眷属安康"的守护和镇宅之职。

3. 梅山文化圈民间信仰的特点

（1）楚巫文化基因存续，巫、道、佛杂糅一体

梅山文化的主源是楚文化。由于封闭落后的自然与人文环境，梅山民众保留并长期存续了楚地巫觋崇信思想和习俗。发愿文所见的明清以来各类神祇信仰中，均可从中发现鲜明楚巫思想元素。例如，《史记·封禅书》载："荆巫，祀堂下、巫先、司命、施糜之属"①，而"巫先""司命"这些荆楚之地的巫者，至今在梅山地区仍被"祀于堂下"。梅山地区的全民信仰——师公崇拜是古老楚巫崇信的积淀，梅山后人世代依赖巫师驱邪避秽、沟通天地的神力以度过生活中的难关。自隋唐起，汉文化圈司命神与灶神合流，其祭祀神系中几乎只见灶神不见司命，而梅山神像发愿文中却较多地保留了"司命"的称谓及火神、星宿崇拜等原始信仰。

在梅山信鬼好巫的思想土壤中，进入梅山的佛教、道教等神祇信仰自然而然融合，成为一种与本土巫觋信仰几乎无差别的、巫法色彩鲜明的民俗性宗教文化。具体表现在，首先，不管是何教派，神像发愿文结尾处均常可见繁复晦涩的符文。如邵阳县信士罗门郑氏道光二十七年（1847）大慈大悲救苦救难观音像发愿文（图7）中，文末大量空间出现了用于召唤神灵的神秘符箓。可知，尽管供奉的为佛教神祇，但发愿文中的符箓实际却是本土神灵崇拜影响下生成的一种方术，其实质是帮助巫师策役天地神以达到法事目的的象征符号。

再者，巫、道文化之间本身即存在近缘关系，即便如此，梅山文

图7　大慈大悲救苦救难观音像发愿文②　1847年　邵阳　湖南博物院藏

① ［汉］司马迁撰：《史记》卷28，中华书局，1959年，第896—897页。
② 发愿文释文："今据：大清国湖南省宝庆府邵阳县□路□四二都地名盘祥□，受祀破名庙王祠□土地居住，信人罗门郑氏，男民长、室陈氏，民□，民才、室陈氏，孙□□合家人，□□心装制大慈大悲救苦救难观音圣像一尊。伏望丐保家下清□，百事亨通，万般如意，不昧鸿恩。道光廿七年七月□未时开光大吉。"

化圈供奉道教神祇也极具"梅山特色"。以原道教神祇药王孙思邈为例，清代以降，与全国整体情况类似，药王殿遍布湖南各地，祭奉神祇涵盖医药始祖和历代名医，供患病者求祷病愈康复。但据目前收集到的27件药王孙公真人像发愿文，在湘中地区，唐代医者孙思邈普遍为巫医弟子们塑像祭拜，供奉的原因是乞望药王佑其驱邪治病时，法术灵验，生意兴隆，"伏愿威灵显应，□机活现，求叩即灵，祈保弟子十方门下，香火通行，千家有请，万户来迎""求保十方门下，驱邪治病，求之有准，叩之即灵""法药俱全""千家有请，万户来迎，方方大利，处处生财"等。由此，以医术立身的神医孙思邈在梅山文化圈经历了神职的巫觋化嬗变，成为法术高强的巫医之神。

透过梅山神像和发愿文文本信息，还可发现佛、道、巫各类神祇造像尽管立像神名不同，祷告词等信息却几乎无差异，甚至出现了雕版印刷"填空式"愿文版本。如中南大学中国村落文化研究中心收集的救苦救难观音像发愿文（图8），发愿人的居住地、姓名，开光或立像时间、所造神明身份为填写内容，立像愿目、符文，以及其他范本文字为固定内容。换言之，由该印刷愿文可知，无论供奉的是佛教的观音像，或是道教、巫教某神祇像，各教派神灵可以实现的"神力"并无本质差别，立像人对造像是怀着同样期待："乞保家门迪吉，人口平安，六畜兴肥，耕农茂盛，官非远殄，火盗消除……"

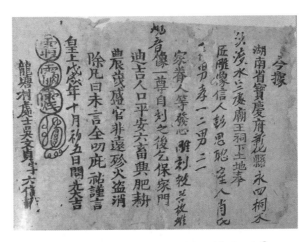

图 8　救苦救难观音像印刷版"填表式"发愿文 ①

①　胡彬彬、龙敏：《长江中游佛教造像记》，湖南大学出版社，2011 年，第 84 页。

（2）终极目标：追求现实现世的"一己之福"

台湾学者蒲慕州先生曾将中国古代民间信仰的特点概括为："在相当程度之内，一般人在日常生活的信仰活动主要关注的是一己（包括个人或家庭）之福，而人对于得到此一己之福所采取的手段主要是各种方术和祠祀祝祷。"①从发愿文可以看出，对现实生活原始的、本能的、质朴的趋吉避凶的愿望构成了梅山民众供奉神像的精神轮廓。据统计，湘中家祀神像的雕刻原因大致可分为：1.祈保家门清吉，如"坐镇家堂""家门迪吉，百事亨通""男增百福、女纳千祥"等；2.神职人员祈神护持行香走火，如"亲降坛场，通灵显应""符水灵验，扫邪归正"等；3.祈祷自己或家人病愈，如"金刚之体，百毒不侵""微躯康健，逢凶化吉"等；4.其他愿目，包括求子嗣、求农耕家畜兴旺等。诚如蒲先生锐见，世俗愿望是民间信仰的基本动力，为家庭和个人祈福禳灾同样是湖南地区民众进行造像和相关信仰活动的核心目的。追求一己之福，神祇信仰服务于个人、家庭和宗族，此特点并非湘中独有。然而，梅山民间信仰表现出的"中国人思维"中的功利主义、家庭主义、利己主义更为彻底。

首先，发愿文所见的梅山民间信仰无涉教义。以佛教信仰为例，尽管中国佛教整体上体现出家庭取向和世俗性等特点，但历代佛像题记的祈愿内容仍可看出离苦与得乐，生天与生西方净土等佛教思想对造像者的影响。反观湘中佛像发愿文内容，其一，梅山地区木雕佛像发愿文的发愿对象绝大多数为家庭（如"合家男女大小""居家眷属"），几乎不见为众生祈愿的情况；其二，梅山佛像发愿文中可以看出民众的关怀核心是人间世俗家庭，祈祷的内容亦是现世生活的平安和富贵，全不见任何对成佛后来世生活和彼岸世界的希冀。

其次，梅山神像发愿文也不见政治痕迹。纵观佛教和道教在中国的发展历程，其兴衰始终与当时的皇权统治密切相关。例如，云冈石窟、龙门石窟等重要佛教遗址无一不是帝王兴佛、复佛法令下的产物。同时，从诸多佛像题记中亦可看到佛教对皇权统治的积极意义，如隋唐造像记中，13.67%的发愿对象为皇帝国家，常见的表述为"伏愿皇基永

---

① 蒲慕州：《追寻一己之福——中国古代的信仰世界》，上海古籍出版社，2007年，第3页。

固，圣寿遐长""国祚永隆"等。① 湘中古梅山地北宋归化朝廷后依然长期属于与世隔绝的特殊地区，对皇权统治自然不像中原汉地般顺从而敏感。对比发愿文体现的湘中民间信仰即可看出，国家、帝王并不在梅山民众祈求佑护的名单之列，或者说，梅山民众对神像的祭奉是基于解决自身困难、求家庭福报，并无为民族或皇家祝祷的"政治觉悟"。

另外，梅山民间信仰现实、现世主义色彩极为浓厚。信仰是对超自然实体与永恒有关的崇信，如基督教的天堂、伊斯兰教的天园，佛教的涅槃、早期道教的飞仙，而梅山民间信仰体系中虽然也含有超自然因素的理念，但人们对超自然力量的期待并非获得永生，只是通过某种神力保护生命个体的现实存在，而对死后生活或"彼岸世界"不存在太多想象或期待。同时，较之于其他地区常见的为亡故亲人造像祈福，湘中地区所见神像基本是为生者祈福。

（3）祭祀活动以家庭为单位

湘中地区供奉的小型木雕神像的一大特点是有像必有发愿文，有发愿文必会记述造像者及其相关成员信息。例如，光绪十九年（1893）安化县信士萧忠明携家人装彩的"南岳圣帝圣像"发愿文（图9）中，将近一半的篇幅都用于记述成员名单。另有一定数量的发愿文内容仅有家庭成员名单，其重要性不言而喻。之所以详尽显示造像家庭成员信息（有些甚至标明每位成员的生辰年月），目的是所造神像能够按此名单，准确无误地护佑或将福祉降临于造像者及其家庭成员身上。因此，发愿

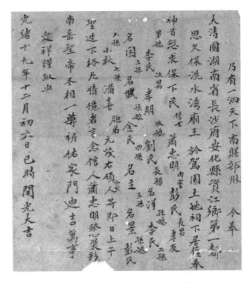

图9　南岳圣帝圣像发愿文 ①
1893年　安化　湖南博物院藏

---

① 李晓敏：《世情与佛理——隋唐佛教造像题记研究》，人民出版社，2018年，第109—112页。

文中所列造像者名单，其实质功能为一份"受佑名单"。

根据发愿文记录的造像者人员关系，神像可分为非血缘关系团体造像和家庭造像两大类。目前笔者收集的近 2000 件发愿文中，以家庭为单位的造像行为占 95% 以上，仅有极少部分造像的主体为"纠首""僧众"等非血缘关系的团体。湘中地区乡村庙宇系统并不发达，①民间信仰主要以家庭、家族为单位。较之于其他地区公共寺庙、观宇，梅山文化圈小传统环境虽然在观念上接受了道、佛教神祇崇信，形式上却延续了千百年来以家庭、宗族为单位装塑 20 厘米小型木雕像，将神像安置于厅屋神龛进行祭拜的传统：平时家中无事，则逢农历的初一、十五或神祇生日，化钱烧香祭祀；若家中有事，大到祭祀祖先、红白喜事，小到伤风感冒、小孩啼夜，都可在神龛神像前举行家庭祭拜。如此一来，梅山民众的厅堂即成了家庙，所侍奉香火的各类神灵则成为该户人家专有的镇宅之神和庇佑之神。

神像祭祀的单位是家庭，那么梅山家庭的构成又是如何？发愿文记录有造像者及其家人姓名、家庭成员关系等信息，不仅有助于认识其时梅山文化圈家庭结构关系，更是为我们了解民众信仰意识中，造像行为的具体受益者及等级排序提供了一手资料。

据笔者收集的近 2000 份发愿文，绝大多数造像发起者是该家庭的男性一家之主，且作为配偶的女性一般以"某氏"呼之，有姓而无名。但亦可见女性承担第一造像人的案例（约 70 例）。出现女性家主的原因大致有四：其一，可能存在女权式家庭，目前发现有 4 例。如新化县咸丰元年（1851）"观音大士"像造像者第一位为"信女弟子段曾氏"，第二位才是"夫主和贵"，且未写明姓氏，在供奉者名单末尾，母亲"段

---

① 吕永昇、李新吾：《家主与地主——湘中乡村的道教仪式与科仪》，香港科技大学华南研究中心，2015 年，第 10 页。

② 发愿文释文："乃有一泗天下南膳部州 今奉：大清国湖南省长沙府安化县资江乡第一都思久保，洗水湾庙王于驾园土地祠下居住，奉神首慇求保下民信士萧忠明、内室彭氏，长男孝友、男媳李氏，次男孝明、次媳刘氏，长孙名洋、孙媳李氏，二孙名国，三孙名诚、孙媳金氏，四孙名主，五孙名景、孙媳彭氏，六孙小秋，七孙满喜，胞弟元茂，右领合家人等，即日上干，圣造上格凡情忆者言念信人萧忠明发心装彩南岳圣帝圣相（像）一尊，祈佑家门迪吉，万事迎祥。谨取光绪十九年十二月初六日巳时开光大吉。"

袁氏"也位列于父亲"段松清"之前，或可推断此段氏家庭为女权式家庭结构。据学者考察，北宋开梅山时，该地区还是"天上雷公大，地下舅权大"的女权社会，"梅婆帝主"式的女家长曾有3位丈夫和3个儿子，但均未与其共同居住，推测这种"走婚制"下无固定男丁的家庭在战时梅山峒区数量应该是不少的。① 其二，丧偶。约38例发愿文中，只记录有女性造像者"信女某氏"，而未见男主人姓名。原因可能同样是女权式家庭，男性非家庭固定或核心成员，因此无权受益；另一种可能是女主人因丧偶而承担起家主职责。其三，雕造对象为特定神祇。当神像身份为观音大士等女性神祇时，出现以女性为主进行造像的比例相对较高。如湖南博物院藏17例观音神像发愿文中，有4例第一造像人为某"信女"。其四，某女性本人为教徒或仪式专职人员。如新化县"邹法灵公"像的造像者"罗彭氏"自称为"信女弟子""奉□天处士女"。

发愿文记载的家庭名单中，数量较多的造像者名单体现出核心家庭结构关系，即名单中出现的成员仅为夫妻二人（"信士××＋室人××"模式），或夫妻二人和子女（"信士××＋室人××＋长男××＋次男××……＋女××、××"模式）。子女的排列顺序为先儿后女，先长后幼，如乾隆十六年（1751）送子观音像发愿文造像者名单为"信士周昌宽、室人李氏；长男六一，次男冬二等"。数量第二的造像单位为联合家庭：第一种为直系血亲，即由直接血缘关系或婚姻关系构成的家庭，家庭成员包括夫妻二人、父母、子女及子女家庭。如新化县民国二十七年（1938）信士李鸿才等雕造的"张相公"像，家庭成员包括家主、家主妻子，长男长媳，次男次媳，三男三媳，以及长孙、次孙、三孙等，子辈中的女儿、孙辈中的孙女均未出现在发愿文名单中，这种"重男轻女"的做法在发愿文中并不鲜见。第二种为兄弟两家人或多兄弟家庭为主体构成的造像单位。造像者通常包括家主夫妇一家和兄（弟）夫妇一家。此类家庭结构应由于造像家庭有兄弟多人且未分家，多个家庭、多代人共同生活在一套住宅中而产生，该大家庭中的"长兄"往往承担起"家主"的身份，成为造像的主要发起人。光绪

---

① 李新吾、李志勇、新民：《梅山蚩尤——南楚根脉　湖湘精魂》，湖南文艺出版社，2012年，第245—250页。

《光绪湖南通志》载："（山猺）……翁姑、子妇、兄弟、妯娌，男女杂卧"①，神像发愿文家庭名单反映出的联合家庭模式与地方志关于湘中山地猺民家庭生活中的几世同堂、男女老幼杂居的记载大致相符。

父母在"受佑名单"中的排序如何？"孝"，不仅是儒家思想的核心，也是整个中华文化的首要精神。按惯性思维判断，父母的排序位列家庭榜首。发愿文中所见排序确实遵守了男尊女卑、长幼有序等儒家伦理思想，然而，在父母排位的问题上，发愿文显示的情况却与推断并不相符。首先，在近 2000 份神像发愿文中，造像者家庭名单中出现父亲或母亲的仅有 130 余份，排除父母离世的情况，此比例仍明显较低。其次，在 130 余例出现有父亲或母亲名字的发愿文家庭名单中，父母名字出现在全家人员末尾的情况高达 90 余例。如光绪元年（1875）安化县陶沅昌家庭奉修的"孙公真神"像发愿文中顺序：家主夫妇—家主女儿—兄弟夫妇—兄弟女儿—父亲—祖母，父亲位列于两兄弟家庭成员之后，而祖母更是列于父亲之后。在 40 余例父母排名较为靠前的特例中，父母也仅在子孙后辈之前、家主夫妇之后。

透过发愿文，可看出祖、父辈在梅山地区家庭生活中的地位与中华孝道包含的人伦纲常并不一致。之所以出现此异常现象，推测可能主要由梅山地区特殊的生存环境所致。梅山地区"万仞摩星躔，扪萝鸟道十步九曲折"②，地理环境极端险恶，开梅山之前，民众普遍凭靠刀耕火种、摘山射猎为生。在如此艰难的生存环境和落后的生产力条件下，部族成员需体魄强健、性格坚韧才能勉强维持温饱，而老年人的地位却因其体力衰减，无法提供劳力付出而下降。开梅山后数朝代，繁重的税赋以及元末明初、明末清初等时期连年的战祸使得梅山民众依旧延续着"出则冲突州县，入则负固山林"③的生活旧态，尽管或多或少会受到汉文化圈孝道思想的感染，但利益最大化和生存繁衍的本能，使得梅山民众在构建家庭等级秩序时，很大一部分人依然选择将本人及本人繁续后代的配偶"室人"置于绝对顶层，兄弟——体格强壮的合作者、子孙后代（后辈男丁）

① ［清］卞宝第、李瀚章等修，［清］曾国荃、郭嵩焘等纂：《湖南通志》卷 40，清光绪十一年（1885）刻本，第 1632 页。
② 黄仁生、罗建伦校点：《唐宋人寓湘诗文集 2》，岳麓书社，2013 年，第 1114 页。
③ ［元］脱脱等撰：《宋史》卷 432—496，吉林人民出版社，1995 年，第 9731 页。

列于其后，而祖辈、父辈老人因无法为家族存续创造实际价值而在"受益清单"中被排于末位或被忽视。

（4）梅山特有的祈福愿目："远离官非"

整体而言，湘中地区木雕神像发愿文所记录的祈愿内容大致可分为一般性愿目和针对性愿目两大类。一般性愿目是指梅山民众希望借助供奉神像实现一些常规的，普适于任何时期、任何家庭或个人的愿望，如"坐镇家堂""人口清吉""男增百福，女纳千祥""百事亨通"等。针对性愿目是指仅适用于特定职业，或某种特殊情况的祈愿。前者如师公等从事巫法仪式的人员通常会祈佑"千叩千应，万叩万灵""出入十方，大显灵威"；后者则是造像者可能因为遇到某种疾病、求子等困难，希望借助雕造、供奉神像予以解决，常见愿文如家中某某"身体不安""久病不愈""无方可保"，或家中孕妇平安生产、子嗣"易养成人"等。

在各类诸多愿目中，有一条出现较多的祈愿是远离"官非""官灾"，常见的表述如"官非火盗消除""官非远殄""官瘟远殄"等。湖南博物院现藏 103 例发愿文中，11 例明确提到了"远离官非"的诉求（表 1），使用频率高达 10% 以上。从发愿的时间范围来看，最早一例出现在安化县"南无慈悲救苦观音大士"像发愿文上，时间是乾隆三十五年（1770）（例 7）；最晚一例出现在宣统三年（1911）安化县"观音佛母像"（例 10）发愿文上，时间跨度较大，几乎涵括了目前所发现神像的整个历史阶段。从雕造对象上来看，信众装塑祭奉，以求保佑其远离官非的神灵既有巫教师公（例 1 冯君法明），道教神祇（例 2 判官、例 3 张真人、例 4 关圣帝君等），又有佛教神祇（例 7 观音大士，例 11 诸天等），可见远离官非是梅山民众对所有神祇的普遍诉求；同时，佛教类神祇中含"官非"相关愿目的比例高于巫教和道教神祇，可能因当地民众认为佛教神祇大慈大悲，神祇眼中众生平等，无政治偏向或私情世故，在躲避官非的问题上，更值得信赖。

表 1　湖南博物院藏含"官非"相关愿目的发愿文清单

案例序号	神像名	产地	时间	愿目
1	冯君法明	新化	清	祈圣大彰□□，千叩千应，一叩即灵。丐佑人财两盛，人物咸安，看养六畜兴肥，耕作□□□农□，官非火盗消除，虎豹□□远殄，□除百怪，云集千祥。

案例序号	神像名	产地	时间	愿目
2	判官	邵阳	道光十六年（1836）	丐保人口清吉，六畜平安，时瘟、炎障、官符、口舌、火盗消除，男臻百福，女纳千祥，全叨庇佑。
3	张真人	邵阳	道光十六年（1836）	千叩千应，万叩万应。丐保人人清吉，户户平安，官符、口舌、火盗消除，时瘟炎障，男臻百福，女纳千祥，全叨庇佑。
4	三界伏魔关□（圣）帝□（君）	新化		伏□丐保家下人口清吉，老少咸安……六畜□旺，官非两痧，火盗□除，一切未言，全叨庇佑。
5	伏魔大帝关圣帝君		大清癸亥年	乞丐保男童名下官煞削（消）除，易养成人，家运兴隆，万般如意，一切吉言，全叨庇佑。
6	汉君罗王	安化	同治七年（1868）	通灵显应，降吉迎祥。佑后人丁清吉，合室平安，□牲兴旺，养育兴肥，耕作兴隆，财源广进，官瘟远痧，火盗双除，百事亨通，万般如意，凡在光中，全叨保佑。
7	南无慈悲救苦观音大士	安化	乾隆卅五年（1770）	永锁家堂，迎祥赐福。丐保合门清吉，人畜平安，男鲁有福，女纳千祥，耕种盛意，牧养□肥，来财顺意，谋望亨通，光（官）非远痧，丙（火）盗肖（消）除，老者赐无疆之寿，少者招有道之财，年年堆金积玉，岁岁□亲□肥，栗人□□，屋润家肥，有等九言，万般除（余）意，化在光中，全叩保佑。
8	南海救苦救难灵感观世音菩萨	新宁	宣统二年（1910）	祈保家下人口清吉，六畜平安，官非远痧，火盗消除，凡在光中，全叨庇佑。
9	观音大士		道光二年（1822）	伏吃（乞）慈恩，丐保家门人口官瘟、火盗、六畜，一切未言，全叨护佑。
10	观音佛母	安化	宣统三年（1911）	镇守家堂。求保人口清泰，六畜兴肥，官灾痧减，火盗消除，凡在光中，全叩庇佑，千祥云集，百福骈臻。
11	诸天		清	求之有感，叩则即灵。六畜兴肥，耕种丰收，官非痧减，火盗双除，凡在光中，佑百事亨通，万般迪吉。

另外，出现"官非"愿目的发愿文中还可见多例雕版印刷的案例，如前文图1新化县观音像，湖南博物院藏新化县"冯君法明"像、安化县"汉君罗王"像印刷版发愿文（图10）。可见，"官瘟远殄""官非火盗消除"愿目已被设定为其时安化、新化等地广大民众的普遍性诉求。

图10　汉君罗王像印刷版发愿文① 安化县　1868年　湖南博物院藏

儒家思想浸染下的北方民众拥护皇室统治，普遍认为民安来自国泰，愿文中对生活安定的期盼常常搭配有对国家皇权的祝福。然而，梅山民众却如此长期和普遍地表达对远离"官非""官灾"的生存诉求，其原因与梅山族群的历史有深刻的联系。秦汉至宋代的史料记载中，但凡出现梅山先民，必定伴随着与中央王朝的对抗与冲突。至宋代，"梅山蛮"愈加频繁地成为围剿和剪除的对象。太平兴国二年（977），"诏发潭州兵击梅山洞贼"②，《续资治通鉴长编》中描述此次为时数月的大规模围剿行动为："……贼遂败，乘胜北逐，尽平其巢穴"③；《宋史》中载这场平定战役将领之一田绍斌的"壮举"曰："至邵州，闻蛮酋苞汉阳死，去其居十里，大溃其众，擒蛮二万，令军中取利剑二百斩之，余五千遣归谕诸洞，自是其党贴服。"④取二百利剑屠戮二万"梅山蛮"，并专门将余下的五千人遣返各洞以"谕"其乡民，血腥残酷程度可以

___

① 发愿文释文："奉刻今据：大清国湖南省长沙府安化县归化中山乡中山里罗溪保烟竹冲，五通庙王乾一屏土地祠下居住，信人李隆名；男盛德、盛复、盛行；弟隆声；姪盛辉，诚心修装汉君罗王玉容一座。是神本命生于　年　月　日　时，得年　十□别世，于　年　□　月　日吉时登曹，灵通三界，是以命匠雕装取今本月初五日卯时开点光明，通灵显应，降吉迎祥。佑后人丁清吉，合室平安，□牲兴旺，养育兴肥，耕作兴隆，财源广进，官瘟远殄，火盗双除，百事亨通，万般如意，凡在光中，全叨保佑。伏乞圣慈洞回，昭格谨疏。皇上同治七年戊辰岁六月初五开光点像大吉大利。处士傅法妙。"
② ［元］脱脱等撰：《宋史》卷4，吉林人民出版社，2005年，第34页。
③ ［宋］李焘：《续资治通鉴长编》卷18，中华书局，1979年，第410页。
④ ［元］脱脱等撰：《宋史》卷242—301，吉林人民出版社，1995年，第6700页。

想见。

关于宋熙宁五年（1072）开梅山，尽管官方史料基本上站在统治者角度，对章敦等将领平定梅山的历史功绩给予了歌功颂德式的彰扬，但不难想象，对梅山原住民众而言，这是一场官方暴力入侵家园的血雨腥风，如《东轩笔录》中载目睹开梅山经过的张颉曾上书曰："南江杀戮过甚，无事者十有八九，以至浮尸塞江，下流之人不敢食鱼者数月。"[①]康熙《新化县志》亦载："后章子厚开梅山……而峒徭拒险，多被屠戮，其投诚者又有随部分编伍而去。"[②] 短短数词，可知开梅山给梅山原住民带来的三种命运：多被屠戮，余者或逃奔他乡，或随军而去。

熙宁后，"化外之地"梅山被纳入中央版图，过惯了射猎采集、刀耕火种、畲田为生的梅山先民难以适应缴粮税、服劳役等新型制度，不堪重负的瑶民要么起义反抗，要么迁徙流亡，终究成为种种"官非"的受害者。道光《宝庆府志》记载："新化猺民于明末死徙殆尽。"[③] 元至清代，尤其是元末明初、明末清初等时期，湖南连年战祸使得原有居民，包括湘中地区原住民，俱大量散亡。同治《新化县志》历数了唐至清代各时期此地发生的种种焚掠平定战事，并总结道：安化、新化所在的梅山十峒为"历代用兵之地，其在县境者，凡三十有九"[④]。"乾嘉苗瑶起义"（1795—1832）被镇压后，清廷在湘中各地厉行"设苗防""禁苗俗""杀苗子"等苛政。在这种高压时局下，很多梅山土著被迫迁徙，但也有相当一部分留下，他们为了生存下去，不得不隐瞒身份并且借同姓的汉人名士的盛名，即认汉人为"祖宗"来证实自己确非"蛮獠"，即所谓的"汉化"。[⑤] 同样出于自我保护的动机，原本以本土瑶族、苗族

---

① ［宋］魏泰：《东轩笔录》，中华书局，1962年，第66—67页。

② 故宫博物院编：《（康熙）新化县志　重修会同县志》，海南出版社，2001年，第233页。

③ ［清］张镇南修，［清］邓显鹤纂：道光《宝庆府志》卷89，清道光二十九年（1849）刻本，第2658页。

④ ［清］甘启运、关培钧修，［清］刘洪泽等纂：同治《新化县志》卷2，清同治十一年（1872）刊本，第239页。

⑤ 李新吾：《梅山土著寻踪》，冷水江市政协文史学习委员会编：《梅山蚩尤文化研究4》，湖南冷水江市政协，2004年，第285—286页，引《湖南日报》2003年10月8日B3版。

为主体的梅山师公们，大多隐瞒其土著身份，一方面顺"江西填湖广"之势编造江西祖源，另一方面也为自家坛门师祖攀附道教师承的传说故事，这也是巫、道两教关系扑朔迷离的重要原因。[①]

经历了千余年与中央王朝的冲突和被镇压，饱受战乱和官府压迫的梅山民众将"官非""官灾"的恐惧深深印入骨髓里。"官非"是与"瘟疫""火灾""盗窃"等天灾人祸同样深重的灾难，都需依赖神明护佑才能免除，甚至到了间歇的太平岁月，对"官灾"的躲避依然在以惯性作用延续，成为梅山民众奉神愿目中重要的常规性祈愿。

三、余论：进一步发掘发愿文的多重价值

湘中神像发愿文保存的是这方水土上，梅山人产生和代代相传的独特文化财富，记载的是一个族群特有的对宇宙的理解，处理与自然、社会关系的方式。一方面，发愿文对梅山文化圈民间信仰研究仍有诸多潜在价值，有待进一步发掘。例如，发愿文末尾通常记载有神像的开光者"处士"和书写者"丹青"的信息，前者是仪式祭司和宗教文化的活态载体，后者是梅山下层知识分子，是民间文化与精英文化互动的桥梁，对二者的深入探索势必会开辟梅山民间信仰研究的新局面。再如，在发愿文中占据较大篇幅的各式符箓讳咒和图像，是解开梅山宗教文化谜团的另一把钥匙，对其进行专业解读亦极有必要。

另一方面，除民间信仰外，发愿文蕴藏的丰富信息对开展文化人类学、社会学、历史地理学、语言文字学等研究亦大有裨益。学者可对比不同区域、不同时期的发愿文内容，揭示村落发展的时空差异和历史个性，找寻民间文化的传承机制和区域社会建构的内在逻辑；利用发愿文中许多对地方性神祇身世的记载，认识该族群起源的神话传说；利用其上对家庭住址的详细记录，勾勒族群的分布、迁徙和历史行政区划的演

---

① 李新吾：《冷水江杨源张坛师公与道士的异同比较》，陈子艾、〔法〕华澜主编：《湘中宗教与乡土社会》中，宗教文化出版社，2006年，第35—48页。

变；利用其上涉及的农、畜、医疗、渔猎等信息，了解不同时期梅山乡土社会民众的生活生产方式……

笔者于 2020—2021 年走访安化、新化等地的多个村落后发现，随着地方经济高速发展和外界文化的持续冲击，法术仪式、神像祭祀等许多梅山信仰习俗正在迅速退化甚至消亡，发愿文、经籍、谱牒等民间文献也正一批批地被遗弃或毁坏。十八大以来，习近平总书记围绕统一多民族国家的基本国情形成了"中华民族多元一体"等系统的符合我国民族历史与现实的理论。除上述学术研究、历史凭证等价值，发愿文等民间文献所生成的认同感和归属感还维系着遍布世界的梅山后裔，它是"中华民族多元一体"和文化多样性的重要体现，对其研究和抢救性保护对于促进文化包容性、多元文化共存和激发文化开放性、创造性，实现人类文明进步有深远意义。

李雪梅　陈仁鹏**

日藏清抄本《命案要略》等十种析评*

摘　要： 清抄本《命案要略》等十种 4 册现藏于日本东京大学东洋文化研究所"大木文库"。十种抄本中，《总论》《命案论》《盗案论》《杂务》《新颁律例纂要》《承审承缉新限》采条目式撰辑法，《命案要略》《盗案要略》《逃人要略》《处分摘录》则以通篇论说的形式撰写。大木干一在整理藏书时，将该书归入"法学书籍——内编——法类——狱讼——断狱总纪"，认为其性质是府县官吏处理狱讼的政务指南。该书以规范性条款为主，涵盖律文、条例、省例等，辅以政务经验及实用技能。根据该书的主要内容，可将其定名为"命盗杂案须知"，成书时间应在乾嘉之际。该书内容与田涛藏嘉庆抄本《招解说》有一定相似性，二者可能参照了相近的祖本，但该书在实用性及史料丰富度上更胜一筹。

关键词： 命盗杂案须知　清抄本　狱讼指南　招解说

清抄本《命案要略》等十种 4 册，皆以小楷撰写，每页 10 行，满行 21 字，部分内容后附双行小注。各册首篇依次为《命案要略》《盗案论》《承审承缉新限》《处分摘录·事故》，首页右上角均钤"东洋文化研究所图书"方印，右下均钤"大木研究室藏"条印。书中未载撰文、刻印等信息，亦未见序跋。以下从 4 册的形式、结构、内容及其与清抄本《招解说》的关系等角度，对该套书的特色和价值进行初步评判。

一、卷目、结构及内容

（一）卷目、形式及结构

日藏清抄本《命案要略》等十种按《命案要略》《盗案要略》《逃人

*　　本文系国家社科基金中国历史研究院重大历史问题研究专项重大项目"中国古代地方治理的理论与实践及借鉴"（项目批准号 LSYZD21006）阶段性成果。本文据以研究的完整图版资料由北京大学中国古文献研究中心杨忠教授提供，特此致谢。

**　李雪梅，中国政法大学法律古籍整理研究所教授。陈仁鹏，中国政法大学中国法律史专业博士研究生。

要略》《总论》《命案论》《盗案论》《杂务》《新颁律例纂要》《承审承缉新限》《处分摘录》的顺序排列。兹先从各篇的形式及结构入手，分析诸篇之间的关联。见表 1。

表 1　《命案要略》等十种形式及结构列表

册数总页	顺序及篇目	页码	形式	主旨
第 1 册共 28 页	封面、封底、护封	无页码，共 4 页		
	1.《命案要略》	第 1—4 页	首页钤印，中上部残	详明六杀之义；原情定罪，情罪允当
	2.《盗案要略》	第 5—9 页		"定招"流程及注意事项
	3.《逃人要略》	第 10—13 页		保甲、旗人
	4.《总论》	第 14—19 页	计 25 条	"招眼要明"
	5.《命案论》	第 20—24 页	计 18 条	命案叙招；验伤；初报（狱贵初情）
第 2 册共 40 页	封面、封底、护封	无页码，共 4 页		
	6.《盗案论》	第 25—36 页	首页钤印，计 44 条	盗凭赃定；招文、详文、报获文等写法
	7.《杂务》	第 37—43 页	计 52 条	案件处理程式
	8.《新颁律例纂要》	第 1—17 页	计 179 条，"尚有数条"未载	常见的罪行及处罚规定
第 3 册共 27 页	封面、封底、护封	无页码，共 4 页		
	9.《承审承缉新限》	第 1—3 页	计 15 条，首页钤印	承办各类案件的时限及计算法
	10.1《处分摘录》	第 1—20 页	计 18 目	依法履职、规避处罚
第 4 册共 30 页	封面、封底、护封	无页码，共 4 页		
	10.2《处分摘录》	第 21—46 页	计 25 目，首页钤印	

从表 1 中可见，4 册中，第 1、2 册页码接序，"要略"居前，"论"居后，"命""盗案"在两部分均出现，提示其为该书关注之重点。相较于 3 篇"要略"（《命案要略》《盗案要略》《逃人要略》），4 篇"论"（《总论》《命案论》《盗案论》《杂务》）系《总论》居前，《杂务》断后，结构相对完整。尽管《杂务》不是以"杂论"的篇名出现，但相似的条目格式及接续的页码，表明 4 篇有一定关联。此 4 篇内容在全书中具有核心地位，对此书的定性、确名有关键作用。

后三种《新颁律例纂要》《承审承缉新限》《处分摘录》均为实用条例，页码均独立起止。前两者强调"新颁""新限"，突显时效性；后一种"摘录"偏重选择性，但涉及面依然广泛，且篇幅较长，计有 46 页，分列第 3、4 册中，其内容对此书的定性也有重要提示作用。

（二）十种文献述要

十种文献中，有六种采用条目式的撰辑法，分别为第 1 册《总论》计 25 条、《命案论》计 18 条；第 2 册《盗案论》《杂务》《新颁律例纂要》三者均采用条目式，依次为 44 条、52 条、179 条；第 3 册《承审承缉新限》为 15 条。

《总论》以"招详内，各犯年岁、籍贯、开口，须先问明"开篇，列明招解文书的必备要件。除年岁、籍贯等外，前后年月、道里远近、犯罪情节等一一详载，还概要提示命盗案、奸情案、私盐案、开窑卖人案等案件的讯问步骤与技巧、串口供之法，以及法律适用，并对"上司驳招覆审"及招册公文用语如"看得""审看得""审得""供""招"等做规范解释；同时，阐明撰写招册时"重者在前，轻者在后"的行文顺序。

《命案论》分别就公文书写及流转规范（初报、地方呈报、看语写法以及军流、故杀、斗杀、自缢、要犯监毙等呈报方式）（参见图 1）、仵作检验技巧（验伤、验无伤尸、验可疑自缢伤痕）、审讯要点（初供、证人）等方面内容做简要介绍，同时强调命案、盗案定招可相互参照，如"案内有要犯，及干连人犯监毙，或身死他所，取结具结，与盗案同例，叙入招详内，看内要声明""决犯行刑，详报日期、职名，俱与盗案同例"（参见图 2）。

图1　《命案论》开篇（第1册）

图2　《命案论》内文（第1册）

　　《盗案论》（参见图3）详细阐述了侦办、审理盗案的方法，包括缉拿盗犯、起获和查对赃物、逐类开列失单、浑融口供、审讯主从犯的技巧、盗案情形层次、初报和续报等通报文书写法、盗犯的监禁、充发和正法、

图 3 《盗案论》开篇（第 2 册）

事主领赃等事宜。诸如"盗案成招，必跟疏防。与疏防不符，断不能结"
（第 27 页[1]）、"通报奉批饬缉，获盗奉批饬审"（第 34 页）、"加具本县印
结，随招申送"（第 35 页）等行文注意事项被不断提及。撰者有较强的
证据意识，多次强调侦办、审理盗案须以赃物为要，开篇即云："盗案第
一赃物要紧，盗凭赃定。赃物不符，必致驳诘。"（第 25 页）随后强调：
"拿获强盗，先须审问明确，获有真赃"，"起获赃物，必须此赃何处起
来，系何盗名下之赃，出落明白，方不致混乱不清"。（第 25—26 页）

《杂务》主要是对侦办、审理命盗案件细节性的补充，记载了钱粮、
杂税、田房、盐引、驿站、仓谷、库房等项的相关规则及处罚规定，如
农忙停讼、热审的时间，特殊人犯（老疾、孕妇或须存留养亲者）的处
理，私监杀人、强奸、越狱等性质恶劣刑案的侦查审办期限，州县接
审、承审案件的时限等。其中也提及基层治理中的规范，如对乡饮酒礼
被邀聘者的条件和程序规定道："会典之乡饮介宾[2]，以年高有德者为上

---

[1] 指日藏清抄本《命案要略》等十种中的页码，以下同。

[2] 介宾：指行乡饮酒礼时辅佐宾客的人。《宛署杂记》载："乡饮酒礼，每年二次，除十
月大兴县外，宛平县该管正月分。相沿，上席六卓，正宾一，僎宾一，介宾一，主
宾二，司正一。"详见［明］沈榜：《宛署杂记》卷 15《经费下·杂费》，北京古籍出
版社，1983 年，第 170 页。

宾；年高有纯德者次之；而大宾则以致仕之年高有德者，方应此选。由学取册结牒县，转申藩司。"（参见图4）

接排在第2册《杂务》篇后的《新颁律例纂要》版心页码重起，其内容既包括田土、钱债、婚姻、承继、身份等民事类的罪责惩处，也涵盖十恶、强夺良家子女、诈欺取财、发冢、凶器伤人、伪造锭银、犯罪拒捕、越狱反狱等刑事类的定罪量刑，这些均是府县官员经常面对和处理的法律事项，有较强的指导意义和实用价值。从一些律条可直观地看出，其"行为模式"部分是由具体判例抽象而来，如"子贫不能营生养赡其父，因致缢死，子孙依过失杀律，责四十板，流三千里"（第4页）；"以他物置人耳鼻孔窍中，若故屏去人服用饮食之物而伤人者，杖八十；致成残废疾病者，杖一百，徒三年；至笃疾者，杖一百，流三千里"（第14页）。这些规定说明彼时司法与立法之间形成一定良性互动；在创制律例条款时，能够从纷繁杂芜的案例中汲取经验。

《承审承缉新限》为第3册首篇，主要记述司院、府州县承办钦部事件的时限，命案、盗案、发冢、抢夺等案的审理时限，卑幼擅杀尊长、属下殴伤管官、妻妾谋死本夫、奴婢故杀家长等违反纲常的特殊案件的审限，杀三四命等重大刑事案件的审限，以及承审承缉时限的计算方式等。

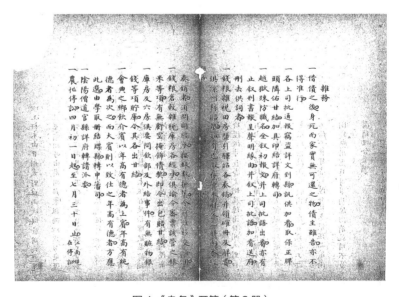

图4　《杂务》开篇（第2册）

另四种未列条目者（第 1 册的《命案要略》《盗案要略》《逃人要略》和第 4 册的《处分摘录》）篇幅长短不一，均为通篇陈述。首篇《命案要略》篇幅较短，且损毁严重。从残余部分，可识读出其内容涉及谋杀、故杀、斗杀、戏杀等"六杀"概念、辨析方法以及定罪量刑的规范等。较之律文，其学理辨析更为透彻。如"斗杀"一项，便区分同谋共殴致死、一人谋而同行共殴致死、乱殴致死等不同情况下的定罪量刑。

次篇《盗案要略》内容较完整，开篇即揭明要旨："凡强劫盗案，必事主与地方邻佑一同具报"，各项事主确供要"十日内具文通报"。在"具文通报"等字旁不仅画圈以示强调，更在圆圈旁注"须留心"小字。（参见图 5）之后述强劫盗案的侦办、审讯流程和上报规范，特别强调地方官应考察捕役有无贪污受贿、刑讯逼供、无辜株连他人等行为，还阐述了甄别贼犯供词真假的技巧、撰写看语等断案公文的要素、旗人犯盗案的处置方式等。

第三篇《逃人要略》（"大木文库"误录为《盗人要略》），主要讲解如何利用保甲制度处理逃人案件。文内先述保甲之法，继论讯问逃人的方式、窝藏者的责任、逃人自首的规定等，最后写明逃人于押解途中患病的处置方法。

图 5 《盗案要略》开篇（第 1 册）

最后一篇《处分摘录》篇幅最长，分列于第 3、4 册中，以 43 目汇集文武官犯公、私罪的处分（主要为失察各类刑案或徇私枉法裁判），内容包括相验、人命、贼盗（夺犯抢盐附、流丐拒捕附）、仓库、偷运、饷鞘①、运铜（盗漕粮附）、私硝、私宰、逃亡（失察旗员附）、解遣（配所附）、盐法、钱法、赴任、废员、生监、学校、选举（以上在第 3 册）、事故、夤缘、吏役、属员（府佐附）、册籍（印信出结附）、词讼、审断、用刑（行刑附）、受赃（罚赎附）、监毙、光棍、奸拐（土娼）、诈伪、申详、忤逆、奸匪（逆犯附）、杂犯、保甲（渔船附）、冒功、夫差（驿站附）、邪教、差票、行市、家人（长随附）、洲场等，各目文尾多以小字注明定例、新例、案内、律文等处分规定的来源。（参见图 6）

图 6 《处分摘录·吏役》（第 4 册）

二、性质、特色及定名

（一）藏家之归类与定性

此书现藏于日本东京大学东洋文化研究所"大木文库"。该文库是

---

① 饷鞘：指贮银以便转运的空心木筒。

以大木干一（1881—1958）捐赠的藏书为基础而建成。大木干一曾长
期在京津从事律师职业，收集汉籍 3358 部 44870 卷。其中，清代与法
律相关的书籍又占其全部藏书量的 90%。由于职业关系，大木干一收
集的古籍多涉及法律及经济方面。① 大木干一晚年将自己的藏书进行
了分类，其中内编为法学书籍（细分为总类、政类、法类），外编为地
理、历史、文学、宗教等书籍。内编的"法类"包括志书、律例、例
案、狱讼、谳狱记等五部分，其中的"狱讼"部分又细分为诉讼、断
狱总纪、秋审、案牍、提牢、检验等六部分，主要收录了与刑案相关的
讼师秘本、办案手册、幕吏心得、判牍公文、法医著作等书。"断狱总
纪"中除《命案要略》等十种 1 帙 4 册外，还有嘉庆二十三年（1818）
刊《律例须知》1 卷、道光三十年（1843）刊《折狱便览》1 卷、光绪
十二年（1886）刊《律法须知》2 卷、光绪十三年（1887）刊《审看拟
式》4 卷等，均为清代地方官或幕友办理刑案的经验集成，且大多采条
目式。"大木文库"的"诉讼"类主要为日用类书、状书模板，如《新
锲萧曹遗笔》《新刻法笔惊天雷》等，使用对象主要是讼师、幕友和狱
讼当事人等；"断狱总纪"类主要是侦办断案指南性书籍，使用对象主
要为基层官吏。② 这一归类，表明了旧藏者大木干一和整理者仁井田陞
对《命案要略》等十种的性质已做出判断，即是有助于府县官吏处理常
见狱讼的政务指南。

（二）实务特色

1. 条例规范的主导性

据表 1，《命案要略》等十种总页数为 125 页，减去 4 册的封面、
封底、护封等 16 页，文献所占实际页数为 109 页。十种的后四种
（《杂务》《新颁律例纂要》《承审承缉新限》《处分摘录》），从性质上看
均属条例规范类，总计 73 页，占实际页数的 67%。前六种（《命案要
略》《盗案要略》《逃人要略》《总论》《命案论》《盗案论》）的内容，

---

① 上海古籍出版社编：《东京大学东洋文化研究所大木文库藏明清稀见史料丛刊》第 1
辑第 1 册，上海古籍出版社，2017 年，出版说明页。

② 〔日〕仁井田陞编：《东京大学东洋文化研究所大木文库分类目录（内编）》，《东洋文
化研究所纪要》第 9 册，昭和三十一年（1956），第 80 页。

多为经验、条例并重，且多以条目形式出现。《命案要略》《盗案要略》《逃人要略》3 篇行文不是条目形式，而是采取通篇论说的方式，总计 13 页，在全书中仅占 12%，规范性内容的主导性不言而喻。

全书的规范性条款来源较广，律文、定例、新例、省例、案例等不一而足，虽取材广泛，但行有可依，可信度高。书中多处记载乾隆时期修订的例文，如第 3 册《处分摘录》尾注有"定例""新例""案内""律文""乾隆十一年例""乾隆廿三至廿六年定例""乾隆廿九年定例""乾隆三十年案""乾隆三十一年案""乾隆三十二年定例""乾隆三十八年奏定"，时间最迟者为"乾隆三十八年奏定"。其中"定例"是从判例中抽象出的规则，经皇帝或刑部查核认可，能反复适用的例。[①]"新例"的渊源是皇帝谕旨，当皇帝认为某案适用旧例实未允协，即命刑部遵照上谕，拟定新例，当谕旨上升为新例，旧例效力随之废止。"案内""案"似指成案、判例。已经著为定例的成案可以适用，一般的成案不具法律效力。[②]

书中也频繁可见地方性规范，如河南、江苏、福建等的省案、成例。如《命案论》中论及对路死无伤、自缢无伤、无可拟罪之人的处理，以双行小注批"豫省现行通报时，即声明详明立案，毋庸复审，如有拟罪者，候批到审详"。《盗案论》介绍余犯收赎银两的处理方法时，补充说明"江苏地方不必赴臬挂号，只须申明"。《承审承缉新限》在审理抚内结贼匪案的期限后注明"三十一年江苏省例"。《杂务》在介绍通行的农忙停讼时间为四月初一至七月三十日后批注道："江南现在停讼，五月初一日起。"关于枷犯补枷的规范，也直接采河南省例。《处分摘

----

① 《大清律例》"刑律·断罪引律令"所附条例（乾隆二年定例，乾隆五年馆修入律）规定："除正律、正例而外，凡属成案，未经通行著为定例，一概严禁，毋得混行牵引，致罪有出入。如督抚办理案件，果有与旧案相合可援为例者，许于本内声明，刑部详加查核，附请著为定例。"详见马建石、杨玉棠主编：《大清律例通考校注》，中国政法大学出版社，1992 年，第 1108—1109 页。

② 成案：为历年办过的、可以在以后的审案中参照适用的判例。学界对清代成案是否具有判例法的作用存在争议，主要原因是未能辨析成案的广狭两义。狭义的成案是在律例无规定时比照其他律例条文而形成，并经皇帝批准后通行全国；广义的成案则指以前各级司法机关（主要是刑部）做出的判例。参见何勤华：《清代法律渊源考》，《中国社会科学》2001 年第 2 期。

录》的"审断"一项后注"福建崔国栋案","监毙"后注"郑毓贤案"等，说明编撰者颇为关注各省的司法实务运作情形。

2. 政务经验与实用技能兼顾

作为府县官吏，常年所面对、处理的狱讼事务相当繁复。繁复性不仅表现在处理狱讼事务本身，也有狱讼事务的汇报流程，同时还表现在对细密法规条令之掌握，以规避因失误而可能降临的处罚。《逃人要略》中多处强调不遵守法定流程将面临的罚俸、降级、革职等处罚。《处分摘录》中"吏役"目罗列 19 条处分事项，仅因"失察"而受处分者便占 14 条，依法履职、规避处罚的用意颇为明显。所列处罚有题参疏防、扣限题参、议处、免议、革职、革职留任、革职追赔、参革审究、降一至四级调用、降一级留任、罚俸一年到三个月不等。

古代法律历来重视对命盗案件的处理，至明清时法网严密、流程规范。《盗案论》中有一条写道：

> 拿获盗犯之捕役，同盗犯申府。讯明有无私拷（近例不解原捕），府转详，全叙县招，全叙府审供看。司驳审，府复审，全叙县供看，并叙府供看。咨部全招，本府止用"覆审无异"四字，不叙口供，止加看申司。看内声明"验讯无私拷伤痕"。再驳审之案，县详叙明驳诘情由，备叙供看申府，府仍用"覆审无异"四字，加看申司。（第 2 册，第 35 页）

文中涉及不同招册的写法，其关键在于提示府县官上呈之通报、招解等，如何避免受上司批驳诘问。而在《盗案要略》中，撰者更是恳切叮咛："定招最要精晰前后，切忌矛盾。一有舛错，便干部诘，不可不加意详慎。"

诸篇的编撰意图应是指导州县官吏高效开展日常司法行政工作，规范适用法律，熟知府县地方政务流程，故内容多与审问侦讯人犯，求取口供，审理刑案及职官公、私罪案相关，并以传授完成行政文案之技巧为主。例如介绍侦办盗案，一方面详细讲解询问事主被盗物品的方式，讯问盗犯供述赃物的技巧；另一方面，也强调"浑融"口供的技法，如《盗案论》有一条言：

拿获强盗，先须审问明确，获有真赃，然后通报。若不知详慎，草率具详，将来若有翻变，则拔蛇难矣。其报申获盗口供，亦不必多，更不必细，总以简净浑融为主。其如何纠约，如何上盗，详细情形，不必录供。盖强盗打劫，心忙意乱，岂能处处分明？未免刑讯之下，顺口乱供。今若叙入通报，倘续获盗贼，与前供互异，岂不大费周章，又烦驳诘，故须照依后式，以约略为主。（第 2 册，第 25—26 页）

这种"浑融"口供的技法，实为地方官、幕友在招册中对盗案采取模糊化、概括化的描述，以避免之后案犯翻供、混供带来的麻烦。这种手段虽可能带来一定的负面作用，但在清代基层司法实务中，已然成为普遍现象。①

（三）撰者身份和文献定名

从全书内容看，撰者不仅拥有丰富的司法实务经验，同时还精于为官之道。在介绍办案方法时，也对人性、法意洞烛幽微，寓理于案，强调情理法结合及疑罪从轻等原则。因书中内容涉及刑侦技巧、法医检验、审讯要点、司法断案等方面，有极强的司法实用色彩，著者应为狱讼经验丰富的府县官吏。《命案论》述及狱贵初情时言："初供妥，则案易完；初供不妥，则案难结"，"本府所以重叠反覆，谆谆相告也"（第21 页），无意透露出撰者的"本府"身份。

通观书中多处记载乾隆时期修订的例文，成书时间应在乾嘉以降，嘉庆朝的可能性更大一些。

现日藏清抄本《命案要略》等十种无总书名。综合其内容看，"命盗杂案须知"或可成为备选。在《命案要略》等十种文献内文所占的109 页中，《命案要略》《盗案要略》《命案论》《盗案论》《杂务》等直接以"命""盗""杂"命名的五种，共计 33 页。其余文献中，《逃人要略》主要阐释如何缉捕、审讯、押解命盗案逃犯；《总论》强调撰写命盗等案招册时的注意事项；《新颁律例纂要》的内容为常见罪行及处罚

---

① 姜翰：《阳奉与阴违：清代地方官审转制度下的规避策略》，载霍存福编：《法律文化论丛》第 5 辑，知识产权出版社，2016 年，第 109—110 页。

规定;《承审承缉新限》和《处分摘录》论述了承办案件的时限及徇私枉法裁判的处分,均与命盗杂案密切相关。因此,以"命盗杂案须知"定名较为妥帖。

三、日藏本与田藏《招解说》的关系

与本文介绍的日藏本内容较相似者,有藏书家田涛（1946—2013）所藏清嘉庆年间佚名抄本《招解说》,收录于郭成伟、田涛点校的《明清公牍秘本五种》中。[①]因该书未载《招解说》的书影,无法从字迹、装帧等细节判断田藏本与日藏本的关系,只能从两书的内容和体例上进行一些推断。

"招解"意为把已招供的人犯解送上官复审。从表1所列日藏清抄本《命案要略》等十种的内容要旨看,确实不少与"招解"关系密切,尤其是三种"要略"和三种"论",既有定招的实质性要求,如初审时要原情定罪、情罪允当,盗凭赃定、狱贵初情等;也有写作技法和流程的要求,如"招眼要明"等,与《招解说》的主旨颇为相近。而日藏本没有总书名,它与田藏《招解说》的关系,值得辨析。兹将两者内容、篇幅列表对比如下（见表2）。

表2　日藏清抄本《命案要略》等十种与田藏《招解说》相似性比较

日藏本	田藏《招解说》	两书的关系
《命案要略》	无	
《盗案要略》	无	
《逃人要略》	无	

---

① 《明清公牍秘本五种》前言载:"信吾是斋藏《招解说》,内容主要为地方官吏与刑名师爷参加庭审的经验与心得。作者可能就是一位不知名的师爷,翻看这部书的时候,似乎在听一位资深的师爷在那里侃侃而谈。该书是已故的版本学家雷梦水先生在贩书时无意发现的,于20世纪80年代初转让给我。"郭成伟、田涛点校:《明清公牍秘本五种》,中国政法大学出版社,1999年,前言部分。

日藏本	田藏《招解说》	两书的关系
《总论》23 条（非严格条目，与段无异）	《前言》15 段（第 517—519 页）《审理案件》（第 532—536 页）	大致相同
《命案论》18 条	《命案论》19 段（第 522—525 页）	有 14 条大致相同
《盗案论》40 条	《盗案论》11 条（第 519—522 页）	田藏本内容为日藏本的前 11 条
《杂务》52 条	《杂件》（第 561—563 页）	完全不同
《承审承缉新限》15 条	《展限》《起限》《接审限期》等处 36 条（第 574—576 页）	有 5 条大致相同
《新颁律例纂要》178 条	《大清律例》《条例》《补例》等 56 条（第 583—590 页）	内容不同
《处分摘录》43 目	《处分汇集》《命案》《杂项处分》等 29 节（第 537—568 页）	约一半内容相同

田藏《招解说》原本无目录，总计 7 万余字，整理者据内容编出 89 条条目，体例与日藏《命案要略》等十种差异明显，主要表现为三点：一是日藏本"要略"三种不见于《招解说》，而《招解说》中不少重要篇目，如《按季汇题各项》《年终汇题事件》《补例》《议叙》等也不见于日藏本；二是命盗案的顺序，日藏本命案在前，盗案在后，田藏本正好相反，盗案在前，命案在后，而命案在前似更合理；三是日藏本逻辑结构相对清晰，田藏本的结构和系统性不明显，内容和层级关系略显杂乱。

两者相似的部分集中在《总论》《命案论》《盗案论》《承审承缉新限》《处分摘录》五种。《总论》《命案论》相似度较高，其他部分差异明显。从书中所引乾隆例文情况看，日藏本所引最迟者为"乾隆三十八年奏定"，而田藏《招解说》引有"四十五年例""四十五年更定例""五十三年部发"，[1] 据此可推断日藏本的成书时间应早于田藏本。

① 郭成伟、田涛点校：《明清公牍秘本五种》，中国政法大学出版社，1999 年，第 538、541、564 页。

　　总体看，田藏本虽名为"招解说"，但诸多内容与"招解"不相匹配，加之内容缺乏整理归纳，检索不便，实用性不如日藏本，但在史料丰富度上更胜一筹。日藏本结构清晰，突出条例规范的约束性和狱讼政务经验的指引性，实用性强。两者中存在的相似内容，或可说明两书共同参照过同一相似祖本，抑或两者在参考相同版本的基础上独立编创，但由于相关史料并不充分，尚难形成完整的证据链，两者之间的直接关系无法确证。

晋商研究的视角与方法论

——基于《晋商史料集成》契约合同材料的尝试性研究 *

宋小明 **

摘　要： 晋商文书史料是研究明清以来中国社会经济发展变迁及商业发展的史料瑰宝。以这些史料为基础，除了获得许多重大历史问题研究上的突破，更可能重构会计、金融、商业等诸多学科的近现代历史框架，构造真正基于中国历史文化和社会实际的学术话语体系，讲好中国人自己的故事。然而，如何用足用好这些材料，充分挖掘其内涵价值，实现各种或宏大或细致具体的目标，却面临巨大挑战，涉及研究视角和方法论等多方面根本问题。本文以《晋商史料集成》中收录的237件契约（合同）文书为对象，以之作为一个特定样本，通过综合使用历史考据、统计分析、个案研究、文献研究、图像分析、归纳演绎等多种不同的方法来探究相关问题。文中用不同的思路和方法，对《晋商史料集成》中收录的132件合约（合同）和105件相关契约分别进行数据提取和解析，在此基础上对晋商历史中至关重要的"股俸制"及与之相关的资本系列概念进行分析讨论，并尝试从"从表象到实质：契约（合同）的精神意蕴""商号经营的生命意义""'以人为本'的商业经营"三方面展开理论上的提升。本文主题，即"晋商研究的视角与方法论问题"，文中更强调的是基于海量史料条件，从重新认知中国社会、基于中国本土历史事实和文化，重新构建中国人自己的学术话语体系和理论的角度出发，开展"（史料）巨丰富时代的学术研究"，倡导一种更具宏观和综合意义的晋商研究视角和方法选择。文中并未讨论具体的研究方法，但却实质性地进行了多种方法综合性使用的实践，并最终针对性地提出并讨论了方法论方面值得注意的三个问题：以材料为根本，超学科研究，以及回归历史现场。

关键词： 晋商研究　合同　股俸制　研究视角　方法论

---

*　　本文系袁为鹏教授主持的国家社科基金重大项目"明清以来我国传统工商业账簿史料整理与研究（1500—1949）"（项目批准号21&ZD078）阶段性成果。

**　宋小明，上海立信会计金融学院文博中心教授。

一、引言

近年来，随着大量材料刊布并进入普通研究者视野，给晋商及相关研究提供了无尽的机会，同时也出现了许多严峻的挑战。最大的挑战在于如何打破固有观念的桎梏，充分利用和发挥材料价值，用不同于以往的视野和方法，研究新问题，结出新果实。具体来说，则是如何恰当地使用材料，从何处着手，研究什么样的问题，如何开展研究。其中涉及研究的总体规划和定位、视角选择，以及方法论等诸多基础性方面。

晋商作为中国古代商帮之首，执数百年中国商业实践之牛耳。其涵盖了从明代中晚期商业勃兴到 19 世纪中期以后中国社会在外部压力之下逐步实现现代化转型的关键性时段。历经劫难得以保存的晋商史料，作为目前所见最为集中和典型的商业文书史料，是数百年关于商业整体发展演进、商业经营及商业组织管理、商业体系构建与运作等相关数据资料的最重要、最系统全面的秘藏，为我们从总体上弄清数百年中国商业发展与社会变迁的历史真相，研究和回答有关近现代中国历史演进与变革的一些重大问题，挖掘包括商业、会计、金融、货币等诸多学科历史真相，实现新时代中国历史文化及学术话语体系重构重要的材料的史料基础。更是回归中国本土历史文化，发现中国社会组织制度、经济组织、人员及人际关系中诸多特有文化及其内涵意义，用中国语言讲述中国历史的绝佳机会。其中至关重要的核心问题则是：如何实现研究方面的重大突破，以适应这个重大的时代需求，开创出全新的晋商历史文化研究的新局面。

本文将其中关键归纳为两个方面：一个是研究的视角问题，另一个是方法论问题。

此处所谓视角，是指从何处入手、如何提出并研究问题、研究什么样的问题。这是面对时代要求和海量材料数据必须首先思考并解决的问题。其中既涉及对晋商历史研究及史料价值与运用的哲学层面的思考，也涉及具体研究选题的提炼。这是一个很大的问题。俗语有云：好的问题是成功的一半。提出什么样的问题，既决定了最终能够达到什么样的层次境界，更决定着是否能走对方向。对此，需要尽可能地抛开一切成见——包括我们向来视为圭臬的学科界限——从社会实际和材料本身出发，以人类社会生存发展的大道为导引，做深入持久的探索。本文尝试在这方面做一些初步的思考。至于方法论，则是每一项研究都避不开的，因为我们在有意无意之间，总是在实践着一些具体的研究方法，而海量史料的出现，无论对谁，至少从方法论的角度，都是一种严峻的挑战。通常认识的"史无定法"，正切合了中国文化中因地制宜、随性随行的特点。亦如中餐中厨师做菜，一样菜百样做，方法的选择总是很重要，却又能无拘定法，而是将其变成一个永无止境的探索过程，在掌握一些基础性方法的基础上始终处在不断的修炼过程中，才可能获得方法的真意，最终臻于化境。但具体的研究，又无法避免地必须以某一种或多种具体的方法入手。因此，方法的选择与修习至为重要。

《晋商史料集成》是迄今为止晋商史料文书最重要的结集出版。以刘建民、刘秋根二位先生为首的 20 多人团队，历时 5 年之久，将 76000 多件史料集结成 88 册的鸿篇巨制。本文作者在此首先向他们致以崇高的敬意。

《晋商史料集成》第 1 卷汇集了 200 多件晋商契约（合同）文书，并将其分为合约（合同）、相关契约两大类。本文以这些文书为基础开展研究。其核心意旨，在于探究面对大量资料时，如何通过有效的材料使用和内涵挖掘，来达成特定的研究目标。

总体上来讲，这只是一项尝试性工作，不当之处，祈请方家斧正。

二、研究的开启：合同、契约的概念及其历史发展的基本梳理

（一）问题的提出：合同、契约诸概念的现代混同

人类由原始时代的混沌走向有序，契约是一种关键的机制和关系联

结。契约关系基于人的内在心理感受。

对于商业经营，合同、契约具有重要意义，在于它奠定基本的商业关系，并对经营过程中的各种关系变更做出厘定，属于最具基础性意义的规范性约定，并作为法律基础。

《晋商史料集成》88 册皇皇巨制，开篇即是合约（合同）及相关契约，收录合约（合同）132 件，相关契约 105 件。合同、契约究竟有何特殊意义，可以在 11 大类 76000 余件晋商藏品 [1] 资料中位列卷首。《晋商史料集成》主编者在《编写说明》中介绍文书分类时言及 "是按晋商及其商号开展业务过程中产生的先后顺序分别整理排列"，[2] 不失为一种不错的理由，但对于理解契约文书之中所包含的意义，却似乎尚有未足。对于商业经营而言，契约合同至关重要，并非只是因为它是商业经营活动的开端，规范和约定商事活动中各种基本关系，更因为它们是权责和秩序的基础，是商业思维和观念的集中体现。因为人类社会历史演进中各种关系及观念极其复杂的变换，契约所代表的缔约行为以及契约本身，皆具有复杂的意蕴，导致关于契约的意义，以及契约、合约、合同等诸概念之间的关系，成为构建以及理解社会经济关系的基础，同时又不是三言两语、简简单单可以说得清楚的。

按照现代的解释，合同与合约、契约是不同但又极为类似的，很多场合包括一些重要的工具书如《辞源》中的解释也是似是而非。

举例来说，上海辞书出版社出版的《辞海》中，对 "合同" 一词的解释是："合同：又称 '契约'。有广狭两义。广义泛指发生一定权利义务关系的协议，如民事合同、收养合同、师徒合同等。狭义专指当事人之间设立、变更、终止民事关系的协议。由于此类合同是产生债的一种最为普遍的与重要的根据，故又称 '债权合同'。通常在狭义上使用。"[3] 对 "契约" 的解释则是简单地说 "即 '合同'"。[4] 商务印书馆出版的《辞源》中，则释 "合同" 为 "契约文书"，随之又续写道："周礼秋官朝士 '判书' 疏：'云判，半分而合者，即质剂傅别分支合同，两

---

① 参见杨帆：《〈晋商史料集成〉评介》，《中国史研究动态》2020 年第 4 期。

② 刘建民主编：《晋商史料集成》第 1 册，商务印书馆，2018 年，《编写说明》。

③ 《辞海》（上），上海辞书出版社，2010 年，第 1489 页。

④ 同上书，第 3083 页。

家各得其一者也。'"①"双方或多方同意订立的条款、文书。"②中国社会科学院语言研究所词典编辑室编《现代汉语词典》中，对"合同"的解释是："两方面或几方面在办理某事时，为了确定各自的权利和义务而订立的共同遵守的条文。"③对"合约"的解释是："合同（多指条文比较简单的）。"④对"契约"的解释则是："证明出卖、抵押、租赁等关系的文书。"⑤

民国时期陈稼轩所编《实用商业辞典》影响深远，其中对"合同"一词的解释是："合同：双方或多方协议某种事件，订立契约，各执一份，而各须遵守者。此种契约，谓之合同，亦称合同据。"⑥显然是把合同与契约视为同一的东西。对"契约"的解释则是："契约：（Contract）有二人以上意思之合一，以法律上之效果为目的者，谓之契约。"⑦这一解释，并未注意与合同的区别。其用作"契约"英文表达的"Contract"一词，《牛津高阶英汉双解词典》中释之为"an official written agreement"，中文为"合同；合约；契约"，可见在其现代使用中，也是不甚区分合同、合约与契约的。

以上材料可见，现当代辞书中关于"合同"与"契约"的解释，多注重其共通的方面，而不甚注意两者的区别，各种解释有颇多含混之处，以至在日常生活及后来的理论著述及分析中，多混而同之，也因此导致在研究古代文书史料时出现诸多混乱与不解。比如在研究民间各地契约文书时，就经常遇到合同、契约、合约、文约等不同词汇交互错杂使用的情况。而对其中的区别，则不甚了了。

中国社会科学院历史研究所研究员，徽学与明清史、中国史研究专家周绍泉先生早在20世纪90年代初整理徽州文书时就注意到了这一问题："我们在整理徽州文书时，读到许多契约文书，如卖契、典契、当

---

① 《辞源》修订本（重排版），商务印书馆，2012年，第525页。

② 同上书，第793页。

③ 中国社会科学院语言研究所词典编辑室编：《现代汉语词典》第5版（大字本），商务印书馆，2009年，第549页。

④ 同上。

⑤ 同上书，第1081页。

⑥ 陈稼轩编：《实用商业辞典》，商务印书馆，1935年，第255—256页。

⑦ 同上书，第461页。

契、批契、退契、认契、输契等称作'契'的文书，又有租约、借约、婚约、还文约、甘罚约、投主文约等称为'约'的文书。其中的一些'契'又称作'约'，如典契又称典约，当契又称当约等。而一些'约'又称作'契'，如租约、佃约、批约、承约、揽约等即租佃契。婚约即卖身契，等等。所以，人们把这些称作'契'和'约'的文书，通常合称为'契约'。还有许多称作'合同'的文书，如分界合同、分业合同、承役合同、保业合同、息讼合同、共管山地合同、对换合同、商业合同等等。"① 由此引出一个重要的问题：契约和合同是一种文书还是两种文书，抑或是既有区别又有联系的文书。

要回答这一问题，需要从历史的角度来考察古代中国契约、合同制度的发展演变，了解相关概念和词汇的意义及其转化。

（二）分析讨论：契约与合同的异同

徽商、晋商及各地明清以来契约文书的大量发现和刊布，证明了契约文化在近现代社会经济发展中的爆发性增长，也使契约文书的分类整理和研究成为当代学界一个重要而复杂的学术命题。更为特别的是，因为语言文字、文书内容、名称、形式等多方面发展变化，再加上各地地方文化和语言习惯等多方面的差异性影响，使得各地契约文书在保持一定同一性特点的同时，呈现出极强的地域性特点。而各类文书本身的异同，尤其是结合历史实际和契约文书与相关概念的时代变迁进行考察研究，成为需要着力的一个关键点。

周绍泉先生在《明清徽州契约与合同异同探究》一文中，以举例方式分析契约与合同的区别及联系，文中作为举例的契约合同，包括契约十种，含：《洪武二十五年祁门吴钟祥等卖山赤契》《顺治七年洪元震等典田契》《隆武元年谢志端当田契》《建文元年祁门谢翊先批契》《万历四十六年汪子华佃山约》《康熙六十一年吴学文借约》《万历四十三年王成祖卖资婚书》《崇祯十三年李法寿等立还文约》《顺治二年王三一等立甘罚约》《乾隆十八年倪盛夫妇投主文约》；合同四种，含：清白分单合

---

① 周绍泉：《明清徽州契约与合同异同探究》，《第五届中国明史国际学术讨论会暨中国明史学会第三届年会论文集》，1993 年。

同——《康熙二十年刘新晟等立分单》、承役合同——《万历八年洪时可等朋充合同》、息讼合同——《嘉靖四十二年谢祖昌等息讼合同》、商业合同——《万历四十一年祁门郑元祜等立清单合同》。虽然举例文书数量并不很大，但其内容丰富奇特，亦能彰显现实中契约合同之复杂。

以这些证据材料为基础，周绍泉先生对契约与合同的区别做了如下总结性归纳：

第一，契约只有双方，虽然有时每方不止一人，但不影响只有双方的格局。合同虽有的只有双方，但不限于此，有时有多方；不管有多少方，均共同立文书，每方都具名。

第二，契约为单契形式，即只有一张契纸，立契方立契并具名押署之后，把纸交给对方。如果日后要查原契，要托中见人查验，验后要求查验者还得立一"认契"。① 合同则采用符书形式，有几方参加订立合同，就同时书写几张内容、格式完全相同的合同，并于合同末尾写明"合同一样几纸，各收一纸存照"，有的合同中留有上述文字半字，有的是三分之一、四分之一，视参加合同的方数而异；不论几方，每方都持有一纸合同。

此外，周绍泉先生文章中也具体分析了契约与合同之间的联系："由于契约和合同部分的千余年发展历史，也由于社会生活千姿百态、纷繁复杂，以及各地和各个人写立文书习惯的不同，契约和合同还是有着千丝万缕的联系。同样性质的文书，有的采用单契形式的契约，有的则采用符书形式的合同。"②

（三）现代性解说：当代合同与传统契约的不同

以上简要说明了契约文书相关概念的历史演化及相互间的异同，作为后文分析研究晋商契约文书的理念和知识基础。与此相关，还有一个需要说明的关键性问题，即：当代合同与传统契约的不同。

王旭教授在其《契纸千年》一书中，对这一问题做了专门讨论，认

---

① 参见周绍泉：《明清徽州契约与合同异同探究》，《第五届中国明史国际学术讨论会暨中国明史学会第三届年会论文集》，1993 年，第 154—171 页。

② 同上。

为"通过《合同法》来规范的当代合同，以各种属于现代社会特有的合同类型为主，同时也包含其他如买卖、赠与、借款、租赁、保管等合同，它们的结构形式表现为'交易行为类型＋合同'"，由于"我国目前的法律属于大陆法系，法律上的主要继受对象是大陆法系国家的体系，其中就包括大陆法系的契约制度"。①因此，当代合同实质上可视为"大陆法系契约"，其与中国传统契约之间有着明显差异：

一是契约的分类标准，中国传统契约的分类采用二元性分类标准，既包括交易行为类型，又包括交易对象的考虑。大陆法系契约分类的标准总体上看是一元性的，即交易行为类型。

二是关于契约本体论的讨论是传统契约与当代合同（或大陆法系契约）之间的另一个巨大差异。尽管在吐鲁番契中有"二主先和后券""三主和同立券"，甚至于"九主和同立券"，在敦煌契约中也有"二主对面平章"等用语，表现了传统契约"合意"的行为，但是该处"和同"所表现的"合意"状态，不能简单地直接认作当代合同的"意思表示一致"。宋元之后，这种表述又被"三面评议""三面言定"等用语所取代，因此与当代合同（或大陆法系契约）形成的"合意"本体论或者"意思自治"的核心说，不能相提并论。

三是传统契约也没有当代合同（或大陆法系契约）那种成熟的法律规范性。尽管在中国历史上比如南宋时期有过官颁契纸，但是像当代合同（或大陆法系契约）那样，以系统的契约法律规范契约行为的情况，在中国传统社会是没有过的。②

总体上来说，当代合同的情况，与近百年来其他领域的情况相类似，不论是形式还是理念、内含思想方面，很大程度上都受到西方的影响，甚至属于西方制度、文化的移植。其与中国传统契约具有很大差别，除了上述各方面外，最根本的，是两种文化之间本源上的差异。概而言之，是两种不同的文化体系的差异。简单来说，当代合同是西方制

---

① 王旭：《契纸千年：中国传统契约的形式与演变》，北京大学出版社，2013年，第34页。
② 有关当代合同与中国传统契约之间的上述三种差异的文字表述，引自王旭：《契纸千年：中国传统契约的形式与演变》，第36—37页。王旭教授书中对这一问题有深入探讨，详参王旭：《契纸千年：中国传统契约的形式与演变》，北京大学出版社，2013年，第34—37页。

度文化所代表的工业化下标准化生产的产业（工业）制作，而中国传统契约，尽管也受范本以及日用类书所提供的格式化标本的影响，但现实中的每一件文书，几乎都是带有个性色彩的个性化创造。其大体格式有所"规定"（很大程度上是源于民间习惯），但具体的意思表达、文字使用和内容的阐述，却有较大的自由裁量的空间。这是中华文化重意不重形，注重内涵和理念表达的文化特点所决定的，也是中国传统契约最大的特色。这种特色体现在，契约（合同）文书在内的各种史料文书遗存之中（包括各地所出各种史料文书）。以下以图1《中华民国十四年刘秀声等立合伙开设天德油局合同》[①] 为例，来说明这种文化意义的体现及其价值所在。

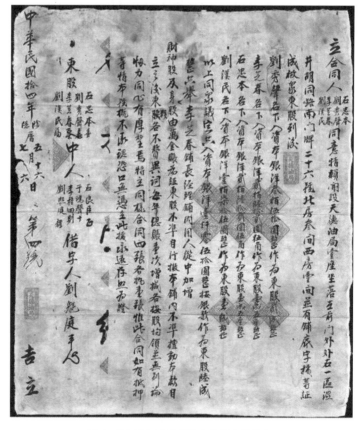

图1　体现中国传统契约文书特点的样本：
《中华民国十四年刘秀声等立合伙开设天德油局合同》

---

① 图片参见 https://www.artron.net。

这件民国十四年（1925）因在前门外合伙开设一家总资本为银洋一千零五十元的油局而开立的合同，是一件内涵丰富的文化产品遗留，具有重要的标本性意义。

1. 立约时间同时用了阴历（农历）和阳历两种形式，关于投入本钱的表达用了"资本""银洋""东股"等具有明显时代特征的词汇，充分表现出与时俱进的特点，从中可以感受到扑面而来的时代气息。"天德油局"的字号名称，也让人体会到传统与现代的结合与转换。

2. 行文中"同意情愿""同众议定""共举李芝春铺长经理铺内用人"等说法，充分体现出传统合同对共同意愿与协商议定的强调，突出体现合同"和同众意"的核心意旨和文化特点。

3. 文书中东股与身股并存，且提到"财神股"与"万金账"之设，体现出典型的晋商文化特色。

4. 文书规范，标准地使用印章，抬头章、押款章、落地章一应俱全，其中还有半书部分骑缝印的使用。需要特别注意的是，正文中"东伙"误写为"东股"，在改正后加盖印信，体现出极为严谨认真的态度。

5. 文书内容表达细致而全面，在详细写明事由、商铺详细地址、财产、各人投入资本及占股份数、经理人任用等基本信息之后，更简明扼要地说明了一些重要的制度性要求，如：东股不准自行撤本；自立之后东伙各不赘异词；每年总账一次，增减各按股均领，并无别论；协力同心，有厚望焉。最后特别写明："惟此合同，如有抵押等情，本号概不承认。"看似简单的几句话，其实凝集了合伙企业（商号）管理的理念和经验之精华。

6. 文书上东股、中人、借字人的花式签押，体现出花押文化的影响。文书左下角的"吉立"二字，整体的内容布局安排和书写格式，尤其"财神"顶格书写的方式，留下了深深的中国传统文化的印迹。

7. "特立同样合同四张，各执壹张"，并使用半书勘合（用"各执壹纸"四字，本件为左四分之一），与第二点中所讲强调共同意愿表达的文字相配合，做到了形、意两重意义上的"合同"。体现出中式合同文化的真意。

8. 文书采用手书形式，从内容的整体安排、排列安排（包括空格和留白）、字形字体、印章使用等，体现出中式书法、绘画艺术的审美情趣和特点。一件实用（应用）文书，兼具艺术的审美价值，也是中华文化的构成之一。

以上分析中表现出一项重要的事实，即在中国社会经济和文化的当代发展中，西方的制度、法律和文化发生了巨大影响，也因此改变了许多传统观念和概念的意义。这是我们当下开展历史文化研究所面临的一个极大的困难和尴尬。开头用了很大篇幅来梳理和探讨中国历史上契约合同诸种形式和概念的发展演化，着力于厘清其区别，其中根本的原因，在于即便在如《辞海》之类重要的基本辞书中，也混淆了（或者说是未能具体详细地区分清楚）相关概念之间的区别和联系。这种情况自然不只是存在于契约、合同诸概念之间，而是广泛地存在于历史文化研究所涉及的许多领域。因此，如何在研究中做得恰当的概念理解和区分，是历史研究的一项重要的基本功课。

三、基础性研究：契约（合同）文书的识读、数据提取与基本解析

（一）文书概观

《晋商史料集成》11 大类 76000 件文书，开篇第一类第一部分，就是"合约（合同）及相关契约"。这样安排的基本意义，是因为开始经营前的缔约（合伙协议或合同），通常是字号设立和（或）经营的起始点，是规范商号关系的基础性安排，也涉及经营、股权变更乃至最终破产歇业过程中各种变化、关系及事项的处理。从根本上来说，合约（合同）规范商业经营中的基本关系和秩序，是有效经营的基础保障，同时也是与经营管理相关的各种基本观念及思想的具体体现，因而有着重要的研究价值。更为重要的是，与现代格式合同通常采用规范的格式和内容所表达的意向不同，晋商契约合同根源于山西及中国本土文化，体现着极为突出的文化意义。尽管其采用历史上延续、演变的民间契约中的许多基本要素和形式，但在内容及意愿表达上却相对自由和灵活，从中能够感受到缔约人的所思所想，以及对各种观念和事项明显的侧重，其

行文中饱含各种人文因素，属于"有温度"的契约。其中所体现的各种基本观念，比如股俸制安排、资本观念及多样的资本处置、特殊的东伙关系及所有权与经营权的分离都是晋商文化至为重要的基础性构成。

《晋商史料集成》中将契约合同总体上分为两大类：第一类"合约（合同）"，从《乾隆二十五年十一月初二日李湧、柴正儒开设六陈行生理相关事宜合同》到《年代不祥谢清江等三人设立江源顺号山货麻行生意合伙约》，计132件文书[①]，其名称包括：合同、合同约、合伙执照、合约、承管推约、文约、合伙约、合伙文券、合同执照、合约执照、领约、议单约、承领约。名称有所不同，但其功能皆集中在商业合伙关系的缔结及相关事项处理方面。第二类"相关契约"，从《乾隆三十七年二月十八日广信号李广发等欠孙东家本利欠约》到《慎余堂世昌和烟坊推让字据》，计105件文书[②]，包括：欠约、还债合同、改组合同、文约、契约、家具处置清单、欠钱文约、分拨合同、执据、退约、分拨约、执照约、分伙合同、分伙文约、承管推约、割藤、合约执照、合同执照、文约、文契、信约、字约、账单、字据、歇业推单、停业分单、分伙凭据约、退约、辞约、清分合同、托业字据、辞退约、推约、割藤文字、清单底据、退单、当据、出伙字据、结事约、凭据约、承约、退股据、杜绝约。内容十分丰富，充分体现出晋商在具体经营中对各种相关事项的处理，深刻地理解和使用契约原则。其细致周到，与第一大类"合约（合同）"互为补充，构成一个内容宏富、体系完备、细节周到、完整细密的契约型商业社会。

表 1 《晋商史料集成》中合同文约基本信息统计分析

序号	立约日期	合伙人数	资本及股俸构成	字号行业	营业地点	中见人数	合约类型
1	乾隆二十五年（1760）十一月初二日	李湧、柴正儒2人	李湧入本钱290千，柴正儒入本钱400千，计690千，未涉及股俸	六陈行	水淀店集	同人3人	创立
2	乾隆二十八年（1763）正月初九日	毛绪元、杨宝吉2人	毛绪元入本银1200两，入人1.5股；杨宝吉入本银100两，入人3股。共计本银1300两，人力4.5股	花布行	（山西运城）北相镇	中人3人	创立

① 详见刘建民主编：《晋商史料集成》第1册，商务印书馆，2018年，第7—226页。

② 同上书，第231—352页。

续表一

序号	立约日期	合伙人数	资本及股俸构成	字号行业	营业地点	中见人数	合约类型
3	乾隆三十一年（1766）五月二十二日	郭宽、贾垂基等3人	贾姓以家伙分受生意1分；郭姓出本银100两，分受生意1分，人力1分；梁姓人力1分。共4分	油盐杂货铺	北京前门外	同中人3人	重作
4	乾隆三十七年（1772）十月初九日	许本曜、张柄等3人	张柄出本银250两，许本曜出本银500两，许长茂本银250两，共1000两，异地托管投资，不涉人俸	陆合当	陕西河州	同中人1人	合本投资
5	乾隆四十七年（1782）三月初三日	裴龙、魏蕃冕等4人	公义号、魏蕃冕2家共入资本2400千，作为钱股4俸；魏蕃冕等4人作为人力4俸，人钱共8俸	恒盛号钱铺	山东范县	同中人7人	创立
6	乾隆四十八年（1783）三月二十七日	王维省、任俊逸2人	任俊逸名下本纹银300两作为1俸，王维省本纹银120两作为4厘，王维省人力作为1俸，共计银人股俸2俸4厘	源盛布铺	顺天府宛平县	中人2人	领本经营
7	乾隆四十九年（1784）二月十八日	武春茂、李天赐等12人	12人合伙，窑股10俸，武春茂带经理人力1俸，共计11俸	煤窑	楼沟山	书人1人	合伙行窑
8	乾隆五十年（1785）四月二十五日	武春茂、李天赐等14人	14人合伙，窑股14俸，武春茂带经理人力1俸，共计15俸	煤窑	前头岭	中人1人	合伙行窑
9	嘉庆元年（1796）正月上浣日①	程鹏万、张焕等4人	程鹏万、张焕2人以身入股，各顶1分5厘，文效先、鲁双先各入本银150两，各顶1分5厘，共作6股生意算账，银股、人力各3分	杂货磨坊染坊	不明	无	领本经营

---

①　上浣：上旬。"浣"也写作"澣"，俗为上澣、中澣、下澣为三澣，是古人对上旬、中旬、下旬的代称。

续表二

序号	立约日期	合伙人数	资本及股俸构成	字号行业	营业地点	中见人数	合约类型
10	嘉庆十年（1805）十月十九日	长盛永、曹永太等4人	买入刘怀金名下山厂股份3股中的1股，分作3股由4人分别持有	山厂	泉子沟山厂	中见人2人	合伙买股
11	嘉庆十三年（1808）新正月十五日	任天赐、段天仰2人	任天赐入本足纹银1000两作为银股1俸，人力1俸；段天仰入本足纹银700两，作为银股7厘，人力7厘，共计银人股俸3俸4厘	放账生理	梁周村西堡	在中人1人	创立
12	嘉庆十三年（1808）四月二十四日	玉盛吉记、郝明远等5人	玉盛吉记入本银2400两作成3股，郝明远人力作成9厘，王玉衡人力作成7厘，魏沧人力作成6厘，朱成文人力6厘，葛玉成空股5厘。银人6股3厘，本银2400两占3股	皮行	京都	3人	有空股
13	嘉庆十四年（1809）正月十六日	王锡光等8人	8人共入本元银25000两，共作为5俸，每俸银5000两，无涉人力	当铺	湖北荆州府松滋县朱家埠	8人	清算账目重新作立
14	嘉庆十六年（1811）正月二十三日	张汉雄等3人	每本银150两作为1分，3人共入本银310两5钱，作银股2分7毫。汉麟人作为1分。人银共作3分7毫	烧房	（山西临汾）永和县城	3人	股份有7毫的零头
15	嘉庆十九年（1814）八月十一日	6家字号，王让等13人	合定本大钱6960千文，人力8股，银股8股7厘，总计16股7厘	钱铺、粮店	河南内黄县楚王镇	无	一张合约开设两家字号
16	嘉庆二十五年（1820）九月初四日	刘景光、秦作宾2人	刘、秦两家合伙建房，刘出地基及银1100两，秦出银1100两，商定按刘1分4厘、秦1分占股，共2分4厘，无涉人力	两益局（房产合伙）	不明	3人	合伙建房出租

序号	立约日期	合伙人数	资本及股俸构成	字号行业	营业地点	中见人数	合约类型
17	嘉庆二十二年（1817）四月	马鸣鹤1人	不涉及创设时的股俸安排	当铺	（山西忻州）静乐县任家村	4人	推让人身股
18	嘉庆二十二年（1817）四月	索氏全男马安荣2人	不涉及创设时的股俸安排	当铺	（山西忻州）静乐县任家村	4人	推让人身股
19	道光九年（1829）新正月	马鸣鸾等5人	马鸣鸾父子作为大股东，投入（垫）本钱1460千文，作立3股6厘5毫。马鸣鹤垫本钱140千文作立3厘5毫。鸣鸾全子安兴随人力1个作立1股。周西兴、索味道分别作人力1股，马抢才作人力7厘。钱本4股，人力3股7厘，钱人共作7股7厘	当铺杂货	（山西忻州）静乐县任家村	4人	合伙合同
20	道光三年（1823）正月初六日	田乃积、李生智2人	合伙二人各入京钱3000吊作为1俸，各入人力占1俸，共4俸，人钱各2俸	永隆号	新城县旮旯庄	无	合伙合同
21	道光四年（1824）十一月十三日	敦伦堂等12家	入京钱1000吊作为钱股1俸，共钱股5俸，人力3股4厘，人股钱俸共8俸4厘	长和永记杂粮	东四牌楼北边九条胡同口外路西	2人	合伙合同
22	道光六年（1826）三月二十一日	彭君昭等4人	共入本钱690千文，占2俸3厘，人力占3俸，共5俸3厘。人力占比在一半以上	兴泰和布铺	归化城（今内蒙古呼和浩特）南柴火市全兴店内	2人	在全兴店内设立布铺生意
23	道光六年（1826）六月十二日	新益号等3家	入本钱300千作为1俸，三宗共出本钱750千正，共钱俸系2俸5厘。铺中一切事宜由吕荣堂一人承当，作人俸1俸5厘。共人钱俸整4俸	复源兴号	不明	无	合同

续表四

序号	立约日期	合伙人数	资本及股俸构成	字号行业	营业地点	中见人数	合约类型
24	道光八年（1828）正月十五日	赵修麟等14人	纹银1500两作为1俸，共投入本银15150两，计10俸1厘；人俸10俸5厘，共计20俸6厘，人俸稍多于银俸	锡成合记放账生理	湖北宜城县南营	3人	合同
25	道光十一年（1831）三月初二日	李建栋等6家	入资本钱1000串文作为1俸，共钱股3俸6厘，人俸2俸9厘，共钱人股6俸5厘。其中赵鸿猷有"随空人俸二厘"	庆远号放账生理	不明	3人	重新作立合同
26	道光十二年（1832）五月二十日	临汾赵之相等3家	3人合伙租地307亩，伙立三盛字号，出租经营。共交典价本银1000两整，按3股均摊，每股摊元丝银333两3钱3分	典地开设三盛字号	（山西临汾）浮山县梁村庄	1人	租地开设字号合同
27	道光十五年（1835）七月二十日	王广仁、泰丰恒记2人（家）	泰丰恒记纳入资本大钱100千文作为2股，人顶身分1股。王广仁顶身分1股2厘。共4股2厘	泰昌号醋铺	清邑西大街	1人	合约
28	道光十六年（1836）八月二十六日	卫高、光德堂2人（家）	卫高从光德堂领本足色纹银200两整，在陕西省岐山县设立三盛公号生理。每银200两作股1分	三盛堂字号	陕西岐山	1人	领本文字
29	道光十七年（1837）十一月初十日	杨钟麟等5家	5家共垫本钱2400文，作为钱股4股，义生成随人力理事，作为5厘；卢学诗人力理事，作为5厘。共钱人股俸5股	德义生放账生理	忻州令归村	无	合同
30	道光十八年（1838）正月二十二日	太和堂等10家	以钱500钱作为1股。共钱股2股4厘，人力3股。共钱人作股5股4厘	复和公记	徐邑清德村	无	合伙合同
31	道光十九年（1839）三月二十一日	张公望等4人	张公望等3人共入本银480两，占股2俸4厘，"米朝柱作为心经一俸"，合计3俸4厘	天吉合记炮铺	（山西平遥）侯郭村南	5人	合约

续表五

序号	立约日期	合伙人数	资本及股俸构成	字号行业	营业地点	中见人数	合约类型
32	道光三十年（1850）新正吉	张公望等5人	张公望、双和堂各入本银210两，分别作银股1俸。米朝柱、杨明山人力各作1俸，梁秉璋人力作9厘。银人股共4俸9厘	天吉合记炮铺	（山西平遥）侯郭村南	4人	重立合约
33	同治三年（1864）新正月吉日	双和堂等5家	双和堂入本纹银210两，作为银股1俸，张受荣、张敷荣各入本纹银73两5钱，分别作为银股3厘5毫，米朝柱、梁秉璋人力分别作为1俸。共银人股俸3俸7厘	天吉合记炮铺	（山西平遥）侯郭村南	2人	重立合伙约
34	道光十九年（1839）八月初六日	董贤策等7人	1400两银作为1股，共投入本银9940两，合银股7股1厘，董鸿策、董光策、邢天申各随人力1股、3厘、1股，共计银人股9股4厘	咸美泉梭布庄	归化城（今内蒙古呼和浩特）	无	合伙约
35	道光二十年（1840）五月十三日	宫孔彦等4人	每股作银600两整，共投入资本银4200两，合银股7股，人力2股，银人股共9股	义兴荣银账生理	京都	无	合伙约
36	道光二十二年（1842）正月	苏鹏飞等3人	京钱1400吊为1俸，鹏飞、鹏翔入本钱1400吊作为1俸，常五人作为1俸。银股人力各1俸	和成号放账生理	不明	代书人1人	合伙约
37	道光二十三年（1843）新正月初八日	韩敬和堂等5家	财东入本东钱102400吊，入护本东钱89600吊，银股计12.8俸。身股2股，入护身东钱3000吊。总计银人14.8股	裕盛当	（山东）平谷县城	无	重整合同
38	道光二十三年（1843）二月二十五日	曹雨田等5人	大钱300千文作1股，共入本大钱1500千文，作钱分5股，杨椿如顶身分0.5股，杨大盛顶身分1股，银人股份共计6.5股算账	泰兴和号估衣店	（河南）清丰县	1人，后批5人作中	合同

序号	立约日期	合伙人数	资本及股俸构成	字号行业	营业地点	中见人数	合约类型
39	道光二十三年（1843）后七月十五日	张贻绪等3人	资本银13500两，银股4俸5厘。11人食人力6俸2厘，银人股俸共计10俸7厘	万兴元蒙古生意	张城（张家口）地面	无	合同
40	道光二十五年（1845）正月初九日	贺学宽等5人	入资本银400两为1俸，共入本银1000两，作为生意2俸5厘，人力1俸5厘，银人股俸计4俸	聚锦成花布杂货生意	靳家庄	1人	合同
41	道光二十九年（1849）四月初四日	绛澍等10人	京钱2000吊作为1俸，资本京钱3600吊，合钱股1俸8厘，人力3俸7厘，钱人股俸共计5俸5厘	昌义公记放账生理	京都西单牌楼报子街口内	抽资时4人为中	合同
42	道光二十九年（1849）十月二十五日	范中新等12人	合伙打井用水，以股俸制方式分摊费用、享受权利。打井费用以8.5俸摊钱，每俸摊钱15千600文。使水则至上而下，以9俸轮流	合伙修井用水	（山西清徐）屠沟村南靳家河	无	合伙打井合同
43	道光三十年（1850）二月初八日	李海珠等4人	银及家具2股，人力4股，合计6股	东、西庆元店	土岭村	4人	合伙文券
44	咸丰元年（1851）二月初一日	刘继唐、宋瑞云等2人	资本大钱2400吊，作4俸，人力2俸5厘。钱人共6俸5厘	源益永记兑换钱铺放账生理	（山东）曹县城关	玉成人4人	合同
45	咸丰元年（1851）五月十六日	敬修堂等8家	大钱600吊作为1俸，谦益堂等3家共入资本大钱2400吊，作为4俸。刘继唐等3人人力2俸5厘。钱人股俸6俸5厘	万顺典当铺	河南府永宁县余庄镇	2人	合同
46	咸丰二年（1852）十二月初十日	余庆堂刘兴桂与朋友等7人	入本钱600千文作为1俸，7人（家）共入本钱4500千文，作钱股7俸5厘，5人领身股4俸。共钱人股俸11俸5厘	日增茂记借贷生理	（山西）清源	无	合伙合同

续表七

序号	立约日期	合伙人数	资本及股俸构成	字号行业	营业地点	中见人数	合约类型
47	咸丰三年（1853）七月	大安堂李奇珠等14家	14家亲朋合伙买地修堡寨，将粮作价连税契共出钱93千800文，14家作13股，每股出钱7220文	买地修堡寨	山西忻州	无	合伙买地合同
48	咸丰四年（1854）六月十七日	景立中堂等6堂	景立中堂等6堂在孝邑西乡徐峪村柳林沟地方武守国山内接做丰裕炭窑，新旧共俸21俸整	丰裕炭窑	孝邑（孝义）西乡徐峪村柳林沟	3人	合同
49	咸丰四年（1854）正月二十日	张意兴等3人	张意兴等3家各立本40两整，共计本银120两整	意兴店生意	不明	2人	合同
50	咸丰七年（1857）三月十二日	郭名境等10人	每股银1100两，共入本银6490两，计银股5股9厘，人力3股	谦益诚布庄	归化城（今内蒙古呼和浩特）	无	合同
51	咸丰七年（1857）五月十六日	一真堂等11人	入本宝银1500两作为1俸，财东9家（人）共入本宝银9000两，银股6俸，刘映逵等2人领身力1俸7厘，共计银人股俸7俸7厘	裕和永记借贷办货生理	祁邑	无	开立合同
52	咸丰八年（1858）四月十六日	永锡号等3家	永锡号入本钱6000吊正，每股按2000吊1俸，钱股3俸，以伙计工价坐清3年后身股再作为定	义泉涌烟行	京都	无	合同
53	同治八年（1869）二月初九日	永锡号等3家	永锡号入本银1000两正，家具铺底作银200两。按400两1俸，合银股3俸，各领人力1俸，银人股合计6俸	义泉涌烟行	京都	无	重立合同
54	同治十二年（1873）新正月十八日	永锡号、孙时蕃2人（家）	永锡号入资本银1500两作为银股3俸，随带空身股1俸，家具铺底作为1俸；孙时蕃食人力股1俸。共有银股4俸，人力2俸（包括空股1俸）	义泉涌烟行	京都前门大街珠市口南边路西	2人	重新整立合同

续表八

序号	立约日期	合伙人数	资本及股俸构成	字号行业	营业地点	中见人数	合约类型
55	咸丰八年（1858）四月二十一日	赵明鉴等3人	入原本京钱7500吊整，钱股3俸，10人食人力7股1厘，钱人股合计10股1厘	恒泰义钱布铺	（河北）固安县城	6人	合同
56	咸丰十一年（1861）新正初一日	光裕堂等6家	每俸1400两，4家共入本干银3500两，计银股2俸5厘，随人力1俸7厘。共计银人股俸4俸2厘	新源魁面铺	平邑（平遥）牛站街	歇业时3人为中	重新合约
57	光绪十七年（1891）新正初一日	张永昌等7人	永昌记等5家共本银2500两，占银股2俸5厘，宏谋记鼎人力1俸，杰记鼎人力6厘，人力1俸6厘。银人俸股共4俸1厘	新源成面铺	平邑（平遥）西街牛站街	抽本时3人，歇业时2人	合伙合约
58	时间看不清楚	仁义店、许广祺2家	共积人力2俸3厘，仁义店1俸3厘，许广祺1俸	泉义店骆驼厂	岳阳县（今山西古县）龙虎台	2人	合同
59	咸丰十一年（1861）七月二十七日	许广祺2家	仁义店1俸3厘，许广祺1俸	退出泉义驼店	岳阳县（今山西古县）龙虎台	3人	退结接事约
60	同治元年（1862）二月初六日	天和堂、刘范2人（家）	共入本钱780千文，以300千文作为1俸，合银股2俸6厘，包括家具作为2厘。5人领人力4俸，共计银人俸股6俸6厘	天和生记面铺	塔寺村后街	4人	合同
61	同治元年（1862）九月初九日	五福堂等5家	入资本永钱24000吊，作钱股4俸。冯镇、赵晋阳2人领本作为执事人各领人力1俸。共银人股6俸	丰盛恒记钱粮布生理	（河北）永清县韩村镇	无	合伙执照
62	同治二年（1863）二月十五日	孙世义等4人	孙世义、蒋步清各出本钱100千文，各顶本分5厘。领本伙计孙锁、王成福各顶人分1分，计人分2分。钱人股俸共3分	四盛公煤行	不明	3人	合同

续表九

序号	立约日期	合伙人数	资本及股俸构成	字号行业	营业地点	中见人数	合约类型
63	同治二年（1863）六月初九日	张闫氏等4人	共入资本钱100千文，作为2俸，武令祯人力作为1俸。银人股3俸	福润泉酒铺	孝义市兑九峪	2人	合约
64	同治二年（1863）六月初九日	武命祯、张闫氏2人	武命祯领张闫氏本钱伙开酒铺	福润泉酒铺	孝义市兑九峪	2人	领本合约
65	同治四年（1865）二月十一日	李德安等21人	20余位自然人和1家字号（永盛号）合股开设煤窑，共作股16分	煤窑	左募村	无	行窑合同
66	同治四年（1865）十一月初二日	张孝纯等3人	窑户张孝纯等3人引进众财东出资开办炭窑，与亲友分为8俸。以后花费按股均摊	公盛窑炭窑	魏家沟桃沟北山	无	行窑文约
67	同治九年（1870）新正月初十日	殷步常等3人	作窑股3俸。3人各作1俸，各自随窑户身子、窑户身子、管账身子1个	三盛窑炭窑	苗沟村南	中人、书人各1人	合伙文约
68	光绪二十九年（1903）十月十五日	陆张氏同孙2人	出接窑股1俸，上窑户身1个	三盛窑炭窑	苗沟村南	中人、书人各1人	出接窑股文约
69	同治十一年（1872）三月初四日	天顺堂等5家	入本钱2000千文，作为2俸，无涉及人力（身股）	永顺成，行业不明	不明	无	合伙合同
70	同治十三年（1874）二月初六日	张辅清等6家	共入资本钱3300吊，铺内身力1俸2厘。钱股数量未写明	大恒当	南阳镇	3人	合伙合同
71	光绪二年（1876）六月十三日	辅德堂等4家	共入资本钱4000吊整，以1000吊作为1俸。共钱股4俸，随人力1俸6厘。钱人股俸共5俸6厘	大恒当	孝邑（孝义）程家庄	3人	合同执照
72	光绪二年（1876）六月初二日	愈美公赵等11人	作为10俸，每俸80千钱，无身股	公兴成煤窑	孝邑（孝义）下柱拔村	无	合同执照

续表十

序号	立约日期	合伙人数	资本及股俸构成	字号行业	营业地点	中见人数	合约类型
73	光绪九年（1883）九月初九日	靳殿玺、赵维垣2人	处理争讼，不涉及股份	炭窑	孝义	7人	界址合约执照
74	光绪十二年（1886）二月十五日	靳殿琮8人	旧俸作为7俸8厘2.5毫，新俸作为14俸9厘。新旧俸共合为22俸7厘2.5毫	天成窑	孝义程家庄后溪沟	无	扩股文约
75	光绪十年（1884）八月初二日	杨毓珍等3人	400千文作为1股，本钱合计1000千文，作为钱股2股5厘，人力2股，共计钱股人力4股半	意和昌糟坊	淮安桃源县曹家庙	6人	创立合同
76	光绪十二年（1886）十一月初八日	王熊元等4人	500千文作股1俸，3位财东共入本钱900千文，作钱股1俸8厘。王锡元人力1俸，王增元人力7厘。钱人股俸共3俸5厘	开设元盛公布铺	文水县东石侯村	玉成人1人	创立合同
77	光绪十七年（1891）六月二十二日	庆元堂等4家	500吊作为1俸，共入本钱1250吊，作为2俸5厘，王增元人力作为1俸，共钱人股俸3俸5厘	开设晋元德花布铺	（文水县）东石侯村	无	创立合同
78	光绪十九年（1893）二月初六日	洪盛当等6家	1500千文为1股，洪盛当等6家共入本钱9000千文，合6股，洪盛当等6家随、顶身力5俸8厘，共计钱人股俸11股8厘	洪盛昌吉花布号	交邑（交城）东关	无	创立合约
79	光绪二十一年（1895）前五月初七日	仁和堂马等3家	京钱1000吊作为1俸，共作钱股3俸。田文鑑、田润蓝各占人股1俸。共计钱人股5俸	协和永放账铺	泰安府东阿县旧县镇	同人1人	创立合同
80	光绪二十二年（1896）正月二十四日	乔宅在中堂等16家	宝银2200两为1俸，16家共入本银27951两，计银股12俸7厘5丝，身股1俸	复盛公德记钱当面行	包镇	无	重组合同

续表十一

序号	立约日期	合伙人数	资本及股俸构成	字号行业	营业地点	中见人数	合约类型
81	光绪二十三年（1897）新正月初四日	敦厚堂、敦和堂2家	原敦厚远生理所遗房粮地产账目货物等项共作价2100千文，按每俸600千文作为钱股1股，共钱股3俸5厘，杨宝树等4人顶人力3俸，共钱人俸股6俸5厘	不明	交城县寨上村	无	接作重立合同
82	光绪二十三年（1897）正月初六日	达天堂、赵松龄等3人	共入本钱1300千文，作为钱股1俸3厘。郭镇鲁顶人力1俸，王性平顶人力8厘。共计钱股人力3俸1厘	双盛号放账铺	滩头村	无	合伙约
83	光绪二十四年（1898）四月二十八日	张庆余堂等6家	四家各出纹银800两作为1俸，共合出资3200两，银股4俸。张忠信堂顶经理人俸8厘，庞汝舟顶人力俸1俸。共计银人股俸5俸8厘	宝和昌记杂货生理	平邑城内	3人	合伙议约
84	光绪二十六年（1900）新正谷旦	阎明贤等5人	共入资本钱1300千，作为钱股2俸6厘，阎明贤顶人力股1俸，共计钱人股俸3俸6厘	裕昌厚杂货生理	文邑北张庄	3人	合伙合同
85	光绪三十三年（1907）岁次丁未新正谷旦	张庆和、静安堂2人（家）	张庆和、静安堂各入本钱300千文，作为钱股1俸，计本钱600千文，钱股2俸。阎道仁领人力股1俸。共计钱人股俸3股	裕昌厚杂货生理	文邑北张庄	2人	重作合同
86	光绪三十一年（1905）九月初七日	侯正连、石广金领大德堂等4家资本	侯正连、石广金两人领到大德堂等4家资本1000吊，作为钱股2俸（500吊为1俸），侯正连、石广金两人各领身力1俸。钱人股俸共4俸	大德成记杂货行	东关北巷	4人	领本合同执照

续表十二

序号	立约日期	合伙人数	资本及股俸构成	字号行业	营业地点	中见人数	合约类型
87	光绪三十二年（1906）二月初九日	郭积善堂等6家（人）	郭积善堂等5家共入无色宝银2100两，作为银股3俸半。经理人刺友梅顶人力1俸。共4俸半	永庆发药店	平邑东大街	2人	合伙约
88	光绪三十三年（1907）十月初一日	梁作明承领苏运泰钱，2人	梁作明承领苏运泰纹银200两，作股1分	铜炉（手工作坊）	（山西襄汾）北许村	1人	领约字据
89	光绪三十四年（1908）十月	梁作明承领仁义堂本银，2人	梁作明承领仁义堂纹银200两，作股1分	铜炉（手工作坊）	（山西襄汾）北许村	2人	领约字据
90	宣统三年（1911）十二月初四日	张槐等3人	张槐等3人揽地修窑，共作10股，未提及银钱投入	兴德窑（煤窑）	（山西清徐）都沟村	无	合同执照
91	民国二年（1913）阴历九月二十日	陈绍言等4人	陈绍言等4人共入资本钱400吊，作为钱股8厘。陈绍言顶周行人力1俸，穆生来、穆连来各顶人力9厘，郭义顶人力7厘，共人力3俸5厘。钱人股俸共计4俸3厘	三义协烟坊	孝邑（孝义）梁家庄	1人	创立合同
92	民国四年（1915）正月初六日	胡世元等6家	胡世元等4人领胡世德堂、贾忠厚堂名下资本300千文，作钱本6厘。胡世元顶身力周行股7厘，刘焕文、王守玉各顶身力股7厘，贾全忠顶身力股5厘。共钱人股俸3俸2厘	义和永货行	（山西吉县）马连滩	2人	领本合同
93	民国七年（1918）元旦	杨文三、张昇邦2人	共入资本钱300千文整，作为钱俸3股。无涉人俸	一元炉药室	介休县南乡张壁村	同中人3人，书记1人	合同文约
94	民国八年（1919）阴历正月十六日	效周堂等5家	3家共入资本京钱800吊文整，作为钱股8厘。荣子良、杨丽生2人顶人力股1俸5厘。钱人股俸共计2俸3厘	庆享昌粮铺	保阳城内东曜街路东	无	合同

序号	立约日期	合伙人数	资本及股俸构成	字号行业	营业地点	中见人数	合约类型
95	民国十一年（1922）正月	梁居谦堂等16家	16家各入资本100至600元不等，共集资本5800元。年中所获利息论本均分。无涉人俸	怡利字号（铸铁制造）	广东东莞石龙镇	无	合同
96	民国十一年（1922）正月二十七日	节义堂等8家	京钱2000吊作钱股1俸，共入本金京钱15000吊，共作钱股7俸5厘，张绍宗人力8厘，寇学信人力7厘，钱人股俸共计9俸	增泰成放账生理	山东曲邑（曲阜）董家庄	同人2人，代字1人	合同
97	民国十三年（1924）正月吉日	世昌堂等4家	3家共入资本钱1600串整，作为钱股1俸6厘，马少卿人力1俸，共钱人股俸2俸6厘	德胜长放账生理	湖北汉口	1人	合同文约
98	民国十四年（1925）二月二十五日	荣玺堂等15家	共入本大洋3240元，计钱股4俸5毫，世鸿曹宅等5家顶人力2俸5厘，共计钱人股俸6俸5厘5毫	源泰玉记绸缎布行	交城县郑村	1人	创立合同
99	民国十四年（1925）四月二十二日	陆春富等4人	陆春富等4人租到井煤窑一座合伙经营，作4股，加1个卖炭身子，共5股	经营煤窑	苗沟村南	在中书人1人	煤窑合伙约
100	民国十四年（1925）夏历九月初八日	三益堂等3家	3家共集资本钱39000串文整，以3000串作为1股，共13股。和连壁等5人顶身身股3俸3厘5毫，钱人股俸共计16股3厘5毫	兴泰和当典	（山西）陵川县附城镇	无	创立合同
101	民国十五年（1926）新正月吉日	武福荫堂等4家	4家共入资本钱1200千文整，作钱股2俸（600千文为1俸）。巩聚财人力1俸，霍广亨人力9厘，史玉宝人力7厘。共钱股人力4俸6厘	桂美和记	（山西介休）张良村	3人	创立合同

续表十四

序号	立约日期	合伙人数	资本及股俸构成	字号行业	营业地点	中见人数	合约类型
102	民国十五年（1926）正月初十日	皇甫过喜、郭俊章2人	两家共垫资本钱750吊，作为银股1俸5厘，郭俊章身股作为1俸，共银人股2俸5厘	合义楼点心炉食铺	灵邑南街	说合人2人，代笔1人	重作合同
103	民国十八年（1929）新正月初九日	皇甫长劳、郭俊章2人	两家共垫资本大洋600元，作为银股2，郭俊章等3人身股作为2俸，共银人股俸4俸	合义楼点心炉食铺	灵邑南街	中人1人，代书1人	重整合同
104	民国十五年（1926）新正月二十七日	金生堂等16家	11家共入本大洋6500元，作股6俸5厘，梁正津等5人顶身股2俸5厘，共计银人股俸9俸	宝全兴记借贷庄	清源高白镇	无	创立合同
105	民国十五年（1926）二月初三日	温炳魁等10家（人）	5家入本大洋2240元，作银股3俸2厘。温炳魁等5人顶身股3俸5厘，共计银人股俸6俸7厘	源胜德毡坊	交邑木厂街	玉成人2人	创立合同
106	民国十五年（1926）十月二十九日	润诚堂等11家	11家共入本大洋7000元，1000元为1俸，计银股7俸。世鸿曹宅顶身力9厘，有光徐宅顶身力8厘。共计银人股俸8俸7厘	顺记贷庄（钱庄）	交城县郑村	无	创立合同
107	民国十六年（1927）旧历丁卯新正吉日	郑丰盛堂等4家	将众东屡年应分到余利银内前后共拨出银400两整入为资本，作为银股1俸，铺底家倨作为银股1俸，共2俸，郑丰盛堂、郑云亮堂、郑成福堂、郑思远堂名下各占5厘	西兴隆碱店	北京菜市口	在中人2人，书人1人	重立合同
108	民国十六年（1927）二月十五日	秦怡春堂等11家	行窑20余年后因为股权变动，重新整理股俸，新旧共作16股	新泰窑	张家庄	中证人2人，代书1人	重立合伙合同

续表十五

序号	立约日期	合伙人数	资本及股俸构成	字号行业	营业地点	中见人数	合约类型
109	民国十九年（1930）二月初十日	马云福堂等9家（人）	共入本钱2500串，以1000串作为钱股1俸，计钱股2俸5厘。温长珠等3人各领身力1俸，共计人钱股俸5俸5厘	三合泳记南菜杂货生理	介邑洪山村	1人	创立合同
110	民国二十二年（1933）古历正月二十七日	李兆麒等11人（家）	大洋1500元作生意1股。李宝善堂旧有大洋8100元，记入宝善堂名下作为正本5股，记入保安堂名下4厘。企昭堂、张如善堂各入附本大洋3000作生意2股，兰保和堂、高泰和堂、权忠恕堂、刘春和堂、杨同善堂各入附本大洋1500元作生意1股。共大洋21600元作生意14股4厘	源香当（典当）	（山西运城）稷山县	见议人、代笔人各1人	增股扩资合同
111	民国二十二年（1933）二月初四日	宁百管等3人	银洋500作为生意1份，宁百管出资本银洋150元作为3厘生意，执掌铺事。着同德明、贾存福二人经理。议定人力1分每年应支银洋40元正，但未提及人股数量	祥德合记杂货铺	临汾东关	无	创立合同
112	民国二十二年（1933）三月	义勇堂等4家（人）	每份银洋1000元，义勇堂、源发堂共入本银洋3000元，作银股3份。刘益畅承顶身力9厘，郭承汉承顶身力7厘5毫。银人股俸共4俸6厘5毫	天利泉面行	定襄东霍村	1人	创立合同
113	民国二十二年（1933）三月二十八日	张云程等12人（家）	众东现银大洋4000元，500元作为1股，共银股8俸。邢玉春顶玉成股5厘，张云程等4人顶身股2俸5厘，共计银人股俸11俸	复泰恒记质典	太谷县白城镇	无	创立合同

续表十六

序号	立约日期	合伙人数	资本及股俸构成	字号行业	营业地点	中见人数	合约类型
114	民国二十三年（1934）二月初十日	李澍洲等6人	承领公本17000元，6人自寻铺保共同负责。每铺保各顶股份5厘，共占股3俸。李澍洲等分领股俸7厘、6厘、5.5厘、5.5厘、4.5厘、4.5厘，6人共顶股份3俸3厘。共计股份6俸3厘	同领公本办理朔县总分盐店	朔县	无	创立合同
115	民国二十四年（1935）阴历九月十一日	承惠堂贾等6家	银洋600元为1股，承惠堂贾等6家共入洋1800元，作为银股3股。有"蒙天获利，按银人股俸均分"，但合约中未列明人股数	合资成立万和斋瑞记南果局	汾阳鼓楼北街	3人	创立合同
116	民国二十六年（1937）四月十九日	武三珠、郭守诚2人	按2股砍伐，各1股	砍山	汾河谷家嘴山	3人	创立合同
117	民国二十六年（1937）七月八日	冯积善堂等10家	10家共入资本大洋6000元，作为银股6俸，赵铨晋认定经理股9厘，张佩莹认定协理股8厘，共银人股俸7俸7厘	同和兴粮店	（山西灵石）夏门镇	玉成人、代字各1人	创立合同
118	民国二十七年（1938）阴历七月二十九日	龙耀庭、杜端斧等10人	众财东入股本国币5400元，1000元作为银股1俸，共银股5俸4厘；李荣春等5人顶人力2俸6厘。共计银人股俸8俸	乾和蔚顺记药材生理	山西徐沟县	无	创立合同
119	民国二十九年（1940）正月初六日	郝鹏然等27家（人）	旧东3俸，新东16俸，新旧股东共计19俸	复兴窑（煤窑）	郝家寨村东前柏沟	无	重新作立
120	民国三十二年（1943）正月初六日	武占廷等23家（人）	旧东武占廷座作4俸，新东19俸，共计23俸	复兴窑（煤窑）	郝家寨村东中柏沟	无	重新作立

续表十七

序号	立约日期	合伙人数	资本及股俸构成	字号行业	营业地点	中见人数	合约类型
121	民国二十九年（1940）阳历五月七日	世德堂等6家	家具铺底作为1俸5厘，宝善堂、义合堂、聚宝堂各资入资本国币800元作为银股1俸，共银股4俸5厘；杨德禄、赵宝中各顶人力股1俸。共计银人股俸6俸5厘	三义公染料铺	北京花儿市大街	中人2人，代笔1人	增资重组
122	民国三十二年（1943）三月十七日	世德堂等6家	6家共计铺底股1俸5厘，共入资本国币洋6750元，作银股4俸5厘。杨德禄、赵宝中各顶人力1俸，共计铺底银人股俸8俸	三义公染料铺	北京东花市大街	中人3人，笔人1人	增资重组
123	民国二十九年（1940）国历九月十一日	3人向10家招股，计13人（家）	程子哲、林寿山2人出面招集股本国币11000元，每股1000元，作为11股，由余庆堂等10家分别持有。聘用张禹臣为经理，年薪360元，无涉人股	裕生粮局	北京东直门内城根	玉成人2人	招股创立
124	民国三十年（1941）正月二十二日	德友堂等5家	德友堂等5家共入资本洋3000元，作为银股3俸。合同中说明请高时如担任经理，但并未说明他是否领有身力	福泰亨干果店	北京前门大街珠市口	在中人及代笔3人	创立合同
125	民国三十一年（1942）四月十五日	孙五福堂等6家	孙五福堂等6家共出资本洋10万元，作银股10股。每家各领照应股1.5厘至0.5厘不等，共计照应股5厘，银股、照应股合计10股5厘。公聘解三陞为经理，立人股2分	同春合号京货	不明	说合人2	创立合同
126	民国三十三年（1944）一月一日	茹绍彰等3家	茹绍彰等3家共入资本洋4500元，作为钱股3俸。茹绍彰经理作为人力股1俸，任文运、梁杰各作为人力股5厘。共计钱人股俸5俸	福生公记电料行	天津河东小集大街	中人1人，同人1人	创立合同

续表十八

序号	立约日期	合伙人数	资本及股俸构成	字号行业	营业地点	中见人数	合约类型
127	伪成纪七四〇年（1945）二月十四日	贺子寿等38人	吕盛德堂、贺子寿等33家（人）入垫股、护本金各6000至500元不等，共入股本100000元、护本100000元，作为100股；李高等5人各承顶身股1俸至5厘不等，计3.95俸。银人股俸共计103.95股	德盛权复记酒业碾面	大同城内	玉成人2人	创立合同
128	民国三十四年（1945）旧历九月初九日	王铣基等12人	全窑作窑俸46股，撇原日开山打石旧本2股，王铣基等各占4股，日后窑成，红利按46股均分	人和煤窑	普洞村窑沟儿	在中人2人，代笔1人	旧窑新开
129	民国三十四年（1945）十一月初六日	靳广公等7人	煤窑山主人靳广显、靳五保将自己地租给靳广元等7人开采煤窑，不涉及股俸划分	煤窑	炭窑沟	在中说合人2人，代字1人	租窑地合同
130	民国某年新正月十五日	王敬德堂等2家（人）	王敬德堂入资本宝银1400两，作银股2俸，温广毅管事人就人力股1俸。共银人股俸3俸	协同信记面行	张兰镇	无	创立合同
131	年代不详	吴效鹏、张焕堂2人	吴效鹏、张焕堂2人同领荣合堂吴宅名下贷本钱1800串整。吴效鹏立钱股1分，身股1分。张焕堂入本钱60串整，立钱股身股1分，共计股俸3分	荣泰合号生意	不明	无	领本文约
132	年代不详	谢清江等3人	谢东君准入资本钱600千文整，准食钱力生理2分，人力准食人分生理1分；杨麟定人力准食人分生理1分；张鸿清人力准食人分生理1分。共计股分5分，其中人力3分	江顺源号山货麻行生意	陕西雒南县北乡石门镇	后部缺失，情况不明	创立合约

资料来源：根据《晋商史料集成》第1卷中合约（合同）部分资料整理

（二）基础数据解析

上表概括列示了 132 件晋商合约（合同）文书所涉及的 100 多家晋商商号设立、重作、股权变更及领本等相关的缔约情况，其中提供了许多有关晋商经营、管理、资本构成及理念相关的重要资料数据。尽管样本数量依然偏小，但能够一次性将如此数量与企业（商号）创立相关的商事合同文书放在一起来做综合性考察和分析，已经是非常不容易了。通过总的观察和分析，可以得出一些具有重要意义的认识，对晋商合伙经营的实质、规模、关系变化，以及其中所包含的技术、观念获得一些具有切实资料和数据支撑的认知，其意义依然是不可忽视的。以下分几方面做简要分析。

1. 时间分布

上表所列 132 件合约（合同）文书，从乾隆二十五年（1760）至民国三十四年（1945），时间跨度 185 年，基本反映了晋商在经历了自明中后期以来 200 多年的发展演进和积累，经过明清政权转换时期的动荡和康雍时期的休养生息走向快速发展，并在 19 世纪中期经历西方势力冲击，由盛转衰、艰难求存的整个过程。100 多件合同及其中所记录的有关商号开业、经营及权益变动的基本事实，真实地记录并反映了这一过程，具有极为丰富的社会经济史意义，也是理解晋商乃至明清以来中国社会总体发展演变的重要材料基础。

表 2 《晋商史料集成》中合约（合同）的时间分布简表

序号	年号	时间（年）	合同数（件）	年平均数（件）	备注
1	乾隆二十五年（1760）至乾隆六十年（1795）	36	8	0.22	
2	嘉庆（1796—1820）	25	10	0.4	
3	道光（1821—1850）	30	24	0.8	
4	咸丰（1851—1861）	11	12	1.09	
5	同治（1862—1874）	13	13	1	
6	光绪（1875—1908）	34	21	0.62	

序号	年号	时间 （年）	合同数 （件）	年平 均数 （件）	备注
7	宣统（1909—1911）	3	1	0.33	
8	中华民国（1912—1945）	33	40	1.21	最后一件文书的时间截至1945年；含成纪纪年文书1件
9	时间不清		3		1件大致为光绪年间，其余2件可能属民国时期
合计		185	132		

资料来源：根据表 1 数据整理

上表所反映的时间分布，大约由两方面因素所决定：一是因为社会经济环境变化导致企业（商号）数量发生增减变动；二是时间因素导致越是近期的文书保留下来的可能性越大。以上虽只是一个小样本，但契约（合同）的年平均数，依然反映出一些具有一定参考意义的信息，即自乾隆时期以来企业创始合同数量增加，表明企业经济的发展呈现一种上升的势头，这种上升在道光时期加速，并于咸丰时期达到峰值（1.09）。随后，指标数据逐期走低，到民国时期，又有大幅度提高。

民国时期的数据再做一细分，则是：

民国元年（1912）至民国十年（1921）　　　　　4 件

民国十一年（1922）至民国二十年（1931）　　　15 件

民国二十一年（1932）至民国三十年（1941）　　12 件

民国三十一年（1942）后　　　　　　　　　　　7 件

表明在民国十年（1921）后的 10 年中，晋商又进入一个相对短暂的恢复发展期，但在其后不久，又开始快速衰落。

上述情况，受样本数所限，不见得十分确切，但也可大略地体现出经过清初一段时间的休养生息和社会机制的整理恢复之后，晋商发展、衰落直至最终没落的大致情况。

2. 地理分布

上列 132 件文书，在其中大多数中都可以找到与经营地点相关的信息。根据表 1 数据统计如下：

表 3　《晋商史料集成》中合约（合同）所涉及经营事项的地理分布 ①

本地	北京	山东	河南	河北	内蒙	湖北	陕西	天津	江苏	广东	不明
84	14	5	3	3	3	3	3	1	1	1	11

资料来源：根据表 1 数据整理编制

尽管样本量并不是很大，但也可以看出晋商经营在地理分布上的一些特点：

其一，与其他各大商帮以异地经营为主有所不同，晋商经营虽以草原贸易及后期票号"汇通天下"② 称雄于世，但从具体的经营尤其是商业经营的地理特点来看，除了以茶叶、布匹、皮毛等核心货品为主的长途贩运经营外，晋商经营中还有一个需要注意的突出特点，在于大批商号的本土化经营，以及作为远程贸易条件基础的本地工商业的发展。以本地生活和外地商品加工经营为特色的各类商号、作坊，遍布城乡各处，再加上各种以煤炭和山林等资源开采为主的特色行业，山西大地本身成为一个规模庞大、网络和商号遍布的商业帝国。广大乡村和市镇作为重要的生产和经营基地，构成对远程贸易的基础支持之外，也推动了本地乡土经济的发展，形成深厚的商业网络及农村社会金融基础，以及与之相关联的一系列社会、文化创制，比如戏曲艺人、各类工匠等。132 件合约（合同）文书中，84 件涉及本地经营，占比约 63.64%，表明本地商号在整个晋商经营中占据了极其重要的地位。这一方面可能与契约文书的

---

① 合同文书人没有任何地理信息，无法判别地理归属的计入"不明"。其中《道光三年正月初六日田乃积、李生智合伙开设永隆号合同》中有田乃积、李生智二人合伙在新城县昝各庄开设永隆号生理，搜索发现，民国前全国有多个新城县，1914 年将山东新城县改为耏水县，吉林新城县改为扶余县，江西新城县改为黎川县，浙江新城县改为新登县，贵州新城县改为兴仁县，只保留了直隶新城县。仅河北省滦县有"昝各庄村"。无法判定新城县昝各庄的确切处所，故也列入了"不明"。

② "汇通天下"主要用于描述票号经营，但用于票号产生之前的晋商经营也未尝不可，包括早期晋商经营，确实具有"货通天下"的意义。

保存有关（本地更易于留下本地经营相关的文书史料）；另一方面，也在一定程度上反映了晋商经营在地理分布上一个极为突出的特点，即以本土（本地）为中心，由近及远，辐射周边各地。[1]

关于这一特点，我们可以从一些重要的远程贸易企业的业务内容中获得数据支持。比如大盛魁作为对蒙贸易的最大商号，其经营货品的构成就比较典型地体现了这一特点。有研究表明，"大盛魁购销的商品种类很多，自称是'二十二省之奇货'"。[2]但在这个汇聚天下奇货的大前提下，却可以看到本土社会和本土经济的特殊意义。张正明先生在《晋商兴衰史》中列出的大盛魁销往蒙古各地的8类产品（砖茶、生烟、绸缎、糖、铁器、蒙古靴子、木碗、药材）[3]，山西本土出产居其三（见表4）。可见本地生产对于晋商贸易具有重要的支撑作用。大盛魁从蒙古销往内地的牲畜、皮毛、冻羊肉等产品，也促进了本地皮毛加工等行业的发展。[4]

表4　大盛魁销往蒙古各地的产品产地（来源地）分析

类别	品名	产地	备注
山西本地产品	生烟	山西曲沃	每年1000余囤
	铁器	铁锅：晋东南和盂县；铁锹：山西榆次；铁条：山西长治	委托铁匠铺打造其他铁器，如火剪、下毛剪子、铁夹子等
	木碗	山西五台和岚县	
外地产品	砖茶	主产地湖南	
	绸缎布匹	曲绸：河南、山东；花缎：苏杭；洋布：日本	
	糖	红糖：广东；白糖、冰糖：福建	以冰糖为主
外地产品	蒙古靴子	蒙古靴子铺：归化城（今呼和浩特）	每年1万多双
	药包	向归化城本地药铺采买	

资料来源：根据张正明《晋商兴衰史》及《大盛魁史料》资料汇总整理

[1] 关于这一特点，希望将来能依据更大的样本数据做更为详细准确的分析研究。
[2] 张正明：《晋商兴衰史》，山西古籍出版社，1995年，第165页。
[3] 《大盛魁史料》中共列出14类商品，除了以上8类外，还有三白哈达、铜器、马鞯、木桶、白面炒米、糕点饽饽，大多是向归化城（今内蒙古呼和浩特）本地的店铺采买。
[4] 兽皮多运往大同加工，羊皮大部分走顺德府和交城县，羊毛多销往山西左云、右玉、浑源等地。

其二，北京作为都城（合同文书中有称其为"京都"者），是晋商省外经营的第一重镇，这一点由许多其他史料和著名商号的经营事迹作为佐证。

其三，除北京之外，临近各省（山东、河南、河北、湖北、内蒙古、陕西）是晋商经营的重要阵地。其经营的项目也是各有特点，山东、河南、河北、湖北等地以典当、放账生意为主，内蒙古（归化城）则是以布匹为主。

表5　《晋商史料集成》中合约（合同）所涉及商号在各地的经营简表

序号	字号/行业	创设时间	地点
1	恒盛号钱铺	乾隆四十七年（1782）三月初三日	山东范县
2	裕盛当	道光二十三年（1843）新正月初八日	山东平谷
3	源益永记兑换钱铺放账生理	咸丰元年（1851）二月初一日	山东曹县东关
4	协和永放账铺	光绪二十一年（1895）前五月初七日	山东泰安府东阿县旧县镇
5	增泰成放账生理	民国十一年（1922）正月二十七日	山东曲邑（曲阜）董家庄
6	庆丰钱铺、万丰粮店	嘉庆十九年（1814）八月十一日	河南内黄县楚王镇
7	万顺典当铺	咸丰元年（1851）五月十六日	河南府永宁县余庄镇
8	泰兴和号估衣店	道光二十三年（1843）二月二十五日	河南清丰县
9	万兴元蒙古生意	道光二十三年（1843）后七月十五日	张城（张家口）地面[①]
10	恒泰义钱布铺	咸丰八年（1858）四月二十一日	河北固安县城

---

① 张家口今属河北省管辖。其地理位置特殊，在晋商历史上具有重要地位。清时张家口北属口北三厅（多伦诺尔厅、独石口厅、张家口厅），南属宣化府。民国二年（1913）属直隶省察哈尔特别区兴和道和口北道。民国十七年（1928）设察哈尔省，张家口为省会。抗日战争时期，全市多个县成立抗日民主政府，直到抗日战争胜利后，重设察哈尔省建制。1952年11月，察哈尔省建制撤销，察南、察北两专区合并后称张家口专区，划归河北省，张家口市为专区治所，张家口、宣化两市划属河北省。

序号	字号 / 行业	创设时间	地点
11	丰盛恒记钱粮布生理	同治元年（1862）九月初九日	河北永清县韩村镇
12	兴泰和布铺	道光六年（1826）三月二十一日	归化城（今内蒙古呼和浩特）南柴火市全兴店内
13	咸美泉梭布庄	道光十九年（1839）八月初六日	归化城（今内蒙古呼和浩特）
14	谦益诚布庄	咸丰七年（1857）三月十二日	归化城（今内蒙古呼和浩特）
15	信聚当	嘉庆十四年（1809）正月十六日	湖北荆州府松滋县朱家埠
16	锡成合记放账生理	道光八年（1828）正月十五日	湖北宜城县南营
17	德胜长放账生理	民国十三年（1924）正月吉日	湖北汉口
18	陆合当	乾隆三十七年（1772）十月初九日	陕西河州
19	三盛堂字号	道光十六年（1836）八月二十六日	陕西岐山
20	江顺源号山货麻行生意	年代不详	陕西雒南县北乡石门镇

资料来源：根据表 1 数据整理编制

3. 行业分布

根据上述 132 件合约（合同）文书的不完全统计，所涉行业多达四五十种，表明晋商商号经营的行业分布极其广泛，涉及人们生产生活的各个方面，不仅关系本地民生经济，也与遥远的异域地区民众的生产生活密切关联。同时也看到，除了各行各业的经营之外，一些特殊事务的处理，也属于合同文书规范的范畴。以下是大致的行业分类，借此可以对晋商经营的行业特点有个基本的认识。

日用百货类：六陈行、杂货行、花布行、绸缎布行、布铺（布庄）、皮行、粮店、醋铺、炮铺、烟行、煤行、药店、碱店、酒铺、干果店、京货、盐店、南果局、染料铺、药材生理、估衣店、电料行。

　　典当借贷类：当铺（典当行）、钱铺、放账铺（也有称借贷生理、放账生理等）、贷庄（钱庄）。

　　加工作坊类：铸铁制造、烧房、铜炉、烟坊、毡坊、皮坊、磨坊（碾面）、染坊、糟坊、药室、点心炉食铺。

　　矿产资源类：煤窑、炭窑、山厂、砍山等。

　　其他类：骆驼厂（驼店）、蒙古生意、合伙修井用水、房产合伙、买地修堡寨等。

　　其中以放账类生意最多，直接叫"放账生理"的 12 家，另有 2 家放账铺、1 家借贷庄、1 家贷庄（钱庄），合计 16 家，占比 12%；煤窑、炭窑 16 家，占比 11.45%；典当类 12 家（包括当铺、典当、质典，其中包括一家兼营当铺杂货），占比 9%；布匹类 12 家（其中 2 家兼营杂货等），占比 9%；杂货类 9 家，占比 6.87%。

　　除上述情况外，132 件合约（合同）文书所反映的晋商经营还体现出两项与行业分布相关的特点：

　　其一，合同反映出有不少商号从事多元化混业经营。如《嘉庆元年正月上浣日程鹏万、张焕等四人设立元吉号杂货磨坊染坊领本合同》[1]中，程鹏万、张焕二人领到文效先、鲁双先名下资本开设元吉字号，经营杂货、磨坊、染坊，既涉及不同行业（产品），也涉及不同的经营类别（零售、加工）。《咸丰八年四月二十一日赵明鉴等三人开设恒泰义钱布铺合同》[2]中，赵明鉴等三人在固安县城开设恒泰义钱布铺生理，钱、布生意融为一体。《同治元年九月初九日五福堂等开设丰盛恒记字号钱粮布生理合伙执照》[3]中，五福堂等合伙在永清县韩村镇开设丰盛恒记字号钱粮布生理，银钱、粮食、布匹混合经理。《光绪二十二年正月二十四日复盛公改为复盛公德记钱当面行合同约》[4]中，也是同时经营钱铺、当铺、面行。诸多材料表明，除了盐等少数政府专营或专管的行业（产品）外，大多情况下商号可以自由决定经营的行业及商品组合，从而形成多元化混业经营的字号和家

① 刘建民主编：《晋商史料集成》第 1 册，商务印书馆，2018 年，第 15 页。
② 同上书，第 85 页。
③ 同上书，第 96 页。
④ 同上书，第 120 页。

族，在充分发挥人才、资源优势的同时，相对分散经营风险，优势互补。这是晋商研究中需要注意的一项基本事实。

其二，如表5所示，晋商在外地的经营，以当铺、钱铺及放账等与资金融通相关的行业最多，其次则是布匹、粮食等大宗生活用品。在晋商经营的综合分析中，这也是需要进一步注意的重要事实。

另外还需要注意的是，晋商的行业分布是一个随着时代和环境条件变化而动态变化的过程。简单来看，早期（明代中晚期及清初）晋商经营以晋东南物产（本地手工业产品如铁器、绸缎等）的长途贸易为主，康熙以后则以蒙古贸易中的茶叶、皮毛等为主，道光以后随着票号的兴盛，票号成为主导性行业，与之相伴随的是商业网络急速扩大，经营的触角远及蒙、俄、中亚、日本，[1] 晋商总体地位急遽跃升，百业兴旺。在晋商数百年发展兴衰的历史过程中，与资金融通相关的行业如当铺、钱铺、账局及放账铺，以及盐、铁、煤炭等资源型行业则始终处于重要地位。

4. 经营规模——合伙人数

上述合同涉及商号创立、重组、重作、领本、推让股份等多种不同情况，再加上合同中对相关事项参与人的表述多有不同，所以无法根据表中数据精确统计出所涉及商号的合伙人数，但根据表中数据，可以大体分析计算这些以合伙（合股）创立商号为主的事项中合伙事务的参与人数，并大致判断晋商商号初始经营的人员（股东）规模。以上132件合约（合同），涉及参与合伙（或领本、推股等相关事务）的总人数为821人（次），不考虑其他因素，按合同数132件直接平均，大约每家（项）为6.22人（次）。也即是说，这一时期晋商商号合伙（合股）的股东（不包括领身股者）平均6人左右。其中最少者2人，人数最多为《伪成纪七四〇年（民国三十四年）阴历二月十四日贺子寿等三十八人合伙设立德盛权复记酒业碾面合同》[2]，共涉及38人。分行业来看，以开设煤窑（合同中称"行窑"）参与人数较多，其中《同治四年二月十一日李德安开设煤窑合同》[3]，涉及较为复杂的人物关系，包括20位

---

① 详参张正明：《晋商兴衰史》，山西古籍出版社，1995年，第84页。

② 刘建民主编：《晋商史料集成》，商务印书馆，2018年，第212—216页。

③ 同上书，第100页。

自然人和 1 家字号（永盛号）。一般商号经营则以五六人合伙最为常见。这些数据大体表明，乾嘉以来的晋商经营，以中小规模的合伙经营（自然人个人名义合伙、以堂号形式出现的家族间合伙、家族与个人的合伙三种形式）最为常见。需要特别注意的是，绝大多数的晋商合伙，采用股俸制形式，不仅有细致的股俸划分，而且在资金（银、钱）之外特别突出人力（人俸、身力）的作用，属于极具特色的股俸制合伙。这是一种伟大的、具有深远历史意义的重要创造，需要做深入细致的专门研究。

5. 资本构成及规模

通常意义上的合伙经营，是以货币和实物资产［房地产或其使用权、铺底（各类存货）、家具用具等］投入作为最重要的经营基础，也是合伙资本最主要乃至唯一的构成。晋商合伙合约（合同）中，却提供了不同于一般的合伙形式及资本构成。

（1）以"股俸制"作为最基本的合伙形式。初步统计，上列 132 件合约（合同）中，涉及股份安排者有 125 件，其中 102 件涉及人力（身股），占比高达 81.6%，不涉及人力（身股）者有 23 件，占比 18.4%。说明包含人力的股俸安排，是晋商合伙中极为普遍的情况。从目前可见的史料来看，"股俸制"是晋商经营中一种极为普遍的制度安排，具有广泛的社会意义。

（2）"以人为本"的资本观念。材料分析发现，晋商资本构成中，不仅普遍设立"身股"（人力、身力），而且"身股"往往在总资本中占比很高。根据初步统计，有 29 件合同中身股（人力）占股俸数的一半以上，占涉及人力者（102 件）的 28.43%。可见其经营中对人力的重视，很多时候可与货币及实物资本等量齐观，在部分合伙中甚至处于超越货币及实物资本的地位。比如《民国二年阴历九月二十日陈绍言等四人开设三义协烟坊合同》[①]中，规定入资本钱 500 吊作为钱股 1 俸，陈绍言等 4 人实际共入资本钱 400 吊（陈绍言、郭义各入资本钱 150 吊，作为钱股各 3 厘；穆生来、穆连中各入资本钱 50 吊，作为钱股各 1 厘），作为钱股 8 厘。4 位货币资本

---

① 刘建民主编：《晋商史料集成》第 1 册，商务印书馆，2018 年，第 136—138 页。

投资人作为一般意义上的"东家"，所持"钱股"总计数只有 8 厘，连 1 股都不到，人股却高达 3 俸 5 厘（陈绍言顶周行人力 1 俸，穆生来、穆连中各顶人力 9 厘，郭义顶人力 7 厘，合计 3 俸 5 厘），钱人股俸共计 4 俸 3 厘。人股占比 81.4%，钱股仅占 18.6%。除此之外，合约中还具体明晰了两项有利于人股的倾向性政策：一项是每俸人力身股每年应支钱 40 吊；另一项是日后有利按人钱股俸均分，有害钱股同受（人股不负担损失）。这种对人力的突出强调，具有重要的理论及实际意义。

毋庸置疑，"股俸制"是五百年晋商经营中一种伟大的、具有重要意义的制度创造，也是晋商数百年屹立不倒的基础性制度保障之一。尽管有关其历史渊源的许多细节性问题（起源、发展和成熟的具体时间、相关的人和事实等）目前尚不清楚，但其源于"财因人致，利由本生"这一基本理念，则是毫无疑问的。

（3）灵活的资本构成安排。上述合约文书中多有涉及商号重组、重作，其中涉及原有资产的处置，在股俸（资本构成）安排中突出体现出一种灵活处理的原则。如《乾隆三十一年五月二十二日贾垂基等三人立掤本油盐店合同约》[①]中，原东贾氏（贾垂基）在前门外四条胡同街西有一家油盐杂货铺，内有家伙俱全。因本人不能自做，所以与郭宽、梁金魁以"掤本"方式重组，将生意交予郭、梁二人同做，合同约中写道："贾姓以家伙分受生意一分。郭姓出本银一百两分受生意一分，以人在铺办事分受生意一分。梁姓在铺办事分受生意一分。共作四分为率。营利四股均分。其生意同中言定七年为规。如有更便，自许郭姓交，不许贾姓接。同中言明三人不许反悔。如有不愿者，罚银五十两整。恐口难凭，故立合契存照。"后批："家伙如七年以外，许贾姓接生意，为照。"又："卅四年六月十三日同中说明后批与郭宽生意，总无异说。"在这个掤本经营中，涉及股权安排时，只是简单地将贾姓所有的家伙作为 1 分生意，郭姓所出本银 100 两作为 1 分，郭、梁二人因"在铺办事"（负责具体经营），各受生意 1 分，这样就确定了总股俸数为 4 分的资本结构安排（原资产、新入本银各占 1 分，人力 2 分）。简单利落，但却充分考

---

① 刘建民主编：《晋商史料集成》第 1 册，商务印书馆，2018 年，第 9 页。

虑了与"挪本"及未来经营相关的股权安排。合同中并有两个特点需要注意：一是关于未来 7 年内（外）有关生意转接的禁止性规定及后批，涉及有关商号权益处理的细节；二是多次突出强调中见者的力量，包括"其生意同中言定七年为规""卅四年六月十三日同中说明后批与郭宽生意"。本合同共有"同中人"6 人，远超常见的二三人之数，从中可以深切地感觉到，一家小小的杂货铺，关于其权利关系，潜藏着许多背后的东西。为了保证如约执行，合同中还特别强调："同中言明三人不许反悔，如有不愿者，罚银五十两整。"表明合伙三人对于此次合作及其中的责权处理，是极为慎重的。本件合同也是《晋商史料集成》中所录第一件涉及人力股（身股）的合同，时为清乾隆三十一年（1766）。

（4）非固定占比导致股权安排的灵活性及可扩展性。由表 1 数据可以看出，晋商合伙的股俸安排中，对于多少银（钱）为 1 股（分、俸），并无一定之规。关于银（钱）股及人俸的数量及各自的占比，也通常也没有上下限约束。这就给以身股方式激励经理人员及伙计的工作积极性，以及未来扩股增资提供了便利的空间。相对于近现代西式企业制度中按百分比计算的股权安排（总股份数在一定时期内固定，按持股数量算百分比，导致新增股权较难），具有十分明显的优势。

除以上关于资本构成的分析外，有关商号资本，还有一个值得注意的重要方面，即资本规模。我们注意到，以上 132 件合约（合同）文书中，并无票号资料，而文书所涉及的 100 多家商号，多为中小规模企业。其资本数额相对较小。此外，在 1933 年 3 月"废两改元"前，[①] 商号资本通常以白银或铜钱来记，改元后则以元来记，导致不同时期的资本规模缺乏可比基础。但我们还是可以根据合伙合约中的情况略举数例来说明不同时期资本规模的大致情况。

---

① 1933 年 3 月 10 日，中国币制开始废用银两，改用银元。银两是中国历来通行的货币单位。近代，银元广泛流通，形成银两、银元并行流通的局面。1917 年虽有倡"废两改元"之议，迄未实现。1933 年 3 月 10 日，国民政府财政部发布《废两改元令》，规定所有公私款项收付、契约票据及一切交易、一律改用银币，不得再用银两。原定以银两收付者，在上海应以银两 7 钱 1 分 5 厘折合银币 1 元的标准，以银币收付。上海以外应按 4 月 5 日申汇行市，先行折合规元，再以规元 7 钱 1 分 5 厘折合银币 1 元的标准收付。持有银两者，可由中央造币厂代铸银币，或在中央、中国、交通三家银行兑换银币。

表 6 《晋商史料集成》中合约（合同）
所涉及商号资本规模数据摘要汇总

序号	合同名称	行业	投资人数	投入资本	经营地点
1	《乾隆二十八年正月初九日毛绪元、杨保吉经营棉花布行合同》	棉花布行	2 人	银 1300 两	山西运城
2	《乾隆四十七年三月初三日公义号、魏蕃冕等合伙设立恒盛号钱铺合同》	钱铺	2 人	京钱 2400 千	山东范县
3	《嘉庆十四年正月十六日王锡光等合伙开设信聚当合约》	典当	8 人	银 25000 两	荆州府松滋县
4	《道光八年正月十五日赵修麟等十四人设立锡成合记放账生理合同》	放账	7 人	银 15150 两	湖北宜城县
5	《同治三年新正月吉日双和堂等五家开设天吉合记炮铺合伙约》	炮铺	3 人	纹银 357 两	侯郭村南
6	《咸丰元年二月初一日刘继唐、宋瑞云设立源益永记兑换钱铺放账生理合同》	兑换钱、放账	3 家	大钱 2400 吊	山东曹县
7	《咸丰八年四月二十一日赵明鑑等三人开设恒泰义钱布铺合同》	布铺	3 人	京钱 7500 吊	河北固安县
8	《光绪二年六月初二日愈美公赵等合伙开设公兴成煤窑合同执照》	煤窑	14 家（人）	钱 800 千文	孝义下柱拔村
9	《光绪三十三年岁次丁未新正谷旦张庆和、静安堂开设裕昌厚杂货生理合同》	杂货	2 人	钱 600 千文	文邑北张庄
10	《光绪三十三年十月初一日梁作明承领苏运泰钱设立铜炉领约》	铜炉	1 人	纹银 200 两	北许村
11	《民国八年阴历正月十六日效周堂等五家开设庆享昌粮铺合同》	粮铺	3 家	京钱 800 吊文	保阳城内
12	《民国十四年二月二十五日荣玺堂等设立源泰玉记绸缎布行合同》	绸缎布行	10 家	大洋 3240 元	交城县郑村
13	《民国十五年正月初十日皇甫过喜、郭俊章开设合义楼点心炉食铺合同》	点心炉食铺	2 人	钱 750 吊	灵邑南街
14	《民国十五年新正月二十七日金生堂等十六家开设宝全兴记借贷庄合同》	借贷庄（钱庄）	11 家	大洋 6500 元	清源高白镇

续表

序号	合同名称	行业	投资人数	投入资本	经营地点
15	《民国二十七年阴历七月二十九日龙耀庭、杜端斧等十人设立乾和蔚顺记药材生理合同》	药材	10 家	国币 5400 元	山西徐沟县
16	《民国三十一年四月十五日孙五福堂等六家合伙创立同春合号京货商业合同》	京货	6 家	洋 10 万元	不明
17	《伪成纪七四〇年（民国三十四年）阴历二月十四日贺子寿等三十八人合伙设立德盛权复记酒业碾面合同》	酒业、碾面	33 家（人）	股本、护本各 10 万元，共 20 万元	大同城内

资料来源：根据表 1 资料整理编制

上表大略列示了 17 家不同类型企业（商号）的初始投资情况，可以对晋商商号的资本规模做一概略的观察。结合合同文书中其他商号的情况，做如下简单概括：

① 晋商商号的资本规模，大多在 1000 两—3000 两白银或大钱之间，属于中小规模的经营。

② 从 132 件合约（合同）的数据资料来看，资本规模最小者，以银两计为《乾隆三十一年五月二十二日贾垂基等三人立捌本油盐店合同约》[1]，本银 100 两；以钱计为《同治二年六月初九日张闫氏等四人开设福润泉酒铺合伙约》[2]，张闫氏等 3 人共入资本钱 100 千文作为银股 2 俸。资本规模最大者，以银两计为《嘉庆十四年正月十六日王锡光等八人合伙开设信聚当合约》[3]，以 5000 两为 1 俸，王锡光等 8 人共入本银 25000 两；以钱计为《民国十四年夏历九月初八日三益堂等合伙设立兴泰和当典合同文约》[4]，和三益堂等 3 家共集资本钱 39000 串文整，以 3000 串作为 1 股，共 13 股。以"废两改元"后的大洋计，最高者为《伪成纪七四〇年（民国三十四年）阴历二月十四日贺子寿等三十八

---

① 刘建民主编：《晋商史料集成》第 1 册，商务印书馆，2018 年，第 9 页。
② 同上书，第 98 页。
③ 同上书，第 22 页。
④ 同上书，第 152 页。

人合伙设立德盛权复记酒业碾面合同》①，吕盛德堂、贺子寿等 33 家（人）入垫股、护本金各 500 元—6000 元不等，共入股本 10 万元、护本 10 万元，共计 20 万元，作为 100 股。

③ 从分行业的资本规模来看，通常典当行、账局、借贷庄资本规模较大，手工业加工作坊（如炮铺、铜炉、点心炉、烧房、醋铺、烟坊等）资本规模较小。

四、拓展研究：晋商"股俸制"与股权变更中的细节性问题

以上契约文书中涉及许多重要信息，可以作为拓展研究的基本材料。其中可研究的问题和选题极多，此处仅以晋商"股俸制"、资本及涉及股权变更的一些基本观念为基础，尝试性地讨论基于原始材料开展概念界定和理论、理念构建与阐释的问题。

（一）"资本"的概念与"股俸制"安排

"资本"是近现代社会经济发展中一个十分重要的概念。工业革命以来公司制企业的世界性发展，极大地突出了资本的地位，由此延展出来的"资本主义"作为一个特定的概念、一种社会形态或者说现象的概括性描述，如幽灵般飘荡各地，引发了重要的学术及理论关注，产生了巨大的社会及政治影响。黄仁宇在其《资本主义与二十一世纪》一书中认为："资本主义，既可以当作快乐与新生命之原动力，也可以视为许多失望与灾害的渊薮，因而我们无法在理智上或情绪上漠然视之。"②这样一个作为"复杂的多面体"③的概念性存在，在 20 世纪相当长的时期内成为中国学界乃至整个社会意识中切肤乃至梦魇般的疼痛。中国未能发展出

---

① 刘建民主编：《晋商史料集成》第 1 册，商务印书馆，2018 年，第 212—216 页。
② 黄仁宇：《资本主义与二十一世纪》，生活·读书·新知三联书店，1997 年，第 1 页。
③ 同上书，第 2 页。

资本主义一定意义上成为中国近世以来保守落后的代名词。而有关资本主义萌芽与发展问题本身，也被赋予了许多特殊的含义。①

单从概念本身来讲，现代中国学界使用的"资本"一词，多被视为舶来之物，作为英文"capital"一词的汉译。"从词源学上来讲，capital 是位于顶部或'头部'（head）的东西。它来自拉丁文'caput'，意思是'头'。然而，现在这个词在英语中的诸般用法，却是通过各种不同的途径传递而来。首先出现的是形容词，它最初的意思只是'头部的'（弥尔顿在《失乐园》②中写到蛇的'capital bruise'，意思是它头部的伤痕）。这个单词来源于古法语中的 capital 和拉丁语中的 capitālis，其词源则是拉丁文 caput。这个形容词的其他含义也由此衍生而来：例如，'极刑'（capital punishment）一词来自一种有关罪行的概念，从比喻意义上来说，这种罪行影响到头或生命。该词作为名词的使用可以追溯到 17 世纪：其金融含义的直接来源则是意大利语中的 capitale（头、首）一词。建筑的'柱顶'，如'科林斯风格廊柱的柱顶'（Corinthian capitals），也来自拉丁语 caput，但在这个例子中，该词还有一种居间形式，为 diminutive capitellum（小头）。在 14 世纪，它的名词形式通过古法语中 capital 一词传入英语。"③ 有趣的是，直至 17 世纪，"capital"一词运用到经济生活中的含义仍然不那么清晰。英国学者罗纳德·拉尔夫·费尔摩里认为："17 世纪初，'股票'（stock）、'股份'（share）和'资本'（capital）这些用词，并未获得其现在所拥有之确切含义。在与 16 世纪之英国公司有关之文件中，从未发现过'资本'一词。……直至很久之后，源自资本而支付股息之方式才变得寻常起来。"④ 即便在这时，"资本"一词的含义，也是与"股票""股份"等有诸多混淆。⑤ 黄仁宇很认真地讨

① 参见许涤新、吴承明主编：《中国资本主义发展史》第 1 卷《中国资本主义的萌芽》，社会科学文献出版社，2007 年；以及相关著作及研究。

② 约翰·弥尔顿（John Milton）（1608—1674），英国诗人、政论家，被称为英国文学史上伟大的六位诗人之一，长诗《失乐园》（*Paradise Lost*）是他的代表作品，出版于 1667 年。

③ 引自 https://www.quword.com/etym/s/capital。

④ 〔英〕罗纳德·拉尔夫·费尔摩里：《现代公司法之历史渊源》，虞政平译，法律出版社，2007 年，第 6 页。

⑤ 同上书，第 7 页。

论了资本主义"名目之由来",但对于作为其基础的"资本"概念,除了引用法国历史学家布罗代尔（Fernand Braudel）的考证结论:"资本主义为这三个名词[其他两个名词为'资本'（capital）及'资本家'（capitalist）]之中最带激动性的一个,曾经促使历史学家及辞典专家拼命追究而尚无定论。"①顺便提到之外,并未对"资本"一词的渊源及意义做进一步考究。

文献研究发现,汉语中的"资本"一词,并非来自西方,而是一个典型的根植于中华文化的本土概念。中华文化中重"本"的观念渊源甚古。作为上古时期历史文献汇编、儒家经典之一的《尚书》中,就有"民惟邦本,本固邦宁"之说。②《汉书·食货志》中有关酿酒本利计算的实例,将"本"与成本及利润计算结合在了一起。③敦煌文书P.3569号背《唐光启三年寺院为官酒户马三娘、龙粉堆支酒本和祅会牒》中,有"酒户马三娘、龙粉堆,去三月廿二日已后两件请本粟三十五升,合纳酒八十七瓮半"④。这些概念的使用,反映了早期由一般意义上的"根本",向反映成本费用支出的"本"（成本）,以及作为谋利手段的"本钱"之"本"演化的过程,也代表了"将本求利"的社会实践的发展演化。

"资本"一词用于指称经营工商业的本钱,含义相对确定且较为频繁地使用,大略是在两宋时期（11世纪中后期）。宋代社会经济的发展,极大地促进了商业的繁荣,也促进了借贷资本的发展。"资本"一词在官、私文献中频繁出现。著名文学家、徽宗朝翰林学士、户部尚书叶梦得⑤的《石林奏议》中有:"窃见淮西人户,避地江南。日近盗贼衰息,

---

① 黄仁宇:《资本主义与二十一世纪》,生活·读书·新知三联书店,1997年,第2页。

② 出自《尚书·五子之歌》,见周秉均注译:《尚书》,岳麓书社,2001年,第51页。

③ 出自《汉书·食货志》,其文曰:"除米曲本贾,计其利而什分之,以其七入官,其三及醩鼁灰炭给工器薪樵之费。"见[汉]班固:《汉书》,浙江古籍出版社,2000年,第444页。

④ 原文书现藏法国国家图书馆。敦煌文书中在时间的表述上常用"已后"一词,非"以后"之误。

⑤ 叶梦得（1077—1148）,字少蕴,号石林,吴县人,嗜学早成,尤工词。绍圣四年（1907）进士,徽宗朝迁翰林学士,除户部尚书。南渡后任崇信军节度使,颇能分兵守险,抵抗金兵。《石林奏议》是他在这一时期抗敌中向皇帝写的奏章。叶梦得一生著述极富,据文献记载共有二十五种,除《石林奏议》外,流传至今的还有《建康集》《石林词》《石林诗话》《石林燕语》。

渐皆复业，其荒废田亩皆欲兴复。但缘逃亡之余，牛具种粮皆无从出。州郡官吏不住申请，乞从官中借贷资本。若不量行应副，今春农是时，不惟困乏，骤归无所资给。"① 与叶梦得同一时代的文学家何薳在其杂记《春渚纪闻》中提及："吾之邻人，有一子稍长，因使之代掌小解②。不逾岁，偶误质盗物，资本耗折殆尽。"③ 此二例，为"资本"一词目前所见较早在民间商业经营中的使用。南宋时人杨仲良④编《皇宋通鉴长编纪事本末》中，有"大凡兼并放息钱，虽取利稍厚，缘有逋欠，官中不许受事，往往旧债未偿其半，早已续得贷钱。兼并者既有资本，故能使相因岁月，渐而取之。今官贷青苗钱则不然，须夏、秋随税送纳，灾伤及五分以上，方许次科催还。若连两科灾伤，则必官无本钱接续支给，官本因而寝有失陷，其害明白如此"⑤。不仅明确提到"资本"，且用到与民间借贷资本相对应的"官本"一词。可以窥见的是，这一时期"资本"一词，多指官私借贷中的本钱。证明在 11—12 世纪，"资本"概念已在中国社会经济及民众生活中确立起来。

随着社会经济的进一步发展，各种新的刺激和变化不断涌现，"资本"及相关概念在明代中后期商业勃兴中得到了更为普遍的应用。明人小说、文集、杂记，以及官府奏议、地方志等各类文献中，"资本"一词的使用极为广泛。⑥ 始记于明万历十五年（1587）的《万历收支银两册》，是迄今发现最早的两种本册式中国古代民间商业会计账簿史料之一，⑦ 该

---

① ［宋］叶梦得：《石林奏议》卷 7《奏乞淮西权创措置农业官劄子》。

② 小解：指典当行。

③ ［宋］何薳：《春渚纪闻》卷 6《东坡事实·苏刘互谑》。

④ 杨仲良，字明叔，南宋眉州（今四川省眉山市东坡区）人，生卒年不详。他依据李焘《续资治通鉴长编》作《通鉴长编纪事本末》150 卷。补考《续资治通鉴长编》脱漏者 140 多条，日月互异者 330 多条，有较高的参考价值。又因李书失于宋徽宗、宋钦宗两朝，此书尚存，尤为可贵。

⑤ ［宋］杨仲良：《皇宋通鉴长编纪事本末》卷 68《神宗皇帝·青苗法上》。

⑥ 参见《醒世恒言》《今古奇观》《集玉山房稿》《语林》《名山藏》《崇相集》《河间府志》《（嘉靖）普安州志》《度支奏议》等。

⑦ 另外一种为中国社科院历史研究所藏《万历程氏染店查算账簿》，见录于周绍泉、王钰欣主编《徽州千年契约文书》宋元明编第 8 册。原件规格 330 毫米 ×250 毫米，现藏于中国社会科学院历史研究所（馆藏号 HZB3140018）。作为一个相对完整的簿册，记录了自万历十九年（1591）五月一日开始投资经营至万历三十二年（1604）五月初一日查算的记录，计 84 页。

账簿中频繁地使用"原本""批本""父本""得本""仍在本"等与资本
处置和利润分配相关的概念，体现出在商贸发达的大背景下资本观念的
系统性发展。

从清乾隆时期开始，"资本"作为一个专门词汇在晋商文书史料中
出现。上文所见契约合同中，最早使用"资本"一词的是《乾隆二十八
年正月初九日毛绪元、杨保吉经营棉花布行合同》："毛入本银一千二百
两，入人一股半。杨入本银一百两，入人三股。所获利息银六人四，账
目一年一清。毛得银分不使，仍作资本，以三年为度。杨得银分，任从
自便。人分全使，不许长支。"① 在其后的《乾隆三十七年十月初九日许
本曜等三人出资入六合当合伙合同》②《乾隆四十七年三月初三日公义
号、魏蕃冕等合伙设立恒盛号钱铺合同》③ 等合约中，皆有用"资本"
一词，如"自合伙之后，有利照依资本多寡均分，有害亦照依资本多寡
均认。"④ "公义号入资本京钱一千二百千，作为二俸。魏蕃冕入资本京
钱一千二百千，作为二俸。魏蕃冕入人力一名作为一俸，另有裴龙、张
明杰、孟喜贵各出人力一名各作一俸，共有人力四名作为四俸，人钱共
八俸。"⑤ 这些材料说明至少在清乾隆时期，山西商人经营中就常规性地
使用了"资本"概念。细读这些材料不难发现，在山西商人的观念中，
资本不只是开展经营、赚取利润的本钱，也是损益分配的基础，既可按
比（股份）参与收益（利润）分配，也需负担亏损。此外，"毛得银分
不使，仍作资本"，说明当时已经有了资本积累的观念。据此可以断言：
乾隆时期的晋商经营中，已经有系统、成熟的资本观念，并在商业实践
中得到了很好的运用和体现。

更值得注意的是，山西商人不仅使用了系统的"资本"概念，根据
投入金钱的种类不同将资本具体分为"银本""钱本"，并衍生出了诸多
与资本的使用相关联的概念，如下文将具体讨论的"正本""副本""附
本""护本""领本"等，表明在近代中国的商业实践中，因为现实的需

① 刘建民主编：《晋商史料集成》第1册，商务印书馆，2018年，第8页。

② 同上书，第10页。

③ 同上书，第11页。

④ 《乾隆三十七年十月初九日许本曜等三人出资入六合当合伙合同》。

⑤ 《乾隆四十七年三月初三日公义号、魏蕃冕等合伙设立恒盛号钱铺合同》。

要，"资本"已经延展为一个意涵丰富的概念及知识系统。遗憾的是，在过往的研究中，这一体系并未受到学界足够的重视。

在晋商的概念及制度体系中，具有举足轻重的地位，并可称为独创性发明的是其具有重要创造性意义的"股俸制"安排。该制度是晋商经营中至关重要的制度创建，其以"身股"（也称"身力""人俸""人力"等）的设置为核心，在合伙（合股）关系的缔结与维护中，突出体现了"以人为本"的人本主义精神，也使晋商商号的股权安排从一开始就具有了极为丰富的社会意义及诸多管理方面的优势。

关于山西商人"股俸制"创立的缘由、时间及具体的发明人，因史料所限，迄今未有定论。《乾隆二十八年正月初九日毛绪元、杨保吉经营棉花布行合同》[1]中的文字表明，至少在乾隆二十八年（1763），也就是18世纪中期，"股俸制"已经是一种成熟的资本安排制度并在晋商经营实践中得到了运用。[2]该合伙合同中，不但人股（身股）占了很大比重，毛绪元、杨保吉2人共入人力4.5股，且明确规定"所获利息银六人四"。随后的《嘉庆十九年八月十一日王让等合伙开设庆丰钱铺、万丰粮店合同》[3]，同时设立两家字号（一为钱铺、一为粮店），6家字号与13个自然人合伙，股俸安排中银股8股7厘，人力8股，总计16股7厘，人力（身股）占比近一半，与合约中"财因人致，利由本生"的说法所体现的内涵意义十分吻合。从《晋商史料集成》中身股（人力）占比的数据分析来看，晋商合伙中对人的重视，是十分普遍的。

山西商人为什么会创造出这样一种特殊的资本安排？这很可能与山西人从事商贸活动的特殊环境及本土文化有关。日本学者寺田隆信曾指出："旧中国商人，可大致区分为客商和坐贾。前者远比后者资本雄厚，他们走遍全国各地，以贩运各地的特产为业。山西商人多数是客商。"[4]

---

[1]　刘建民主编:《晋商史料集成》第 1 册，商务印书馆，2018 年，第 8 页。

[2]　《晋商史料集成》卷 61《乾隆十六年某当铺清单》，提及"人银俸股十六俸六厘，每俸分银三十五两"。其中人力 5 俸，每俸分银 35 两，共 175 两。这是《晋商史料集成》中所见最早使用股俸制的原始材料，表明在乾隆十六年（1751），已经存在股俸制的实践。

[3]　刘建民主编:《晋商史料集成》第 1 册，商务印书馆，2018 年，第 24 页。

[4]　〔日〕寺田隆信:《山西商人研究》，张正明等译，山西人民出版社，1986 年，第 296—297 页。

客商长途贩运，需要面对各种艰难险阻甚至生死考验，艰险莫测。因此，人的因素成为"左右成功与失败的最重要的条件"。①因此，团队成员包括东家与伙计之间必须具有超出常人的关系，能够"生死相依"，甚至能把命交到同伴手上，才足以应付各种突发的意外情况，也才能够长久合作（合伙），众手相扶，共创未来。②正如寺田隆信在书中所言："在他们之间，即出资者和伙计之间，有着绝对信任的关系，这是他们的业务不断发展的重要条件。……联系这一点还可以看出，以往一再指出的商人资本中存在的地缘、血缘结合的关系也是因为它是现实中最可信赖的稳定因素才被纳入商人的经营中去的。"③

晋商"股俸制"具有重要的历史意义，并不只是因为它是其他地方乃至世界其他文明中未曾有过的独特创制，更是因为它所体现的人本主义观念所具有的特别价值，这种观念可以视为晋商几百年称雄商界最重要的基础，也是晋商整个体系设计中灵魂性的理念。黄仁宇在其《资本主义与二十一世纪》一书中曾引用一些西方理论家的观念："资本主义乃是有些人拨用资本，不让旁人介入。"④实质上是将资本打造成一种统治性力量，用以作为攫取剩余劳动的手段，一种剥削甚至剥夺他人的手段。可能正是因为如此，普鲁东给它下的定义是"一种经济与社会之体制，当中劳工以劳力使资本产生作用，使之成为收入之来源，而此资本并不属于这些劳工。"⑤马克思在《资本论》中更是直指"资本来到世间，从头到脚，每个毛孔都滴着血和肮脏的"⑥。而晋商却在自己的商业实践中，通过独特的股俸制创设，以及与之相关的一系列特殊的、体现人的价值的细节性制度设计和安排，给出了一种从另外一个角度审视

---

① 〔日〕寺田隆信：《山西商人研究》，张正明等译，山西人民出版社，1986年，第297页。

② 明代王士性在《广志绎》中讲山西商人"合伙而商者名曰伙计，一人出本，众伙共而商之，虽不誓而无私藏"。李锦彰先生《晋商老账》在引用王士性如上记述之后分析说明，"清代在此基础上，进一步发展为股俸制"，并认为这种发明与平阳、泽、潞商人长途贸易的特点相联系。详参李锦彰：《晋商老账》，中华书局，2012年，第7、8页。

③ 同上。

④ 黄仁宇：《资本主义与二十一世纪》，生活·读书·新知三联书店，1997年，第3页。

⑤ 同上书，第3页。

⑥ 马克思：《资本论》第1卷下，中共中央马克思、恩格斯、列宁、斯大林著作编译局译，人民出版社，1975年，第829页。

资本及其社会实质的可能。在这种安排中，具有管理能力、特殊技能和经验，对商号发展做出特殊贡献的人，作为个体，享有与货币资本相同的领受股俸的权利，也以同样的权重，按股份比例参与商业利润的分配。这是一种特殊的、东家（企业主）与员工（包括经理人员及普通员工）共同分享企业成功的制度设计。在世界范围内，直到 20 世纪中后期，随着高新技术的发展，才出现了可以大体上与之相类比的"股权激励制度"①，而晋商"股俸制"却是至少从清中期一直沿用到 20 世纪 50 年代。而其中各种细节性安排，尤其是人力股在总股份中的占比等，则是现代公司中的股权激励制度也无法比拟的。其中有诸多值得深入研究的东西。

（二）人力资本的重要性

首先需要说明，为了体现晋商人力股（人俸）安排的社会历史意义，探讨晋商身力股（人俸）的实质，此处使用了当代经济学中的"人力资本"概念。但这只是一种概念的借用。晋商原始文书资料中迄今未曾发现有使用"人力资本"概念，也没有谁探讨过"身力股（人俸）"的资本性质，尽管身股与银股（钱股）同股同酬，一起参与利润分配。

当代社会经济生活和企业管理实践中普遍使用的"人力资本"（human capital）一词，属于西方经济学的概念。所谓"人力资本"，亦称"非物质资本"，是与"物质资本"相对应，体现在劳动者身上的资本，如劳动者的知识技能、文化技术水平与健康状况等。1906 年，美国经济学家、数学家，经济计量学的先驱欧文·费雪（Irving Fisher）教授在《资本和收入的性质》（*The Nature of Capital and Income*）一书中最早提出人力资本概念，并将其纳入经济分析的理论框架中，遗憾的是当时并未得到主流经济学的认可。直到诺贝尔经济学奖得主西奥多·威廉·舒尔茨（Theodore W. Schultz）1960 年在美国经济学年会上的演说中谈道"人的知识、能力、健康等人力资本的提高对经济增长的贡献远

---

① 西方学者最早在 20 世纪 30 年代开始，在有关股权结构的研究中关注股权激励。1976 年，简森和梅克林提出利益趋同假说，其中讨论了股权激励计划。中国则是万科公司于 1993 年开始了股权激励试水。

比物质、劳动力数量的增加重要得多"，人力资本才引起人们重视，经一众理论家之手形成系统的人力资本理论，并最终打破传统上"谁出资谁拥有产权"的观念，推行人力资本持股，人力资本产权激励制度得到了广泛应用（尤其在高新技术行业），"人力资本"也成为包括会计学在内诸多学科关注的焦点之一。

上面对晋商契约合同资料中"股俸制"相关材料的分析，充分说明了晋商制度设计和管理实践中对人力因素的高度重视。尽管并无"人力资本"之名，却有人力资本之实。这是未来研究中需要特别注意的。"财因人致，利由本生"，这一通俗的解说，直观地揭示了晋商乃至一般山西民众对人与财、本与利，以及人与资本关系的独到理解，也成为晋商"股俸制"设计的理念基础。与其他地方商业经营中的股权构成不同，晋商合伙的制度安排中时时凸显着人力资本的重要性。除了普遍采用"股俸制"外，还体现出一些较为突出而且明晰的特点：

其一，在总的股俸安排中，身力股（人俸）占比较高，身力股（人俸）超过货币及实物资本，占比达 50% 以上者也较为多见。

其二，在较多依赖人力（包括经验、阅历、见识、忠诚、技能、专业技术等）的行业和经营实践中，包括技术加工类企业、风险较大的长途贸易、当铺、账局、票号等较多依赖专业知识和能力的行业中，人力具有突出的地位，因而采用更为细致周到的股俸制安排。

其三，长期的历史经验，使许多东家（货币及实物资本所有者）深刻领悟到商号经营管理的重要性、专业性和特殊性，因而较多聘用专业经理人进行经营管理，所有者与经营管理者相分离成为许多商号共同的选择。比如日升昌票号的经营就突出体现了这一特点。从道光到同治的 50 余年内，财东李氏从日升昌票号分红达 200 万银两以上，这是极高的利润回报，而这种高回报，首先得益于经管得人、用人得当。张正明《晋商兴衰史》中对此进行了细致的分析，其中讲道："李氏经商，对商号的经理实行聘任制，所以李氏最重视对经理的挑选。经理人选一经选定，便任其行事，平时概不过问。只是到结账时，方听取经理汇报，最后分红取利，确定经理是否继续聘任。"[①] 李氏深知经理雷履泰的能力，

---

① 张正明：《晋商兴衰史》，山西古籍出版社，1995 年，第 169 页。

对其信任有加。有一次因二掌柜毛鸿翙暗施手脚，导致雷履泰心生不满，暗中通知各地分号结账，准备向财东交代账目后提出辞职。李氏在婉言请留未果的情况下跪地恳求，才最终打动雷履泰，使其打消了辞职的念头继续留任，"从此，财东李氏独信任雷氏，雷履泰也竭尽全力经营，终于使日昇昌成为票号中实力最强的一个，为财东李氏赚了大量的银两"①。

其四，晋商的人力股安排是一种经过长期实践总结发展的完善、有效的股权激励制度，其涉及面广，从经理人到普通员工（伙计），几乎将所有与商号发展有关、对商号发展和业绩的提升做出贡献的人员都包括在内，有时甚至连已故人员，甚或未知名姓的人物（乃至动物）也包含在内②，是一种具有深刻社会意义的普遍的股权激励。这种制度在清乾隆时期（18 世纪中晚期）就以成熟的形式出现在晋商史料中，其间经过多方面发展完善，直至 20 世纪中期才随着资本主义工商业的社会主义改造最终与传统晋商一起退出了历史舞台。③早期的人力股通常以 1 分（1 俸）为上限。迨清末，因时局变幻，经营维艰，为了吸引并留住人才，一些商号改变之前人力股份最高为 1 分（1 俸）的限制，将最高限提升到 1 分以上（目前所见材料中最高为 1 分 5 厘），表明这种制度具有强大的生命力且具有与时俱进、因时制宜的特点。④

《道光二十三年后七月十五日张贻绪等重设万兴元蒙古生意合同》是远程贸易中重视人力资源的一个典型例证。本件是张贻绪等重设万兴元蒙古生意的合同文书，核心要旨在于厘清与原万兴泰字号之间的关系，重新安排股俸。合同有曰："生意之道，务宜同心协力，获利按股均分，不得怀私，如有二意，神灵不佑。"本合伙的股俸安排中，人

---

① 张正明:《晋商兴衰史》，山西古籍出版社，1995 年，第 169 页。

② 其中最特殊的当数对蒙贸易的最大商号大盛魁的"财神股"和"狗股"。参见张正明:《晋商兴衰史》，山西古籍出版社，1995 年，第 167—168 页。

③ 下一部分在有关万金账的研究中将看到 1953 年还在使用股俸制的材料证据。

④ 详参本文有关万金账的研究。目前发现人力股份（身股）上限最高者为《光绪三十一年新正月十九日立睢州尚屯集德义仁记堆金老账》，该号铺规第 2 条规定："身股准一分五厘为满，不得更改。"账中载赵明仁，初时"顶身股一分正，二十三年新正加身分二厘，二十五年新正加身分三厘"，达到了身股的上限 1 分 5 厘。证明该号铺规中有关身股的规定在实践中得到了执行。

力（身力）占比甚巨，并具有一些突出的特点，其股俸安排具体数据
如下：

张贻绩　　入本银 4500 两，作为 1 俸 5 厘

张贻绪　　入本银 4500 两，作为 1 俸 5 厘

张贻组　　入本银 4500 两，作为 1 俸 5 厘

李生园　　顶身力 1 俸

陶佶　　　顶身力 1 俸

王庤　　　顶身力 1 俸

范茂　　　顶身力 7 厘

李宏　　　顶身力 7 厘

郭澍然　　顶身力 5 厘

史多仁　　顶身力 4 厘

任廷怀　　顶身力 3 厘

程从龙　　顶身力 2 厘

范棋芳　　顶身力 2 厘

郭栋　　　顶身力 2 厘 [①]

蒙古生意涉及面向广袤草原的远程贸易，地广人稀，路途艰险，除
了风餐露宿、生活艰苦，还可能面对各种意外情况，甚至有性命之忧。
因此，合伙中"人和"的因素更为重要。此项合伙中，张氏三兄弟作为
财东，各入资本银 4500 两，各占股 1 俸 5 厘，总计本银 13500 两，银
股 4 俸 5 厘，3 人出资、占股数量相同，并无一般合伙中在入资占股方
面互争短长，争取控制权的情况。合同中从经理到伙计共有 11 人顶有
身股，从 1 俸到 2 厘不等，总计占股 6 俸 2 厘，身股数（占比 57.94%）
超过银股数量，凸显人力的重要。合同中身力划分细致，从李生园、陶
佶、王庤各顶身力 1 俸，到范茂、李宏顶身力 7 厘，郭澍然顶身力 5
厘，史多仁顶身力 4 厘，任廷怀顶身力 3 厘，到程从龙、范棋芳、郭栋
各顶身力 2 厘，人数既多，等级层次划分又细，具有重要的示范性意

---

① 刘建民主编：《晋商史料集成》第 1 册，商务印书馆，2018 年，第 52—56 页。

义。在一家规模并不算很大的合伙商号中，同时有 3 人顶格顶有身力，这种情况并不多见。

《民国二年阴历九月二十日陈绍言等四人开设三义协烟坊合同》①，也是一件颇有特点的合伙约。其中陈绍言、郭义各入资本钱 150 吊，作为钱股各 3 厘，穆生来、穆连中各入资本钱 50 吊，作为钱股各 1 厘，钱股（货币资本）总计仅为 8 厘，连 1 股都不到，而人股却有 2 股 5 厘，其中"陈绍言顶周行人力二五厘"（1 俸），穆生来、穆连中各顶人力 9 厘，郭义顶人力 7 厘，共人力 3 俸 5 厘。钱人股俸共计 4 俸 3 厘。人股占比 81.4%，钱股占比 18.6%。此外，合约中还具体明晰了两项有利于人股的倾向性政策：1. 每俸人力身股每年应支钱 40 吊；2. 日后有利按人钱股俸均分，有害钱股同受（人股不负担损失）。

这件合伙合同有几项极为突出的特点：1. 人力身股数远大于钱股数，钱人股俸共 4 俸 3 厘，其中人力 3 俸 5 厘，占比 80% 以上。突出显示烟坊作为手工行业技术的重要性，也显示出晋商股份制安排中因事制宜、灵活配置的特点；2. 明确规定"日后有利按人钱股俸均分，有害钱股同受"；3. 合同中涉及"陈绍言顶周行人力二五厘"，"周行人力"之说较为特别，彰显其作为总负责人不同于一般的责任及价值；4. 与一般合同文约以合伙当事人之外的其他人员作为同中、玉成人不同，本合同陈绍言既是合伙人也是玉成人，可知此事当为陈绍言首倡并大力促成。

（三）"空股"概念

晋商的股俸制安排，除体现出对人力特别的重视外，还包含一些特殊的人文考虑。其中以"空股"最具特色。所谓"空股"，是在生意中占有股份，但并无实质性的资本投入，也不参与实际经营，而是对曾给商号做出过特殊贡献者或有特殊关系者的一种褒奖。《嘉庆十三年四月二十四日玉盛吉记、郝明远等合伙设立万盛吉记皮行合约》②中，玉盛吉记、郝明远等合伙在京都设立万盛吉记皮行生

---

① 刘建民主编：《晋商史料集成》第 1 册，商务印书馆，2018 年，第 136—138 页。
② 同上书，第 18—21 页。

理。合同言明"葛玉成食空股五厘永远，并无人力，亦非遗业，因念昔日亦曾同伙，不忍弃离。东伙情愿与之"。合同中以"食空股"的方式，作为对昔日同伙情谊的顾念。葛玉成食空股 5 厘，既是对"空股"概念的一种极好的注解，也是对时人股份观念的一种特别的阐释。《道光十一年三月初二日李建栋等六家重新作立庆远号放账生理合同》[①]中，也涉及"食空股"问题。庆远号因生理年深日久，重新作立，整顿资本结构和经营，其中赵鸿猷入资本钱 800 串文作为 8 厘，随空人俸 2 厘，属于"空股"的另一种形式。其缘由，当是其在之前的经营中对商号有所贡献，故在新作的股份安排中给其 2 厘空人俸，以作褒奖。其称作"空股"，与在号中服务者所领身股相区别。

（四）扩股增资

商号在经营中因为业务发展的需要而扩大资本，则办理扩股增资。以上合同文约中多有此类事例。《光绪十二年二月十五日天成窑扩股文约》[②]属于天成炭窑扩股增资的合同文约，文约中说明："情因旧东资费艰难，情愿与新东半折行窑"，进行扩股增资，"将旧俸作为七俸八厘二毫半，复朋新俸作为一十四俸九厘。新旧俸共合为二十二俸七厘二毫半。……日后蒙太上老君天赐获利，按以二十二俸七厘二毫半均分均议。恐后无凭，立合约一样二十二张，各执一张，立合同约永远为据"。

计：

旧俸：

王焕常	钱股 1 厘 7 毫
王玉弼	钱股 3 厘 3 毫
靳殿琮	钱股 3.5 厘
王玉禄	钱股 1 俸 6.5 厘

---

① 刘建民主编：《晋商史料集成》第 1 册，商务印书馆，2018 年，第 37 页。

② 同上书，第 109 页。

范承曾	钱股 1 俸 6.5 厘
张居宏	钱股 1 俸 6.5 厘
靳殿玺	钱股 1 俸
王焕章	钱股 3.5 厘
三合堂	钱股 5 厘
任天富	钱股 1 厘 7.5 毫
旧俸合计	7 俸 8 厘 2.5 毫

新俸：

靳殿琮	钱股 5.5 厘		
何永陞	钱股 1 俸	三义堂	钱股 2 厘
王玉俭	钱股 1 俸 1 厘	五桂堂	钱股 4 厘
四义堂武	钱股 3 俸	王玉俊	钱股 5 厘
德谋堂武公甫	钱股 4 俸	靳殿玺	钱股 5.5 厘
王有章	钱股 1 俸 1 厘	益寿堂	钱股 4 厘
王玉禄	钱股 1 俸 1 厘	积善堂	钱股 3 厘
德勤堂吴	钱股 6 厘	闫永长	钱股 1 厘
新俸合计	14 俸 9 厘		
新旧俸合计	22 俸 7 厘 2.5 毫		

按照行窑的行规，本合约重点说明新旧股俸安排及相关责任，并未提及资本投入、铺规及人力情况，但"朋新俸作为一十四俸九厘"，股俸数扩大一倍以上。

《民国二十二年古历正月二十七日李兆麒等邀李宝善堂等入本经营源香当生理合同》是一件典型的扩股增资合约。为了补充资本、扩大经营，立合同议据人李兆麒、张德浚邀集企昭堂等多个家族合资入本，进行股权重组，并拟定详细的经营管理规则。其中最值得注意的是扩股增资的原因及具体策略的分析。合同中称：

窃谓集贤合资，聚义经营，方称有道生财。鄙稷山县原有源香当生理，近因资本不充，营业莫展。惟念创业难而守业尤难，兹邀集诸君企昭堂、如善堂、泰和堂、保和堂、同善堂、忠恕堂、春和堂合资入本，以期营业之进展。共同议定每股大洋一千五百元作生意一股。李宝善堂旧有大洋八千一百元作生意正本五股，又保安堂四厘，企昭堂入附本大洋三千元作生意两股，张如善堂入附本大洋三千元作生意两股，兰保和堂入附本大洋一千五百元作生意一股，高泰和堂入附本大洋一千五百元作生意一股，权忠恕堂入附本大洋一千五百元作生意一股，刘春和堂入附本大洋一千五百元作生意一股，杨同善堂入附本大洋一千五百元作生意一股。共大洋二万一千六百元作生意一十四股四厘。当日均各将洋交出由经管收入万金大账。由此而后，倘有盈亏按股分认。兹因本典架本大洋未曾清算贯利，故而共议宝善堂为正本，所有众堂续入之附本，除每年享受应得余利而外，他日无论何堂，若有异议抽股者，概不得清算架本贯利。再有典内铺底家具，与宝善堂作洋九百元，以作公有，此是共同酌定，永无异说。但愿东伙合谋，学管鲍之遗风，惟神默佑。效陶朱之致富，同志经营，以期商业发达，而卜黄金于万镒。今议定共立合同一样八张，各执一张为据。[①]

根据合同，源香当原有李宝善堂投入资本大洋 8100 元，因为"资本不充，营业莫展"。为了聚集更多资源（集贤合资）、扩大经营，新邀集了企昭堂等 7 家共同出资，商号资本从原来的 8100 元扩大至 21600 元，增资大洋 13500 元，扩大 1.67 倍。股份数增至 14 股 4 厘。因为这一举措，源香当的资本构成及经营等方面发生了巨大变化，其中更包含一些值得注意的其他重要事实。

其一，在资本倍增（比原来扩大 1.67 倍）的同时，由原来李宝善堂独资，变成宝善堂、企昭堂、如善堂等 8 家合股经营，在扩大资本的同时，聚集了更多社会关系资源。

其二，合约中区分"正本"和"附本"，并明确了原架本贯利的权益归属。

其三，明确载明了典内铺底家具的处理，说明其在"与宝善堂作洋九百元"后，作为公有，"此是共同酌定，永无异说"。

---

① 刘建民主编：《晋商史料集成》第 1 册，商务印书馆，2018 年，第 166—173 页。

其四，合约中说明"当日均各将洋交出由经管收入万金大账"，表明了新增资本的具体处理方式。当日交付清楚，由具体的经管人员"收入万金大账"，说明该商号设有"万金账"，具体记录资本及其变动，且有专人经管。属于扩股增资会计处理的又一重要的细节性事实。

其五，因为扩股增资改变了商号经营的实际格局，为了明确规范相关处理，合约中列明了议定规则 14 条，涉及经理的任命及权责、账期及有关经营管理及账务记录等具体事项。

（五）重组、重作与重整

重组是商号经营过程中通过各种形式的组织改组，以期获得更好的发展。《光绪二十二年正月二十四日复盛公改为复盛公德记钱当面行合同约》①便是一件典型的重组合同。重组的原因是"因为众东抽取股分，东伙公议重新整立"，也即是说，之前的商号因为股东抽取股份，导致商号股权结构不再完整，资本残缺，因此，经东伙共同商议，决定进行重组。重组的具体表述是"从新整理，将公记作为闭事，改为复盛公德记钱当面行生理，与前公记毫无干涉"。行文中写"将公记作为闭事"，意指彻底关闭公记（复盛公），重新作立复盛公德记作为新的字号，并特别申明"与前公记毫无干涉"。新作的复盛公德记以"二千二百两作为一俸"，乔宅在中堂等 16 家共入本宝银 27951 两，合计"银股十二俸七厘零五系"，德裕永随身力 1 俸。立合同一样 16 张，号中公存 1 张，众东各执 1 张。

《民国二十九年阳历五月七日世德堂等重组三义公染料铺股份合同》也是一件重组合同。原三义公染料铺在无力营业的情况下增资改组，重新作立。合同中详细记载了老铺新作的一系列具体处理。合同原文如下：

> 立合资营业人世德堂、崇礼堂、敦厚堂、宝善堂、义合堂、聚宝堂，情因世德堂、崇礼堂、敦厚堂祖遗北京花儿市大街小市口路南门牌七十五号三义公颜料铺一座，近来生意不佳，无力营业，现下只有家具

---

① 刘建民主编：《晋商史料集成》第 1 册，商务印书馆，2018 年，第 120 页。

铺底，同中说合，将三义公牌匾冠加和记二字，所有家具铺底作为世德堂五厘、崇礼堂五厘、敦厚堂五厘，宝善堂入资本国币八百元作为银股一俸、义合堂入资本国币八百元作为银股一俸、聚宝堂入资本国币八百元作为银股一俸。共同推委杨德禄为号中经理，赵宝中为副经理，各顶人力股一俸。家具铺底银股每年每俸应支国币一百元，人力股每年每俸应支国币一百五十元。随支出账，当年落水。议定三年清算大账一次，至期家具铺底股共推发言代表一人，并议定账期时如有余金，家具铺底股各倍银股，以五厘为限。自立字后，务宜秉公贸易，同心协力，勿得假公济私。凡号中遇有大事，家具铺底股仍派代表一人，公同商议，不得擅专自主。以后三义公和记财发万金，与前三义公概不相干。照此一样七张，除家具铺底银股各执一张外，号中收存一张，以为永远存证。日后幸蒙天赐获利，银洋家具铺底银股人力股均分。

中人：李静波（章）　张墨卿（章）

（印花税票五张）　　　　　代笔人：侯子厚（押）

（半书，文字难以辨识）

中华民国二十九年阳历五月七日　立合资营业人：世德堂（押）崇礼堂（押）敦厚堂（押）

宝善堂（章）义合堂（章）聚宝堂（章）

批注：三义公原有合同四张作废，以和记为凭。

敦厚堂收执[①]

本合同典型地说明了商号重组的细节处理：

1. 原因：生意不佳，无力营业。

2. 原字号股东的权益及家具铺底处理："所有家具铺底作为世德堂五厘、崇礼堂五厘、敦厚堂五厘。"

3. 字号名称（牌匾）处理：同中说合，将三义公牌匾冠加和记二字。新字号更名为"三义公和记"。

4. 新股东投入资本及占股："宝善堂入资本国币八百元作为银股一俸、义合堂入资本国币八百元作为银股一俸、聚宝堂入资本国币八百元

---

① 刘建民主编:《晋商史料集成》第 1 册，商务印书馆，2018 年，第 189 页。

作为银股一俸。"

5. 经理人安排："共同推委杨德禄为号中经理，赵宝中为副经理，各顶人力股一俸。"

6. 有关新字号中每年应支的规定："家具铺底银股每年每俸应支国币一百元，人力股每年每俸应支国币一百五十元。随支出账，当年落水。"

7. 账期及相关权益处理："议定三年清算大账一次，至期家具铺底股共推发言代表一人，并议定账期时如有余金，家具铺底股各倍银股，以五厘为限。"

8. 铺中大事处理："凡号中遇有大事，家具铺底股仍派代表一人，公同商议，不得擅专自主。"

9. 断绝新旧字号关系："以后三义公和记财发万金，与前三义公概不相干。"并批注"三义公原有合同四张作废，以和记为凭"。

10. 新字号的利润分配："日后幸蒙天赐获利，银洋家具铺底银股人力股均分。"

在这次重组 3 年之后，该字号又于民国三十二年（1943）进行了再次重组。《民国三十二年三月十七日世德堂等重组三义公染料铺股份合同》反映了再次重组时的各种细节。全文照录如下：

立合同出资经营业人世德堂、崇礼堂、敦厚堂、宝善堂、义合堂、聚宝堂，心同合意，今将世德堂、崇礼堂、敦厚堂祖遗北京东花市大街小市口路南门牌七十五号三义公颜料铺一座合资经营。同中言定，将三义公原有牌遍（匾）水印冠加和记二字，所有家具铺底作为世德堂铺底股五厘，入资本国币洋七百五十元作为银股五厘，崇礼堂铺底股五厘，入资本国币洋七百五十元作为银股五厘，敦厚堂铺底股五厘，入资本国币洋七百五十元作为银股五厘。宝善堂入资本国币洋一千五百元作为银股一俸，义合堂入资本国币洋一千五百元作为银股一俸，聚宝堂入资本国币洋一千五百元作为银股一俸。共同推委杨德禄为号中经理，赵宝中为副经理，各顶人力股一俸。铺底银股每年每俸应支国币洋一百五十元，人力股每年每俸应支国币一百五十元。人力股每俸外加津贴国币洋一百五十元。应支津贴随支出账当年落水。议定三年清算大账一次，至期各股东来京与否，号中各出盘费国币洋三十元一并出账。所有前三义公家具铺底，号中另有账目注明。遇有新置物件，号中出账作为公共所有。自立字后，务宜秉公贸易，同心协力，勿得假公济私。号中遇有大事，股东经理公同商议，不得擅专自主。其余人力俸股，号中规则，注于万金账内。照此合同一样七张，众股东各执一张，号中收存一张，以为永远存证。日后仰蒙天赐获利，家具铺底银股人力股均分。

中人：郝善荣（章）　许礼莟（章）　蔚步青（章）

（印花税票一张）　　书人：李士珍（押）

（半书，文字难以辨识）

中华民国三十二年三月十七日　出资营业人：世德堂（押）崇礼堂（押）敦厚堂（押）

宝善堂（章）义合堂（章）聚宝堂（章）　公立

批注：廿九年三义公所立合同字据七张作废，以卅二年立之合同为凭。

二个　崇礼堂[1]

本合同为三义公颜料铺继民国二十九年（1940）增资重作后，于民国三十二年（1943）再次重组。这次重组主要是对入资数额、股权结构、财务政策等做了多方面改变，所涉内容较多，分类概括如下：

1. **入资及股俸构成**：世德堂等 3 家在铺底家具各作为铺底股 5 厘的同时，各入资本国币洋 750 元作为银股 5 厘，宝善堂等 3 家各入资本国币洋 1500 元作为银股 1 俸。6 家共计铺底股 1 俸 5 厘，共入资本国币洋 6750 元，作银股 4 俸 5 厘。杨德禄、赵宝中各顶人力 1 俸，共计铺底银人股俸 8 俸。2. **应支及津贴**：铺底银股每年每俸应支国币洋 150 元，人力股每年每俸应支国币洋 150 元，人力股每俸外加津贴国币洋 150 元。应支津贴随支出账当年落水。3. **账期及盘费**：议定三年清算大账一次，至期各股东来京与否，号中各出盘费国币洋 30 元。4. **家具物件处理**：所有前三义公家具铺底，号中另有账目注明。遇有新置物件，号中出账作为公共所有。5. **铺规与万金账**：其余人力俸股，号中规则，注于万金账内。6. **利润分配**：家具铺底银股人力股均分。

---

① 刘建民主编：《晋商史料集成》第 1 册，商务印书馆，2018 年，第 190 页。

三义公颜料铺三年间进行两次重组，前后比较，发生了较大变化：

1. 所入资本从民国二十九年 3 家各入 800 元，共计 2400 元，增加至 6750 元，净增 4350 元，资本规模大增。

2. 股本结构进一步细化，细分为铺底股 1 俸 5 厘、银股 4 俸 5 厘、人力 2 俸，共 8 俸。

3. 应支标准提高，从原来家具铺底银股每年每俸应支国币洋 100 元，人力股每年每俸应支国币洋 150 元，皆提升至每年应支国币洋 150 元，人力股每俸外加津贴国币洋 150 元。

4. 号中大事的管理，由原来家具铺底股共推发言代表一人，变为股东与经理公同商议。

5. 明确了其余人力俸股及号中规则，皆需注于万金账内。

由此可知，商号的重组，既涉及商号组织结构、股东及股权安排的具体变动，又涉及各项管理制度及责任分工的进一步细化完善，是商号经营和发展过程中一种具有重要意义的重构。

除了重组之外，晋商实务中还有重作与重整，具有类似意义，而在细节上有所不同，最典型的是皇甫家人与郭俊章开设合义楼点心炉食铺的重作与重整。《民国十五年正月初十日皇甫过喜、郭俊章开设合义楼点心炉食铺合同》[①] 描述了这样一个事实：皇甫过喜、郭俊章二人于民国五年（1916）在灵邑南街开设合义楼点心炉食铺一座，投入本钱 30 吊。10 年后于民国十五年（1926）正月账期东伙彻底清算，重新整作。两家共垫资本钱 750 吊，作为银股 1 俸 5 厘，郭俊章身股作为 1 俸，共银人股 2 俸 5 厘。资本总额比之前有了大幅度增加（由 30 吊增至 750 吊）。合同中除列明两家各自出资、占股及郭俊章个人领身股情况外，并对利润分配、东伙应支做了明确规定，同时还说明铺中家具系银股垫清，与身股无干，以免将来为此发生纠纷。

至民国十八年（1929），合义楼点心炉食铺再次进行了重整。《民国十八年新正月初九日皇甫长劳、郭俊章开设合义楼点心炉食铺合同》[②] 描述了重整的细节：1. 于民国十八年正月账期东伙彻底清算新为

---

① 刘建民主编：《晋商史料集成》第 1 册，商务印书馆，2018 年，第 158 页。

② 同上书，第 159 页。

整理，两家共垫资本大洋 600 元正作为银股 2 俸，身股作为 2 俸，共银人股俸 4 俸。2. 规定所有东伙应支，皆在当年出账。每年每俸钱人股皆按大洋 30 元支使，在此之外不许长支短欠。3. 明确了身股出铺的权益清算方式，约定"身股出铺者，俱按当年清单出号"，也就是之前年度累积余利与其无干。

这次重整有几项变化：1. 本次重整以大洋取代钱作为计价货币。2. 改变了股权结构（银人股俸数量及占比），由原来两家共垫资本钱 750 吊，作为银股 1 俸 5 厘，郭俊章身股作为 1 俸，共银人股 2 俸 5 厘，改为皇甫长劳、郭三多堂各入资本大洋 300 元整，各作银股 1 俸，郭俊章身股 1 俸、裴仰元身股 5 厘、赵鹏习身股 5 厘，共银人股俸 4 俸。股俸的扩大，尤其是领身股人数的增加，意味着业务的扩大。[①] 3. 明确规定了应支数。

本合同中有一点不明：上件合同中合伙人为皇甫过喜与郭俊章，言及因"二人合意"，曾以原本钱 30 吊在灵邑南街坐东向西开设合义楼点心炉食铺一座，而本合同中又说到皇甫长劳与郭俊章有过同样举措。皇甫过喜与皇甫长劳究竟是什么关系？是否是同一人？民国十八年（1929）的这次重整，是否是同一商号在民国十五年（1926）重整的基础上再次重整？无由确定，只能存疑。大致推测，皇甫过喜、皇甫长劳很可能是同一人。

从《晋商史料集成》所收录合同契约的类型分析来看，商号的重组在晋商经营中是较为常见的事情，其缘由也是多种多样。如《民国十六年旧历丁卯新正吉日郑丰盛堂等重立西兴隆店铺合同文约》所见，西兴隆店铺之所以重整，是因为"庚子年拳匪变乱，将西兴隆众东合同即[②] 本号资本一并丢失是尽。资本已失无法振（整）理。由前清宣统元年铺长郑登成将西兴隆铺务重新振（整）理，将账目算清，以清查账为凭。合号同心协力，至今二十余载。天佑获利，以然振（整）理有方。由今年大账之期，东掌心同意合，邀请

---

① 颇为遗憾的是，两位东翁股俸下皆有小字注明"民国二十四年新正月赔本银洋二百元"，可见经营并不如意。这个亏损时间是在民国十八年重组 6 年之后，联系民国二十四年（1935）的局势变化，亏损之事也就不难理解了。

② 合同原文用"即"，原样照抄，推测当为"及"。

中人，重立合同"。^① 这件合同仅有 470 余字，却讲述了一家商号历经劫难、生死转折的事实。对于理解商号的生命意义，以及整理铺务与整立合同（股俸及财务）之间的区别具有重要的启示性意义。其中有关字号整理的几个重要的节点和事实，很值得注意：1. 光绪庚子年（1900）拳匪变乱，将西兴隆众东合同及本号资本一并丢失，资本已失无法整理。2. 宣统元年（1909）铺长郑登成将西兴隆铺务重新整理，整理的具体办法是算清账目，以清查账作为凭据，整理后的生意得以继续。3. 民国十六年（1927）新正月吉日（合同中称"至今二十余载"）大账之期，东掌心同意合，邀请中人重立合同。具体涉及从众东屡年应分余利银内拨出 400 两银子"入为资本"（意味着之前虽有资金在运转，但并不是明确作为"资本"），作为银股 1俸，同时将铺底家具作为 1 俸，共银股 2 俸，郑丰盛堂等 4 家名下各占 5 厘。重立中还涉及其他一些财务处理，包括：其余人力股俸"走写万金账簿为凭"（即在万金账中详细载明，而不在合同中体现）；以 3 年作为账期，明确天赐获利按"铺底银人俸股均分"；每年每股按 40 两银应支。从本合同的叙述中，我们特别注意到，相对于"整理铺务"，"整立合同"对于商号经营所具有的特殊意义。

商号重组与重整中，可能涉及许多各不相同的具体事实。有时只是资本、股俸结构及制度政策的变化，不涉及人员变动，有时则进一步涉及人员更迭（退出与吸收），以及东伙（包括经管人员）的更替、经营的接续等事实。《光绪二十三年新正月初四日敦厚堂、敦和堂接作敦厚远记重立合同》，就是一件在旧有商号基础上重新划分股权、吸收新人、接续生意的合同文约。全文照录如下：

　　立合同万金人敦厚堂、敦和堂等，情因心投意合，联为伙计，今在交城县寨上村数十年前旧有敦厚远生理房粮地产账目货物等项，一并共作钱二千一百千文，每一俸作钱股六百千文。敦厚堂作钱股三俸，敦和堂作钱股五厘，共作钱股三俸五厘，于二十三年新正月初四日与杨宝树、杨松林、杨鸣凤、张有财等振旧如新。杨宝树顶人力一俸，

---

① 刘建民主编：《晋商史料集成》第 1 册，商务印书馆，2018 年，第 163 页。

杨松林顶人力一俸，杨鸣凤顶人力六厘，张有财顶人力四厘。众伙务要同心协力，周办生理，并无异心。日后财发万金，按股均分。谁有私情一点，神灵鉴察。今立合同一样三纸，敦厚堂执一张，敦和堂执一张，铺内存一张。恐口难凭，立约为用。又有日后东伙后续人钱俸股，详列于后。

光绪二十三年新正月初四日　　中□　寨上敦厚远记（印章）　立 ①

本合同涉及旧号重整，合同中称为"振旧如新"，一方面涉及原商号遗留资产作价及银（钱）股分配，另一方面涉及人力的投入。文书重点说明了杨宝树等4人顶人力的情况。行文中讲"于二十三年新正月初四日与杨宝树、杨松林、杨鸣凤、张有财等振旧如新"，可知重整的关键，在于这4人的进入。合同中写："杨宝树顶人力一俸，杨松林顶人力一俸，杨鸣凤顶人力六厘，张有财顶人力四厘。"4人共领人力3俸，与钱股3俸5厘仅5厘之差。可见重整中对人力的重视。同时还强调说明"众伙务要同心协力，周办生理，并无异心。日后财发万金，按股均分。谁有私情一点，神灵鉴察"，以"利诱"（分红）加"威逼"（神罚）的方式，力求达到众伙同心的效果。更值得注意的是，合同中讲明"日后东伙后续人钱俸股，详列于后"，表明商号的股权结构，是一种开放的系统，随着事业发展可能会继续有东伙人钱俸股进入。尽管晋商"股俸制"本身已经为股俸尤其是人力的扩展（包括伙计地位和身力的上升）提供了可能，但如本合同这样明确写出后续股俸增加的处理，实际中并不多见。本合同左半部幅面完全空白，似乎也是为后续补充记录留了余地。本合同有押款章，并使用了"中□（街）寨上敦厚远记"落地章，也体现出续作（接作）的特点。

（六）领本经营

领本经营是晋商实务中一种十分常见的经营方式，其基本特征是货

---

① 刘建民主编：《晋商史料集成》第1册，商务印书馆，2018年，第121页。

币资本（包括部分以土地、房产、铺底为代表的实物资产）的持有人并不自身发起、组织商号伙参与经营管理，而是以签订领本合同的方式，将资本交由领本人（通常也是领有身俸的商号经理人）开展经营管理活动，借此实现货币资本与人力资本的结合，完成部分社会资金从停滞进入经营的形式转换。《晋商史料集成》所收录的创始经营合同中，共有7件涉及领本经营。包括：

1. 涉及领本关系确立的合同 5 件：

（1）《同治二年六月初九日武命祯领张闫氏本钱伙开酒铺文约》[①]；

（2）《光绪三十一年九月初七日侯正连、石广金领本开设大德成记杂货行合同》[②]；

（3）《光绪三十三年十月初一日梁作明承领苏运泰钱设立铜炉领约》[③]；

（4）《光绪三十四年十月梁作明承领仁义堂本银开设铜炉领约》[④]；

（5）《民国四年正月初六日胡世元等六家作立义和永货行合同》[⑤]。

2. 涉及解除领本关系的合同文约 2 件：

（1）《咸丰九年九月二十八日李门马氏同媳、孙关于聚兴店歇业推单》[⑥]，领本经营关系的解除，以此为例；

（2）《咸丰九年九月二十八日李邢氏因夫去世退出聚兴号生理字据》[⑦]。

为什么会有领本经营？其中涉及什么样的人际关系？领本经营的实质及实际意义是什么？针对此类问题，以下联系具体合同文约做初步的分析研究。

首先以《同治二年六月初九日张闫氏等四人开设福润泉酒铺合伙约》[⑧]为例，同治二年六月初九日，张闫氏、王深泉、武命祯、耿范氏

---

① 刘建民主编：《晋商史料集成》第 1 册，商务印书馆，2018 年，第 99 页。

② 同上书，第 129 页。

③ 同上书，第 133 页。

④ 同上书，第 134 页。

⑤ 同上书，第 139 页。

⑥ 同上书，第 276 页。

⑦ 同上书，第 277 页。

⑧ 同上书，第 98 页。

等 4 人在兑九峪①开设福润泉酒铺。"张闫氏入资本钱二十五千",作银股 5 厘;"王深泉入资本五十千",作银股 1 俸;"耿范氏入资本钱二十五千",作银股 5 厘;"三人共入资本钱一百千文",作为银股 2 俸。武命祯人力作为 1 俸。这是一项 4 人合伙开设酒铺的合同。比较特别的是 4 人中有 2 人为女性,且张闫氏虽只投入"二十五千"作银股 5 厘,但却排名首位。

同一天,张闫氏与武命祯签订了另外一份合同文约——《同治二年六月初九日武命祯领张闫氏本钱伙开酒铺文约》。照录如下:

> 立执照人武命祯,情因领
> 张闫氏资本钱在兑镇开设福润泉酒铺生理,日后托福得利,按股均分。倘有不测,止以二十五千五厘之钱为准。前该人多寡与张闫氏无干。恐空口无凭,立执照为证。
>
> 中见人:吕子祥　武子溶书
> 同治二年六月初九日　　　　　　　　　立执照人　武命祯(押)

本文约与上件合伙合同同日订立,是领本人,也是酒铺经理的武命祯签署交与张闫氏,作为他领张闫氏资本的证据。合约明确了经理人领本参与经营,与作为股东之一的张闫氏之间的权责关系。特别的是,文约中言明"倘有不测,止以二十五千五厘之钱为准",可视为股东(张闫氏)对商号承担有限责任的约定。这种约定在晋商合同文约中并不多见。文约中言明"前该人多寡与张闫氏无干",则是分清之前与今后、武命祯与张闫氏之间的债务责任。

张闫氏作为妇道人家,在那个时代是不太方便出头露面直接参与商号经营,这可能是形成领本关系的一个重要原因。需要注意的是,酒铺的另外两位股东是否也与经理武命祯签订了领本文约,目前不得而知,希望后续研究中能够获得更多证据,证明这种领本,究竟是一种个案,即属于张闫氏与武命祯之间的个人约定,还是也应用于其他合伙人。

---

① 山西省孝义市。

《光绪三十一年九月初七日侯正连、石广金领本开设大德成记杂货行合同》，是体现另外一种东伙关系的领本合同。全文照录如下：

立合同执照约人侯正连、石广金，兹因心投意合，领到大德堂、树德堂、德盛堂、忍耐堂资本一千吊，作为钱股二俸，择于东关北巷开设杂货行生理，号名大德成记。自立之后，合铺之人，无尊卑上下，务须协力经营，同心积累，各宜以勤恳相劝，以俭约自持，以小心谨慎共勉励。历年永久，事业兴隆。蒙天获利，财发万金，东伙议处三年账期，合账之日，按钱俸身力均平分晰。今立合同一样五张，众东各执一张，号存一张，作为永远长久之据。谨将钱俸身力姓名开列于左：

计开人钱俸股

树德堂侯宅　钱本四百千文　　　　　　作为八厘

大德堂田宅　钱本二百五十千文　　　　作为五厘

德盛堂杨宅　钱本二百五十千文　　　　作为五厘

忍耐堂侯宅　钱本一百千文　　　　　　作为二厘

侯正连身力一俸

石广金身力一俸

光绪三十一年九月初七日　　　　　　　　　　　立

半书：合同为据

玉成人：李世清（押）　孙玺（押）　王肇义（押）　王明亮（押）

石广金书①

本件领本合同执照，比较典型地说明了晋商经营中领本关系的实质，明确确定了侯、石二人作为商号经理人与四位东家（股东）之间实质性的东伙（所有者与经营者）关系。侯、石二人领本之后，代表东家开展经营。尽管本合同并未进一步说明领本人作为经理人与东家之间具体权责关系处理的细节，但以"领本"一说，明确地界定了东伙之间的身份关系，实质上相当于现代公司制企业所有权与

---

① 刘建民主编：《晋商史料集成》第 1 册，商务印书馆，2018 年，第 129 页。

经营权的分离。尤需注意的是，本例中钱股 2 俸，而领本二人身力各为 1 俸，合计 2 俸，钱股身力对等，凸显了在当事人观念（东伙商议）中 "身力"（经营管理能力）的重要性。

本文约中需要注意的是，这项合伙只是开设杂货行生理。按照通常的理解，杂货行经营并无什么特殊的专业要求或技术难度，为什么资本所有者不亲自经营，而要以各占 1 俸身力的代价委托侯正连、石广金从事经营管理？从四位东家以堂名出现，或许可以找到部分的答案。也即是说，树德堂侯宅等四家，以家（或家族）名义进行投资，不便或不善经营，故而通过订立领本合约的方式，把资本交托给侯正连、石广金二人经管。或许这正是商业氛围浓厚的山西大地上，许多家族和个人普遍的选择。这种领本关系中的东伙关系处理，可能是十分微妙的事情，也正是因为如此，文书中才有"自立之后，合铺之人，无尊卑上下，务须协力经营，同心积累，各宜以勤恳相劝，以俭约自持，以小心谨慎共勉励"之说，其中"合铺之人，无尊卑上下"更是寓意深刻。

关于这个领本关系的结成中，文书中另有两点需要注意：一是文书以"立合同执照约人侯正连、石广金"作为起始，意味着侯、石二人乃是领本经营的发起者；二是文书以李世清等四人作为"玉成人"，表明他们在这件事情中的作用，并不是通常的中见，而是要通过一定的努力，"玉成其事"。也即是说，这项合伙实际上是发起人（领本人）努力倡导、资本所有者（东家）大胆信任、玉成人从旁推动的结果。理解这些因素，也是我们理解晋商商号之所以能够遍地开花、繁荣兴盛的基础。

《光绪三十三年十月初一日梁作明承领苏运泰钱设立铜炉领约》体现的是领本经营的另外一种情况，即具有技术专长而缺少本钱的人，以领本方式获得资金（资本），作为开设字号、从事生产经营活动的前提条件。本文书为梁作明从苏运泰处领钱设立铜炉所立字据，题名为"领约"。文书文辞简约，事实清楚：

立写领约字据人梁作明，情因交好，意气相合，东伙商议，情愿承领苏运泰钱平周行宝纹银二百两整，作生意一分，设立铜炉一座。所领是实。当日交足。恐口无凭，立约为证。

光绪三十三年十月初一日　　　　　　　　立领约人梁作明押

同人：程天寿①

从文字内容分析，本文书为梁作明因为"承领苏运泰钱平周行宝纹银二百两整"而立的字据。重点在于证明领银设立铜炉的事实。然其中又有"作生意一分"，又提到"东伙商议，情愿承领"，表明虽曰"领本"，但二人之间依然是东伙关系。与其他领本经营不同的是，本文约中并未提及东伙之间的股俸及利益分配。比较幸运的是，继本文书之后，次年十月，梁作明又从仁义堂领本银 200 两，所立字据，一定程度上弥补了前项文约的信息缺憾。

《光绪三十四年十月梁作明承领仁义堂本银开设铜炉领约》②是继上年领本之后于次年再次向他人领本所订立的文约。同样是梁作明，因为新的资金需要，从仁义堂领本银 200 两整，顶银股 1 分。一年之后新立的本领约，从文字表述到叙事，更加简洁准确，不再强调承领和银钱交付的事实，而是侧重于说明与设立字号股俸安排的相关事实。从中可以明确看到一些相关事实：1. 梁作明领银，是作为"本银"，作为对方投资，记作股份 1 俸。2. 所领银两用于开设铜炉，设立字号。这样就解决了上件领约中双方关系不甚分明的问题。3. 特别说明"其余股分另有根本账注明"，讲出了另外两项事实：一是除了仁义堂入本之外，尚有其他股份；二是该字号立有根本账（万金账），用以记明字号股份等相关事宜。这件领约，也进一步说明了在领本（所有权与经营权相分离）的情况下，以此种字据（领约）方式来建立细致完整的业务程序和证据链条，证明晋商业务系统的严谨、细致及周到。

作为领本文约，这两件文书更进一步揭示了领本关系的实质：以领本方式结成的东伙关系，货币资本与人力资本（此处为技术）的结合。两次领本相隔一年，表明这种以领本方式结成的合伙，具有很强的灵活

---

① 刘建民主编：《晋商史料集成》第 1 册，商务印书馆，2018 年，第 133 页。

② 同上书，第 134 页。

性和可扩展性，可以根据实际需要随时以新订合约的方式增加货币资本。两件文约共同表明的另外一项基本事实是，此项以设立铜炉为目的的合伙，是以具有技术专长的梁作明作为发起人和公司组织管理与经营的核心的。

以上两件领约反映的是以梁作明为核心的一人领本，下面这件《民国四年正月初六日胡世元等六家作立义和永货行合同》，则是胡世元、刘焕文、王守玉、贾金忠 4 人作为一个团队的集体领本。本合同格式规整、意涵丰富，更重要的是，它是一个多人集体领本的典型事例。

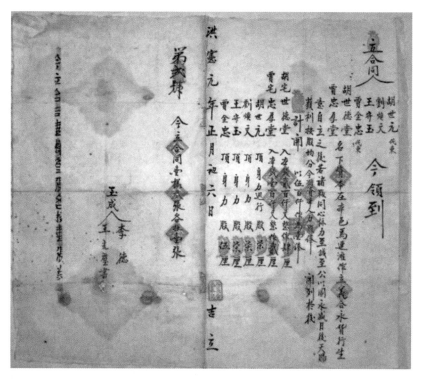

图 2 《民国四年正月初六日胡世元等六家作立义和永货行合同》

全文照录如下：

立合同人胡世元（代东）、刘焕文、王守玉、贾金忠（代东），今领到胡世德堂、贾忠厚堂名下资本，在本邑马连滩①作立义和永货行生

---

① 山西省太谷县。有其他史料中写作"马莲滩"。

意。自立之后，若诸伙同心协力，至诚至公，以图永盛。日后天赐获利，按股均分。今将资本人力股俸开列于后。

计开		以五百千作为一俸	
胡宅	世德堂	入本钱二百千文整	作四厘
贾宅	忠厚堂	入本钱一百千文整	作二厘
	胡世元	顶身力周行　股	七厘
	刘焕文	顶身力　　　股	七厘
	王守玉	顶身力　　　股	七厘
	贾金忠	顶身力　　　股	五厘

洪宪元年正月初六日　　　　　　"谷邑义和永记"（落地章）吉立

第二号　　　　　　　　　　　　今立合同一样三张各执一张

玉成人：李德　王光壁书

半书：今立合同一样三张各执一张为 [1]

本合同所反映的，也是领本经营的合伙方式。立合同人胡世元、刘焕文、王守玉、贾金忠四人，共同领到胡世德堂、贾忠厚堂名下资本三百千文作立义和永货行生意。合同行文、格式规整细致，对各种关系的表述精准仔细。胡世元、贾金忠名字后皆加注"代东"二字，表明其作为各自家族（胡宅、贾宅）代表，以领本方式代行经营管理之责的事实。与《民国二年阴历九月二十日陈绍言等四人开设三义协烟坊合同》[2] 的情况相类似，本合同中也是身力股占比大大高于钱本，且有区分"身力周行"与一般"身力"。需要注意的是，此合同中二者股俸数并无差异，皆为 7 厘。可见"身力周行"与一般"身力"的区别，在于身份和职责方面。

---

① 刘建民主编：《晋商史料集成》第 1 册，商务印书馆，2018 年，第 139 页。
② 同上书，第 136—138 页。

五、从材料到理论（理念）的提升

（一）从表象到实质：契约（合同）的精神意蕴

本文以契约（合同）资料为基础，自然涉及对契约文书本身、尤其是其社会功能和现实意义的考察。日本学者岸本美绪在《明清契约文书》一文中花了不少的笔墨来讨论"支撑着契约关系的秩序"。这个论题从逻辑上来讲，似乎更应该是"契约关系所支撑（或型塑）的秩序"。作者认为："在旧中国，私法上的关系并不由国家法律加以规定调整，而听任民间自由地形成这种关系。"[①]从上文讨论的 200 多件晋商契约（合同）文书中，我们现实地看到了民间社会通过各种契约文书和字据构建商事关系的许多细节与事实。更为重要的是，与通常的契约研究多以土地及各类不动产交易（包括租佃等）为核心，从社会经济史的角度研究产权变动（地权为主）、生产关系以及买卖习惯中的土地所有权形态等不同，通过晋商史料中这些数量较大、类型繁多、内容丰富的商事契约，我们更可以观察民间商事关系的构建、维护及其社会意义。

岸本美绪在论文中说道："在中国社会里，司法性的关系通过民间个别缔结的大量契约自发地形成和发展，并显示出相当复杂的面貌。"[②]这也是本文考察晋商契约文书时深刻感受到的情况。"契约化"和"自发性"一定意义上可以作为理解晋商商事关系及商业社会普遍特征的锁钥。基于上述观察，岸本美绪教授提出了一个在她看来像谜一样的问题："像旧中国这样大规模的复杂社会，究竟是什么样的机制支撑或维系着这种私法秩序并使其在一定程度上顺利运转的呢？"[③]这个谜题也是

---

① 〔日〕岸本美绪：《明清契约文书》，参见〔日〕贺滋秀三等著，王亚新、梁治平编：《明清时期的民事审判与民间契约》，法律出版社，1998 年，第 307 页。

② 同上。

③ 同上。

　　本文研究中考察的核心，也将是以后需要进一步深入探究的问题。

　　考察契约，首先还是得明白契约究竟是什么。从表象看，它是一件个人之间通过签字画押，或许同时还是经多人见证的文书约定；就形式而言，从古至今，其可能采用书面、口头或者其他各种特殊记录形式（仪式），比如结绳、刻石、刻木，乃至歃血为盟、祭拜烧纸等。这种约定最重要的是其背后深刻的社会秩序意义，更进一步则是追究其效用及实现机制。本文认为，契约（合同），包括后来在此基础上演化出来的种类、形式多样的字据、信约、票据、文字、文约等，其本质是各种特定社会关系的构建与维护，其实际的目标指向，则在于秩序。

　　概言之：契约即秩序。

　　没有秩序的社会，最初是混沌，进一步则可能是各种混乱与无序。所以，人类社会演进中一个至关重要的方面，在于秩序的构建，契约则是构建秩序的一种切实有效的方式方法。契约的缔结和发展是一个复杂的社会制度乃至人文观念综合的过程。中华先民在这方面做出了巨大努力，也很早就构建出了一个几乎无所不包的庞大体系。《周礼·秋官·司约》所载"六约"为治神之约、治民之约、治地之约、治功之约、治器之约、治挚之约，乃为其最初的渊源。《周礼》原文阐明司约之实质及职掌，采用了极为广博的视野，其文曰："司约：掌邦国及万民之约剂。治神之约为上，治民之约次之，治地之约次之，治功之约次之，治器之约次之，治挚之约次之。凡大约剂书于宗彝，小约剂书于丹图。若有讼者，则珥①而辟藏，其不信者服墨刑。若大乱，则六官辟藏，其不信者杀。"② 钱玄等"今译"中将其释为："司约掌理王邦、诸侯以及万民的所有契约券书。首先要管理好祭祀神灵的契约，其次管理好与人民有关的契约，其次管理好土地疆界、分配使用的契约，其次管理好记载功勋的券书，其次管理好移用、赏赐礼乐器具的契约，其次管理好相见执挚的契约。凡是重要的契约券书，都写在宗庙的礼器上；一般的契约券书，就用丹

---

① 珥：通"衈"。古祭礼之一种，杀牲取血，以涂祭社器。《康熙字典》："开刑书，杀鸡血祭名。又《玉篇》耳血也。《礼·杂记》：其衈皆于屋下。注：衈，谓将刲割牲以衈，先灭耳旁毛荐之。耳听声者，告神欲其听之。"见《康熙字典》，上海辞书出版社，2008年，第1082页。

② 钱玄、钱兴奇、王华宝、谢秉洪注译：《周礼》，岳麓书社，2001年，第341页。

写在竹帛上。如果有关于契约券书的狱讼，就先用鸡血衅门户，然后开启府藏取底本核对，持有伪造契约者受墨刑。如果诸侯发生大的僭约行为，就命令六官取出所藏副本共同勘核，不信守契约者处以死罪。"①

以上注解，虽大意不缺，但于整体及细节方面，仍有值得进一步斟酌参详之处。首先，司约作为掌管约剂之官，掌管邦国及天下万民各种契约相关事务，并非只是契券实物的具体管理，而是由具体的物化契约扩展到缔约过程、违约（不信）情况下契券作为罪罚依据（证据）的使用及具体的罪罚标准，其核心在于基于约剂（契约）实物基础的社会治理。其次，全部约剂，按重要性依次分为治神、治民、治地、治功、治器、治挚六大方面，概括解释即涉及与处理天（神）、地、人、事（功）、物（器）、礼（挚）六方面相关的契约缔结、保管与刑罚。这六大方面的划分，类似于《周礼》职官体系划分中天、地、春、夏、秋、冬六官之设，体现的是古人天人合一的系统观念。简言之，六约之设，涵盖了人类社会关系中可能涉及的各个方面。除了"天""地""人"三才之外，又涉及具体行事、财物以及人际往来（此为"礼"，即各种人际关系往来中的理性规范）。也即是说，约剂所涉，属于人类社会构建和规范中所有方面。其功用所及，并不局限于当今时代人们最关注和看重的用以规范和管理人际关系、财产关系、交易关系的有形契约，而是以更广大的视野，扩展至与神（一定意义上可以理解为人的精神世界、人与未知的自然之力的关系）、地（土地上所有各种出产物以及地本身、土地上的稼穑等活动，并非只是狭义的土地的产权归属与变更），以及除了财产、商业交易之外人际关系的约定。"治"字的解释，不应该简单地等同于现代意义上的"管理"，即不能把"治神之约为上"简单地理解为"首先要管理好祭祀神灵的契约"。从社会及历史实际来看，不论是早期被看得极重的神灵祭祀（国之大事，在祀与戎②），还是后世发展起来的宗庙及祖宗祭祀。其关键，并不在于是否有物化的契约，而在于精神上的意义，在于构建出一种敬畏甚至畏惧神灵、祖宗，以及他们所代表

---

① 钱玄、钱兴奇、王华宝、谢秉洪注译：《周礼》，岳麓书社，2001 年，第 341 页。
② 出自《左传·成公·成公十三年》，见［春秋］左丘明著，李维琦等注：《左传》，岳麓书社，2001 年，第 317 页。

的神秘力量，从而形成对现实人行为及观念的一种有效约束。在古人质朴的观念，尤其是中国古代先民所信奉的万物有灵的理念之下，与神之约是最重要的缔约。通过祭祀中的牺牲贡献、祷告许诺、跪拜敬礼，以及此处所涉及的"岖"等诸多形式仪轨，形成一种与神（未知的神秘力量）的缔约，最终形成对人的行为的一种现实的、一些情况下确实有效的约束。这种与神之约的影响源远流长，也具体体现在晋商契约文书之中。如前文所见《道光十五年七月二十日王广仁、泰丰恒记开设泰昌号醋铺合同》中"特此歃血订盟，务宜一团和气，苦乐均受。慎勿执拗争忿，不得积私肥己。如犯此议，神人共殛"①，《道光十八年正月二十二日太和堂等九家开设复和公记合同》中"大家同心协力，倘有不公不正私心肥己之事，神明鉴察"②，以及《咸丰三年七月大安堂等十四人合伙买地合同》中"有生异心者，共盟誓愿，皇天厌之"③等。各种说法，无不体现着这种"治神之约"的影响。自然，所谓治民之约、治地之约、治功之约、治器之约、治挚之约，也不简单地等同于管理好与人民有关的契约，土地疆界、分配使用的契约，记载功勋的券书，移用、赏赐礼乐器具的契约，以及相见执挚的契约等。钱玄等"今译"中的解释，不甚恰当地缩小了《周礼》司约所涵盖的范围。比如"治地之约"，不该是狭义的有关"土地疆界、分配使用的契约"，"地"之所指，根据传统观念中通常的理解，并非只是可使用、可耕种的土地。约之所及，也不会仅仅涉及疆界和分配使用这样狭隘。④参照《周礼·地官·司徒》的内容，"地"之所指，除了土地（田地）之外，还包括大地之上各种形式的资源及出产，也包括承载于土地之上，作为自然形态构成的山、林、川、泽、矿，以及各种人工建造物如囷、场、廪、舍、仓等。⑤ "地官司徒"作为天官之下第二大职官体系，其下包括职官 79 种，广泛涉及

---

① 刘建民主编：《晋商史料集成》第 1 册，商务印书馆，2018 年，第 39 页。
② 同上书，第 42 页。
③ 同上书，第 64 页。
④ 徽州文书等各种地方文献中数量庞大的各类契约，其涉及面广泛，几乎无所不包，正体现出中国传统文化中对契约关系极为广泛而深刻的理解。而中国古人也绝不是一些人所声称的那样缺乏契约精神。
⑤ 参见《周礼·地官·司徒》中的各种职官及执掌。

与地相关的各个方面，除了各级地方行政长官、更涉及各种自然存在物和出产物的管理（山虞、林衡、川衡、泽虞、迹人、矿人、角人、羽人、掌葛、掌染草、掌炭、掌茶），掌管人工建造物的（司门、司关、囿人、场人、廪人、舍人、仓人），以及掌管农作及相关事务的（司稼、草人、稻人、舂人）。由此可知，与地相关的事务，也是极为广泛的。"治功之约"，也不会只是"记载功勋的券书"，而是与可成功之各种"事"（曰"事功"）相关的契约（职责划分）。概而言之，"司约"所司六约，是一个广泛的、甚至无所不包的社会规范体系。"凡大约剂书于宗彝，小约剂书于丹图"，说明两方面内容，一为约剂之分类，按重要性分为"大""小"两类。二是根据分类分别规定使用的具体记录载体：大约剂写（刻）在宗庙的彝器（礼器）之上，小约剂写在各种材质的记录材料之上。六约之中何为"大"，何为"小"？并无具体说明。所以也难以按照今人对"重要性"的认识做模糊的理解。至于"丹图"，其实难有确定的解释。《康熙字典》有关"图"字的解释中引用了一条材料："《周礼·秋官·司约》：小约剂，书于丹图。注：小约剂，万民约也。丹图，雕器簠簋之属，有图象者也。"[1] 将丹图解释为有图像的"簠簋"类器具，可能有所不当。从各个时期的考古发现来看，大约剂书于宗彝，是将治神之约刻（"书"的一种方式）在礼器之上，考古发现的作为礼器的青铜器上多见此类情况。一如龚自珍《六经正名·答问五》所言："三代宗彝之铭，可读者十有九篇。"章炳麟《訄书·序种姓下》："古者贞系世，辨乡望，皆树之官府，铭之宗彝，誓之皇门。"因为六约的普遍性，所以实际的契约券书，可见于各种材料，比如以丹（红色）书写于玉石之上的《侯马盟书》，结合后世考古发现的竹木简牍、帛书、刻石材料，可知一般契约券书（小约剂），可以广泛地书于各种材质的载体之上，包括石（玉）、竹木、帛、皮以及后世的纸张。而约剂所用材料（载体）材质和形式的多样化，正证明了古人在契约书写方面多种努力和尝试。

"司约"一职最终的落脚点，也是约剂作为一个治理体系最具体的保障，在于违约行为（不信）的惩罚。其文曰："若有讼者，则珥而辟

---

① 《康熙字典》，上海辞书出版社，2008年，第152页。

藏，其不信者服墨刑。若大乱，则六官辟藏，其不信者杀。"① 用"若"，说明在该体系设计的本意中，诉讼与不信，并不应该是普遍的、经常发生的行为，而只是偶发的。综合明清时期的史料来看，各类契约数量庞大，然涉及诉讼者并不很常见，一定意义上也可以作为推想这个体系设计真意的理由。从以上所引文字来看，一旦发生诉讼，处理是很规范和庄严的，需要首先行"岨"礼，祭礼之后才能打开府藏的契券副本，作为审判的依据，对不信者处以墨刑②。这种以类似示众、重在精神羞辱的刑罚，与现代社会中对失信者采用上失信人名录的做法，似有一定关联。这是对一般失信（不信）行为的刑罚。对于属于国家（诸侯国等）的叛乱，则要由六官共同取出藏契券，并对不信者处以死刑。结合考古发现的《侯马盟书》，可知契约在国家管理层面的使用。

以上以较大篇幅讨论《周礼》六约及其意义，一定意义上，是因为它属于系统化的、重视精神意义的中国传统契约文化的起始点。而从相关分析中我们看到，契约合同之根本意义，在于有效地使用各种约束力量（包括精神的、现实的、法律的），形成良好的、真诚守信、有所敬畏乃至畏惧的社会秩序。契约研究专家王旭教授认为："六约的原始追求更多是在不确定性的时代尽量实现确定性。"③ 这种追求，也深刻地体现在后世中国数千年契约文明的演化发展中，属于一种大体上一以贯之的引领性存在。

本文以契约作为基础材料，在考察契约（合同）各种关系细节中获得的最大发现，是对契约（合同）及晋商商号经营的实质，以及其作用实现机制的认知。从目前所知所见，契约功效的实现，一靠个人信用，见诸文字，则是各种誓言（盟誓性的表达）。其最终落实，则在于可能只是在极端情况下才发生的法律诉讼。它是基础，也是底线，依约裁处

① 钱玄、钱兴奇、王华宝、谢秉洪注译：《周礼》，岳麓书社，2001年，第341页。

② 墨刑：上古五刑（墨、劓、剕、宫、大辟）之一，是中国古代社会中使用时间最长的一种肉刑，直至清末光绪三十二年（1906）修订《大清律例》时才被彻底废除，前后沿用时间长达数千年。施行的方法是在人的脸上或身体的其他部位刺字，然后涂上墨或别的颜料，使所刺的字成为永久性的记号。与其他四种刑法相比，墨刑是最轻微的。但是，这种刑罚施于身体的明显部位，无法掩饰，不仅给人造成肉体的痛苦，同时使人蒙受巨大的精神羞辱。

③ 此说法源自与王旭教授的讨论交流，在此特致谢意。

或判罚，以终极而现实的形式，保障了契约合同和秩序的严肃性。而对于整个社会而言，至为重要的，则在于一种良好的社会风尚的养成，包括在明清以来各种史料文书中所体现出来的民间社会和民众普遍重视契约、重视契约的形式和内容表达，以及对诚实守信的社会风尚的自觉维护。

晋商契约合同几乎可以用到想象得到甚至想象不到的各个方面，可谓"无事不契约，无处不契约"。契约构建并型塑晋商商业社会关系，在明确权责（包括股权结构、股俸安排、权责分工等）、阐定规矩及处理细则的同时，细致地构造并维护商事及相关关系。这些问题具有重要意义，则在于其在"商法"缺位的条件下，对于数百年发展中秩序的构建与维护。这是一个具有深刻的启示性意义，兼具实践及理论价值的重大议题。本文只是浅浅的尝试，未来尚需更多的研究做进一步扩展及更为系统的理论提升和理论构建。

（二）商号经营的生命意义

"商号"是中国商业文化研究中一个常用的概念。然而，"商号"究竟是什么？其与现代意义上的"企业"究竟是什么关系？从什么样的角度来观察或研究"商号"最为切实？诸如此类的问题，迄今都是未知。

从概念来讲，商号是指厂商字号或从事商业经营的机构。按照旧时民众的日常习惯，提到商号，常常是讲"某某字号"，晋商合同文约中则通常表述为"某某生理"，大体相当于当代社会的"企业"[①] 概念，是人们从事工商业活动的基本经济组织。从另外一个角度来观察，则是民众谋生的手段、谋利的营生。在通常的观念中，商号（企业）是以营利为目的而结成的一种具有特殊意义的经济组织，是资本、物、人（人力）、制度等各种资源的组合形态。传统理论中，更多地强调商号（企业）的经济属性和物质属性，强调其以营利为目的，强调资本、资产等物化因素的作用。以上通过分析研究晋商契约（合同）材料，我们看到

---

① 实际上对"企业"一词，人们也有各种不同的理解。《辞海》中对"企业"的解释："从事商品和劳务的生产经营，独立核算的经济组织。如工业企业、农业企业、商业企业等。"见辞海编辑委员会编:《辞海》（中），上海辞书出版社，2010年，第3065页。

的更为突出的一面，则是商号与民众生活密切相关联的社会性方面，以及商号本身的生命意义。是或多或少背景不同的人或者家庭（家族，具体表现为众多名目各异的"堂"），因为义、利，以及各种不同的动因相互结合，在不断变换的环境条件下挣扎求存、努力进取的生命意义。

本文通过对两大类 200 多件契约（合同）文书的细节研究和综合理解，认为商号是一个具有生命意义的特殊机体。其含义如下：

1. 商号并不是简单的物的聚合，而是一个有机的生命体。其中既包含各种可用的，作为经营基础条件的物的因素（地亩房产、家具器具、货物铺底、劳动及运输工具等），也包括充当不同角色、担负不同任务的人（东家、经理、员工等），以及制度、文化、货源渠道、客户资源、技术、秘方等无形资源，共同构成一个实质上必然具有一定"气质性格"的商号。

2. 商号从生到死、从成立到破产，是一个或长或短的生命过程，具有通常生命体所具有的诸多特性。①

3. 诸多契约合同及字据文约，实质性地证明作为一个生命体的商号从初生（创建）到发展变革（重组、重整）、努力求存，到最终因为各种原因倒闭清算、破产清理，结束生命的过程。这个过程中包含许多重要的事实、材料和细节，值得进行深入的研究。

把商号视为一个生命体，理解其有生有死、由生到死的必然性，再依照生命周期的过程性特点来研究分析商号经营中各个环节的各种事实，分析在各个环节中形成的各种契约合同及字据文约，也才能真正理解经商经营及发展变化的实际意义。从东家到经理人员、普通伙计，再到亲朋家人、遗孀子孙等相关人员的作用及角色中，以及各种复杂的社会关系（包括东伙关系、家族关系、官商关系、与商会的关系、债权债务关系等）中我们才可以更深刻地领会商业经营的社会实质及意义。

（三）"以人为本"的商业经营

晋商经营从股俸制安排到契约文书中各种细节性安排，无不深刻体

---

① 之前与杨建庭博士讨论，很受他有关商号生命周期观点的启发，本文以此为基础提倡从生命周期视角开展晋商研究和观察。

现出"以人为本"的精神内涵。由于政治历史的原因，一直以来对于旧时商号的研究和考察，更多地注意其作为"企业""商业""商人"牟利的性质，乃至于带有负面否定的色彩去看待旧时商人及商号经营。本文在考察契约文书时，时时为其中所包含的人文、情感意义所感动。因而考虑到，究竟应该从什么角度、以什么样的方式去观察和理解旧时商号（包括晋商经营）的社会实质及对于社会民众生活的意义，深刻理解其特殊的"东伙"关系。本文研究的初步认识是：晋商经营是一种"以人为本"的商业经营，其在数百年风雨沧桑的艰难生活中始终坚持并实践了"以人为本"的精神理念，成就了晋商经营的灵魂，也最终导致一个商帮具有了五百年长久的生命力，留下了许多堪称瑰宝的制度及文化遗产。因此，本文认为，晋商及晋商研究的最大价值，在于其历史文化意义，在于其对中国传统文化中核心理念的传承与发扬光大。

《管子·霸言》篇有云："夫霸王之所始也，以人为本。本理则国固，本乱则国危。"[1] 是"以人为本"见诸史籍的最早记载。在各种典籍中，"民为邦本""民为贵"等民本主义的表述则几乎俯拾即是。如果我们能够抛开对旧时商号和商人带有鄙视性的固有之见，从契约等原始材料出发进行客观的观察与分析，则会看到，从明代中后期晋东南平阳、泽、潞商人特殊的"伙计"观念开始，到清中期晋商的快速崛起、票号的出现，直至民国时期晋商字号在时代巨变的环境下艰难求存，"以人为本"的思想观念一直作为其精神引领贯穿始终。鉴于此，本文倡导将晋商在总体上定义为一种承续中华文明"以人为本"的人本主义思想的典型商业文化，并主张在今后的研究中大张旗鼓地深化这方面研究，为晋商正名。本文在此先做两方面简单的总结和梳理：

1. 晋商经营的实质及意义

本文认为，晋商并不是一种为了牟利而开展商业经营活动的企业（商号）的物理构成，一定意义上，甚至不能称其为"商帮"。晋商有许多突出的特点，包括：商号遍布城乡（包括村庄）、参与人数众多、长途贸易（行商）与本地工商（坐商）相配合、行业众多而且特色明显、有许多突出的制度和观念创新，等等，实在地表明，它乃是明清以来数

---

① 刘柯、李克和:《管子译注》，黑龙江人民出版社，2003 年，第 180 页。

百年山西及周边地区和民众的实在的、积极的、丰富多彩的生活方式，是一种具有普遍意义的社会存在、以普遍的商业为特征的社会实态。与其他地区商帮或商业大多以城镇为中心不同，契约文书表明，晋商商号（生理），普遍地存在于山西各地各个村庄，从事各种与本土民众生活密切相关，也与各种重要的长途（乃至国际）贸易相关的生产、经营、资金融通、生活服务、文化娱乐、宗教等的活动密切相关，因此是"一种具有普遍意义的生活实态"。而不只是一般意义上的商业经营，更不是与社会及民众生活割裂的独立的存在。

因此，研究晋商，最重要是其所代表、所型塑的社会及民众生活，是因为各种原因所结成的社会关系，以及其中所包含的习俗、理念、规则等人文意义的东西。从学术的角度，则是系统性的、综合性的、全面的晋商体系研究，全新的话语体系及理论构建。

2. 晋商"以人为本"的具体证据

这是一个需要系统梳理和研究的重要课题，此处仅仅简要归纳前面研究中注意到的一些基本事实：

（1）明代王士性《广志绎》中的经典记述：

平阳、泽、潞豪商大贾甲天下，非数十万不称富。其居室之法善也。其人以行止相高，其合伙而商者名曰伙计，一人出本，众伙共而商之，虽不誓而无私藏。祖父或以子母息匀贷于人而道亡，贷者业舍之数十年矣，子孙生而有知，更焦劳强作以还其贷，则他大有居积者，争欲得斯人以为伙计，谓其不忘死肯背生也，则斯人输小息于前而获大利于后。故有本无本者咸得以为生。且富者蓄藏不于家，而尽散之于伙计。估人产者，但数其大小伙计若干，则数十百万产可屈指矣。盖是富者不能遽贫，贫者可以立富，其居室善而行止胜也。

其中概括出早期晋商的三个基本特点："一人出本，众伙共而商之"的"伙计"关系；"富者蓄藏不于家，而尽散之于伙计"的"共同富裕"理念；以伙计之数估人财产，表明"伙计"等同于财产，甚至是比物质更重要的财产。

（2）合同中的表述："财因人致，利由本生。"人、本并列，相依为重。

（3）重视人力的"股俸制"安排："股俸制"作为最普遍的股权结构安排制度，身力（人俸）占比一半以上者十分多见，身力（人俸）的价值和地位超过货币及实物资本。

（4）以"空股"、身后三年福利等方式肯定和褒奖个人对商号的贡献，顾念旧情。

（5）以领木经营、高额人俸等多样化方式体现人及其所具有的特殊才能（管理经验、超卓的识见、人脉关系、专业技术等）的价值。

（6）以合理规范及制度化的人俸增长，体现人力价值的增殖。

尽管因材料所限，有些问题的研究尚无法深入，但晋商"股俸制"一直沿用到 20 世纪 50 年代工商合营时这一基本事实，足以证明晋商"股俸制"强大的生命力。作为一项重要的制度创新，尤其是其中所体现的、基于中国"以人为本"思想的核心观念，具有重要的学术价值。

六、研究总结：关于研究视角和方法论问题的回应

就在本文行将完稿之时，在挚友邱澎生教授推荐之下，笔者拜读了日本学者岸本美绪《明清契约文书》一文，从中获得了一些重要的启发。岸本美绪教授在文章中谈道："据我个人的见解，尽管当时契约关系中的种种范畴都各自有其明确的内容，但欲把它们整理统合到'明清契约法'这样一个统一的体系中去却是非常困难的。因为当时的人们本来就从多样的角度来理解把握各种契约关系。"① 直至当下，人们研究契约时依然难以脱离开这个视角，获得大的突破。通常的研究"还不是关于契约关系整体结构的描述，仍停留在对其某个部分的探索上。期待着今后通过角度和方法论的转换，逐渐形成可能把握明清契约关系整体的

---

① 〔日〕岸本美绪：《明清契约文书》，〔日〕贺滋秀三等著，王亚新、梁治平编：《明清时期的民事审判与民间契约》，法律出版社，1998 年，第 307 页。

理论框架"[①]。本文差不多是在偶然之间，开始进行有关契约研究视角和方法论的探索，在从总体上分析契约文书内容的基础上，努力达到挖掘契约文书内在价值及总体意义的目标。

文中用许多材料，或全面或概略地讨论了一些具体问题，本文的核心，即是开展有关研究视角和方法论的思考和实验。所以，一方面尝试如何使用大量的数据资料开展研究，包括从不同的角度用不同的方法进行材料解读；另一方面对传统的从某一具体问题出发，以论证或解决某一具体问题（或为之寻找证据支持）的研究提出质疑和挑战。举个或许并不太恰当的例子，本文希望呈现出来的，是类似宋代王希孟《千里江山图》那样一幅画卷，跳出既有观念的种种桎梏，用不一样的尺幅、不一样的色彩、不一样的笔法、不一样的眼界、不一样的视角，纵横开阖，描绘出与以往各种以相对局部的花草、人物、场景、山水为中心有所不同的图画。

需要强调的是，通常的历史研究和写作，比较习惯于依着一个或几个具体问题来展开，这符合人们通常思考和解决问题的习惯，固然无可厚非。但在当下，这种习惯却可能要面对严厉的时代性拷问。原因在于，一方面这种习惯所依据的大多是在过去的场景下遗留下来的较为老旧的问题，问题本身具有一定局限乃至谬误（拘于表面，非真问题）；另一方面则是因为这种以问题为导向的研究属于典型的材料稀缺条件下（稀缺时代）的被动选择，是与目前材料大爆炸的环境条件和研究要求不相容，或者至少是不完全适应的。进而，这种方法以具体问题为导向，缺乏系统的思维，从而导致整体性缺失，"头疼医头、脚疼医脚"，导致我们对世界的认识零碎、片面而撕裂，永远有无数未能涉及的问题，也使整个研究长期处在浅尝辄止、不成系统的状态。长此以往，必然导致研究者严重缺乏处理大量材料的能力，当从稀缺时代走入"大爆炸"下的巨丰富时代时，面对海量资料无从措手、无所适从。

本文并不否定在研究视角和方法论方面有更为多样化的选择，反之，这也正是本文极力倡导的。多样的视角和多样的方法选择相结合，

---

① 〔日〕岸本美绪：《明清契约文书》，〔日〕贺滋秀三等著，王亚新、梁治平编：《明清时期的民事审判与民间契约》，法律出版社，1998年，第307页。

才有学术园地的百花齐放、四季如春。不过，本文更想强调的是基于海量史料条件，从重新认知中国社会、基于中国本土历史事实和文化、重新构建中国人自己的学术话语体系和理论的角度出发，开展"（史料）巨丰富时代"的学术研究，倡导一种更具宏观和综合意义的晋商研究视角和方法体系。

对于此处所称这个所谓"（史料）巨丰富时代"（至少是非稀缺时代），本来应该已经是众所周知，无须多言。但为了强调其对方法论的影响，在此还是举个可能并不十分恰当的例子来做一些分析。比如做菜，在以前，我们同样有许多各不相同的具体需求（诸如饱腹、补养、食疗、健康、强体、养生等），由于可获得的食材稀缺，所以总是在寻求适宜的"对症"材料，发现一点自己觉得高档或珍稀的材料就如获至宝，也以做出一道道特别的"对症"（能满足某一具体需求）食物而欣喜满足。而当下，因为海量材料或以其原始状态，或以数据库等适合大众使用的电子数据形式，或以纸质出版物的形式进入广大研究者视野，我们面对的，可能是应有尽有、无所不包的海量食材（数据资料）。这样的条件，让我们有可能做出如满汉全席一样体量的大餐，也可能熔古今中外各种文明于一炉，创造出前无古人的宏大巨制，如此条件，我们还能始终以做出一两道特色小菜为满足甚至自傲吗？

这个问题的根本，在于我们对学术研究（包括晋商研究）的理解及定位，即我们的研究究竟以什么为目的？以什么为导向？这当然是很个人化的问题，但应该也有总体上的时代性的思考。

我们注意到，在关于中国古代社会历史的观察和理解中，有个很大的悖论。一方面，是几乎无所不在、无所不包的各种契约文书，涵盖社会经济和日常生活的方方面面，从古至今，既形成各种考古发现的史料遗存中最重要的部分[①]，也深入地进入人们生活、经营及各种关系的缔结与运行中，直观地描述，乃至可以看作一个典型的契约社会。正如本文研究中所看到的，一切活动和关系的结成、改变及终结，乃至终结之后的善后处理，几乎都是通过相应的契约文书（包括各种字据）来实现

---

① 敦煌吐鲁番文书、黑水城文书、徽州文书、晋商文书、清水江文书等重要文书的发现中，契约文书毫无例外都占了很大比重。

的，可以说契约无处不在。然而，另一方面，一般的观念中，许多人却习惯性地认为中国人很少使用契约，缺乏契约精神。这种观念究竟是如何形成的？本文的核心，是回归原始材料，从材料中观察和发现山西商人乃至中国一般社会的真实。因此，从本文作为基本材料的200多件契约中，我们看到了许多重要的东西，一定意义上，构成我们对晋商历史及其社会实质的具有重要意义的全新认识。

首先，我们将晋商作为一个整体，一种重要的社会形态，采用"生命周期观"，从契约（合同）文书史料中梳理其发展变化的时间线、特点，以及多种具体的特征和细节，获得有关晋商及其发展的一种总体性认识（观察）。尽管因材料范围及数量局限，难以尽善，却依然获得了一些具有总体意义的相对可靠的印象。这些印象或认知具有切实的材料支撑，运用各种具体方法进行多方面考察分析而获得，具有相对可信的基础。

其次，我们结合契约文书材料，对契约—合同的概念、二者的区别与联系，以及契约合同的演进历史做了梳理。

再次，我们发掘了材料中包含的一些重要概念、知识和细节。

又次，我们初步挖掘和整理了文书资料中所包含的基本思想和理念，发现了"以人为本"观念下对人力资本的重视，也初步涉及晋商商业精神、责任观念、契约文书中誓词的意义等许多重要内容。

最后，我们梳理了与晋商经营相关的一些基本概念和术语，至为突出的是其中有关资本及其处置的各种术语和概念，这是构建自身特色话语体系的重要基础。

在以上研究中，我们并未针对具体的研究方法展开讨论，但却实质性地进行了多种方法综合性使用的实践。其中并包含了一些重要的观念，关系到以下方法论的问题。

（一）以材料为基础

历史研究以材料为王。材料的重要性，怎么强调都不为过。但如何使用材料，却是见仁见智，也是极考验功夫的事情。在当下信息爆炸、材料"巨丰富时代"，更是绕不过去的问题。

本文更注意的是，努力不做任何预设（包括不带着任何具体的问题来开展研究，尽管这很不容易），直接进入材料、沉入材料，从大量原始材料的阅读、释录、整理及多样的分析中，发现其中的真实，并尽可能精准地反映、还原这种真实，探讨其中的实在意义。

从材料出发，回归历史真实，借以实现观念、思维、观点，乃至晋商体系的系统重构。

对此，需要进一步强调说明的是：材料为王，本没有错。"历史学就是材料学"也不失为有道理的一家之言。然而，说千道万，材料只是材料，并不是研究本身。再好的材料也没办法自己变成诱人的美食和成熟的作品。从材料到成品之间，需要经历一个再加工、再创造的过程。即：

材料—研究者也是创作者（艺术家、建筑师、大厨）—成品（艺术品、研究成果）

简化之，即

材料—人的创造—成品

在这个过程中，材料固然重要，所谓"巧妇难为无米之炊"，但人的创造也是必不可少的，甚至对最终成品而言具有决定性意义。研究者（创作者）做工的过程，对于最终成品的形成及其品质档次具有重要甚至决定性意义，需要超卓的见识、观念和高超的处理技巧。每一个研究者都必然要面对一个严肃甚至残酷的问题：哲学修养和方法（技术）问题。是艺术家还是匠人？区别就在那么一点点！但那一点儿，有就是有，没有就是没有。很多人拼尽一生，可能依然在门外。所以，研究者需要一生的修炼。

研究的过程，本身也是个修炼的过程。要让材料脱胎换骨，焕发出光彩，必须在多方面下功夫，而最大的功夫是在世界观等哲学层面。在这方面，历史学者既需要是个技艺高超的匠人，熟悉各种材料的基本属性和性质特点，擅长各种处理技巧，更需要是个哲学家、诗人、艺术家，具有很强的灵性、敏锐的直觉，能够做超越现实的思考、体悟和表达。归根到底，历史研究是认识人和世界的大学问，所以历史学者终究不是做匠人（尽管能做个匠人也很好，我并无任何贬低的意思），而是以高度的灵性加理性来认识世界、理解世界，理解人类社会，理解许多我们以为真实，其实可能是虚假或者谬误的东西。

来自历史遗存的各类原始资料，则是作为其认识和理解的基础材料。既是研究（认识）的对象，也是构成最终产品的根本所在。

（二）超学科研究

过去百年学术的发展，很大程度上得益于学科区分。因为这个区分，许多学科得以在精细化的道路上高歌猛进、日行千里。但另一方面，过度的专业化，又在一定程度上将学科的发展带入了绝路：学科分割、以邻为壑、一叶障目不见泰山。本来一体化的历史和现实，被人为地分割成了无数的区块和段落，从根本上限制了系统、全面、综合的思考和研究。

世界是一个整体，其各个部分之间都必然也是自然地保持着密切的联系。过细的分科，必然导致思维固化，只见树木不见森林。这是一种很要命的局限。

因此，本文强调"超学科研究"，即超越学科界限，从材料出发的一种总体性考察和研究。体现在晋商研究中，则是努力放弃研究者本身的学科立场，把"晋商"这一重要的历史存在作为一个整体性的、综合的研究对象，从大历史格局中分析、考察其产生、发展演进的总体及各方面具体情况。与之相关的各个具体方面，都纳入这一总体之内，找到其在总体中的具体定位，发掘其中的基本史实、内涵逻辑及意义。

尽管目前从项目申报到成果发表、评价，基本是以学科为基础，致使我们很难真正脱开甚至超越学科的约束。但对具体的研究者而言，只有努力做到这个超越，回归社会经济生活的本质做综合性的研究，才可能获得真正的学术自由，真正获得综合性的、宏观的、系统的学术认知，实现学术的重生。

这种方法论下的学科知识，只是作为入门的基本路径。其并非完全无用，而是作为一种观察的具体入手处、一种具体的方法。

这种方法论，结合本人所从事的会计史学科，可以简单概括为：从会计入手，从历史出发。以材料为基础，现实与材料合流，实现大历史视野下综合系统的研究和考察。

（三）回归历史现场

历史研究需要回归过往，回归历史现场，以充分的历史感，获得对历史真切的感受和理解。

在一定意义上，历史代表着过去。过去了的就是已经过去，无论如何努力，人是再也不可能回到那个已经过去了的时代的。即便是不久之前的过去，很多真实和细节可能也已经被遗忘，或者对于新生的一代代人，那也已经是相对"久远"的过去。但历史，或者说部分的历史，其某些成分、片段或记忆，却可能以某种形式存留，成为研究的材料、渠道路径，或者某种客观存在的可能性。这就为以某种形式回归历史提供了可能。本文以材料研究为中心，这是回归历史最直接和有效的进路。除此而外，还将尽可能采用其他路径进入过去，或者实现与过去的对话。总而言之，即努力使自己保持在过去、与古人（前人）深入对话的状态。这些路径，从本研究的角度来说，除了通常的阅读与本专业研究有关的账簿、契据、报表、制度文件等材料外，更包括：

1. 尽可能收集和阅读前人的各种记录资料，包括笔记（记事）、文集、专门著述、信函等各种材料，了解那个时代的细节和真实，体验其具体情境。

2. 开展田野调查，回到古人生活的场地，现场访古，从山川地理和社会人文环境中，从历史遗迹中感受和理解古人（前人）的行为及心理状态、内含逻辑。

3. 访问故老，寻求和保存口述记忆，理解民俗、文化，以及地方民众生活习性中内含的东西。

4. 使用历史地理学的方法和资料，从历史地理的角度出发，理解古人（前人）的行迹及观念、原则。

5. 结合各地方言，回归基本概念和词汇，理解各种特殊的生活、语言、文字细节。

6. 注意收集和整理各地具有代表性意义的牌匾、标识符号，从中获得对地方民众生活和思想观念的深刻理解。

（四）重视文字的内涵意义

古语有云："言为心声。"[①]语言是思想的反映，从一个人的说话和行诸笔端的文字表达中，可以知道他的思想感情、内在情绪，以及许多言语之外不可为人道的东西。中国文字博大精深，在表达情感、意愿、心境、情态等方面，更是细致入微。因此，准确理解语言表达的真实含义，对于学术研究而言，永远是一门需要努力精进的必修功课。

与当代格式化契约合同采用标准化语言不同，传统契约文书的书写，虽然也有相对标准化的（乃至官颁的）"契式"作为参考，从而在文书名称、格式、术语，以及一些专门信息的表达（比如土地交易中的"四至"等）上具有一定程度的统一性和一致性，但在意思表达的细微方面，依然存在极大的差异，由此导致每一件契约文书及字据，都呈现出独特的个性化意义。正是在这些个性化的表达中，真正隐藏着缔约各方真实的态度、情感、心境及诉求，隐藏着他们的希冀与忧虑，隐藏着他们的真实意愿。而契约的法律秩序性质，更进一步突出了契约文字精准表达的社会及法律意义。因此，契约文书的研究，实在是研究中国人情感、心性，研究中国人社会关系中各个细节和精微之处无与伦比的材料。为此，本文特别提出，传统契约文书的研究，一定需要注意每一件文书上具体的文字表达，尤其注意一些个性化表达背后所蕴含的丰富的情感及社会意义，也即是重视文书语言文字背后意境的解读。这样才可能真正触及契约的灵魂及其核心意义，并从中获得一些真正具有中国特色，相对精准的术语和概念表达。

以下根据本文研究中所遇到的一些具体情况，大略提出一些从契约文书的文字表达中需要重点关注的点面：

1. 对于一些粗看起来似乎像是习语性套话的文字，比如"自古财因人致，利由本生""财从义起，利由伴生""事之有兴于前，必赖继之于后""东伙相得，年延日久，可致巨富""效陶朱之富，端木良谋""协力山成玉，同心土变金""心齐力齐，秉公贸易""同财合伙，仁义甚要"等，也需要特别注意。这些文字可能代表了立约人的基本理念，归

---

① 《法言·问神》："故言，心声也；书，心画也。"

总起来做系统的研究，则有助于理解晋商文化以及东伙背后支撑其行为行事的基本理念，也是塑造商号"企业文化"的基石。文书中"倘有私心瞒昧，神明鉴察""人神共鉴"等誓约性表述，也并不是可有可无的套话，而是代表了盟誓的习惯，利用人心中对神灵的敬畏来构建一个守约的环境。进一步考察，则涉及契约作为一种构建法秩序的基本手段发挥作用的内在机理。可以在一定程度上顺利解开岸本美绪提出的"究竟是什么样的机制支撑或维系着中国民间社会这种私法秩序"的谜题。此类盟约至为突出的表达，见于《咸丰三年七月大安堂等十四人合伙买地合同》。该合同文约中，李、张二姓 14 家亲朋为了躲避战乱，以大安堂之名合伙买地修筑堡寨。文约中写道："十四家人俱系内亲戚友，情投意合，预备桃源之地，如为一家。虽贫富不同，合家言明若到其地，共相护卫扶助，永奠安康，不可毫生异心。若有生异心者，共盟誓愿，皇天厌之。"[1] 这种誓约的意义，实在应该放到中国数千年文明中各种缔约及盟誓的历史实践中去做系统深入的考察。

2. 关于事由或分伙原因的表达。契约文书中的此类表达往往是理解整件契约总体意义及缔约目的的重要切入点。比如分伙文约中的"东伙不睦"[2]（《同治四年二月二十六日程本良等六人分伙凭据约》）、"人情变更难以合伙"[3]（《同治八年二月十七日张肇基等人关于清理仁和堂药铺与恒益当铺股份清分合同》）、"用人不当"[4]（《道光二十三年二月二十五日曹雨田等五人设立泰兴合号估衣店合同》）等，背后往往有可能很难为外人道的故事或隐情。"弟兄意不相投，不愿一处求财"[5]（《光绪二十二年八月初四日王安富退出复源涌辞退执照》）、"兄弟不合"等，则更有可能是妯娌矛盾在背后作祟。对此类表达，不好简单地以字面意思来理解。

3. 注意"立约人"姓名和角色地位。通常情况下，立约人往往是缔约行为最初的发起者，而整个文书可能就是立约人核心诉求和意愿的表

---

① 刘建民主编：《晋商史料集成》第 1 册，商务印书馆，2018 年，第 64 页。

② 同上书，第 281 页。

③ 同上书，第 284 页。

④ 同上书，第 51 页。

⑤ 同上书，第 310 页。

达。因此，契约文书研究，首先需要仔细分析立约人的角色地位，这是判断契约文书总体目的意义的关键。立约人姓名及其表达方式，则可据以判断立约人的性别、身份地位，以及与其他相关人员（好友、亲朋、兄弟、夫妻、父子、母子、乡邻、族人、宗亲、东伙、同僚、官民等）之间的关系。比如《同治二年六月初九日张闫氏等四人开设福润泉酒铺合伙约》中有"张闫氏"①，表明立约人为已婚女性。本文书涉及的合伙以一位女性的姓氏作为起首，一定具有特别的意义，也直接影响到其他意思的表达。再比如《乾隆五十三年十一月十六日杨元功、杨元勋二人分割北京丰茂号合同》②，按照一般的命名习惯，杨元功、杨元勋二人当为兄弟。兄弟合营而至于分伙，其间的因由，以及处理的细节，必然包含丰富的人文意义。

4. 晋商合同文约作为第一手原始材料，是晋商术语、概念及各种文化要素的重要载体。这些文书中既包含对同一概念的多样化表达，比如"身股""身力""人力""人俸"，也有在这一层次概念之下形成的次一级概念，如"周行身力""铺内身力""窑户卖炭身子""窑户经理身子""窑户管账身子"等。也有与不同类型事项相关的系列概念，比如与股份相关的概念，如"身股""银股""钱股""空股"乃至"财神股""狗股"等。与资本相关的系列概念术语，如"资本""赀本""银本""钱本""正本""副本""附本""护本""领本"等。无数概念联系在一起，构成晋商特殊的语言（概念）文化体系。这些概念术语与其背后所包含的各种观念、制度相结合，构成晋商特殊的语言及文化体系。这是研究晋商历史文化需要注意的一个重要方面，自然也是不能完全借用大多源自西方世界的现代学术概念（术语）来代替或解释的。

5. 注意一些术语的精细化表达及带有方言意味的用词。中国语言文化带有极强的地域文化特点，"十里不同音，百里不同俗"。尽管文书常由具有一定文化修养的文化人代为书写，从而在一定程度上形成比较正规的书面表达，但实际留存的契约文书中，也不乏一些由文化程度不高的立约人自书（与"代书"相对应）的文书契据，因而难免存在一些不

---

① 刘建民主编:《晋商史料集成》第 1 册，商务印书馆，2018 年，第 98 页。
② 同上书，第 233 页。

规范的用词用语，乃至错别字、假借字、俗体字、异体字等。此外，在一些文书书写中，还可能用到一些地方土话的文字表达，对此，需要特别谨慎，以免误读。对于一些不甚常见或者已经消失于历史长河中的词汇，以及一些特殊行业的专用术语，则需设法细致地查明其含义。比如《光绪二十四年四月二十八日张庆余堂等六家开设宝和昌记杂货生理合伙约》中的"明甫人"①、《同治四年二月十一日李德安开设煤窑合同》中的"拘络"②等，就属于此类事例。此外，还有一些专门的用词用语，如用"吃俸股""食人力""顶身力"等不同的说法来表达在商号中占有身股的情况。一些特殊行业中的专门术语，如《同治四年二月十一日李德安开设煤窑合同》中指称人员不同身份的"山主""拘络人""（拾）十被主人""内外领袖（修）"，以及一些专用词汇如"风正""摊抖""行窑"等，都需仔细分辨。

6. 第三方中见的细微区别。在缔约过程中，作为第三方的中见人，具有极为重要的作用。一定意义上可以说是契约文书公信力最基础的保障。晋商文书中涉及第三方中见，有多种不同的表述，如"同人""中人""同中人""见人""在中""玉成人""在中人""说和人"等。看起来大同小异，实际上具体怎么写，却是大有讲究。不可不慎，不可不察。

---

① 刘建民主编：《晋商史料集成》第 1 册，商务印书馆，2018 年，第 126 页。明甫：证人。［明］李日华《南西厢记·对谑琴红》："烦老道做个明甫，他输，与我做儿子；我输，与他做娘。"

② 同上书，第 100 页。拘络：山西榆次、清徐等地方言中，有"噶溜"（ga liu）一词，意思是"招引""叫上"，比如说："噶溜上某人上街去，噶溜上某人看戏去"等。"拘络"可能是该词的书面表达。

清代民国晋商商书的归户、传承考证及价值透视

——以《晋商史料集成》所收商书为重点

刘秋根　张丽 *

摘　要： 商书是商人经营理念、行业规范和经营实践等诸多生意法则的总结和凝练，应商业发展之需要而产生。商书的传承和应用，充分印证了商人团体的商业教育观念及其转变，反映了当时晋商的商业教育逐渐打破传统的父子相传、师徒相授的教育模式，向企业职业教育的方向转变。商书的内容丰富多彩，研究商书不仅可以看到商业知识的积累和传播，探讨商人思想意识和经营理念的与时俱进，而且可以从中探索社会变迁时期的商业经济的发展，对探究商人思想文化、商业伦理的面貌，具有深远的意义，目前晋商商书研究还非常薄弱，起码的归户、内容传承、考证的工作尚未开展。

关键词： 清代民国　晋商　商书　商业教育

近年来面世的晋商民间文献，主要表现为各类契约文书，[①] 主要形式有账本、票据、信稿、商人著述等，种类繁多，刘建民主编的《晋商史料集成》[②] 将此类文献划分为“合约、股票、万金账”“信函、信稿”“簿记”“规程”“商业知识”“信息”“诉状、呈文”“著述”“商人家庭”“其他相关资料”等十类，而“商书”或“商人书”便是其中“商人著述”的一种。

所谓“商书”或“商人书”，一般指明清各商帮商人，总结自己及前辈从商经验，包括对行业的认识、商贸知识与技能、经营原则与商业道德，还有商品种类、运销途径、行走的路程等内容，并将这些理论和实践经验以抄本或刻本的形式流传。这可以说是一种广义上的“商书”，如果依此而论，《晋商史料集成》中所谓的“规程”“商业知识”“商人著述”皆可谓之“商书”或“商人书”。而晋商商人著述大体收辑有如下类型：一是商人行路规程及各行业规程，前者主要介绍商人经商所走的路线及行走中要注意的事项，后者主要是为商人采办货物相关商品而

---

* 　刘秋根，河北大学宋史研究中心教授。张丽，江西科技师范大学马克思主义学院讲师。

① 　当然民间文献还有其他许多类型，如碑刻、民间使用的一些知识刻本、基层政权留下来的档案等。

② 　刘建民主编：《晋商史料集成》，商务印书馆，2018 年。

编写的各行业规程如布规、杂货规、茶规、典当规等。以杂货规为例，主要介绍杂货产地、规格、质量要求、商品生产、加工、运销、包装等相关的规定，如税捐、运费、包装费、店佣、各地银钱周行情况，还有铺规、集市规等。二是商人的各类著述，如商人的生意论述、日记自述、调查报告等。三是与商业经营所需商业知识相关的著述，这类著述种类甚多，包括平砝银色、粮油斗头、小册子、商业数学课本、商业外语读本、商业尺牍[①]等。本文所说的"商书"主要就是指商人著述的"生意论述"。[②] 这个意义上的商人书，在《晋商史料集成》中有二十二种，再加上未收录在《集成》中的《瑞兴永记劝号读本》和《商贾观察分明》，共二十四种[③]。近百年来，晋商相关研究成果相当丰硕。但对晋商思想文化教育的研究似乎还显薄弱，已有的一些研究还相当缺乏一手材料的支撑。而目前公布的大量晋商商人书为弥补这一缺陷提供了机会。[④]

---

① 尺牍：简单地说，就是写信用的教材。因为明清时代商业经营的重要工具之一，就是书信。有亲友信件，也有字号书信，前者是家庭私信，后者则是字号公信，是经营专用的。为此，商人编纂了大量写此类书信的教材，这就形成了商业尺牍。可以说它也是商人著述的重要组成部分。当然其他文人、仕宦及社会其他阶层，也有大量此类尺牍著述。

② 此定义是广义上的商书，也比时下学术界对徽商商人书的定义要窄得多，后者除上述三大类外，多将日常生活百科全书中的一些内容也归入其中。

③ 此两种商人书，亦是《晋商史料集成》主编——刘建民先生的藏品，是刘先生收藏初期，为了他个人阅读及研究方便，请人手工抄写的。原件不存，《晋商史料集成》未收，这里是根据刘先生的手抄本录入的。所有二十四种商人书录入后，共约有20万字。

④ 商书的研究走进学术视野，大体开始于20世纪50年代日本学者的关注，酒井忠夫、寺田隆信以及仁井田陞等人开始执着于商书的应用及价值。随之，在我国的学术界也掀起了对商书研究的热潮，一系列有代表性的专著和论文应运而生。傅衣凌的《明清时代商人及商业资本》一书走进大众视野中，书中用了大量商书史料来解决明清经济史的相关问题，便已影响了学术界的研究方向。陈学文的《明清时期商业书及商人书之研究》一书及其系列文章问世，对十余种商书进行深入的剖析和研究。罗仑、范金民详细介绍了商书《生意世事初阶》的主要内容，主体体现在培养学徒和经营之道两方面。然而商书的价值不止于此，学者们与时俱进，不停地用新的视角来审视这些珍贵史料。张海英通过对比《生意世事初阶》《贸易须知》《生意经络》等商书的版本及内容差异，进一步揭示这种变化的内在意义，从而展现出清代"坐贾"的知识传授。张海英再次就《新刻天下四民便览三台万用正宗·商旅门》进行研讨，剖析了丰富的商业知识。同时她还以《生意世事初阶》与《贸易须知》为主要依据，从对商人职业角色的认知、对学徒的严格要求与培训、经营方针、劳资关系等方面探讨了清代"坐贾"的经营理念。此外，张海英（转下页）

　　本文欲通过对晋商商书的归户及传承考察，对商书所反映的时间、地域、对象等进行详细的归户考证，再对其传承及内容的继承与创新予以科学的整理，从文献学角度给予解读，并主要以商业教育方面的内容为例对其价值予以透视。

一、晋商商书归户研究、内容传承考察

　　这批商书，主要总结了学习生意、为人、处事、经营等方面的经验，时间跨度从清代到民国时期，清代时期达 17 本，民国时期有一本比较典型的《民国十七年张学文铺规十要、商贾金丹》，其余的商书时间虽然在文中或者封面、封底都没有明确，但是根据内容和行文习惯来看，也暂列于清代民国这一时期。

　　（一）作者、形成及传承年代的初步考证

　　我们对这些商书做了归户研究，情况列表如下：

表 1　商书情况梳理表

序号	商书名称	作者	商号	年代	尺寸（mm）	录入字数
1	《侯增财记劝号谱》	张明远	侯增财记	嘉庆二十三年（1818）	120×224	24377

（接上页）还通过对明清商人书的解读，论述明清商人对商业知识的传授，阐释了"算法"与"辨银"，特别是特殊行业的专业技术培训，如典当铺这一行业的各方面技能。以上论述可以肯定的是，学者们注重商人书的应用价值，其中也部分涉及了经商的一些教育理念，且主要集中于对徽商商书的研究，学者们专注于对商书本身版本的考察、商书现象的出现以及较为典型的个案剖析，试图透过商书中反映行商、坐贾的从商经验、知识累积、个人修养等内容去窥视明清商人群体的经营理念。但是关于晋商商书研究得还不够完善和具体。目前晋商商书的研究值得一提的是殷俊玲通过解读晋商商书《生意论》，发现晋商的角色认同意识随着时代的发展而凸显。郎贤梅针对《贸易须知辑要》，总结出晋商的经营价值观，并认为这些经营价值观可为当前企业文化提供启示。随着近些年晋商文书的大量出现，在陆续整理和出版的过程中，亦发现了许多晋商商书的身影，对其进一步的整理与研究是一件意义重大的工作。

序号	商书名称	作者	商号	年代	尺寸（mm）	录入字数
2	《瑞兴永记劝号读本》	张明远	瑞兴永记	嘉庆二十三年（1818）	A4 横格纸抄写	13821
3	《光绪二十六年杨凝水读劝号本》	张明远	待考	光绪二十六年（1900）	125×155	4887
4	《道光二十九年张宝齐幼童须知集》	张宝齐	待考	道光二十九年（1849）	146×254	5200
5	《咸丰二年王锡三记治铺格言买花规式银各路成色平码》	待考	王锡三记	咸丰二年（1852）	182×317	29217
6	《清代王振荣诵格言楷则、要元普生意论》	古为商人拙笔	待考	同治年间	148×235	7018
7	《清代初学生意规矩、辩银成色总论》	待考	待考	同治年间	235×253	9035
8	《光绪四年贸学须知》	待考	待考	光绪四年（1878）	140×236	13314
9	《光绪十年为商十要》	待考	待考	光绪十年（1884）	140×290	2442
10	《光绪十三年忠和堂经营之道》	待考	忠和堂	光绪十三年（1887）	134×289	3609
11	《光绪十九年佚名生意训言触目惊心全集》	待考	待考	光绪十九年（1893）	144×283	10220
12	《宣统元年九思轩生意论》	待考	九思轩	宣统元年（1909）	130×220	4513
13	《清代崇德堂记生意总论》	久居商界之人	崇德堂记	清代	134×235	3800
14	《清代生意感言》	久居商界之人	待考	清代	153×256	3702
15	《生意论》	待考	待考	待考	126×240	3147
16	《清代杨元鼎记生意论（附一应杂抄）》	待考	杨元鼎记	清代	125×157	10102
17	《宣统二年白爱永发蒙酬汇》	白爱永	待考	宣统二年（1910）	155×289	4498
18	《清代曲沃烟商客商提要》	曲沃烟商	长盛昌记	清代	160×213	860

续表二

序号	商书名称	作者	商号	年代	尺寸（mm）	录入字数
19	《民国十七年张学文铺规十要、商贾金丹》	张学文	吾有堂	民国十七年（1928）	155×254	9039
20	《晋平中正德记生意论书》	待考	中正德记	待考	128×229	3878
21	《复初记新选口外创业》	待考	复初记	待考	110×211	5791
22	《生意论述·传家之宝》	待考	待考	待考	143×224	19507
23	《学生意要略》	待考	待考	待考	176×243	8341
24	《商贾观察分明》	祁县商人	待考	清代	手抄件尺寸缺失	5407

依以上所论，晋商商书除待考者之外，主要制作于清代，编号1—12有明确年代，为嘉庆二十三年（1818）至宣统元年（1909），编号17为宣统二年（1910）、编号19为民国十七年（1928），其他可基本定于"清代"的为编号13、14、16、18、24，其他待考订的为15、20、21、22、23。商书作者能具体考订其名的仅编号1、2、3、4、17、19，分别是张明远、张宝齐、白爱永、张学文，还有编号6为"古为商人"，编号13、14为"久居商界之人"，编号18为"曲沃烟商"，编号24为"祁县商人"，其他均为"待考"。

对于传承商号编号1为"侯增财记"，编号2为"瑞兴永记"，编号5为"王锡三记"，编号10为"忠和堂"，编号12为"九思轩"，编号13为"崇德堂记"，编号16为"杨元鼎记"，编号18为"长盛昌记"，编号19为"吾有堂"，编号20为"中正德记"，编号21为"复初记"，其余均待考，即不清楚其传承字号是哪里。如果考其产生地，前三者即带有"劝号"二字的三种商书，明确写明是"世居晋潞，长治县东呈村"，此当属实；其他编号18当是曲沃，编号20为"晋平"即平遥，编号24为祁县。可见，大体属于"平阳泽潞商人"及"晋中商人"。当然不排除还有山西其他地区的商人，如晋北商人、晋东商人等。

（二）晋商商书的内容及文体形式

商书的内容纷繁复杂，既有针对行商的叮嘱，又有关于坐贾的训诫，但内容多有重复、抄袭；其表现形式有散文形式的，也有固定六言、七言的文句。这里我们既对上述商书做内容的归纳整理，也对其表现形式进行了归纳。

首先，商书的内容大体是为商之道，其表现形式多为格言、歌谣、顺口溜等，很多都以六字一句的形式呈现，朗朗上口，如《瑞兴永记劝号读本》"统管号务"一节中："凡事统管号务，先要自己端正。克己方可责众，身正才能训人。"① 又如《侯增财记劝号谱》"先求好人"一节中："未从贸易求财，先要预备好人。要想聘请好人，总得仁义之东。自果身端立正，才能招聚好人。"②

其次，话语间夹杂着些许方言，语言浅直朴实，直抒胸臆，文化水平不高的初学"生理"之人也很快能够读懂接受。在《咸丰二年王锡三记治铺格言买花规式银各路成色平码》出现了晋北的方言，如："打揽者，为多做买卖也。如主顾到来，尽力打揽。"③ 其中很明显"打揽"有"主动搭讪""极力周旋"之意，可见作者为山西商人，这可能是产生于晋东南的《治铺格言》传到了晋北，便带有了晋北的文化特色。

再次，正文中的主体内容应该是作者多年的从商经商经验与心得，但在字里行间常流露出谦虚谨慎的态度，还有对后辈的殷切期盼。如《瑞兴永记劝号读本》关于著书原因，作者非常谦虚，开篇便点明，主要因为"嘉庆二十三年，秋雨一日有零。静坐心闲无事，所思务不整。故诌几句俗语，当劝本号伙等，都遵此谱贸易，不致大错路径"④。由此可知，劝号读本其实是作者将自己的经历以经营之道进行了系统梳理，以供号伙学习。再如，在《光绪十九年佚名生意训言触目惊心全集》的结尾之处："字启：贤弟知悉，今与你抄去触目惊心一部，至日，趁此时无事，即可千回细完。吃心细阅，万不可自以为是，过目而忘。

---

① 《瑞兴永记劝号读本》，刘建民藏，手抄本。

② 刘建民主编：《晋商史料集成》第 77 册，商务印书馆，2018 年，第 78 页。

③ 刘建民主编：《晋商史料集成》第 76 册，商务印书馆，2018 年，第 277 页。

④ 《瑞兴永记劝号读本》，刘建民藏，手抄本。

若不趁去用工，到住地方时，真是诸诸处处作难。到那里用上，就好临阵磨枪一般。至嘱、至嘱。愚兄题。"[1] 根据内容可知，此《生意训言》是兄给弟的抄本，以期其细心阅读以备在生意场中使用，体现出兄长的殷切期望。

最后，很多的商书后面有很多名言警句，这些内容与经商并无直接关系，但可能与即将走入经商之途的年轻人树立正确的人生观、价值观有关；也有将生意经营之道的内容与商品货物的基本知识混合在一起的。这些可以断定商书并不是被束之高阁，应是被商人们随身携带，以备不时之需，故而经常有意无意地增加内容。其基本内容及其表现形式可以概括列表如下：

表 2　晋商商人书内容概况表

序号	商书名称	内容／文体形式
1	《侯增财记劝号谱》	1. 此商人书由两个序言和正文组成，分为春、夏、秋、冬四卷，论说经商之道及具体方法。 2. 表达形式比较统一，六字一句，格式整齐。
2	《瑞兴永记劝号读本》	1. 读本分成三个部分：第一部分为生意之道，第二部分介绍鸦烟，第三部分主要介绍各地货物情况。 2. 行文工整，每句亦以六字之言呈现，易于理解和记忆。
3	《光绪二十六年杨凝水读劝号本》	1. 全书以序言和正文两部分论述生意之道，内容与《劝号谱》《劝号读本》《劝号本》类似。 2. 上卷摘录了《劝号谱》"春卷"之中的片段。下卷佚失，仅存简短几句自谦之语："虽无教人之才，却有劝人之心。不会深文细理，原是少读五经。"
4	《道光二十九年张宝齐幼童须知集》	1. 阐述了少年时期学习生意应该注意的事项。 2. 以商人之口吻，对于少年学生意之人做出训诫。
5	《咸丰二年王锡三记治铺格言买花规式银各路成色平码》	有治铺格言、轧花花行的大体情况、各路银之成色平码、各处平与祁公平对比。
6	《清代王振荣诵格言楷则、要元普生意论》	《格言楷则》的正文中皆为名言警句，内容与商业经营并无必然关系；《要元普生意论》主要针对不同角色（包括初学生意之人、吃劳金顶身股之人、当家领事之人，共三种角色）论述做生意的言语、行为之道。

---

[1]　刘建民主编：《晋商史料集成》第 76 册，商务印书馆，2018 年，第 530 页。

续表一

序号	商书名称	内容 / 文体形式
7	《清代初学生意规矩、辩银成色总论》	1. 主要针对初学者如何经商而提出系列建议。 2. 与《生意论》内容大体相同。
8	《光绪四年贸学须知》	全篇共列出 127 条，分别针对东家、掌柜、伙计及初学者提出建议。
9	《光绪十年为商十要》	分为 10 条要点，有针对性地为初入生意之人阐述经验教训。
10	《光绪十三年忠和堂经营之道》	很具体地论述了生意经营之道。
11	《光绪十九年佚名生意训言触目惊心全集》	1. 第一部分《生意训言》主要讲生意技能和待人接物、个人修养等方面，第二部分《触目惊心集》论述了生意之人的饮食起居、银钱出入各方面，其中也涉及人生哲学。 2. 此书应是兄给弟的抄本，以期细心阅读以备在生意场中使用。
12	《宣统元年九思轩生意论》	本书以商人身份，总结自己的从商经验，并望有志于生意之人习读，话语之中句句触动经商根本。
13	《清代崇德堂记生意总论》	1. 针对为人、处事、经营几方面展开论述。 2. 没有段落层次，行文朴实。 3. 与《九思轩生意论》二者应有抄录关系。
14	《清代生意感言》	1. 亦从生意、做人、修身等方面进行阐述，特别论述了东伙关系。 2. 内容同样节选自九思轩《生意论》，但是缺少生意总论。
15	《生意论》	全文皆是从商之道，劝诫学生意之人要宽容待人、正大光明、勤劳节俭等。
16	《清代杨元鼎记生意论（附一应杂抄）》	内容丰富，但多别字和残损现象。
17	《宣统二年白爱永发蒙酬汇》	主要由"生意论"和"训幼学商歌"两部分组成。
18	《清代曲沃烟商客商提要》	书中提出了外出贩运途中十个方面的注意事项，大体不出生意经营和修身律己范畴。
19	《民国十七年张学文铺规十要、商贾金丹》	内容丰富，包含三类论述经商、律己的方式、方法；《训民告言》部分缺失。
20	《晋平中正德记生意论书》	1. 首先论述了古往今来经营之艰辛，随后从勤快、谨慎、修身等方面论述了生意经营之道。 2. 全文以五言俗语行文，工整朴实。

序号	商书名称	内容／文体形式
21	《复初记新选口外创业》	1. 一方面阐述茶叶贩卖的路线，另一方面是与父母离别之苦，第三方面叮嘱商人谨慎行事。 2. 主要针对行商，虽错字、别字甚多，但真情实景，足以感动人心。
22	《生意论述·传家之宝》	由131条训诫组成，有"学"和"做"两个方面。
23	《学生意要略》	1. 全文共分81条，大多围绕勤快、早起晚睡等方面进行展开，同时也包含一些生意实战技能。 2. 以规劝为主，多次引用名言警句。
24	《商贾观察分明》	1. 商人的观察记录。 2. 具有祁县地方特色。

梳理其内容，大体可以分为以下九种类型，尤其是前四种类型更引人注目：第一种，是以《侯增财记劝号谱》《瑞兴永记劝号读本》《杨凝水读劝号本》为代表，以六字一句顺口溜的形式展现给读者，其文字也是互相传抄，应是以"劝号谱"为主体内容，在商人、商号之间传抄。第二种，以"生意论"的形式出现的商书。这类商书的书名大多类似，内容也是只有细微差别，从大丈夫之志、光明正大之道再论述到小心谨慎之道。如《宣统元年九思轩生意论》《清代崇德堂记生意总论》《清代杨元鼎记生意论（附一应杂抄）》《清代生意感言》等商书。如此所述，此数种商书具体年代不好考，但应是以《宣统元年九思轩生意论》为主体加以流布的。第三种，《清代王振荣诵格言楷则、要元谱生意论》与《宣统二年白爱永发蒙酬汇》中的生意论，从初学生意之人、吃劳金顶身股之人及当家领事之人三个层面来阐述生意之道。第四种，以《光绪十九年佚名生意训言触目惊心全集》及《民国十七年张学文铺规十要、商贾金丹》中的《铺规十要》为代表的商书，其内容均以10条铺规的形式呈现。第五种，是以《光绪四年贸学须知》《学生意要略》及《生意论述·传家至宝》为代表的商书，采取分条阐述的形式，内容涉及商业规范、商业技能、商业知识、商业伦理道德等商业教育内容的诸多方面，仅以《光绪四年贸学须知》为例，全文列出127条，层次鲜明，内容翔实，贴合做生意之人的实际，可为商业教育所用。第六种，《道光

二十九年张宝齐幼童须知集》与《咸丰二年王锡三记治铺格言买花规式银各路成色平码》部分内容相同，虽稍有文字叙述的差异，但总体框架和表达含义均相同。第七种，如《光绪十年为商十要》独自成为一种商业教育的形式，全文采取"总—分"的形式，先总体对商业的角色进行一个整体的认知和定位，然后分别从初学、立身、财明、处事、规矩、出外、斟酌、当戒、询问、应期等十个方面阐述为商之道。第八种，如《晋平中正德记生意论书》一书，正文以五字一句的歌谣形式呈现，从十一个方面阐述为商者的心路历程，即"十难一易"，"十难"指的是出门行程之苦、入号学习规矩之难、习学站柜之难、管账心（辛）苦、习学庄客心（辛）苦、出门卖货之苦、讨账之苦、赶会苦、代办站柜之苦、当掌柜心（辛）苦；"一易"曰，前面受得十难苦事，最后才能得到梅花扑鼻香，成为人上之人。第九种，关于棉花的产地种类，以及银色水平，与祁公平的对照等商贸知识的论述，如《买花规式》《辨银成色总论》《商贾观察分明》等商书。

以上所作分类，难免有标准不统一之嫌，有些是由内容，有些是由论述文字的表现形式。但由此有利于我们发现这些商书流传的大体轨迹，故而未强加统一。但对其具体内容的传承情况，这里的论述还不是很具体，有待今后继续关注，同时还得进一步搜索，发现更多类型、更加丰富的晋商商人书。

（三）商书本身存在的问题

这 24 册商书皆属于手抄本，虽然肯定都是传抄本，不是原著本。但我们能够更近地考察晋商先贤们的经商思想及对经验教训的总结，实属难能可贵。也正因为是手抄本，它表现出了不少的问题：

第一，这些商书中的错字现象较普遍。[①] 此处以《民国十七年张学文铺规十要、商贾金丹》[②] 为例，在"铺规十要"中的第三要，提到："亦要留心看掌柜的举动如何。亦不可过于周施，总在各人眼色。"很明

[①] 当然，因为笔者见到的以抄本为主，故而主要应该是传抄者的错误。

[②] 如前所述，之所以选择此商书，是因笔者有幸见到了此本原著本复印稿，由此可以排除因传抄者导致的错误。

显，"周施"应为"周旋"。第十要中，有"不宜眼残"，这"残"字定为"馋"之误；还有"初学买卖、辛金不多"，这"辛"字肯定也是错别字，应为"薪"字。在"商贾金丹"中，"牙牌买数歌"中"买"字也是错字①。由此可知，商人书的作者，文化程度应该不算太高，只是大多商书作者已佚，无从考证其受教育的水平。

第二，在传承过程中，虽尽量保持了商人书的原貌，但有些是前言部分便有说明传承的文字，有些渗入了大量与商人书无关的内容，甚至于诗词、戏曲、俗语、对联都有，有些加入字号及人名等。

第三，有些商书的成书年代已无从考证②，这也给商书的解读和考证带来一定困难。因时序性不清实为一大缺憾。如《生意论述·传家之宝》《学生意要略》《晋平中正德记生意论书》《复初记新选口外创业》《商贾观察分明》等。

第四，此批商书虽为24册，但从内容上看，有诸多相似甚至重复之处，比如论及生意之时，特别是谈论初学生意之道时，都无外从三方面讲述：为人、处事、生意之法，且内容多相似。比如，谈为人，多谈及不追求浮华，衣食住行须节约，尊敬掌柜，与同伙和睦相处等；处事谈论很多的是慎言慎行，做到"心内虽然乖俏，外面要装老实"；至于生意方面，谈论更多的是勤俭、如何接待客户、如何辨别银货等方面内容。《清代初学生意规矩》与《民国十七年张学文铺规十要、商贾金丹》中的"商贾金丹"部分内容甚至完全一致；《民国十七年张学文铺规十要、商贾金丹》中的"铺规十要"和《光绪十九年佚名生意训言触目惊心全集》中的10条要则完全一致，当是直接抄袭。《清代杨元鼎记生意论（附一应杂抄）》与《光绪十年为商十要》《光绪十三年忠和堂经营之道》《宣统元年九思轩生意论》等内容非常类似。反映出这些商书，特别是生意经验方面，内容单调。但也说明其被不同的商人所接受，流传的时空范围比较广泛，这从一个侧面说明了商书的价值及切合实用。

---

① 文中将"买"误写成了"灵"字。

② 只有少数标识了成书年代，而有些抄本只笼统地标上"清代"，估计这些也是传抄作者的大致推测。而笔者通过商人书的内容，顶多也只能推测其大致年代，至于具体时间，实无从考证。当然，还可以从方言、习俗的角度进行考证，不过排除专业性难度，这些角度的推测也只能是大致。

二、晋商商书学术价值透视

这批商书，多是晋商股东及前辈伙计为教导入门学徒及伙计而编写的，其内容极其丰富，涉及经商之道的方方面面，从对学小官的谆谆教导，到初为伙计的严格要求，再到掌柜的经营理念，凡此等等，无不涉及晋商商业规范教育、晋商商业伦理道德教育以及晋商商业技能教育等。故而说它是一种商业职业教育的教材，一点儿都不为过，这里我们从这一角度出发，从以下三个方面对其学术价值做些分析。

（一）经营理念、待客之道的养成

首先，经营理念即经营之道的养成，即以义制利的生意之法、平等互利的交易准则等。《光绪十三年忠和堂经营之道》开篇点出："窃谓经营之道，自古及今所以贯通国家之血脉，周流天下之钱财，取之有道，利己利人，所以谓之生意论品行。"[1]《清代崇德堂记生意总论》强调："生意将成，何在一二钱文。不必贪重利而起二心，作不可疑，疑则难成。当急则急，当缓则缓。义利中，见利而当思义，不则妄想。"[2]《侯增财记劝号谱》中"人生大业"一篇中指出："交易无论大小，应酬一理相同。今虽分文之交，小义能引大情。应酬谦恭和气，交易正直公平。贸易不可急暴，买卖全在耐心。"[3]

有了正确的经营理念，就会形成与之相应的柜上待客之道，如主动、端重、注意力集中、注意与顾客多多交流、圆活谦恭等。在《光绪四年贸学须知》中称初学生意之人为小官，其中第三十四条言及待客之道："小官进店学得一年半载，知得点把头绪，就可放在柜上。操练生意切莫退后，如若你招呼不下，旁人自会接应，接应得一两次以后胆就

---

[1] 刘建民主编：《晋商史料集成》第76册，商务印书馆，2018年，第474页。

[2] 同上书，第630页。

[3] 刘建民主编：《晋商史料集成》第77册，商务印书馆，2018年，第92页。

大了。然慎重小心四字，尤当牢牢谨记。"第三十五条："小官初上柜学做生意，必须学端重气象，不可浮泛礼貌。要谦恭，言词要清白，面色要和悦。若能为此，买主亦必佩服，说你年轻会做生意矣。"第三十六条："凡做生意总要一心一意，若是心里有要之事，亦必暂为丢下。盖人心无二用，若手里做生意心想别处，必定神情恍惚、言语错乱，所问非所答。买主见你如此，必定走别家，看你问心安否？"[①]《生意论述·传家之宝》中："对一切来往客人说话，俱各要存神留意，听他出口，你随机应变，聆音察理，鉴貌辨色。你若不审来历，只晓得随口说出来，并不照顾前后，诚恐话内有关你机密，岂不令人参破识透。大凡一切事忖量可做，一切话想明可说，筹思而行，方免后悔；做生意止可一人对买者交谈，切不可柜内个个插嘴，多言则不方大成生意。如买者执意不添，不能转弯，可着一人向前分剖几句，则生意成矣。倘到不能转弯之时，反无人接应，岂不是当唱不唱，无和衷共济之气象；柜上生意不论贫富，俱要一样应酬，不可别其好丑，藐视于人。做生意的人是无大小上下，只要有钱问我买物，他即是个花子总可交接。所谓"生意人无大小，上至王侯，下至乞丐，都要圆活谦恭，应酬殷勤为要。"[②]

学徒伙计经营时及生活中的谦虚、谨慎、节俭、遵守铺规一直被晋商良贾内化为心灵法则。所谓谦虚，是提倡在从商之时不恃才傲物，要谨言慎行、忌心浮气躁，《生意论述·传家之宝》有言："做学生不要口钝胆怯，戥头、银水、算盘、笔墨、言谈、礼貌诸事须要请教某老翁、某先生、某大兄均求指教、开尊道，切不可闭口呆脸，一言不发，犹如木头一般，则学到老亦不中用的，全要嘴上圆通，谦虚问人，那人无不教导你的义道。叫人不折本，只在舌头转个滚，哄死人不偿命。你学了乖藏在你肚里，即兵火盗贼莫能劫之，岂不是一生受用。"[③]

所谓谨慎细心，则是要时刻防火防盗，避免不必要的损失；同时对于客人遗下的物件，要及时、仔细地登记时间及客人名称和所遗落的物品，而且要多多盘问，了解多方面情况，以免上当受骗。如："面生人

---

① 刘建民主编:《晋商史料集成》第 76 册，商务印书馆，2018 年，第 364 页。
② 刘建民主编:《晋商史料集成》第 77 册，商务印书馆，2018 年，第 249 页。
③ 同上书，第 229 页。

进柜，须要请教尊姓，台甫，贵府何处。次之，问有何贵干到此，务要细细查问，还须察他同伴之人，必要问此位何人。彼若应，则无妨。若惜言不问，倘或竟有歹人冒同进店，你疑他伴，他疑你店之人，互不相问，真假难分，误事有之……面生之客，货未到而先投行，必须盘问姓名，乡贵，尊驾从那一路来，置的甚宝货，合着甚价钱，到此地关税盘费该多少，细询一番。问他货船今在那里，若说得在行对路，只可半信。又道骗贼六国乡谈，切要留心用意存神待他。"①

而对于节俭，既有个人须要节约，更重要的是在公物上节约，养成"视公物如视己物"的好习惯。《咸丰二年王锡三记治铺格言买花规式银各路成色平码》亦将防火防盗放在重要的位置，烟灰、香烛、灯花、油灯都是重点监控的对象，以免引起火灾；至于防盗，虽然门户"于应开应展之时，不可不开"，但"黄昏上门之后，不拘前后大小门户，俱要当家人亲自留心谨慎，不可委之年轻人，以致误事"，说的便是要仔细检查门户，不能由年轻人担任此项工作，避免遗漏和失误，同时昼夜都须特别注意谨防，"夜则击梆，昼则防闲"，对于游手好闲之人，更要小心提防，"一入柜房，大家必要留神小心"。②

关于铺规的遵守，对于初学生意之人也是相当关键的。如《光绪十年为商十要》当中的"第六要"便是"规矩"一目，言："圣人云：不以规矩、不能成方圆。生意规矩，其理亦然。若无规矩，必致大乱，岂可轻而忽之也。铺中规矩，犹如军令，大小事情，定要严明。用饭小事，当以次序。勿谋独食，不可嫌好道赖。勿含烟而入货房，倘致不测，洵非细故。勿因家富不遵铺规。夜间谨守门户，风时小心火烛。自上而下，勿越铺中常例，此乃守规矩之理也。"③《宣统二年白爱永发蒙筹汇》中"训幼学商歌"头一节便是："初学生意，务守铺规。凡作事务，听诸公指教，不可任意而行。早起迟眠，守相公之分。开门扫地，尽弟子之规，先贤有云：'不规矩不能成方圆，规矩者，方圆之至也。'"④再如《清代王振荣诵格言楷则、要元普生意论》有一篇言初

---

① 《学生意要略》，刘建民主编：《晋商史料集成》第77册，商务印书馆，2018年，第336页。
② 刘建民主编：《晋商史料集成》第76册，商务印书馆，2018年，第244页。
③ 同上书，第468页。
④ 同上书，第604页。

学生意之人，其中强调："学生意者，要有规矩。凡初学生意之人，自家以来，抛撇父母，游于他乡，或百里、或千里、或万里，俱未可知也。低眉下气，托亲托友，千难万难，寻找生理。既有生意之处，便当学……由是观之，学生意者，岂可不知生意之规矩。"[①]

（二）学徒、伙计个人素质教育

以上所言，都是教导学徒在经营过程中应注意的地方，当然其中也包括有个人素质的内容，如遵守铺规等。这里对晋商字号上层经营是如何进行个人素质教育做论述，大致分为以下三个方面。

从商之人要想做好生意，首先必须先做好人。正如张明远在《侯增财记劝号谱》的开篇便直接强调："未从贸易求财，先要预备好人。要想聘请好人，总得仁义之东。自果身端立正，才能招聚好人。门内先有君子，门外君子才临。无论什么生意，若非好人不成。"[②]

崇高的思想道德素养是生意人必备的素养，也是生意成功的法宝。《清代杨元鼎记生意论（附一应杂抄）》中对从商之人提出了很高的道德要求，如宽容涵养之气、正大光明之道、仁义之道等。如：

论领财东资本合伙计贸易，办事务要同心合意，互相商议，宜宽宜忍如客如宾，倘有一事犯颜忌，却千日之非顿念一日之好，若有疑忌当面说明一笑而释其根，此乃宽容涵养之气也；论柜上之人，无论大小，轮流住家，均有限期，往来上下不差个月，自铺中起身收拾行李，必请人看见，及至家中之日，包伏（袱）行囊银钱之物必请父母合家中亲眼所见，不可有私处留下银钱，此乃正大光明之道也；论掌柜之人事业临身，威而不猛可压众事，凡先正己而后处人，上合天心，下顺人情，施恩人皆感念，诸事要当公平。勿面亲而背疏，劳金之内，不犯生意之大规不可轻易算出当日，烦亲寄友并非容易，偶有小过一旦遂出于心何忍，于意何安，此乃仁义之道也。[③]

---

① 刘建民主编：《晋商史料集成》第 76 册，商务印书馆，2018 年，第 661 页。
② 刘建民主编：《晋商史料集成》第 77 册，商务印书馆，2018 年，第 78 页。
③ 刘建民主编：《晋商史料集成》第 76 册，商务印书馆，2018 年，第 742 页。

还要求做学生要努力端正品行素养，力戒不端行为。① 如《生意论述·传家之宝》中阐述：

做学生切勿嘴馋，或在灶上偷食，或偷钱在外买东西吃，或要人的东西吃。如此者，不但无品抑且丧命。戒之，戒之。做学生先要立品，但行有行品、立有立品、坐有坐品、食有食品、睡有睡品，以上五品务要端正，方成体统。行者务须平身垂手，望前看步而行。如遇尊长必须逊让，不可獐头鼠目，东窥西望，摇摆乱跑。如犯此种坏样，急宜改之。立者必须挺身稳立，庄重端严，不可倚墙靠壁，托腮咬指。此等毛病禁之戒之。坐者务必平平正正，只坐半椅，鼻须对心，切勿仰坐偏斜，摇膝跷足。如犯此形，规矩何在？食者心从容缓食，箸碗无声，菜须省吃，最可厌者贪食致噎，箸不停留，满碗乱义，嘴喷鼻嗅，狼藉桌上。这样形景，速宜改过。睡者贵屈膝侧卧，闭目合口，先睡眼，后睡心。最忌岔脚露缚，膝如桥洞，自言自语，叹气唱曲。此等坏相及早改涂。②

对于学徒，各商书一再强调了入店少年必勤快、慎独。《道光二十九年张宝齐幼童须知集》开篇便言明："少年学生意，许当勤慎俭。诸处听人说，写算要熟娴。迟眠并早起，扫洒自己先。饮食莫先尝，吃饱为冠冕。遇着高明言，洗耳记心间。闲时休玩戏，胡言塞耳边。尔能从此语，何愁不人前。"③ 劝诫初学生意之人要勤劳、节俭，要不耻下问。如《咸丰二年王锡三记治铺格言买花规式银各路成色平码》中："上街的，到咱柜上柜房，不拘人大小，俱以客待。赴宴在坐之长者，必要礼貌。吃酒不可太过，过则失仪。"④ 这是关于礼的诠释，此种事例不胜枚举。如《光绪四年贸学须知》中第十九条："店中先生，各有性情。有肯说你的，亦有不肯说你的。你要知道，常时肯说你便是好人，

---

① 《道光二十九年张宝齐幼童须知集》，刘建民主编：《晋商史料集成》第76册，商务印书馆，2018年，第218页。

② 《生意论述·传家之宝》，刘建民主编：《晋商史料集成》第77册，商务印书馆，2018年，第230页。

③ 刘建民主编：《晋商史料集成》第76册，商务印书馆，2018年，第218页。

④ 同上书，第250页。

切莫错认不说你的是好人。反将说你的当仇人，便是不知好歹矣。"①此处便是说学小官者需要智慧，聪明伶俐，能变善恶。再说到儒家提倡的孝道，也是商书中的重点，如《光绪十年为商十要》中："人能处生意之中，专心致志，事务通达，以为立身之本。上可以事父母，以报养育之恩；中可以携兄弟，以全手足之情；下可以顾妻子，以比老来之根源。"②其中隐含着生意人的责任和担当。

而在经营之余，还要勤于学习、善于学习。《生意论述·传家之宝》中有这样的要求："学书习字，饭后闲暇无事可以在内柜上习学字，宜规矩小心习练。如有事则不可写，此谓忙里偷闲之学也，所以圣人云'行有余力则以学义学算务'。在晚上无事时学，请人指教，全要揣摩省悟，日间切不可学。凡生意之家最忌日间打空算盘。"③《道光二十九年张宝齐幼童须知集》中言："学者可不以此为戒，可不以此为警哉。"④这一点以下还会详论，这里不细说。

以上是对克己自律的要求，那如何和别人相处沟通更是一门学问，其中也渗透着个人的品行优劣。商书中再三强调东伙之间应该互尊互信，伙友之间必须以诚相待，以及街坊邻里的和谐共处。如《光绪四年贸学须知》中第九十九条为："店旁邻居不拘贫富，俱要谦恭相待，切不可自高自大，恐惹人憎嫌，便不和睦。"⑤《生意论述·传家之宝》中："店旁邻居无论贫富，俱要一样谦恭答应，不可分彼此，总要和气。"又道："远亲不如近邻。"又云："邻居好，胜金宝。"又曰："住乡村，结邻里，切不可得罪。"⑥《学生意要略》中："店旁邻居无论贫富，早晚俱要一样谦恭应答，不可分其彼此，总要乐相和气。"又道："远亲不如近邻。"又云："邻居好赛金宝。"又曰："住乡村结邻里。切不可得罪，恶对与人。"⑦

---

① 刘建民主编:《晋商史料集成》第 76 册，商务印书馆，2018 年，第 349 页。
② 同上书，第 465 页。
③ 刘建民主编:《晋商史料集成》第 77 册，商务印书馆，2018 年，第 233 页。
④ 刘建民主编:《晋商史料集成》第 76 册，商务印书馆，2018 年，第 228 页。
⑤ 同上书，第 417 页。
⑥ 刘建民主编:《晋商史料集成》第 77 册，商务印书馆，2018 年，第 284 页。
⑦ 同上书，第 360 页。

（三）晋商商业技能教育

首先是买货和卖货的能力和技巧。如在《瑞兴永记劝号读本》中用较大的篇幅阐释了出门采办货物时的注意事项：

出门买货之理，最是一宗难情。或带银钱多寡，财命相连担惊。务要包裹紧密，慎勿显露形容。无论宿店行路，都要步步操心。第一投好店口，千金之托非轻。在家依靠父母，出外仗托主人。细想买货之理，务要遍探行情。众家饥饱不一，各号贵贱不同。看货先观大样，还要三比较真。务买对路高货，赔赚不愁出门。不买相赢便宜，不买来路不明。不可越关冒税，不可背行违禁。凡事希图小利，必然坏事丢本。办货犹同用兵，贵在神速先行。倘若走在众后，与人刮锅无功。事毕便即回铺，出入分文交清。长远行路之事，务操寸步之心。①

再如《光绪四年贸学须知》中第八十五条："凡出门买货，一到地方必须探听行市。如货多而买客甚少，便可缓缓而办，若货不多而买客甚众，但当赶急办之。如货之行市有涨意则买，行市有跌意则亭。信（俗）云：'宁买迎头涨，莫买迎头跌。'此之谓也。"②第八十六条："到地土买货论价，虽毫厘必争，莫谓毫厘有限，积少便可成多。若进手买的好就好出手，凡办货者不可不知。"③这给生意之人提供了很多的经验之谈。

谈及卖货，《光绪四年贸学须知》中第九十一条："凡出门卖货，要看自己所带之货合消庄否，若此地正缺之货，便当稍提几分。如此地不合消庄，若此货甚多，便可抵作价钱。切不可固执，则不至滞货久搁矣。"④可见，在买和卖的技能转换之间，商品的流通得以实现。

① 《瑞兴永记劝号读本》，刘建民藏，手抄本。
② 《光绪四年贸学须知》，刘建民主编：《晋商史料集成》第76册，商务印书馆，2018年，第406页。
③ 同上书，第407页。
④ 同上书，第409页。

　　凡生意人不管文化水平高低，要求字迹工整规范、账目清楚明了，以及算盘手法娴熟。具体的要求，如《光绪十九年佚名生意训言触目惊心全集》中第六条：

　　生意人除了写算，还指何事。此乃年少人之首务。若不用心学习，将来何以立身。但铺中非比学堂，谁能时时教我，全凭各人用心，亦不能误上工夫。常常学习，当与闲暇无事，打兑工夫，暗里学习。先把算书看熟，算法歌子记会心中，不明领教于人……然算法无穷，不过够我使用就是了。初而九数，其次九归、九除、斤乘流法，地亩粮食推算之法，又其次，生意行中不过如此而已。要紧初学不可图快，先将手指演习清楚，自然由慢而至快。至于写字更为难事。买卖字不必过工致也，要工学习。纸笔不拘好歹，只是有纸有笔，先学真楷字，后学华丽字。也要仿求好字的模样，用心观看，不怕不会。总要爱人指点，不可性高气傲，自以为是……此生意之要六也。[①]

　　可见写算的重要性。除了写算之外生意人更反映伙计、学徒本事的还有记账。《清代曲沃烟商客商提要》第七点就提出："随手记账，不致失记差错，此为的确小心，七也。"[②] 又如《侯增财记劝号谱》中"谨慎账房"一节中突出了及时写账是关键：

　　无论大小生意，皆以账簿为凭。务要谨慎小心，不可懈怠粗心。举手先想真切，下笔要着清明。宗宗须搭小诀，条条要有凭证。若有一笔不清，疑惑追思无门……纵有十分记性，不如浅墨牢稳。出入随时即记，不可暂且存心……倘若误了一宗，不定多少差事。[③]

　　《生意论述·传家之宝》中对学生意之人的语言表达沟通能力做了重点的介绍。如："做学生说话要响响亮亮，高高朗朗，切不可糊里糊

---

① 刘建民主编：《晋商史料集成》第76册，商务印书馆，2018年，第496页。
② 同上书，第611页。
③ 刘建民主编：《晋商史料集成》第77册，商务印书馆，2018年，第96页。

涂说在肚里，使人听不清楚，亦不可胡言乱道，嘻嘻哈哈，总要诚实说话。倘若别人说顽笑之语，你只当没有听见，才成学生意之道。"① 在与客人交谈的过程中，言语表达直接关系到生意的成败，怎么运用语言技巧促成买卖，是生意人学习的重要内容。文中要求如下：

> 做主意之人言谈不可缺也。与人闲坐就是没话说，亦要四处搜寻出些话来讲讲，叙寒暄，谈时景，才灵动活变也。然谈话第一要谦恭逊让、和颜悦色、言正语直，方成正人君子。大凡言语之中不可形于讥刺，刻薄诡谲奸诈兼之有，碍他人短处，切要检点留心。古语云："言行要留些好样与儿孙。"良有以也；交易言谈不要太多，太多则令人犯厌，只在简要说。的确当你若言多，不在理路，他便说你是个骗子哩！有女子堂客进店来买东西，务须正容相对，切勿笑言相戏，趣话留连，外人看见就要谈你店里邪僻，不成正经。道理遂有一说，彼若喊叫出来，你的脸皮何存？总要正言厉色，剖明多寡，该卖则卖，不该卖则令别卖，勿得自轻自贱。慎之！②

目前学术界对晋商商业伦理的研究，有两个特点：一是多肯定了晋商与其他传统商人如徽商一样，虽然都是逐利，但他们在商业经营中仍然做到了忠于本心、以诚待人、以信接物、克己自律，也就是诚信经营；二是很少有人说山西商人包括投资于商业的东家和负责经营的掌柜、伙计等是"儒商"。这可能与明清时期山西文人士大夫相关文集、小说笔记中很少有晋商"弃儒就贾"的记载③有关。

那么他们所表现出来的商业伦理、商业价值观究竟如何？这种不同于其他商人集团的特色又是如何形成的？与儒家思想的关系究竟怎么样？晋商又是如何教导伙计学徒形成良好的商业伦理道德的呢？虽然材料的实证性尚有待提高，但学术界目前还是做了不少的探讨。这里我们运用商人的自身著述，舍弃了晋商自幼所接受的家庭教育、山西各地强

---

① 刘建民主编：《晋商史料集成》第 77 册，商务印书馆，2018 年，第 234—235 页。
② 同上书，第 242 页。
③ 晋商所在山西地区，与东南各省相比，文人士大夫相对较少，故而明清二代传世文献中对山西、山西商人的记载也就相当罕见了。

大的村社组织之下、无所不至的村镇之中存在的民间宗教神祇笼罩之下的经商少年的语言、行为养成，而主要关注于入职字号之后所受掌柜、前辈伙计的道德伦理教导、个人品质培养及经商技能、知识培训这一侧面，以商人书为主要对象，对晋商的商业教育或者说职业教育从教育内容方面做了一个方面的实证探讨。

由以上探讨可见：晋商字号对于商业知识的获取已经不再满足于父子相传或是师徒相授，而是更加重视商号内部的集中传授，更加重视教材的编撰等。实际上，如果从更广的意义上说，《晋商史料集成》中的各种规程、平砝册、尺牍、算学读本、外语或少数民族语言读本等均可以说是晋商商业教育的教材。从这些读本中汲取营养，进行系统的积累和广泛的传播，除本字号伙计学徒之外，还被大众所接受，开始向大众化职业教育的方向发展，反映出传统晋商商业教育的发展方向，这些商书为这一研究提供了重要的史料支撑。由此我们是否可以感受到这些商人书的学术价值了呢？

（四）清代民国晋商商书其他方面的价值

当然，这批商书的价值绝不止于此，它对于清代民国时期的晋商整体研究或明清社会的经济社会史研究，无疑也具有较高的学术价值。

首先，拓展我们研究明清社会变迁时期的商业伦理和商业文化的研究视野。如前所述，对于晋商角色认同，虽然从内容上看这些商人书有诸多弊端，且缺乏层次感，但是通过这些商书，却可以看出晋商对商业及商人地位的认同和自豪感，诚如《光绪十年为商十要》开篇之语："经营之道由来久矣……所以贯通国家之货物，用流天下之财源，取财以道，利己利人。"不仅如此，经商还有其他益处："上可以事父母，以报养育之恩；中可以携兄弟，以全手足之情；下可以顾妻子，以比老来之根源。即至遇有三亲六眷，亦可以吐气扬眉，不至于附伏忍辱。"[①]由此可知，经商成功与读书考取功名一样可以立家兴业，甚至光耀门楣，凸显着晋商群体的职业自信与清晰的角色认同，甚至突破了传统中国对于商人、商业的轻视，由此感受到了明清，尤其是清代民国时期山西商

---

① 刘建民主编：《晋商史料集成》第76册，商务印书馆，2018年，第465页。

人乃至山西普通大众商业价值观的变迁。

其次，为晋商从商实践研究提供了丰富的原始资料，还原明清时期商人的从商实践和经营实态。为研究晋商商贸知识、经验、商贸文化研究奠定坚实的资料基础。通过对比阅读，将不同时代、不同地域的商书相比较，或许可以找到晋商在不同时代、不同区域中，经营之道的变与不变；甚至可以大胆地与徽商商书等其他商帮商人书进行对比，找出异同，为我们更好地把握晋商经营及晋商文化特点提供新的角度。

最后，在法律条文和制度保护成为市场经济中稀缺资源的情况下，这些强调重德重于趋利的诸多训诫，诚信为本的伦理道德及以顾客为重的经营理念，均成为市场交易的无形约束规范，对维护传统社会正常的商业运作起到了不可忽视的作用。① 因此，从不同的角度关注明清时期商书的传承和发展，可以深入剖析出商书内容背后所折射出来的社会经济内涵。就今天而言，在激烈的商业竞争中，针对商业道德缺失的现状，从商书中挖掘有利于构建健康商业环境的因素，无疑具有一定的积极意义。

---

① 参见张海英：《走向大众的"计然之术"——明清时期的商书研究》，中华书局，2019年。

研究综述

李善靖　周亚 **

百余年来山西票号研究的回顾、反思与展望 *

摘　要：从 20 世纪初至今，山西票号研究已历经百余年，先后经历了四个不同的研究阶段。受不同时代的学术特色影响，票号研究呈现从实践到理论再到显学、研究队伍从个体到经院再到多学科全面深入、研究路径从整体回忆到价值定性再到结构研究、个案研究的学术特点，涌现出一批颇具影响力的研究成果。然而对过往成果进行分析，发现其在史料、方法、视野上仍存在一些不足之处，需要学界同仁共同努力，积极挖掘山西票号的学术意义与当代价值。因此，本文对今后的山西票号研究也提出了一定的展望，主要有：加强票号数据库建设，推进票号文献学构建与研究；深化基于新见原始文献基础上的实证研究；加强票号研究中历史学与经济学等学科研究方法的融合；进一步拓展票号研究的学术视野；大力推进山西票号经济思想史的研究等。

关键词：票号研究　学术路径　发展阶段　反思　展望

作为 19—20 世纪中国金融的重要阶段和组成部分，山西票号无论对商业制度、伦理还是对实体社会经济，都做出了巨大贡献，产生了深远影响。正因如此，早在清末便有人开始研究山西票号，直至今日已逾百年。百余年来，研究成果层出不穷，研究群体、研究视角、研究方法、研究内容等都渐趋多元，关于山西票号的事实判断、价值判断等也呈现出多样化的特征。从繁荣科学研究的角度讲，学术争鸣作为追求真理的重要手段显然应该提倡，但是归结到学理的判断，一些研究也确有商榷之处。鉴往知今，查漏补缺，本文通过对百余年来山西票号的学术史回顾，系统地梳理了山西票号各阶段的研究特征，就各领域的研究成果进行评述，从整体上予以反思，并对未来之研究提出了一定的展望。不当之处，敬请指教。

---

* 本文系国家社科基金冷门"绝学"和国别史等研究专项"票号民间文献整理、释读与研究"（项目批准号 19VJX028）及国家社科基金重点项目"近代山西乡村账簿收集整理与研究"（项目编号 22AZD122）阶段性成果。

** 李善靖，山西大学历史文化学院博士研究生。周亚，山西大学历史文化学院教授，博士生导师。

一、山西票号研究的阶段性特征

在清至民初金融版图中占有重要地位的山西票号，在光绪年间达到顶峰，深刻影响着国内外金融局势。但这一庞然大物经"辛壬变乱"后一蹶不振，在民国八、九年（1919—1920）出现歇业高潮，十数年间从繁荣鼎盛到没落退场，不能不引起时人的关注和思考，因而从晚清时期就已有人开始关注山西票号，民国时期待其完全衰落后，票号内部人员及相关学者对山西票号进行了第一轮的系统性研究，成果以史料搜集、回忆录、调查报告、整体报道等为主，可谓从现实转向学术。新中国成立后，山西票号研究进入新的发展阶段，学术期刊的专题设置、专门研究机构的成立、研究史料的进一步搜集、对票号性质问题的探讨等是这一时期票号研究的突出特征。改革开放后，随着中国经济史学的复兴，山西票号研究也逐渐吸收新理论、新方法、新视角，走上了多元化发展道路。从研究路径来看，除史料搜集、整理工作逐步推进外，历史学与经济学成为票号研究的两大主流方法，并呈现日渐分离的态势。2010 年以后，随着文物市场的活跃和一批国家重大项目的立项，大量原始文献喷涌而出，山西票号研究迎来史料之春。如何将"史料之春"转换为"研究之春"，成为许多学者关注的热点话题，在此背景下学界开始对山西票号展开新一轮的考据研究。与此同时，学者们的研究视野进一步扩展，将山西票号从本体研究推进到外史研究，把票商群体、经营经验及物质遗存等纳入文化遗产的研究范畴，使其呈现越发丰富的面向。

（一）晚清民国时期：山西票号研究的兴起——从应用到学术

辛亥革命之前，山西票号已在全国各地设置总、分号 475 处，并将经营区域拓展到朝鲜、日本等海外市场，在国内国际金融局势中具有重要地位。因而早在同治、光绪年间就已有西方人注意到山西票号，最早研究者为英国传教士艾约瑟。1905 年，艾约瑟在其《中国银行与物价》一书中专门设置了《山西票号》一节，书中认为山西票号起源于隋唐，其"资本"是从工商业积累的原始资金发展而来，[①] 此为山西票号研究的滥觞。国内最早关注票号者为时任冀宁道尹的丁宝铨，他关注到票号在与外国银行竞争中受损的情形，提出将票号群体组建银行的设想。[②] 与之同期，日本学者的著述中也陆续出现山西票号的身影，最著名者为根岸佶编著的《清国商业综览》和柏原文太郎编著的《支那经济全书》，虽然两书均非研究性著作，但其调查亦成为珍贵的历史文献。[③]《支那经济全书》中认为山西票号是中国的"国家银行"，而钱庄等则是地方银行。

辛亥革命后数年内，票号汇通天下的盛景一去不返。山西票号研究也开始从应用层面转向学术领域，国内外不少人士对票号给予了一定的关注，作为学术概念的"票号"开始出现在时人的著述中。如英国学者瓦格尔所著的《中国金融与银行》中对山西票庄颇为赞扬，认为近代汇票和贴现的办法，是山西票庄首先使用的。[④] 国内学者徐珂的《清稗类钞》则记载了清末时人对山西票号的描述和印象。[⑤] 与之同时，票号内部人士亦有一定的反思，其中最著名的是李宏龄。他在蔚丰厚从业的 50 年正好处于票号从极盛走向衰落的时期，作为亲历者他曾倡议各票号合组银行，是票号史上的一位大改革家。他将自己在主持北京、上海、汉口商务期间（1890—1912）写给总号经理的 76 封信件汇总，定名为《同舟忠告》；将光绪三十四年到宣统元年（1908—1909）在京联合祁县、太谷、平遥各票号掌柜，倡议各票号积极改组银行的信件汇总成《山西票商成败记》。[⑥] 这些原始信件，为我们窥探清末民初之际票商的经营实态和自我认知提供了珍贵材料。除李宏龄等票号经理人陆续发表回忆性著述外，[⑦] 这一时期

---

① 此书是艾约瑟为海关外国友人编写的《中国金融财政丛书》第 3 册，艾约瑟去世时此书尚未完成，残稿由其友人替他在 1905 年发表。

② 丁宝铨：《山西冀宁道丁致刘小渠观察创办银行函》，《北京日报》1906 年 5 月 9 日。

③ 参见〔日〕根岸佶：《清国商业综览》第 4 卷，东亚同文会，1906 年；〔日〕柏原文太郎编：《支那经济全书》，东亚同文会，1907 年。

④ 参见〔英〕瓦格尔：《中国金融与银行》第 4 章，1915 年。

⑤ 徐珂编撰：《清稗类钞》第 5 册"农商类"，中华书局，2010 年。

⑥ 两书于民国六年（1917）石印出版。

⑦ 其他经理人的回忆著述有：赵子香《票庄遗事记略》、雷士炜《蔚盛长京票庄经理雷士炜自述稿》、崔珍《天成亨票庄记》、任汝梅《票庄记略》等，参见山西财经大学晋商研究院编：《晋商研究早期论集（一）》，经济管理出版社，2008 年。

亦开始有学者将票号当作学术问题开展研究。1917 年，东海与君实二人先后发表《记山西票号》同名文章，这是对票号进行经济史研究的开端。[①] 其中，东海首次明确区分了票号的初始资金和运营资金概念，君实则首次探讨了票号的利润分配问题。

20 世纪二三十年代后，票号的回忆性文论和研究逐年增多，形成了票号研究的第一次热潮。[②] 其中，这一时期出版了两部影响深远的开拓性著作。一部是燕京大学教授陈其田的《山西票庄考略》，这是中国学者关于山西票号最早的综合性研究成果。该书共七章和四篇附录，主要研究了山西票号的起源、沿革、派别和组织、营业概况、对外关系及衰落等。陈氏不仅初步厘清了山西票号的基本结构，还在书末附了其实地走访票号时的口述及调查表，这一路径对今日之研究仍有重要借鉴意义。[③] 另一部是由国民政府中央银行研究员卫聚贤撰写的《山西票号史》。从体例上看，研究框架与前者相近，但在具体的组织和业务上论述得更为详细。卫氏的突出贡献是深入祁、太、平等地收集了很多票号信稿、账簿、票据等原始文献，并运回上海以待深入研究。[④] 抗日战争爆发后，上海被侵占，这批资料和实物被运到日本。

从晚清民国时期山西票号研究的整体概貌来看，这一时期主要是从事实层面对山西票号的"现状"予以调查和总结，既有时人的调查报告，也有票号经理人保存的原始文献整理，均成为今日学术研究不可或缺的重要史料，弥足珍贵；从关注的领域看，更侧重于考察票号的起源问题，并提出了几种山西票号起源说，如艾约瑟和马寅初的"隋唐起源说"，徐珂的"明末清初说"，李宏龄、陆国香的"清康乾嘉说"，侯兆

---

① 东海:《记山西票号》,《银行周报》第 1 卷第 7、8 号连载, 1917 年; 君实:《记山西票号》,《东方杂志》第 14 卷第 6 号, 1917 年。

② 主要有韩业芳:《山西票号皮行商务记》, 1921 年煤油印单行册; 严慎修:《晋商盛衰记》, 1923 年铅印印行; 马寅初:《吾国银行业历史上之色彩》,《银行杂志》第 1 卷第 1 号, 1923 年; 范椿年:《山西票号之组织及沿革》,《中央银行月报》第 4 卷第 1 号, 1935 年; 陆国香:《山西票庄之今昔》,《民族》第 4 卷第 3 期, 1936 年; 侯兆麟:《近代中国社会结构与山西票号——山西票号历史的正确认识》,《中山文化教育馆季刊》冬季号, 1936 年; 颉尊三:《山西票号之构造》, 1936 年; 李渭清:《山西太古银钱业之今昔》,《中央银行月报》第 6 卷第 2 号, 1937 年。

③ 陈其田:《山西票庄考略》, 商务印书馆, 1937 年。

④ 卫聚贤:《山西票号史》, 说文社, 1944 年。

麟的"鸦片输入说"等；从研究路径看，这一时期的票号研究还多以事实性描述为主，较少掺杂运用经济学、管理学相关概念对票号进行解构的情况。

（二）新中国成立到改革开放前：从个体探索到科研机构的成立

新中国成立后，票号研究进入一个新的阶段。20世纪五六十年代的山西票号研究，不再是此前个人的"零敲碎打"，而是开始以组织形式展开，并逐渐成立专业的科研机构。1959年《山西文史资料》创刊，先后发表票号文论多篇，主要有《介休侯家和蔚字号》《祁县乔家在包头的复字号》《太谷曹家商业资本兴衰记》《晋中第一家票号——平遥日昇昌》等，这些文章集中探讨了票号财东家族的发展，将其定性为剥削压迫的"封建商业资本家"。① 此外，这一时期的重要成果还有杨荣晖的《"山西票号"的性质与作用》，该文也认为票号资本是高利贷资本，并从资本来源、业务的非生产性、业务经营方针和剥削形式、组织和用人制度四个方面论述了票号的高利贷性质。② 这显然是运用了马克思"高利贷资本"概念进行的研究，与这一时期马克思主义在史学中指导地位的确立息息相关。20世纪60年代初，由中国人民银行牵头对新中国成立前的金融史料开展文献搜集工作，"上海钱庄"和"山西票号"是其中两大重点工程。其中，山西票号文献的搜集整理由山西省分行与山西财经学院联合承担，同年山西财经学院成立专门机构。③ 这一工作前后历时30年，其突出成果为1990年出版的《山西票号史料》。④ 史料搜集外，这一时期也有平遥地方学者石生泉著《平遥票号史》（未刊稿）、王夷典搜集整理的《日升昌票号》（1970年初稿）、郝树侯《谈山西票号》、王守义《明代会（汇）票制度和山西票号的关系》等问世。⑤ 其

---

① 到1966年前，《山西文史资料》共出版12期。

② 杨荣晖：《"山西票号"的性质与作用》，《光明日报》1961年5月22日，第4版。

③ 1960年"山西票号史料整理研究组"成立，成为山西财经大学晋商研究院的前身。

④ 中国人民银行山西省分行、山西财经学院《山西票号史料》编写组、黄鉴晖等编：《山西票号史料》，山西经济出版社，1990年。

⑤ 郝树侯：《谈山西票号》，山西师范学院中国古代史教研组编：《山西地方史研究》第1辑，山西人民出版社，1960年；王守义：《明代会（汇）票制度和山西票号的关系》，山西大学中国古代史教研组编：《山西地方史研究》第2辑，山西人民出版社，1962年。

中，石著在日升昌创立的年代、雷履泰与毛鸿翙的矛盾冲突、票号人物生平等重要问题上的详细描述成为后来许多研究的基础。[1] 与此同时，日本学者的相关研究也相继出版。其中，佐伯富发表了《清朝的兴起与山西商人》《清代塞外的山西商人》《清代山西商人和内蒙古》等文论，对山西商人的起源、发展及其社会经济、政治背景进行了系统研究，并探讨了山西商人的营业范围、活动区域及资本获利等情况。[2] 寺田隆信亦先后发表了《山西商人研究——明代的商人和商业资本》《山西票号觉书：〈山西商人的研究〉补遗之二》《清代北京的山西商人：附天津估衣街的山西会馆》等著述，对山西商人的谱系、商业活动的内容、范围、经营形态、商业观等方面做出了具有开创性的工作。[3] 大量引用明清方志、文集中的商人传记资料及注重家系谱牒的整理与研究是这一时期日本学者的鲜明特点。

新中国成立至改革开放前是山西票号研究步入正轨的重要时期，这一时期的票号研究从民国时期个人的"零碎敲打"升华到国家主导的重大委托项目中，突出表现为不仅有专刊对票号的经营事实进行系统回顾，而且在原始文献搜集方面也投入了很大力度。以山西财经学院"山西票号史料整理研究组"为主体的山西票号研究团队，凝聚了孔祥毅、黄鉴晖等为代表的一批杰出经济史学家，为山西票号的文献整理、史实还原做出了卓越贡献。从研究重点来看，这一时期受马克思主义史学影响，对票号的研究主要集中于其"资本"性质及属性问题上；从研究的路径和方法来看，从经济学和历史学出发的票号研究成果开始出现分离倾向，但还不明显。

---

① 石生泉：《平遥票号史》，笔抄线装，1962 年。

② 〔日〕佐伯富：《清朝的兴起与山西商人》，《社会文化史学》1966 年第 1 期；〔日〕佐伯富：《清代塞外的山西商人》，《纪念东方学论集》1972 年第 11 期；〔日〕佐伯富：《清代山西商人和内蒙古》，《藤原弘道先生古稀纪念史学佛教学论集》1973 年第 13 期。

③ 〔日〕寺田隆信：《山西商人研究——明代的商人和商业资本》，东洋史研究会，1972 年；〔日〕寺田隆信：《山西票号觉书：〈山西商人的研究〉补遗之二》，《集刊东洋学》（仙台）1985 年第 54 期；〔日〕寺田隆信：《清代北京的山西商人：附天津估衣街的山西会馆》，《东北大学东洋史论集》第 3 辑，东北大学，1988 年。

（三）改革开放到 2010 年：票号研究成果的喷涌期

改革开放后，与中国经济史学的复兴态势一致，山西票号研究也逐渐吸收新理论、新方法、新视角，走上了多元化发展道路。具体而言，除史料搜集、整理工作逐步推进外，从历史学出发的票号研究与从经济学出发的票号研究路径开始分化，并在部分问题上产生激烈交锋。如"怎样对票号资本性质进行评价"成为 20 世纪 80 年代初期票号研究的一大焦点。1982 年，首届"山西票号学术研讨会"在太原举办，会议议题为"山西票号的资本属性"，这是票号研究史上绕不开的重大事件。当时，与会学者分成两派，以孔祥毅为代表的经济学者们将票号资本定性为"高利贷资本"[①]，而以张国辉、黄鉴晖为代表的历史学者们将其定性为"近代借贷资本"[②]。从研究路径看，从经济学出发的学者们大多采用逻辑演绎的研究路径，主要从马克思及西方经济学的概念和框架出发，对票号的经营事实进行审视讨论，而从历史学出发的学者们则从史料出发，采用考据归纳的研究路径对票号的经营史实进行还原。关于这一问题的争论此后延续十余年不断，参会各方及后续学者都有专文探讨，成为 20 世纪末票号研究的一大重要议题。以此次会议为分界，山西票号研究迎来了又一黄金阶段。

进入 20 世纪 90 年代，晋商研究在国内持续升温，形成了新一轮的研究热潮。1991 年 7 月，孔祥毅与张正明合写《山西商人及其历史启示》一文[③]，极力赞扬晋商开拓进取的创业精神，引起省内各级领导干部的高度重视，并思考将弘扬晋商精神与振兴山西经济相结合。晋商的研究由此打开了"经院"大门，走向社会。1992 年，第一个晋商研究的民间组织——"晋商文化研究会"成立，围绕晋商研究做了大量工作；1995 年，在晋中召开大型晋商研讨会，从此晋商研究开始与晋商遗存的大院文

① 孔祥毅：《山西票号产生的背景与高利贷性质》，山西财经大学晋商研究院编：《山西票号研究集》，经济管理出版社，2008 年，第 15—20 页。

② 张国辉：《从社会经济发展中考察票号的性质》、黄鉴晖：《论票号的起源与性质》，两文分载于山西财经大学晋商研究院编：《山西票号研究集》，经济管理出版社，2008 年，第 26—35 页、第 38—79 页。

③ 孔祥毅、张正明：《山西商人及其历史启示》，《山西日报》1991 年 11 月 18 日。

化旅游开发结合起来，其研究成果逐渐应用于经济项目开发，晋商大院文化艺术的展示及电影电视文化的传播也使得晋商进入群众性史料挖掘和研究的新阶段；1997 年，部分学者提出建立"晋商学"，拟对晋商进行进一步的系统全面研究。票号研究迎来了有史以来最大规模的成果喷涌期，主要有两个表现：其一是对票号原始文献进行了新一轮的搜集整理，先后出版了《山西金融志》《山西外贸志》《明清晋商资料选编》《山西票号史料》《山西票号史料（增订本）》等重要史料，[①]其二是以孔祥毅、张正明、黄鉴晖、史若民、张国辉、张巩德、张桂萍、李永福等为代表的学者们先后有专门的票号研究著述问世，对票号相关问题展开了全方位研究。

山西财经大学的孔祥毅先生毕生致力于山西票号研究，著述颇丰，除发表大量论文外，其成果主要集中于《山西票号研究》和《金融票号史论》两书中。[②]作为经济学出身的票号史学家，他运用西方经济学的相关概念对票号的资本性质、资本有机构成与动态变化、资本的利润导向、股俸制、票号的兴衰等进行了全面研究，提出了许多独到的见解。21 世纪以来，孔先生以山西财经大学晋商研究院为基地，先后培养金融学硕博士数十人，其中不乏以山西票号为选题者，为票号研究做出了突出贡献。[③]山西师范大学的史若民先生是历史学出身的票号史家，代

① 山西省地方志编纂委员会办公室：《山西金融志》《山西外贸志》，山西省地方志编纂委员会办公室出版，1984 年；张正明、薛慧林：《明清晋商资料选编》，山西人民出版社，1989 年；中国人民银行山西省分行、山西财经学院《山西票号史料》编写组、黄鉴晖等编：《山西票号史料》，山西经济出版社，1990 年；中国人民银行山西省分行、山西财经学院《山西票号史料》编写组、黄鉴晖等编：《山西票号史料（增订本）》，山西经济出版社，2002 年。

② 孔祥毅、王森主编：《山西票号研究》，中国财政经济出版社，2002 年。孔祥毅：《金融票号史论》，中国金融出版社，2003 年。

③ 王杨：《山西票号协调发展的历史启示》，山西财经大学硕士论文，2007 年；甄珍：《山西票号风险管理研究与借鉴》，山西财经大学硕士论文，2007 年；丰宝丽：《山西票号激励约束机制研究及启示》，山西财经大学硕士论文，2008 年；杨青楠：《山西票号金融稽核创新与研究》，山西财经大学硕士论文，2008 年；崔亚妮：《从历史足迹看外资银行对票号的影响及启示》，山西财经大学硕士论文，2009 年；王渊：《基于人本文化视角的山西票号经营管理研究——对现代商业银行的启示》，山西财经大学博士论文，2012 年；苏艳霞：《山西票号内部控制制度对我国商业银行内控机制建设的启示》，山西财经大学硕士论文，2013 年；张娟：《山西票号的金融文化研究》，山西财经大学硕士论文，2013 年；王君：《近代中国金融机构制度创新研究》，山西财经大学博士论文，2016 年。

表作有《票商兴衰史》《平、祁、太经济社会史料与研究》《票商与近代中国》等，①其研究大多运用合约、信稿和账簿等原始文献进行考据分析，是从历史学出发的票号研究之典范，具有相当的见地。山西财经大学的黄鉴晖先生在收集、整理《山西票号史料》的过程中形成了对票号的认知，著有《山西票号史》《明清山西商人研究》等，②其治学路径也是以史学考据为主。中国社科院张国辉先生著《晚清钱庄和票号研究》一书对晚清的钱庄和票号进行了系统对比分析，③其治学路径也是以史学考证为主。曾任晋中地委政策研究室主任的张巩德是票号故里民间学者的代表人物，其主编的《山西票号综览》是一部通史性质的票号著作。该书共分四编，第一编概述山西票号发展概况，第二编对四十三家票号分别进行了介绍，第三编分述票号十大财东家族，第四编为山西票号大事记。④由于张氏借助地利之便，搜集了大量一手史料，因而该书具有相当的可信度。其缺点是注释不够规范，没有将使用的原始文献一一标明，但该书仍为日后票号研究不可或缺的参考文献之一。

除上述论著外，这一时期涌现的票号成果还有：复旦大学"史地所"安介生《山西票商》⑤；太原师范学院王尚义《明清晋商与货币金融史略》⑥；山西省社科院张正明《晋商兴衰史》《平遥票号商》⑦；山西省社科院董继斌、景占魁《晋商与中国近代金融》⑧；山西大学晋商研究所刘建生、刘鹏生《晋商研究》⑨；首都师范大学张桂萍《山西票号经营

① 史若民：《票商兴衰史》，中国经济出版社，1992年；史若民、牛白琳编著：《平、祁、太经济社会史料与研究》，山西古籍出版社，2002年；史若民：《票商与近代中国》，中国言实出版社，2014年。
② 黄鉴晖：《山西票号史（修订本）》，山西经济出版社，2002年。黄鉴晖：《明清山西商人研究》，山西经济出版社，2002年。
③ 张国辉：《晚清钱庄和票号研究》，中华书局，1989年。
④ 张巩德主编：《山西票号综览》，新华出版社，1996年。
⑤ 安介生：《山西票商》，福建人民出版社，1994年。
⑥ 王尚义：《明清晋商与货币金融史略》，山西古籍出版社，1995年。
⑦ 张正明：《晋商兴衰史》，山西古籍出版社，1995年；张正明、邓泉：《平遥票号商》，山西教育出版社，1997年。
⑧ 董继斌、景占魁：《晋商与中国近代金融》，山西经济出版社，2002年。
⑨ 刘建生、刘鹏生：《晋商研究》，山西人民出版社，2002年。

管理体制研究》①；太原理工大学李永福《山西票号研究》② 等。此外，日本学者滨下武志等人将卫聚贤收集到的票号资料于 1990 年编辑出版了《山西票号资料·书简篇（一）》③，流落到日本的众多票号资料得以公开。此期日本学者的相关著述主要有西山荣久《山西汇兑业票号的起源及其变迁》、小濑一《一九世纪末中国开港场间流通的构造：以营口为中心》、冈本隆司《近代中国与海关》、黑田明伸《清代银钱二货制的构造与崩坏》、佐藤究《清末的源丰润票号汇兑资金：上海橡胶股票恐慌与源丰润票号的倒闭》、木村亚子《清代咸丰期的货币政策与山西票号》等。④ 大量日本学者的相关著作在国内翻译出版，促进了山西票号研究和中日学术交流。当然，这一时期地方学者在票号研究方面也做了大量工作，其特色是属地性比较强，对超出范围的票号研究不足。

总之，改革开放以来随着中国经济史学的复兴，山西票号研究也步入一个新的发展阶段。整体而言，这一时期的票号研究突破了"经院式"研究，由学校到社会，由专家到群众，由历史研究到经济开发和文化建设，呈现出全新的局面。从研究内容看，已经关照到现今山西票号研究的几乎所有层面，既不乏基于历史叙事的事实性描述，也不乏从经济学角度对票号的业务结构、利润结构进行分析的专题研究；从研究路径看，以历史学和经济学为主的研究已呈现分离趋势，两者的主要差异之处在于对史料的运用和重视程度，历史学者更注重基于史料归纳概括基础上的历史叙事，而经济学者更注重逻辑结构的合理演绎，将山西票号中的具体要素与西方经济学框架下的具体概念相对照。

（四）2010 年以来：“史料之春”与山西票号研究的新阶段

进入 21 世纪的第二个十年，山西票号研究迎来史料之春。如高春平先生赴日、俄、蒙古等地搜集了大量的山西票号原始文献，编为《国

① 张桂萍：《山西票号经营管理体制研究》，中国经济出版社，2005 年。
② 李永福：《山西票号研究》，中国工商联合出版社，2007 年。
③ 〔日〕滨下武志［ほか］：《山西票号资料》，东京大学东洋文化研究所附属东洋学文献センター，1990 年。
④ 参见侯丁冉、郝平：《百年日本学界他者视野下的晋商研究》，《经济问题》2023 年第 1 期。

外珍藏晋商资料汇编（第 1 辑）》①，收录了散落在国外的晋商文献、碑刻资料和票号书简等原始材料 40 万字和珍贵历史图片 50 余幅，为学界提供了新史料。2013—2016 年，山西省晋商文化基金会先后出版《交易须知》《合盛元信稿》《日昇昌上海总结银账》《协和信上海三原账簿》等原始文献，为票号研究提供了许多前所未见的新史料。2018 年，山西省收藏学会会长刘建民先生将其毕生所藏的山西商人民间文献整理、出版 88 卷本《晋商史料集成》②，其中含有票号信稿 36 本、账簿 39 册、合约、清单等 10 余份，这是目前披露的最大规模的票号原始文献，引起了学界的广泛关注。新史料的涌现无疑推动了票号研究的新进展，近年来以这批新见史料为基础，国内学者周建波、郝平、孟伟、张亚兰、李锦彰、周亚等人均有相关研究问世。③ 此外，2020 年美国马萨诸塞大学历史系助理教授王路曼的《中国内陆资本主义与山西票号：1720—1910 年间的银行、国家与家庭》④ 中明确提出 "中国内陆资本主义" 的新概念，并将票号取得的成就纳入全球史的研究视角，进一步提升了山西票号的研究价值。该书也被誉为英语学术界近一个世纪以来第一部关于山西票号的专著，体现了新时期山西票号研究的学术活力与张力。⑤ 此外，成立于 2015 年的山西大学民间文献整理与研究中心，自创建以来便与票号研究结下了不解之缘，继 2019 年周亚教授申请到国家社科基金冷门 "绝学" 和国别史等研究专项 "票号民间文献整理、释读与研究" 之后，2020 年孟伟教授申请的国家社科基金重大项目 "山西票号原始文献整理研究与遗产保护数据库建设" 亦获批立项。与此同时，近年来也有不少硕博士以新见原始文献为契机，对山西票号展开了新一轮

---

① 高春平主编：《国外珍藏晋商资料汇编（第 1 辑）》，商务印书馆，2013 年。

② 刘建民主编：《晋商史料集成》，商务印书馆，2018 年。

③ 详见本文第二部分的分析。

④ 王路曼：《中国内陆资本主义与山西票号：1720—1910 年间的银行、国家与家庭》，商务印书馆，2022 年。

⑤ 池桢：《海外中国近代经济史研究范式的转换——王路曼〈中国内陆资本主义与山西票号：1720—1910 年间的银行、国家与家庭〉述评》，《史林》2020 年第 5 期。不过近年来也有学者对其研究进行了部分批评，对该著中 "票号消亡后资本转移的归属是否仍可以算作山西票号的延续" 等问题进行了相关探讨。

的研究。[①]整体而言，这一轮的山西票号研究虽处于起步阶段，但鉴于新见原始文献的数量之巨、种类之丰，相信亦能产出不少优秀的成果。

二、山西票号研究的主要论题

对百余年来前人的研究成果全面审视，可以发现：虽然不同阶段的山西票号研究在内容和方法上各有侧重，呈现鲜明的时代特色，但研究论题主要集中于票号的起源与衰败、票号的规章制度与经营细节、票号与外界的互动、票号与其他金融组织的比较研究等方面。

（一）对票号兴衰及近代化转型的研究

票号的诞生是票号研究的核心问题之一，百余年来已有不少研究成果。具体而言，学界对这一问题的探讨主要集中于两个方面：一是票号产生的时间及首家票号的身份考证，二是票号产生的原因探析。**关于票号产生的时间学界有多种说法**，早在 20 世纪 30 年代陈其田所著的《山西票庄考略》中已经对清末艾约瑟、日本学者调查报告、民国初年学者研究中的隋唐起源说（盐铁说）、明中叶说、明末清初起源说（闯王遗金说）进行了辩证，指出了这些说法的不合理性。[②]同时期的另一位票号研究大家卫聚贤则认为票号产生于道光初年，失败于民国初年，其前身与货币制度演变、李自成的遗金、标局的成立等相关，最早的票号为

---

① 如周星辉：《票号经营与票商生活——票号信件研究》，河北大学硕士论文，2014 年；梁杉：《庚子事变前山西票号生存轨迹研究——以票号信稿史料为基础》，山西财经大学硕士论文，2016 年；王治胜：《山西票号伙友关系研究》，河北大学硕士论文，2019 年；杜瑞超：《山西票号金融收益研究——以蔚长厚票号通年总结账为中心》，山西大学硕士论文，2020 年；张艳鑫：《锦生润票号研究》，山西大学硕士论文，2020 年；马丽琴：《协和信台湾分号账簿研究新见》，山西财经大学硕士论文，2021 年；牟凯旋：《晚清票号经营研究——以蔚泰厚票号济南分号为例》，河北大学硕士论文，2021 年；邵雅丽：《合盛元：一个跨国票号的兴衰（1837—1913）》，山西大学硕士论文，2022 年；等等。

② 陈其田：《山西票庄考略》，商务印书馆，1937 年，第 1—7 页。

道光初年由平遥县颜料商铺西裕成大掌柜雷履泰创办的日升昌票号。[①]
这一说法后来被许多票号研究者认可，成为此前最为公认的一种说
法。[②]而杨文忠、杨永丽则对祁县、太谷、平遥三县的票号源头进行
了梳理，得出"山西票号始创于清顺治年间，最早是祁县的义振泉票
号。而山西票号经营时间最长的是太谷的志成信票号，达235年"的
结论。[③]张树彬、李廼彬等人则依据李宏龄、范椿年、卫聚贤等人的
记载判断太谷志成信为第一家票号。[④]由于这些学者的观点大多来自
传说、故事及民国时人的回忆录，缺乏书信、账簿等票号自身原始文
献的记载，因而呈现祁县、太谷、平遥各地地方学者为本地宣传而自
说自话的倾向。

有关票号起源的原因研究较多。清末英国传教士艾约瑟认为山西
票号的资金来源于工商业积累的原始资金。[⑤]进入民国后，陈其田写道：
"清初的时候山西商人既然布满全国，因为业务上的需要，各地商人常
有银钱往来运转。后来因为商业发达，转运现银不便，才有票庄的设
立。"[⑥]卫聚贤亦指出："票号是由于商业发达至相当程度，而交通及货
币的本身尚未能相随而进，因而应运而生的产物。"[⑦]这两种说法后来被
黄鉴晖等学者沿用，黄氏所著《山西票号史》中认为："票号的产生有
四大客观条件，一是中国工商业发展中遇到经营资本困难，在自有资本
与经营所需资本不平衡的总矛盾中，商业信用的产生与工商会票的流通
为票号提供了可资遵循的经验。二是商业信用的局限并不能完全解决工
商业经营资本的困难，因而在清雍正乾隆之际产生的账局为票号经营存
放款业务提供了经验。三是乾隆后半期到嘉庆年间国内国际贸易的发

---

① 卫聚贤：《山西票号史》，说文社，1944年，第1—6页。
② 见张巩德主编：《山西票号综览》，新华出版社，1996年，第3—4页；黄鉴晖：《山
　西票号史》（修订本），山西经济出版社，2002年，第51—58页；史若民：《票商兴
　衰史》，中国经济出版社，1992年，第72—78页；李永福：《山西票号研究》，中华
　工商联出版社，2007年，第65—66页。
③ 杨文忠、杨永丽：《山西票号始创年代探究》，《山西档案》1998年第3期。
④ 赵娜：《山西票庄起源太谷说》，《山西经济日报》2010年5月22日，第3版。
⑤ 〔英〕艾约瑟：《中国银行与物价》，见《中国金融财政丛书》第3册，1905年。
⑥ 陈其田：《山西票庄考略》，商务印书馆，1937年，第22页。
⑦ 卫聚贤：《山西票号史》，说文社，1944年，第11页。

展，引起埠际货币流通量增大和频繁，依靠现银清算耗时费资成为严重阻碍，时代呼吁汇兑业务的产生。四是民信局的产生为商民通信提供了便利。"[①] 史若民则指出："票号的诞生与明清两代颁布了一系列有利于商品生产的政策措施使得商品经济和工商业迅速发展、社会分工扩大、商业资本活跃、城镇发展密切相关，加之典当、印局、钱铺、银号与账局等提供的经验及山西商人的广泛经营，山西票号诞生有其历史的必然性。"[②] 孔祥毅重点探究了票号的组织制度、金融工具、业务制度、金融风险管理、资金营运信息管理、会计制度管理、人事管理等七个方面的金融创新。[③] 姚会元认为："山西票号的成功，得力于地理位置、经商传统、大商人世家及醇厚的商业人才成长范围，此外还得益于其便民、裕国、创新、赢利的特点。"[④] 燕红忠主张："票号的产生主要有两方面的因素，一是政府对金融及相关业务管制的松弛，二是市场需求和环境变化使得专门经营汇兑业务变得有利可图。晋商所具备的独特基础则使得票号首先由晋商所创设，并获得长期的垄断地位。"[⑤] 高春平分析了飞钱、交子、会票、票号分别的发展背景及演变规律，指出了这几种金融工具的联系和区别。[⑥] 王渊指出："山西票号积极顺应当时经济发展趋势，努力适应错综复杂的社会环境，坚守中国传统文化的价值观，从而取得了辉煌的经营管理业绩。"[⑦] 李永福在前述基础上对山西票号的诞生进行了总结，认为票号的产生是客观因素（明清山西多富商、商品经济发展、金融业嬗递、民信局功能）和主观因素（商风压倒文风、驾驭商机能力、从兼营到专营）共同作用的结果。[⑧] 此外，台湾学者黄千蕙对山西票号诞生的过程进行了勾勒，认为这是一个从商业到金融业的发展

---

① 黄鉴晖：《山西票号史》（修订本），山西经济出版社，2002 年，第 44—45 页。

② 史若民：《票商兴衰史》，中国经济出版社，1992 年，第 3—72 页。

③ 孔祥毅：《票号的产生及金融创新》，《中国金融》2003 年第 13 期。

④ 姚会元：《西部呼唤新票号资本——中国黄土高坡育成大资本的历史考察》，《中南财经政法大学学报》2003 年第 1 期。

⑤ 燕红忠：《金融创新与山西票号的兴起》，《山西大学学报（哲学社会科学版）》2012年第 4 期。

⑥ 高春平：《论中国古代信用票据飞钱、交子、会票、票号的发展演变》，《经济问题》2007 年第 1 期。

⑦ 王渊：《刍议山西票号经营管理制度的形成环境》，《经济问题》2011 年 11 期。

⑧ 李永福：《山西票号研究》，中华工商联出版社，2007 年，第 14—55 页。

过程，并详细论述了票号财东家族的经营行业及相互参股的情形。[①] 王路曼的新著《中国内陆资本主义与山西票号：1720—1910 年间的银行、国家与家庭》则认为山西票号的诞生主要取决于两个因素的互动：山西作为跨欧亚贸易的连接纽带而获得的地理优势；18 世纪中期以来白银的全球流动。[②]

　　票号的衰败是学界研究的又一核心问题，研究成果颇多。早在票号衰落之际，已有内部人士对这一问题进行反思，如李宏龄在《山西票商成败记》序言中指出："同治以后，东西洋各银行已渐次侵入，夺我利权。迨经庚子之变，中国当道注意财政，大清银行之设遂遍于各行省。夫论信用力之强弱，我票商经营二百年，根深蒂固，何事不堪与人争衡，而银行以设，未免相形见绌者，其间亦自有故。宏自幼肄业票庄，目睹时局至此，非改组银行，无以收权利平等之效。"[③] 其认为山西票号衰败的主要原因是中外银行的同业竞争，并大力倡导山西票号改组银行。这一观点为后来的许多学者所承袭并有所发展，如燕红忠、刘建生、周建波等知名学者都认为山西票号的衰败是随着近代商业环境变化及金融需求变迁，作为新金融业态的银行对作为旧金融业态的票号开展竞争和取代的结果。[④] 与李宏龄同期的另一位票号早期研究者东海则认为："票号之失败，非伊朝夕，考其内部实际，则光绪年间，票号营业情形已经大变，实则侪于钱庄之列矣，从前之专以汇兑为业，只有获利，万无受亏，此乃有益无损的事业也，及后兼收存款，势又不得不放出，在营业之表面上，虽视昔日之扩张，而失败之因，已伏于此。"[⑤] 指出山西票号衰败的根源是随着资本扩张，业务结构从原

---

① 黄千蕙：《由商号到票号：传统中国银行业的诞生与演化，1644—1911》，暨南国际大学硕士论文，2006 年。

② 王路曼：《中国内陆资本主义与山西票号：1720—1910 年间的银行、国家与家庭》，商务印书馆，2022 年，第 9 页。

③ 李宏龄：《同舟忠告》《山西票商成败记》，1917 年。

④ 燕红忠：《试论近代中国金融业的发展：路径与结构》，《山东大学学报》2013 年第 1 期；刘建生、颜冬梅：《金融需求变迁视角下山西票号衰亡及对当代启示》，《经济问题》2018 年第 9 期；周建波、曾江：《银行、票号兴替与清末民初金融变革》，《中国社会科学》2020 年第 8 期。

⑤ 东海：《记山西票号》，《银行周报》第 1 卷第 7、8 号连载，1917 年。

来的专营汇兑转为汇兑与存放款业务并重，导致后续烂账难以收回，因而惨遭顶兑。这一观点不无道理，且由于票号中后期业务转向后的主要存放款对象多为清政府高官及其他金融组织，一旦时局变动就面临放款难以收回及存款逼提的风险，因而在辛亥革命中票号大多遭到沉重打击。以此为延伸，学界有一重要观点认为山西票号衰亡的主要原因是与清政府交往过密，得出"清亡票号亦亡"的结论，持此观点的主要学者有孔祥毅、洪葭管、李俊峰、黄鉴晖等人。[1] 民国时期的大学者陈其田及卫聚贤对山西票号衰败亦有独特的看法，陈其田指出："清末山西票庄的失败，有四种原因。一是交通改革的结果，近代交通工具的发达，打破了票庄独占的局面；二是竞争机关的林立。光绪末年，国家银行、户部银行、交通银行等官银行的设立，钱庄及外国银行的业务竞争使得票号业务减少；三是辛亥革命促成票庄的衰落；四是票庄人物与制度自身的腐败。票庄弊病有四，一是中国旧式组织重人不重法；二是票庄经理交结官僚，穷奢极侈，以示阔绰，在竞争激烈时期票号开销不易减少，反而成为商业上的一大障碍；三是票庄经营太重信用，对于借款不用抵押；四是票庄虽分三帮，而各帮没有具体组织，不能互相担保彼此援助。"[2] 卫聚贤则在此之外指出："票号的生产，是由于商业发达至相当程度，而交通及货币的本身尚未能相随俱进，票号乃是这个时代应运而生的金融机构。如果交通及货币等也随着商业发达而改进，则票号也顺应着环境加以改组；若交通及货币均改进了，而票号仍保守旧规，在商业发达的时代与环境中，自不容组织不完善的票号存在。另有新的金融机构——银行产生，虽无辛亥革命时的大批倒账，也在自然淘汰之列。因而，货币改良、会票缺乏与流通渐少、存款减少才是导致山西票号衰败的主要原因。"[3] 这两位前贤的观点基本将山

① 参见孔祥毅：《山西票号与清政府的勾结》，《中国社会经济史研究》1984 年第 3 期；孔祥毅：《票号与官场》，《中国金融》2003 年第 17 期；洪葭管：《辛亥革命前后的金融》，《中国金融》1987 年第 9 期；李俊峰：《试论票与清政府的关系》，《历史教学》1999 年第 8 期；黄鉴晖：《山西票号史》（修订本），山西经济出版社，2002 年，第 479—484 页。
② 陈其田：《山西票庄考略》，商务印书馆，1937 年，第 38—44 页。
③ 卫聚贤：《山西票号史》，说文社，1944 年，第 18—19 页。

西票号衰败的内外部原因做出了较为明晰的判断，已历数十年仍熠熠生辉。改革开放后成长起来的一代票号研究学者大多对陈氏及卫氏的观点进行了详细的论述和补充，如唐振国、张宇丰、汪和建等人即承袭陈其田"票号自身管理及组织制度供给不足"的观点，认为票号衰败主要是由于制度难以适应国家及市场变化所导致的；① 而张惠信、李勇五、王继军、王志东等人则承袭卫聚贤的观点，从货币改良、票号习惯法、国家商事立法等角度重新审视了山西票号的衰亡。②

　　除票号衰亡的原因外，其衰败的过程与细节也是以往研究的重要话题，具体而言主要集中于票号衰败的类型、票号改组银行的经过及票号为何没有走向近代化转型等问题上。关于票号衰败的类型研究多集中于各票号研究专著，但大多是基于整体的宏观描述。③ 个案研究则主要以日升昌、锦生润、蔚长厚、合盛元等票号等为代表，探讨了山西票号因存款逼提导致的顶兑收撤和业务经营不善采取的主动收撤等具体衰败类型。④ 关于票

① 唐振国：《山西票号衰败的制度性因素分析》，复旦大学硕士学位论文，2008 年；张宇丰：《制度供给不足与山西票号的衰亡》，《经济问题》2015 年第 10 期；汪和建、于恒：《组织规模、治理成本与治理结构转型——"山西票号"兴衰探源》，《江海学刊》2019 年第 1 期。

② 张惠信：《清末货币变革对山西票号的影响》，中国钱币学会编：《中国钱币论文集第四辑》，中国金融出版社，2002 年；李勇五：《货币制度演进与票号产生、衰亡的历史逻辑》，《上海金融》2013 年第 4 期；王继军、赵晓耕、刘涛：《传统法律文化与山西票号的兴衰》，《山西大学学报（哲学社会科学版）》2002 年第 3 期；王志东：《从商事立法看山西票号的近代化转型》，《山西大学学报（哲学社会科学版）》2010 年第 1 期。

③ 如陈其田《山西票庄考略》、卫聚贤《山西票号史》、张国辉《晚清钱庄和票号研究》、张巩德《山西票号综览》、孔祥毅《金融票号史论》、黄鉴晖《山西票号史》（修订本）、史若民《票商兴衰史》《票商与近代中国》等著作中均有所论述。

④ 参见黄鉴晖：《山西票号史》（修订本），山西经济出版社，2002 年，第 502—515 页；潘晓霞：《论近代中国传统金融破产清理机制之转型——以日升昌票号的复业清理为背景》，《商丘师范学院学报》2009 年第 1 期；孟伟、魏晓锴：《从锦生润票号看山西票号之衰败——以年终清单为重点》，《中国经济史评论》2017 年第 1 期，社会科学文献出版社；廖剑南、孟伟：《山西锦生润票号衰败考论》，《地方文化研究》2021 年第 1 期；郝平、李善靖：《辛亥革命后山西票号的维系与收撤——以蔚长厚上海分号为中心》，《清华大学学报（哲学社会科学版）》2022 年第 6 期；杨志勇：《合盛元票号日本设庄、撤庄原因探析》，《忻州师范学院学报》2011 年第 5 期；邵雅丽：《合盛元：一个跨国票号的兴衰（1837—1913）》，山西大学硕士论文，2022 年；等等。

号改组银行的经过则主要集中于对蔚丰商业银行的探讨。^① 关于票号近代化转型的探讨主要集中于其为何没有实现向现代银行的转型发展，对此，孔祥毅指出："中国明清时期发生的商业革命和金融革命与欧洲商业革命和金融革命是平行发展的，两个革命最突出的表现之一是中国白银净流入，中国商品净输出；山西票号为这两个革命做出了重大的历史贡献。但是中国却没有很快进入工业社会，而且连山西票号也垮台了，根本原因在于山西票号没有与时俱进的金融制度创新，清政府没有与时俱进的社会经济制度创新。"^② 李永福从信息不对称的视角审视了"传统上将山西票号转型失败的原因归咎于大掌柜的墨守成规"这一观点，认为总号与分号的信息不对称、经营形势和经营业绩的信息不对称、商业环境与商业习惯的信息不对称等是票号难以实现转型的重要因素。^③ 刘鹏生、崔鸿雁、刘建生基于新制度经济学，指出："票号内部制度尤其是经理负责制、人身顶股制及官款汇兑在后期的无效性难逃其责。正是因为这样的制度安排在票号发展后期没能提供有效率的组织，致使制度与组织的互动机制失灵，阻滞了初级行动团体的出现，使决策层错误估计了成本——收益，酿成大错。"^④ 燕红忠和刘建生、张宇丰等人对山西票号和英格兰银行的近代化转型进行了对比，燕红忠指出："虽然在山西票号发展的过程中，也出现了类似于英格兰银行的发展因素，通过参与政府公共财政，并在金融市场中与政府进行策略互动，诸如代理国库、发行兑换券和向国家银行的方向发展等；但由于官商关系、公共信用和财产权利的不同，山西票号的'官商结合'模式并没有形成一个新的稳态均衡和有效制度安排，进而未能促进公共金融和新式金融体

---

① 参见史若民：《票商兴衰史》，中国经济出版社，1992年，第346—354页；刘鹏生、崔鸿雁、刘建生：《山西票号第三次合组银行的新制度经济学分析》，《税收与企业》2003年第11期；康金莉：《官商资本与近代北方新式金融研究（1912—1927）》，《中国社会经济史研究》2019年第2期。
② 孔祥毅：《山西票号与中国商业革命》，《金融研究》2002年第8期。
③ 李永福：《对山西票号转型失败的解读——基于信息不对称理论视角》，《经济问题》2007年第5期。
④ 刘鹏生、崔鸿雁、刘建生：《山西票号错失变迁机遇的新制度经济学分析》，《税收与企业》2003年第8期。

制的建立，其近代化转变的尝试也没能取得成功。"① 刘建生、张宇丰则以"商业银行—国家的银行—发行的银行—银行的银行"为线索，通过比较分析英格兰银行与山西票号，在各自政府不同制度供给下的两种截然不同的发展过程，得出政府能够提供有效的制度供给，是金融业近代化转型成功的重要因素的结论。② 杨志勇指出："市场需求带来诱致变迁角度对山西票号的变迁、变迁模式以及这一模式给票号带来的路径依赖问题，认为这种路径依赖导致了山西票号竞争力的丧失。"③ 左海军通过银号与票号的对比，审视了中国传统金融的内生特征与近代转型等问题。④

（二）对票号基本制度及经营细节的研究

关于票号经营过程中的各项基本制度及经营细节的研究是票号研究中最为重要的组成部分，因其涉及的层面之广、学科之多、时间跨度之长，很多学科都将关注点放在了这个部分，如研究法学的学者从票号的习惯法体系出发；研究文化的学者从信用和人际关系角度看山西票号发展；研究经济学的学者从票号的内部控制与风险管理、利润结构、会计成本等角度入手；研究管理学的学者则将关注点更多地放在票号的管理制度、激励制度、用人制度等方面；研究营销学的学者则从票号的业务结构、业务总量和经营模式展开研究；历史学者则更多地遵循"论从史出"的原则，利用大量原始文献对票号历史上的重大事件、经营细节等展开研究。

法学角度的研究可以分为两类，一种是从山西票号本身的商事习惯法出发进行研究，另外一种是从外部法律的制定和修改看其对山西票号的影响。周子良指出山西票号在长期的经营、管理中所形成和遵循的商

---

① 燕红忠：《从山西票号看传统金融的近代化转变——基于与英格兰银行发展路径的比较视角》，《财经研究》2014 年第 8 期。

② 刘建生、张宇丰：《英格兰银行与山西票号——近代化转型中的制度供给比较研究》，《东南学术》2017 年第 3 期。

③ 杨志勇：《诱致性动因下的山西票号变迁及现代启示》，《经济问题》2014 年第 4 期。

④ 左海军：《中国传统金融的"内生"特征与近代转型——基于银号与票号的对比分析》，《江苏师范大学学报（哲学社会科学版）》2018 年第 2 期。

事习惯法具有外部与内部、不背于公序良俗、强制性和以权利义务为内容等要件，并从具体的票号号规出发，探究了山西票号习惯法体系的不完整性阻碍了票号更大规模的联合——组建银行，进而探究了山西票号衰败与习惯法之间的关系①。薛建兰、赵亮分析了山西票号习惯法产生的背景、渊源、实施保障以及失效的原因，指出："市场扩大、社会变革、熟人社会的瓦解分别是导致失效的经济原因、政治原因、根本原因。"②王娟指出："山西票号行会习惯法是在票号行业习惯法的基础上产生发展的，虽然票号的行会习惯法形成及成熟较晚，但对票号的发展却起过重要作用。然而再完善的法制若受制于僵化的思维最终将会蜕变为一纸空文，山西票号的衰败就证明了这一点。"③王继军等人从我国传统文化法律的视角出发，对山西票号的股俸制、联号制、货币制度、无限责任制等进行了审视，认为这些制度的局限性是导致其衰落的根源。④王志东研究了近代中国商事立法的发展与山西票号衰亡之间的关系。⑤

从文化角度对山西票号进行研究的文章，主要从社会变迁、人际关系、伦理等对晋商文化和信用制度开展论证。如杨艳红从儒家文化对山西票号的影响出发，探究了儒商秩序的形成过程，并运用文化差异对社会秩序的影响模型，对集体惩戒机制在票号经营制度中所起的作用及问题进行了分析。⑥王劲松探究了山西票号信用对当时的社会信用和国家信用产生的影响。⑦马媛媛分析了山西票号的选人用人制度、分配制度、

---

① 周子良：《山西票号习惯法初探——以号规为中心》，《政法论坛》2009 年第 3 期；周子良：《论山西票号的习惯法体系》，《山西大学学报（哲学社会科学版）》2011 年第 2 期。

② 薛建兰、赵亮：《山西票号商事习惯法的兴衰——以熟人社会为视角》，《法学杂志》2013 年第 2 期。

③ 王娟：《山西票号的规制研究——基于行会习惯法视角》，《经济问题》2011 年第 7 期。

④ 王继军、赵晓耕、刘涛：《传统法律文化与山西票号的兴衰》，《山西大学学报（哲学社会科学版）》2002 年第 3 期。

⑤ 王志东：《从商事立法看山西票号的近代化转型》，《山西大学学报（哲学社会科学版）》2010 年第 1 期。

⑥ 杨艳红：《文化、伦理与社会制序：以山西票号为例》，《世界经济文汇》2002 年第 1 期。

⑦ 王劲松：《山西票号与社会信用》，《山西档案》2002 年第 5 期。

地缘和业缘组织制度，认为这些因素都有利于建立内部和外部信誉，指出正是由于这些制度对行为的有效约束使得山西票号在经营过程中一直保持很高的信誉度。[①] 王福兰、刘荣明指出："明清晋商商业成就的内在支撑之一是其对传统人际关系的独特理解和应用，但这种传统人际关系发展到晚清时期逐渐表现出难以化解的弊端，主要是限制了组织规模扩张，扭曲了组织功能定位，削弱了组织制衡机制，制约了转型接轨步伐，影响了资本投资流向，使晋商在时局动荡的环境中没有及时转型为现代企业，最终烟消云散。"[②] 史若民则从近世以来的中外金融业对比入手，探究了晋商股份制的先进性及对社会发展的贡献。[③]

从经济学出发的研究大多从票号的内部控制与风险管理、会计成本等展开论证。如孔祥毅、张亚兰考察了山西票号的资本控制、分支机构控制、职员控制、业务控制、财务控制、行会控制、内部控制等方面的具体做法，认为山西票号内部控制的经验对当代金融业的发展仍然有重要的现实意义，尤其是业务控制和财务控制的一些技术操作在今天并没有过时。[④] 孔祥毅等人还运用信任半径、信誉均衡理论来阐述票号的经营发展过程，指出："山西票号在特定的信任半径下求得了信誉均衡与金融发展，但当社会发展需要金融信任半径延伸的时候，山西票号没能打破原有的信任均衡方式，致使在新的环境下信誉均衡难以实现，最终无奈地退出了历史的舞台。"[⑤] 吴秋生、郑石桥等人运用现代内部控制理论框架考察了历史上山西票号的内部控制文化。[⑥] 李荔、刘秋月则主要对山西票号会计组织机构的设置、人员、任务、特点等进行了探究，考

---

① 马媛媛：《试论山西票号的信誉机制》，《山西师大学报（社会科学版）》2003 年第 2 期。

② 王福兰、刘荣明：《传统人际关系对晚清晋商票号发展的制约作用》，《晋阳学刊》2011 年第 5 期。

③ 史若民：《从近世中外社会演变看晋商股份制的意义》，《中国社会经济史研究》2018 年第 1 期。

④ 孔祥毅、张亚兰：《山西票号的风险控制及其现实意义》，《金融研究》2005 年第 4 期。

⑤ 张亚兰、孔祥毅：《从山西票号看信任半径、信誉均衡与金融发展的关系》，《金融研究》2006 年第 8 期。

⑥ 吴秋生：《票号式诚信及其在现代金融诚信建设中的借鉴意义》，《江西财经大学学报》2010 年第 1 期；郑石桥：《山西票号内部控制考略》，《会计之友》2011 年第 12 期。

察了其职责分工、账簿、定期报告、内部稽核、密押制度等。[1] 遗憾的是，关于山西票号的会计体系龙门账，除近年来孟伟、刘秋根、李锦彰、周亚等人的探讨外，[2] 学界尚未见更为明晰的相关研究。

从管理学的角度看山西票号是一个很重要的视角。山西票号发展的百余年间创制的管理制度，包括用人制度、激励制度、身股制度、两权分离制度等，以往学者也是从这几个方面进行研究，成果众多。李勇指出："山西票号的激励制度不仅仅是身股制这种单一的股权激励方式，而是一个以身股制为核心，采用多种有效激励方式的全面激励制度。"他指出了山西票号的身股和银股并重、共同分红，且身股增长的特点，又介绍了山西票号基本工资形式的"辛金"制，全面的员工福利制度，严格的约束制度，一举多得的花红制等。[3] 刘鹏生、崔鸿雁、刘建生对票号两权分离产生的制度环境、作用及历史局限、历史启示等进行了研究。[4] 咸春龙、王浩通过对山西票号治理结构的梳理与剖析，指出山西票号独特的股俸制经营形式及财东、伙友之间忠诚的委托代理关系是晋商辉煌的基础，但到后期，其弊端日益呈现，以至产权模糊、权责不对等，这是其衰败的原因之一。[5] 孔祥毅和张亚兰考察了山西票号的高效执行力来自动力机制和训育机制。认为动力机制是两权分离制、人身股制、薪酬福利社保制、宗法与担保制、其训育机制是学徒制，这些历史

① 李荔、刘秋月：《山西票号的会计组织机构及内部控制》，《会计之友》2010 年第 1 期。此外，关于山西票号密押的文章还有王森：《山西票号的密押与现代货币的防伪——渊源、发展与比较》，《金融研究》2022 年第 8 期；孔祥毅：《山西票号的汇票与密押》，《中国金融》2003 年第 15 期；成艳萍：《纸币防伪技术与山西票号业的发展》，《科学技术与辩证法》2008 年第 3 期。
② 参见刘秋根、郭兆斌：《清代前期龙门账簿记报告编制方法研究——以晋商年终结算清单为例》，《中国经济史研究》2017 年第 5 期；孟伟、杨波：《山西票号在上海的业务和收益研究——以光绪三十二年日升昌票号上海分号〈年总结账〉为例》，《上海对外经贸大学学报》2017 年第 6 期；李锦彰：《重新认识"龙门账"》，《会计之友》2022 年第 2 期；周亚、李善靖：《论票号账簿的归户、特征与价值——以恒隆光票号账簿身份考证为例》，《中国经济史研究》2022 年第 4 期。
③ 李勇：《山西票号激励制度解读》，《会计研究》2002 年第 3 期。
④ 刘鹏生、崔鸿雁、刘建生：《山西票号错失变迁机遇的新制度经济学分析》，《税收与企业》2003 年第 8 期。
⑤ 咸春龙、王浩：《山西票号治理结构剖析》，《经济体制改革》2004 年第 6 期。

经验对于当代企业管理有重要的现实意义。[①]周建波通过对票号的三个重要思想——道德与业务并重的培训方式、"花红制"的应用、权责构成形式进行分析，阐明其对现代企业员工管理机制和赏罚机制的重要借鉴意义，[②]在《基于信息经济学的视角浅论山西票号员工的管理及培养》一文中，他运用信息不对称理论考察了山西票号对员工选拔、培训与考核等各个方面的经验和教训[③]。朱琳运用劳动力资本理论对票号的顶身股制度进行了分析，认为顶身股作为山西票号经营管理体制的核心，已经具备了劳动力资本的基本属性。[④]乔增光对票号的身股制度进行了数量分析，并运用经济学的激励机制原理将身股制与其他几种激励机制进行了比较。[⑤]张桂萍认为山西票号成功的关键在于有一套完善的人才选拔培训使用制度，这套制度又是以身股参与分红这一激励机制为主线形成、发展和完善起来的。[⑥]王书华、孔祥毅在对山西票号银股、身股股权结构、财东和经理之间的委托代理关系及其信誉博弈分析的基础上，分析了票号身股制度变迁的路径依赖，并对人力股在现代企业中的探索进行了分析。[⑦]此外，陈凌、潘一萍、成瑾等人也从不同角度对山西票号的两权分离及委托代理机制进行了研究。[⑧]兰日旭则认为票号顶身股

[①] 孔祥毅、张亚兰：《山西票号高效执行力的动力机制》，《广东社会科学》2005 年第 2 期。

[②] 周建波、叶溟尹：《晋商票号管理思想及其启示》，《云南财经大学学报》2009 年第 6 期。

[③] 周建波：《基于信息经济学的视角浅论山西票号员工的管理及培养》，《开发研究》2010 年第 1 期。

[④] 朱琳：《劳动力资本理论视阈下的山西票号顶身股制度及启示》，《商业时代》2013 年第 16 期。

[⑤] 乔增光：《票号身股的数量分析》，《山西大学学报（哲学社会科学版）》2006 年第 1 期。

[⑥] 张桂萍：《试论山西票号的经营模式》，《晋阳学刊》2005 年第 4 期。

[⑦] 王书华、孔祥毅：《信誉博弈与山西票号身股制度变迁分析》，《生产力研究》2010 年第 2 期。

[⑧] 陈凌、郭萍、叶长兵：《非家族经理进入家族企业研究：以山西票号为例》，《管理世界》2010 年第 12 期；潘一萍：《家族企业委托代理关系中激励约束机制分析——以山西票号为例》，《中国社会经济史研究》2013 年第 3 期；成瑾、郑仪：《"尊贤型"高绩效人力资源系统研究——以山西票号为例》，《管理案例研究与评论》2013 年第 5 期；成瑾、胡彩霞：《股东如何才能获得 CEO 承诺？——基于晋商票号的案例研究》，《管理案例研究与评论》2016 年第 5 期。

虽然起到了激励职员努力工作的作用，但同时也在财东和以大掌柜为核心的经营管理层上隐含了双重的风险放大机制。①

从营销学出发的研究把票号当成市场主体，从业务结构、业务总量和经营模式等角度展开论证。李永福指出："汇兑、存款、放款构成票号的基本业务，并通过量化统计得出了官款业务在票号总业务中处于从属地位的结论。"②这在一定程度上驳斥了孔祥毅等人"清亡票号亦亡"的观点。张桂萍认为："山西票号的创建，揭开了以汇兑进行结算的新时代，山西票号全都是由总号和分号组成的中小型金融机构，此即山西票号的经营模式，它的基本特点就是本小、利厚，快速高效，由于这种经营模式特别能够适应金融市场复杂多变的需要，所以奇迹般地创造了山西票号的辉煌业绩。"③刘建生和燕红忠对山西票号的业务总量进行了考察，刘建生指出："山西票号的数量和业务量与其兴衰过程是完全一致的，山西票号从 19 世纪 50 年代开始发展，到清末达到极盛，辛亥革命后急剧衰落，少数几家票号一直维持到 20 世纪 30 年代。"④燕红忠在此基础上指出："包括汇票、存款、资本与银钱票、小票的发行量，票号在清末最盛时期的总资力高达 10 亿两左右，即使剔除汇票发行量，其资力也在 4 亿两上下，约合 5.6 亿元，在清末时期的各种机构中，实力最强。"⑤

历史学角度是山西票号研究最重要的路径之一。历史学者的治学路径是从原始文献出发，对原始文献内容进行深入解读，并结合其他相关背景材料和文献进行综合分析，以归纳概括出票号的经营细节，如对特定的某家票号或对某票号经理及财东家族的研究、票号在全国各地开设分号的研究、票号经历的重大事件研究等。除各专著外，从历史学出发的山西票号研究主要有以下几方面。

1. 票号著名人物研究。李永福、薛荣、贾欣潮、何平等人对清末

---

① 兰日旭、兰如清:《山西票号顶身股机制再探析》,《福建师范大学学报（哲学社会科学版）》2014 年第 5 期。

② 李永福:《山西票号业务结构》,《晋阳学刊》2005 年第 5 期。

③ 张桂萍:《试论山西票号的经营模式》,《晋阳学刊》2005 年第 4 期。

④ 刘建生:《山西票号业务总量之估计》,《山西大学学报（哲学社会科学版）》2007 年第 3 期。

⑤ 燕红忠:《山西票号资本与利润总量之估计》,《山西大学学报（哲学社会科学版）》2007 年第 6 期。

著名票号改革家李宏龄的研究；[1]孔祥毅对合盛元海外经理申树楷的研究；[2]黄鉴晖对雷履泰创办和推动日升昌发展经过的研究；[3]孔祥宙从社会史角度对山西票号经理群体的研究；[4]等等。

2. 票号经营细节研究。孔祥毅对清末金融危机与山西票号的研究；[5]屈春海、杨志勇、金悦、佐藤淳平、邵雅丽等人对合盛元开设海外分号经过的研究；[6]郝平对日升昌、蔚长厚票号的个案研究；[7]孟伟对日升昌、蔚泰厚、锦生润票号的个案研究；[8]周亚、赵丽莎、赵婧、杜

① 李永福：《李宏龄与山西票号》，《山西高等学校社会科学学报》2003 年第 12 期；薛荣：《票号改革家李宏龄》，《晋阳学刊》2008 年第 4 期；贾欣潮、韩欣荣：《李宏龄与山西票号的改组》，《文史天地》2022 年第 5 期；何平：《李宏龄的票号成败论与近代中国公司制度的缺失》，《中国钱币》2022 年第 6 期。

② 孔祥毅：《合盛元票号的海外开拓者申树楷》，《中国金融》2002 年第 2 期。

③ 黄鉴晖：《山西票号第一人——雷履泰》，《中国国情国力》2004 年第 7 期。

④ 孔祥宙：《山西票号商在中国近代金融转型中的作用——以王治臣经理广西银行为视角》，《晋中学院学报》2010 年第 5 期；孔祥宙：《山西票号经理群体研究》，广西师范大学硕士论文，2012 年。

⑤ 孔祥毅：《1883 年金融危机中的票号与钱庄（上）》，《山西财经大学学报》2000 年第 3 期；《1883 年金融危机中的票号与钱庄（下）》，《山西财经大学学报》2000 年第 4 期。

⑥ 屈春海：《清末山西合盛元票庄在日本开设分号史料》，《历史档案》2002 年第 1 期；杨志勇：《日本第一家中资银行——合盛元银行在日史实考》，《忻州师范学院学报》2009 年第 2 期；《合盛元票号日本设庄、撤庄原因探析》，《忻州师范学院学报》2011 年第 5 期；金悦：《近代晋商合盛元票号日本支店探微》，《日本研究》2011 年第 1 期；〔日〕佐藤淳平：《合盛元票号的日本分号与东亚的国际金融》，《社会史研究》第 4 辑，商务印书馆，2016 年；邵雅丽：《合盛元：一个跨国票号的兴衰（1837—1913）》，山西大学硕士论文，2022 年。

⑦ 郝平：《山西票号的书信经营——对光绪十六年日昇昌京师分号一封残信的解读》，《山西大学学报（哲学社会科学版）》2017 年第 2 期；郝平、李善靖：《辛亥革命后山西票号的维系与收撤——以蔚长厚上海分号为中心》，《清华大学学报（哲学社会科学版）》2022 年第 6 期。

⑧ 闫爱萍、孟伟：《咸丰元年的山西票号金融经营——张家口致京师分号书信〈往京书札〉的解读》，《北京史学论丛（2017）》，社会科学文献出版社，2017 年；孟伟、魏晓锴：《从锦生润票号看山西票号之衰败——以年终清单为重点》，《中国经济史评论》2017 年第 1 期，社会科学文献出版社；孟伟、杨波：《山西票号在上海的业务和收益研究——以光绪三十二年日升昌票号上海分号〈年总结账〉为例》，《上海对外经贸大学学报》2017 年第 6 期；廖剑南、孟伟：《山西锦生润票号衰败考论》，《地方文化研究》2021 年第 1 期；廖声丰、孟伟：《中国近代城市关联：基于山西票号专门化金融经营的考察——以光绪二十八年〈通年银流水账〉为例》，《地方文化研究》2021 年第 5 期；廖声丰、孟伟：《道咸年间祁太平与张家口之间的金融汇兑——以张家口分号书信为重点》，《运城学院学报》2022 年第 1 期。

瑞超、张艳鑫、马丽琴、牟凯旋等人对锦生润、日升昌、大德通、蔚长厚、协和信、蔚泰厚等票号的专题研究；^①等等。

3. 票号经营时段研究。张国辉对清前期、19 世纪后半期及 20 世纪初期山西票号分期的研究；^②王可欣对甲午中日战争后至辛亥革命前山西票号的研究；^③王路曼对山西票号与晚清财政体系的研究；^④等等。

4. 票号区域分布研究。冼剑民、杨承舜、任树根等对山西票号在广东开设分号及主要活动的研究；^⑤肖宇、秦国攀等对山西票号在河南开设分号及主要活动的研究；^⑥吕婷婷对山西票号在上海活动的研究；^⑦杨国安、行龙等对票号在汉口的研究；^⑧章永俊对票号在北京的研究；^⑨林地焕、冯剑等对票号在天津的研究；^⑩宋良曦对票号在自贡

① 山西省晋商文化基金会、晋中市人民政府编：《锦生润票号研究》，三晋出版社，2022 年；赵莉莎：《日升昌票号的经营网络研究》，厦门大学硕士论文，2006 年；赵婧：《清末民国山西传统金融业的近代转型研究——以大德通票号为中心》，西南民族大学硕士论文，2019 年；杜瑞超：《山西票号金融收益研究——以蔚长厚票号通年总结账为中心》，山西大学硕士论文，2020 年；张艳鑫：《锦生润票号研究》，山西大学硕士论文，2020 年；马丽琴：《协和信台湾分号账簿研究新见》，山西财经大学硕士论文，2021 年；牟凯旋：《晚清票号经营研究——以蔚泰厚票号济南分号为例》，河北大学硕士论文，2021 年。

② 张国辉：《清代前期的钱庄和票号》，《中国经济史研究》1987 年第 4 期；张国辉：《十九世纪后半期中国票号业的发展》，《历史研究》1985 年第 2 期；张国辉：《二十世纪初期的中国钱庄和票号》，《中国经济史研究》1986 年第 1 期。

③ 王可欣：《甲午中日战争后至辛亥革命前山西票号问题研究》，吉林大学硕士论文，2014 年。

④ 王路曼、池桢：《行政发包制视角下山西票号与晚清公共财政体系》，《史林》2022 年第 3 期。

⑤ 冼剑民、杨承舜：《山西票号在广东》，《晋阳学刊》2005 年第 2 期；任树根：《山西票号与近代广东金融》，华南师范大学硕士论文，2007 年。

⑥ 肖宇：《山西票号与晚清河南经济》，苏州大学硕士论文，2010 年；秦国攀、孟伟：《"周口，天下口"：近代中原商贸中心周家口与票号的设庄经营》，《城市史研究》2021 年第 1 辑，社会科学文献出版社，2021 年。

⑦ 吕婷婷：《近代上海金融业中的山西票号》，南京师范大学硕士论文，2015 年。

⑧ 杨国安：《钱庄、票号与银行：清代以来汉口金融业的发展与变迁》，《中国经济与社会史评论》，社会科学文献出版社，2018 年；行龙、李江涛：《清代汉口晋商研究》，《武汉学研究》2020 年第 1 期，社会科学文献出版社，2021 年。

⑨ 章永俊：《清代北京的票号》，《北京史学》2018 年第 2 期，社会科学文献出版社，2018 年。

⑩ 林地焕：《清末民初天津金融市场的帮派》，《城市史研究》2000 年第 1 期，天津社会科学院出版社，2000 年；冯剑、胡铁汉：《近代国家对天津民间金融的治理（1900—1937）》，《区域史研究》2020 年第 1 期，社会科学文献出版社，2020 年。

的研究；[①] 等等。

5. 票号经商之道研究。阎应福研究了大德通票号的用人之道，认为其占领市场的四大原则为坚定宗旨、择主认真、讲明操守、遵守原则与竞争策略。[②] 孟伟提出了山西票号发展的六要素，分别为：资本构成（合伙制问题）、总号核算分号经营的金融网络、会计操作规范的龙门账、作为经营技术手段的书信经营方式、确定货币标准和本位的"色平兑"问题、确立市场规范和秩序的标期问题。[③]

（三）山西票号的"外史"研究

所谓"外史"研究，是指与上文"票号本体研究"不匹配，但又与山西票号密切相关的其他研究成果。具体而言，可以分为如下几类：1.山西票号与不同时空环境中其他金融或商业组织的比较研究；2.山西票号经营经验之于当前的借鉴意义；3.山西票号遗存文化遗产的现代性转化研究；4.关于山西票号学术史及民间文献学方面的理论探讨；5.山西票号的经济思想史研究。

票号与其他组织的比较研究。王爱民对比了钱庄和票号两种金融机构在近代资金清算中的关系，指出："纵观近代中国，虽然 19 世纪末逐渐兴起的近代银行业也在一定程度上承担了资金的划拨清算，但因起步较晚，短期内难以迅速广泛地拓展业务，所以在近代史上作为社会资金清算主体的仍是票号和钱庄。"[④] 高岳兴对比了山西票号与现代银行股票期权的区别和联系。[⑤] 尚代贵比较了票号与股票期权两种不同的激励制度，指出两者都起到激励管理阶层、降低代理成本、增加企业资本、吸引和稳定人才的作用，但二者产生的时间和经济基础、受益人的范围、

① 宋良曦：《自贡地区的钱庄、票号与盐业发展》，《盐业史研究》1994 年第 2 期。
② 阎应福：《经商之道，首在得人——略谈山西大德通票号的用人之道》，《中国金融》1992 年第 8 期；阎应福：《试析大德通票号新占市场的四大原则》，《山西财经学院学报》1993 年第 1 期。
③ 详见于近年来孟伟教授的课程讲义及前文提及的相关论文。
④ 王爱民：《论票号与钱庄在中国近代资金清算中之作用》，《经济问题》1998 年第 3 期。
⑤ 高岳兴：《山西票号的"身股"与现代股票期权——两种代理人激励方式的比较》，《上海经济研究》2003 年第 12 期。

适用的企业范围，是否需要现金、维持信用、激励的程度等方面又存在不同。①陈凌等人将山西票号与中世纪意大利家族企业的委托代理机制进行了比较。②李霖对比了钱庄与票号两种金融机构起源、组织制度、业务经营、衰落原因等多个方面的异同点。③赵保富从文化层面比较了票号与西方银行的信用和品牌基因，从道德延续与精神切割、信用保障与产权抵押、伦理约束与契约精神三大层面分析了两者形成这种信用机制的深层因素。④王渊从产权结构、激励约束机制、组织架构三个方面比较了山西票号和现代商业银行的治理机制，认为山西票号尊重股东、管理者、员工利益，以人为本，注重建构激励约束体系，强调总号对分号的控制力及各机构间的紧密联系和信息共享，对于现代商业银行有一定的借鉴意义。⑤黄清海比较了同时期的山西票号与闽帮侨批局，指出："虽然两者均在特殊的社会背景下对当时经济社会发展有着促进作用，但晋商和闽商在陆地和海洋两种不同区域环境影响下存在着思维差异，其发轫、成长和最终的结局均有很大的不同。"⑥

　　票号衰亡的经验和教训对现代企业的借鉴意义。刘可为指出："山西票号实行的是一种家长制的管理决策方式，一切由总经理说了算，其他经营者没有发言权，这种决策模式使山西票号缺乏应对外来挑战的制度空间，窒息了经营者的制度创新与制度选择的积极性。同时诱导性制度变迁的最大问题是容易导致制度创新最佳时机的丧失，山西票号向现代银行过渡失败，原因就在于制度创新时机丧失了。"⑦王森等人认为"山西票号衰亡的主要原因是外国直接入侵诱发金融危机和新式金融对旧式金融的侵蚀两个方面"，并指出："我国规避金融危机的方式是完善

---

① 尚代贵：《晋商票号的人身股与股票期权的比较》，《河北法学》2009 年第 10 期。
② 陈凌、王萌、楼静波：《家族企业委托代理关系研究——山西票号与中世纪意大利家族企业的分析与比较》，《山东大学学报（哲学社会科学版）》2009 年第 6 期。
③ 李霖：《近代钱庄与票号对比研究及启示》，河南大学硕士论文，2013 年。
④ 赵保富：《票号与西方银行信用、品牌基因之对比》，《中国金融》2010 年第 3 期。
⑤ 王渊：《山西票号与现代商业银行的治理机制比较研究》，《经济问题》2012 年第 1 期。
⑥ 黄清海：《解读晋商票号与闽帮侨批局》，《海交史研究》2012 年第 2 期。
⑦ 刘可为：《从山西票号的衰亡探析企业的经营与制度创新》，《管理世界》1997 年第 4 期。

金融制度和堵塞危机产生的通道。"①谷明淑在分析了山西票号衰亡的原因之后，提出了我国企业改革的战略：遵循市场生存法则，从制度上、内部机制入手，靠市场求生存、靠产品求发展，潜心打造自己的品牌，创造属于自己的百年老店。②刘建生、颜冬梅分析了金融需求变迁下山西票号的衰亡及其历史启示，指出："在当前互联网金融冲击之下，我国商业银行应汲取山西票号业务转型的深刻历史教训，借助互联网手段与思维实现自身变革，积极融入互联网金融发展的进程中。"③

对山西票号遗存文化遗产的现代性转化研究：如阮仪三、郑孝燮、袁年兴、程明洋、代晨强等人对平遥古城及晋中文化生态保护区的相关研究；④佘可文、刘改芳、李文彬等人对晋商大院旅游开发的研究；⑤刘建生、刘鹏生、赵鹏图等人对开发晋商文化博物馆及日升昌票号总部修缮的相关研究；⑥朱向东、刘霞对协同庆票号金库设计的研究；⑦以及由

---

① 王森、闫广发：《山西票号的衰亡与金融危机的防范》，《生产力研究》2006 年第 6 期。

② 谷明淑：《从山西票号的兴衰看企业发展定位》，《中央财经大学学报》2011 年第 12 期。

③ 刘建生、颜冬梅：《金融需求变迁视角下山西票号的衰亡及对当代启示》，《经济问题》2018 年第 9 期。

④ 阮仪三：《历史古城平遥及保护规划》，《时代建筑》1986 年第 2 期；郑孝燮、任致远：《山西平遥考察研究报告》，《城市发展研究》1996 年第 5 期；袁年兴：《作为认知图式的非物质文化遗产——文化生态保护区的平遥经验》，《晋阳学刊》2011 年第 5 期；程明洋、丁传标、陶伟：《平遥票号传统建筑空间研究：基于空间句法的分析》，《地域研究与开发》2017 年第 2 期；代晨强、王铭：《晋中文化生态保护实验区非物质文化遗产与晋商关系研究》，《通化师范学院学报》2021 年第 5 期。

⑤ 佘可文、张慧霞：《对开发晋商大院文化旅游带的思考》，《山西财经大学学报》2002 年第 1 期；刘改芳、梁嘉骅：《区域内资源相似型人文景区的竞合关系研究——以晋商大院为例》，《旅游学刊》2009 年第 4 期；李文彬：《从晋商文化中解读晋中大院——以乔家大院、渠家大院、曹家大院为例》，《科技情报开发与经济》2010 年第 10 期。

⑥ 刘建生、刘鹏生、周跃武：《试论开发旅游资源创办"晋商文化博物馆"》，《生产力研究》1995 年第 3 期；赵鹏图：《日昇昌票号总号旧址保护修缮工程述要》，《文物世界》2013 年第 3 期。

⑦ 朱向东、刘霞：《晋商票号金库设计理念分析——以山西平遥协同庆为例》，《山西档案》2016 年第 4 期。

山西票号史实改编的小说《白银谷》《合盛元票号》；① 等等。

关于山西票号学术史及民间文献学的理论探讨：学术史回顾的文献众多，不同时期皆有，如殷俊玲、刘建生、崔满红、王璋、任欢欢、侯丁冉等人的研究；② 关于民间文献学方面的理论探讨，主要有周亚、何庄、龙伟、贾欣潮、梁若飞等人近年来发表的关于票号书信、账簿、合约等原始文献格式、内容、定位、价值的相关文论。③

关于票号经济思想史的研究主要有两类，一种是对票号经营思想的研究，一种是对票号研究者学术生涯及研究理路的研究。前者如李瑞芳对票号经营精神的研究④、刘素平对山西货币商人金融伦理的研究⑤、周建波对票号管理思想的研究⑥、何平对李宏龄改组银行思想背后的探讨等⑦；后者则如晋宇、郭学军、魏革军、刘锡良等人对

① 参见成一：《白银谷》，中国戏剧出版社，2011 年；郝汝椿：《合盛元票号》，北岳文艺出版社，2017 年。

② 殷俊玲：《近二十年晋商研究述评》，《山西师大学报（社会科学版）》2003 年第 2 期；刘建生、丰若非、冀福俊、石惠、马文静：《晋商研究述评》，《山西大学学报（哲学社会科学版）》2004 年第 6 期；崔满红：《票号研究的回顾与展望》，《山西财经大学学报》2008 年第 2 期；王璋：《近十年晋商研究综述》，《中国城市经济》2011 年第 15 期；任欢欢：《近二十年来明清时期金融借贷研究述评》，《中国史研究动态》2014 年第 5 期；侯丁冉、郝平：《百年日本学界他者视野下的晋商研究》，《经济问题》2023 年第 1 期。

③ 周亚：《山西票号书信发微》，《中国社会经济史研究》2018 年第 4 期；周亚、李善靖：《论票号账簿的归户、特征与价值——以恒隆光票号账簿身份考证为例》，《中国经济史研究》2022 年第 4 期；何庄：《晋商票号文书档案及其管理初探》，《档案学通讯》2019 年第 6 期；龙伟：《清季民间通信的传播渠道及其速度——基于严修日记与山西票号通信的观察》，《现代传播（中国传媒大学学报）》2021 年第 6 期；贾欣潮、周亚：《山西票号的书信传递——以蔚泰厚〈京都往来书稿〉为中心的考察》，《晋商研究》第 6 辑，山西经济出版社，2022 年；梁若飞：《乾盛亨票号生理合约——票号经营的实物》，《文史月刊》2022 年第 7 期。

④ 李瑞芳：《论山西票号的经营制度与经营精神》，河南大学硕士论文，2003 年。

⑤ 刘素平：《论山西货币商人的金融伦理观及其现代价值》，山西财经大学硕士论文，2009 年。

⑥ 周建波、叶淏尹：《晋商票号管理思想及其启示》，《云南财经大学学报》2009 年第 6 期。

⑦ 何平：《李宏龄的票号成败论与近代中国公司制度的缺失》，《中国钱币》2022 年第 6 期。

孔祥毅先生学术成就的总结；① 张亚兰对黄鉴晖先生治票号史生平的
回顾等②。

三、百余年来山西票号研究中存在的问题与反思

山西票号，指的是清代山西地区产生的金融组织。从狭义上看，它
属于山西商人的一部分（地域归属、传统籍贯），但究其实质则属于金
融业的范畴。金融业与传统农业、商业的最大不同在于其商品不再局限
于具体的事物，而是对货币的经营，一定程度上带有虚拟经济的含义。
从市场主体来看，票号是清代金融市场上最重要的金融组织之一，对于
促进商品交换、物资流通都做出过极大的贡献，其独创的经营制度、组
织模式对于今天的经济和金融业发展仍有很强的借鉴意义。因其已经消
亡，成为历史的一部分，所以它被纳入历史学者的研究范畴，又因其属
于金融业，所以也被纳入经济学者的研究范畴。两者最大的区别在于研
究路径不同。相比而言，前者更注重史实的复原和结构的呈现，史料
及其运用是根本，对于史料的敏感性和使用率当然多多益善，而后者更
注重模型的建构和理论的阐释，史料仅作为其研究的一种工具，点到为
止。这两种对史料的不同"态度"，决定了史料之于二者的分量差异，
也使得双方的研究旨趣存在一定的差异。综合百余年来山西票号的研究
成果，我们认为尚存在以下不足之处。

（一）对票号原始文献的搜集、整理和运用不足

广义而言，一切可以反映票号的产生、发展、消亡等历时性过程，

---

① 晋宇：《高韵声声谱新曲——金融学专家孔祥毅教授及其学术研究》，《生产力研究》2001
年第 5 期；郭学军、孔祥毅：《解读晋商——孔祥毅教授访谈录》，《企业管理》2001 年
第 12 期；魏革军：《创新是金融制度变迁的主线——访山西财经大学教授孔祥毅》，《中
国金融》2011 年第 24 期；刘锡良：《忆孔祥毅先生》，《中国金融》2018 年第 22 期。
② 张亚兰：《黄鉴晖先生与票号金融史研究》，《晋商研究》第 5 辑，山西经济出版社，
2021 年。

和组织、制度、机制、分布等共时性结构的文化载体，均可称为票号原始文献。其类型多样（包括书信、簿记、契约、规章、票据、家谱等纸本文献，以及碑刻、墓志、印鉴、工具、遗址、旧址等实物文献），数量丰富（目前已知存世的各类文献有十余万件），有着极其重要的文献和文物价值，故而为各类博物馆和民间收藏家所青睐。由于此类资料生成的客观性、规范性，使其成为直接反映票号存续期间各项经营制度和发展历程的核心史料，因而具有极高的史料价值。票号原始文献的搜集、整理，主要是由历史学者来完成的，但总体而言，仍有很长的路要走。

从研究来看，百余年来山西票号虽然诞生了不少经典之作，但已有研究成果中真正将这些原始文献作为核心史料深入分析的屈指可数，对于这类原始文献整理、介绍和归户的论文更是寥寥无几。大部分人所用的史料，或引自民国时期各类报刊记载及李宏龄《同舟忠告》《山西票商成败记》、陈其田《山西票庄考略》、卫聚贤《山西票号史》书中所述，或引自改革开放后史若民主编《平祁太社会经济史料研究》、日本学者滨下武志的《山西票号资料·书简篇（一）》、黄鉴晖主编的《山西票号史料》《山西票号史料》（增订本）等。至于利用新时期晋商基金会出版的系列文献、刘建民主编的《晋商史料集成》进行的研究，尚处于起步阶段，有待进一步挖掘。究其根本，除以往原始文献数量披露有限外，还与山西票号遗留合约、书信、账簿、清单等文献的难以释读和利用有直接关联。好在，近年来，已有部分学者深刻意识到这一问题的严峻性，开始了对票号原始文献新一轮的搜集、整理与考释工作，典型者如山西大学孟伟、周亚、晏雪莲等人的研究。①

与原始文献搜集、整理的薄弱现状相对应，以往学者的票号研究大多存在史料挖掘不细的现象，首先表现为重"整体"轻"微观"的事

---

① 如孟伟、晏雪莲：《〈光绪十九年蔚长厚票号广东分号通年总结账〉账本整理》，《广州大典研究》2018年第1期；晏雪莲、孟伟：《日升昌广州分号〈咸丰十一年二月立·平遥来信底稿〉整理》，《广州大典研究》2018年第2期；周亚：《山西票号书信发微》，《中国社会经济史研究》2018年第4期；周亚、李善靖：《论票号账簿的归户、特征与价值——以恒隆光票号账簿身份考证为例》，《中国经济史研究》2022年第4期。

实，山西票号研究中缺乏"个案实证"。就前文所列的研究成果而言，除史若民、周建波、郝平、孟伟、周亚、杨志勇等人的少量论文运用原始史料进行个案探讨，从个案研究中凸显整体外，大部分文章都立足于票号整体进行研究，对数十家山西票号发展特殊性的研究更无从谈起。实际上，票号兴衰演进的时空过程极为复杂，每一家票号的特殊性都是探究其普遍性的基础，普遍规律的找寻必须基于众多的个案研究，因而必须加强基于原始文献整理的个案研究。

其次，原始文献运用不足的另一表现是缺乏具体研究。主要有三个方面的体现：一是票号发展分期的研究相对薄弱，山西票号有兴起、发展、高峰、衰败、转型等阶段，目前学界对票号起源、衰败、近代化转型的研究较多，但对其发展、高峰时期的日常运作、票号衰败以后的东伙结局等研究较少；二是缺乏对更多票商财东家族及票号经理人的研究，山西票号有数十家，每家的经营发展状况各有其特殊性，衰败的原因也各不相同，目前研究中涉及的票号主要有日升昌、蔚泰厚、大德通、合盛元、锦生润、蔚长厚等，涉及的人物主要有雷履泰、毛鸿翙、李宏龄、申树楷等著名票号经理，这相对于票号整体而言只能算作其中的一部分，对于其他的票号组织和票号经理人的研究尚没有大的进展；三是对山西票号发展历程中经历的大事件研究薄弱。当前学界对于山西票号起源地晋中地区的研究相当缺乏，对于山西票号兴衰发展中的历史大事件，如太平天国运动、金融危机、辛亥革命、三次改组银行等已有部分学者进行了研究，但对百余年间其他经营细节与大事件中的山西票号仍缺乏研究。需要在收集整理新见史料的基础上，重新审视这些历史事件中山西票号发挥的历史作用，并从具体的历史事件中重新审视山西票号的兴衰进程。

再次，原始文献运用不足的又一表现是缺少对山西商人群体与票号关系的研究。山西票号作为明清山西商人群体中最重要的组织之一，不仅起着关联山西商人与其他行业的作用，还因为经营金融业的特点，也与全国乃至国际的商业群体密切相关。从研究现状看，虽然有少数几篇文章从行会角度对这一关系进行了论证，但也只是笼统的介绍。作为虚拟经济的金融业和作为实体经济的山西传统农业与工商业之间的相互支撑关系，值得我们作为重点研究对象进行研究，而这亦有赖于对山西商人整体史料的把握。

最后，**原始文献运用不足的表现是山西票号的区域研究薄弱**。由于票号实行的是"总号结算，分号经营"的运作模式，其发展与分号在全国乃至海外各地的铺设息息相关。各票号根据不同地区的特殊情况相应地开设和收歇分号，开创了我国传统金融业最辉煌的成就。目前研究中，对山西票号在全国各地区的区域研究仅有几篇文章，不仅研究某家票号在全国各地分布状况的文章几近于无，研究具体区域中票号群体经营状况的成果也不多见。因而山西票号的区域研究应是未来的一个重要方向，而这亦有赖于新史料的挖掘利用。

（二）学科分野下各学科的研究路径与薄弱环节反思

由上文可以看出，改革开放后受学科分科的影响，开始有多学科背景下的票号研究。由于票号本身的丰富性和复杂性，仅以单一学科的理论与方法不足以完成对历史史实的还原，需要我们打破学科界限，从问题出发，真正还原历史。目前而言，对票号进行研究的主要学科有历史学、经济学、管理学、营销学、法学、社会学等。总体而言，还是将票号作为一个金融实体进行探讨，对其本身创造的各种制度及经营史实进行分析。从研究路径来看，主要分为从原始文献出发的归纳实证与从学科概念、框架出发的逻辑推理实证两种研究方法，下文将从不同学科角度对以往山西票号研究的薄弱环节进行总结和反思。

从经济学和营销学出发的山西票号研究。学者们多从票号的性质、内部控制与风险管理、会计成本、业务结构、业务总量与经营模式、利润结构等开展研究。这些成果一定程度上推动了票号研究的进展，但究其实质大多是从理论和模型出发，运用西方经济学的相关概念对山西票号的各项制度进行解析，并非完全出于史料所反映情况的总结。更重要的是，研究者对于票号所进行的主体业务——白银汇兑及其资本增殖没有进行很好的经济学解析，而且对山西票号独有的会计账册——龙门账的研究亦相当薄弱。此外，作为金融市场的"标期"及汇率问题、区域白银货币的"色平兑"问题，亦是票号研究重中之重，但基于经济学的分析甚少，这些均是当前票号研究中亟须补充的部分。

从管理学出发的研究主要集中于票号的合伙制、身股制、用人制度、激励制度等。就山西票号作为金融机构的角度而言，这些制度无疑是票号存续发展最重要的影响因素之一，也是山西票号之于现代金融业发展最值得借鉴的部分。但以往的很多成果缺乏对合约、账簿等原始文献的分析，缺乏具体的个案实证支撑，因而陷入了泛泛而谈、人云亦云的窘境。事实上研究身股制度的发展演变，最理想的情况应该是结合某个具体票号在一到数个账期内的万金账进行量化统计，对不同阶段银股与身股的构成比例与权责分配进行长时段对比。或者，找到某票号几个账期内合账的总结账目或开设时的原始合约，这些都需要从具体史料中挖掘和分析。

从法学和社会学出发的山西票号研究。从法学角度可以分为两个视角，一种是从山西票号本身的商事习惯法出发进行研究，另外一种是从外部法律的制定和修改对山西票号的影响。从社会学角度对山西票号研究的文章主要从社会变迁、人际关系、伦理等角度对晋商文化和信用制度深入展开；从社会结构角度出发的研究主要探讨了山西票号的内外关系，如与政府政策、熟人社会的关系。总的来讲，这些研究丰富了学界对山西票号的认识，具有重要的学理意义，但这方面的佳作尚少，有待进一步深化。

从历史地理角度出发的票号研究。区域研究是山西票号研究的重要视角，结合具体的票号信稿或账簿，运用量化统计方式对具体年份中各分号的业务情况和白银吞吐情况进行汇总，不仅可以深化票号研究，也有利于推进清至民国初年的城市发展情况与金融格局的研究。总之，对山西票号开展的金融地理研究也是当前亟须加强的研究路径之一。

（三）票号研究的学术视野有待进一步开拓

虽然百余年来前贤学者的研究基本涵盖了票号的各个方面，但从学术视野来看，仍有一些不足之处。首先，过往研究未能将票号的兴衰历程放在国家与市场博弈的宏观视角下审视；其次，过往研究较少将山西票号的兴衰放在全球史的视域下进行探讨；最后，此前研究中做得较好的比较视野也有进一步深化的空间。

票号研究的宏观视野有待进一步拓展。由于票号主营白银异地汇兑业务，其资本除实体货币"白银"外，还对应隐性货币"会票"。票号的每一笔业务都包含了白银与等值会票的反方向流动，这意味着清前期在国家向市场妥协放弃白银铸造权的前提下，票号以白银为本位建立起了一套属于自己的金融信用货币体系，其发行的会票在没有国家信用背书的情况下，在全国各层级的金融市场中发挥着类似纸币的职能，并通过在全国广泛的分号设置，深入影响到其他金融机构乃至商品市场，这就在一定程度上攫取了本属于国家的权力，这种业务属性决定了它走向衰败的历史必然。因而当清末以降的政府决心收回白银铸币权并成立以国家信用背书为核心的官银行时，票号的竞争力必然要遭到削弱。过往研究中这一历程未得到很好的揭示，主要原因是未能将山西票号放在"国家—市场"视角下进行审视。

票号研究的全球视野有待进一步提升。明清时期的"资本主义萌芽""白银货币化""财政国家体制""白银财政"等都是国内外关注的热点话题，这些话题的重点均在于探究明清货币制度转向白银时代后的中国与世界经济之联系，山西票号作为当时国内唯一可以进行白银异地汇兑业务的金融组织，与这些话题都有着千丝万缕的关系。此外，清末以降，全球联系的日益紧密和国内政治环境的变动，使山西票号不可避免地卷入全球经济市场中，与外国银行等金融机构进行竞争，这些都应是票号研究的重点问题，但全球史视野的缺乏，使这些关系在过往研究中并未得到很好的揭示，这无疑是今后需要努力的又一方向。

票号研究的比较视野有待进一步深化。比较方法是历史研究最为重要的方法之一，通过比较，我们可以更好地发现山西票号的特殊性，从而更深刻地体会山西票号的地位和重要性。就山西票号而言，至少有以下几个角度可以进行比较研究：山西票号与同时期国内其他金融机构的比较、山西票号与同时期南帮票号的比较、山西票号与同时期西方金融机构的比较、山西票号与现代银行等进行比较、山西票号的各项具体制度同古今中外其他组织的比较等。以上所列之项，有的部分前人已经进行了研究，有的部分则尚待进一步深化。这有利于我们将山西票号放置于更为宽广的背景、视野和坐标系中，进一步分析山西票号的诞生、发展和消亡过程及其原因，并从比较中看到山西票号对当时政治、经济、文化的影响，以及对当下金融业的借鉴作用，以史为鉴，体现其学术价值和社会价值的双重作用。

四、未来山西票号研究的展望

在对百余年来山西票号研究的发展阶段、关注议题及不足之处进行反思的基础上，本文对今后的山西票号研究也有一定的展望，主要有以下几点。

（一）加强票号数据库建设，推进票号文献学构建与研究

百余年来山西票号史料的搜集整理工作从未间断，在诸多先贤的努力下已出版了不少成果，尤其是 2010 年以来，随着文化市场的活跃和一批国家重大项目的立项，大量原始文献得到了进一步挖掘和整理。从史料类型看，这些文献可以分为直接史料和间接史料两种类型。直接史料主要指票号经营过程中直接产生的合约、书信、账簿、清单、票据、印鉴等原始文献；间接史料则指官方档案、地方史志、报刊资料、调查报告、碑刻等资料中对票号相关人物事件的记载。总的来讲，直接史料之于票号研究的意义更加重要，上文所谈以往研究中史料挖掘不足的表现也主要针对这类史料。本文认为从史料学的角度出发，今后的票号研究应该从两方面入手：**一是加强票号史料的数据库建设**。具体做法是在对票号原始文献进行文字整理的基础上，对其形制和内容进行要素化、谱系化处理，以票号具体业务中的不同关键词组成"元数据"进行统计，构建表格。在此基础上，将不同类型文献解析构建出的数据库关联起来，从而建立起一个庞大的山西票号研究数据库，其长期目标是实现数据库的文本化、数字化、智能化建设；**二是要加强对票号史料的文献学学理构建与研究**。关于这一点，山西大学孟伟教授曾提出山西商人原始文献整理的六个层次，分别是：1. 对原始文献的甄别、归户、定位；2. 原始文献的规范、模式、结构、格式探析；3. 文献中术语、行话、习惯法、方言的解析；4. 对文献中的时代背景、关联事件的认识；5. 对文献内容进行类型化、要素化、谱系化处理；6. 开展个案研究或找寻不同史料关联基础上的综合研究。本文

认为这可以视为构建山西票号民间文献学的一个基本原则，希望今后的学者们能够在此基础上对票号原始文献进行大量整理及归户等基础工作，并与官方档案、地方史志、报刊资料、调查报告等传统史料结合起来，共同构成票号研究的史料基石。

（二）深化基于新见原始文献基础上的实证研究

百余年来，山西票号研究中"重整体轻个案"局面的形成，主要与之前原始文献的披露不足及票号专业术语的研究难度过大有关，可以说，票号文献具有"冷门绝学"的研究属性，近年来大量新见原始文献的涌现必将缓解这一"巧妇难为无米之炊"的窘境。因此，未来山西票号研究的一个重点方向是进行大量基于新见原始文献基础上的实证研究，除对具体的票号经营事实和各项制度进行深度还原外，还可以对清至民国时期山西票号的阶段性特征、票号在各地开设分号与地方社会的互动、票号与同时期其他商业金融组织的联系等展开研究。总之，充分利用原始文献进行解读，将个案研究成果的特殊性和一般性结合起来，必将推进学界对山西票号的进一步认识。

（三）加强票号研究中历史学与经济学等学科研究方法的融合

未来的山西票号研究需要多学科研究方法的综合运用。具体而言，历史学对于原始文献的整理与考据是深化实证研究的基础，经济学、社会学等学科的逻辑分析与概念框架是深刻理解票号作为金融组织何以存续发展的重要保障。正如高超群教授所言："近年来涌现的优秀的经济学研究成果中，很少有完全不借助经济学方法、概念的，也很少有在历史背景、数据的可靠性和真实性方面有明显缺陷的。"[①] 因此，对历史学和经济学两大学科的问题意识、研究思路、研究方法和论证体系有基本了解，并能够准确采取适当的方法进行文献解读论证，应该成为新一代票号研究者的基本要求。对历史学出身的票号研究人员而言，数据库的建设和对文献的解析离不开量化统计方法的学习；同理，对于经济学出

---

① 高超群：《从学科分野看经济史研究现状与未来》，《中国社会科学报》2022 年 11 月 21 日。

身的学者而言，票号实证研究的可靠性和量化分析同样有赖于对原始文献的考据与掌握。

（四）进一步扩大票号研究的学术视野

未来的山西票号研究应该摆脱"就票号言票号"的历史叙事，将票号的兴衰和发展历程放置在更高的学术视野中加以审视。首先，应该进一步明确山西票号的学术定位。山西票号不仅是我国传统商业发展与金融演进过程中诞生的最发达的金融机构，也是明清以降国家与市场博弈、国家财政、货币体系转型过程中民间市场自我演化的必然产物。票号主营白银异地汇兑的业务属性、熟练掌握全国各地白银"色平兑"并以本平为转换单位的技术手段、以"白银"价值做信用背书发行"会票"的经营方式，都蕴含其兴起和衰败的深层因素。其次，将山西票号的兴衰放置于"国家—市场"互动的宏观视角下进行长时段审视，应是未来票号研究的一个重点方向。最后，应该进一步深化票号的关联性研究，多维、综合地探讨山西票号与山西商人、山西票号与其他商业金融组织、山西票号与国内国际环境变化的联系。山西票号的资金来源于汾河谷地的实体商业，人力和合伙制亦受到这一地区"有钱出钱、有力出力"的村庄自治体系影响，财东和伙友们也大多出身于这一区域的各个村庄中，但以往对这些关联的研究较为薄弱，有必要加强这方面的研究；山西票号的业务对象多为全国各地从事远距离长途贩运的其他商业组织，其中既有山西商人，也有其他区域的商帮，山西票号的业务流向及业务量变化一定程度上可以反映全国各地的白银货币吞吐量及城市商业规模，以往这方面的专题研究较少，也需要进一步深化；山西票号经营的后期受到来自西方资本主义国家的冲击，不仅同外国银行竞争，还多次遭遇金融危机，并直接受到太平天国运动、义和团运动、辛亥革命等重大事件的影响，这方面的研究有待进一步拓展。

（五）大力推进山西票号经济思想史的研究

作为山西票号研究的两大基本路径之一，以往的经济思想史研究可以说是票号研究中最为薄弱的一个环节。相较票号经济史研究而言，本文认为未来的票号经济思想史研究拥有更为广阔的前景。其主要研究内容可以分为如下两个部分：一是对山西票号历史上财东和掌柜群体中的人物、思潮、流派、著述的研究，已有成果中何平对李宏龄票号成败论的研究就是其典型代表；二是对票号消亡后不同历史时期相关学者的研究著述、研究路径、研究方法、研究内容进行的总结和学理探讨，此方面的典型如前人对孔祥毅教授、黄鉴晖教授治学理念的回顾等。正如魏明孔教授所言："加强经济史、经济思想史研究确实是构建中国特色学科发展的需求，特别是在加强基础学科背景下更是如此。"[①] 山西票号作为东方中国历史发展进程中特有的重要金融现象，在加快构建中国特色哲学社会科学学科体系、理论体系、话语体系的今天，唯有立足于中国的历史与实践，才能凝练和提升出具有中国特色的"三大体系"。更多的实践，期待学界同仁共同努力，一方面从山西票号的本体研究出发，讲好东方中国自我的金融发展脉络叙事，另一方面充分利用票号遗存的经营理念及遗址、遗迹、遗物等文化遗产，对其进行创造性转换和创新性发展研究，为富民强国做出应有的贡献。

---

① 魏明孔：《坚持改革开放主旋律：近年来中国经济史研究的成就与展望》，《中国经济史研究》2022 年第 4 期。

资料选编

民间文献研究（第一辑）

山西省祁县谷恋村历史文献辑录

李林　张茹*

传统村落是中国文化遗产的重要组成部分，对其所承载的历史、文化、艺术价值的发掘，有助于弘扬本土文化，坚定文化自信。

谷恋村位于山西省晋中市祁县东北 5 公里处，2006 年 11 月，被山西省人民政府评为"山西省历史文化名村"；2013 年 8 月，被国家住房与城乡建设部列入第二批"中国传统村落"名录；2014 年 2 月，被国家住房和城乡建设部、国家文物局列入第六批"中国历史文化名村"。

谷恋村原名为圐圙村。"圐圙"在内蒙古方言中指围住的土地，山西方言借用，指土围墙。后来，村子周围的堡墙被拆掉后，改名为谷恋。谷恋，就是恋谷，谷者，土地、衣食、乡亲父老，寓意教育子孙后代要知山守谷、知荣守辱、不忘家乡。据县志记载，明洪武初年，高姓先祖从山东渤海迁徙到此定居建村，村里超过 90% 的人都为高姓。随着晋商崛起，当时每两户人家就有一人在外经商，明清之际村里出现众多的富商大贾，故形成了"金塔寺、银谷恋、玉乔家堡"的说法。谷恋村现存明清古建筑 6674 平方米，共有庙宇、古典民居、四合院 40 余处，小巷圪道 36 条，堡门一座。古建遗存原汁原味，文化名人众多，以"晋剧之乡""秧歌之源"而著称。

2019—2020 年，山西大学民间文献整理与研究中心周亚教授团队多次前往谷恋村进行田野调查，收集到了光绪十八年（1892）高顺理撰写的《民俗杂记》和《民国五年谷恋村高氏五院家谱》等保存较为完好的史料。

作为与生活息息相关的民俗文化，主要靠耳濡目染、言传身教等途径在代际之间进行传承，高顺理所撰写的《民俗杂记》内容丰富，以文字的形式将习俗保留下来，有助于研究历史时期区域人群的精神文化生活。《民俗杂记》主要记载了时人物质生活、社会生活与精神生活方面的民俗，包括农业生产中对天气的预判、岁时节日的礼俗，以及一些传说故事等民间信仰。其中对谷恋村落发展的记录更是有助于我们窥探清末华北地区村落的历史面貌。

《民国五年谷恋村高氏五院家谱》记录了自高氏始祖迁入山西并定居谷恋村后的情况。高氏始祖仲远共生三子，长子高凌霄、次子高冲

---

* 李林，山西大学历史文化学院博士研究生。张茹，山西省晋中市博物馆科员。

霄，三子高团霄。从始祖发展至三世后分为五支，分别是十甲、五甲、东院、西院、中院。高凌霄一支为十甲之始，高冲霄一支为五甲之始。高团霄生三子，长子高九安、次子高九成、三子高九太，分别是东院、西院、中院之始。随着两甲三院的不断发展，高氏家族日渐繁盛。《高氏家谱》是高氏家族世系传承和发展的体现，家谱中不仅包含以血缘关系为主体的家族世系和重要人物事迹的图籍，还涉及许多珍贵的人文资料，如修谱缘由、家族迁徙、姓氏渊源、婚姻状况以及祖坟的地理位置等，对于研究谷恋村高氏家族的发展具有重要意义。

随着科技的不断进步以及经济的快速发展，村落不可避免地遭受自然或人为的影响。谷恋村作为历史文化底蕴深厚的传统村落，具有独特的地方特色和民族文化，对其历史时期民间文献资料的整理，有助于保护中华民族珍贵的历史文化资源和自然资源遗产，促进社会主义精神文明建设。

《民俗杂记》
光绪十八年高顺理撰

1 页

太阳出入时：每日太阳在天七时，日出卯入酉是也。惟五月夏至前后月余之内在天九时，日出寅入戌，十一月冬至前后月余之内在天五时，日出辰入申。

太阴出入时：每月初三日辰时月始出，初五日巳时月出，初八日午时月出，初十日未时月出，十三日申时月出，十五日出酉，十八日出戌，二十日出亥，二十三日出子，二十六日出丑，二十八日由寅入卯。

2 页

预知晴雨法：古云，朝看东南，暮看西北。凡早晨太阳将出未出时，只看东方及东南方，若天色赤而气清，主大清，且暖，或不赤而清亦晴。若见黑云遮蔽，气色昏暗，或有紫黑云在日上下贯穿，或黑云如鸡头，如旌帜，如山峰，如鱼鳞者，并主当日有雨。再看风急则雨在午前，风缓则雨在午后。晚看西方及西北方，日落时占法与此相同，若有雨在半夜或明日。大概只以日出入之处见天空则晴，虽有云片而色分明光耀者亦晴。

3 页

预知风暴法：凡见天色昏暗淡，禽鸟翻空；或云脚黄日色赤；或云行急，日月晕；或太白昼见；或西南参星动摇；或灯火焰明作爆；或石脉润；或树汁流水作鱼腥、土气；或鱼跳、蛇暴、蚓过路、蚁出穴；或黑白云起、倏忽变作片片相逐、聚散不常，皆主风暴。

定十二用星黄黑道选吉日，歌诀曰：建满平妆黑，除危定轨黄成开大吉利，破闭不相当，此十二用星内分为四等吉凶以成开定为大吉，除危轨为中吉。

4 页（6 张）

平收破为大凶，建满闭为小凶，凡择吉日只有嫁娶埋葬起，造三事必要细查，诸书避忌，其余诸事只用黄道吉日可也。凡为事要在上半日，盖太阳能伏诸煞也。

预知春牛颜色芒神服色，歌诀曰：年干为头，身属支纳，音为腹，不差移，春日天干用耳尾，支为滕胫纳音蹄，阳年口开尾缴左，阴年口闭尾右宜，神服春日支遭克克衣系腰与人知。芒神服色以立春日支辰受克为衣色，克衣色者为系腰色。

5 页

假如立春子日属水衣，用土取黄色，克衣色者为系腰色，用木取青色，假如甲子乙丑日立春，纳音属金白色，丙寅丁卯属火红色，戊辰己巳属木青色，庚午辛未属土黄色，余皆仿此。天干东方甲乙属木青色，南方丙丁属火红色，西方庚辛金白色，北方壬癸属水黑色，中央戊己属土黄色。地支亥子属水黑色，寅卯属木青色，巳午属火红色，申酉属金白色，辰戌丑未属土黄色，不纳音。

今岁要知来年春，三百六五三时辰，一年三百六十五日再加

6 页

三时，实数为齐一年小建，补足闰月均在内。

春雷久不声，应于国有大臣专政，冬日出落有赤色者，应于朝中有叛臣，夫叛者非谋反之谓也。凡心不在君而背之者谓之叛臣，如各处地震与日月交蚀之变，应于国有贼臣。

咸丰十年正月初七日，天上雨土自卯起至午止，名曰霾风而雨土霾。

同治九年前十月十一日下大雪，压折树枝无数，连下几日，前雨后雪。十三年九月十四日，霜降于十六七两日，下大雪一尺有余净存。光绪九年于十一月、十二月两月内，每日出日落有赤气，光明普照。

7页

上天慈爱下民，不啻父母之保赤子，奈有一种愚蠢人，不敬天地，不畏三光，诃风骂雨，抛散五谷，不孝父母，不敬尊长衣食，过分骄傲奢侈，种种造罪，上天因降兵灾水旱荒年以警之。

道光三十年广西长毛贼造反起，及至咸丰二年及至广东、江西、浙江、江南、苏州，攻开江宁府头目冯秀全占南京为王，百姓从顺，分一技人马，及至湖北汉口镇武昌府，三年夏又至河南怀庆府，秋到山西平阳府，直隶大名府等处，是年冬，渐至天津静海县，属独流镇，遇僧王兵打散而灭亡。咸丰年有忠良将向荣多见阵势。

8页

同治年有忠良臣曾国藩、左宗棠、李鸿章、阎敬铭、曾国荃等一心奋勇，大破南京，平灭长毛，数年南几省钱粮漕米未到北京。咸丰年间，河南地方有贼寇时常作乱，号名红胡子，成群结党，放火抢夺掠劫伤人随意便行，官家不能擒拿，百姓受此大害。同治七、八年间，山西天旱年荒，汾州属汾，平介孝等处大旱，三四分收成，祁太文徐亦旱，四五分收成，粮价高贵，祁县谷米每斗价钱一千二百文。光绪七、八年西口外后山一带大旱，无草，牲畜死者甚多，不能支生化城。卖买各行不好。九年山东地方大遭水灾，州县有几十处受伤。

9页

咸丰二年，国家造铁钱银钞票当十铜钱，有当五十、当百、当千之数。钞票当十钱，京城外未使开，惟有铁钱北五省大行，各处使用多寡不一，唯陕西省使用甚多。每千有使五百之处，有使三四百者，至少处使二百。国家在京城又开四大官钱铺，出钱票，只出不收。此数宗商民受致不小。官钱票未出城，此时京城买卖交易净使，当十钱。咸丰二年冬，南方长毛贼反至湖北武昌府。到腊月，祁县子洪镇过兵，人心慌乱。本县太爷曹芳一亲往子洪办差，带厨工吃食一应所用之物，各行支备，官令搭大兵棚，自上而下俱管饭，有品

10页

行有骡马骑乘，子洪送权店二驿，俱有临县协济牲口办差。到三年春至夏，

不断过大兵，又过军器火药，大将军西瓜炮、车炮，一应差务过多，不能支持。以后，兵丁无饭，折钱，骑乘亦折钱。到五月，长毛贼至河南怀庆府。八月，山西平阳府至洪洞界，咱处一闻此信，众皆惊惶，纷纷议论不知何可。有在山里置居处者；有搬移僻静亲朋寄住者；有居住未移动者，都无一定主张如何。八月间，兵马乱行，不知何来所往，差事不支，众皆惶惧，闭门坚守。是年，祁县每石粮派差事钱八千文，知县曹因捐输兵饷加同知衔。

11 页

咸丰三年五月，南方长毛贼由湖北到河南怀庆府，攻城不下，在城外用木板器具筑垒木城。朝廷命圣保领大兵去征，兵到此地，围绕不动。山西巡抚哈宏奉旨带兵出省把守太行山众口，出省一路延缠，徐徐而行，不敢进前，日行二三十里，或有一二日坐驻不动者，未到此地，闻贼兵有动，仍然还省。圣保在怀庆府按兵不动，未见一大阵。及至八月初间，贼暗走自绛州、垣曲县口及山西境。贼兵走出去，官兵伴推不知。圣保安奏朝廷，言贼兵败阵而逃。圣上赐保黄马褂，赏戴花翎。长毛贼由垣曲口至绛县、平阳曲沃县、太平襄陵。及至八月十九，攻平阳府

12 页

城甚急，外面救兵未到，因而城破。圣保领大兵四处绕路而行，不能追赶又不敢截杀。贼兵又至洪洞县界，此时恰好有本省北镇兵到，圣保兵亦到，二兵合一对敌一阵。贼兵败退至翼城界，自泽州、沁水、阳城、潞安、屯留、长子鲍店镇、潞城黎城出东阳关，此一路前无截兵，后无追兵，任意横行。出山西界，又至河南武安县、涉县城，临漳、直隶广平府邯郸县，大明开州，清丰县大名府，出临明关至深州，渐至天津静海县独流镇。圣保到洪洞时，上撤花翎、黄马褂。自洪洞一战，贼兵败退东行。圣保领兵又至平阳府，复杀百姓，官兵横行作乱，掠劫民财，大闹一场，名为清贼。

13 页

自平阳又还洪洞赵县、霍州北行，过韩信岭、灵石、介休、平遥、祁县城，至贾令镇奶奶庙，又顺昌源河滩东行至子洪镇，从此又到太谷范村口，由和顺辽州至河南、直隶界，随贼兵后躲路走。朝廷闻报贼人出临明关，急命僧王领兵截战，至独流镇，对敌见阵用火炮打，贼兵大败而退，又连二三阵，仍用火炮，打死贼人大半，余者四散奔逃。官兵赶上掩杀一阵，死者无数，逃脱者无多。又有本地土人见识逃走长毛，杀之灭尽。僧王智

勇多谋，保国救民，平贼有功，加官进爵。圣保贪生怕死，误国害民，见贼逃避，罢官削职。此时在南京长毛贼甚重。

14 页

咸丰十一年夏，西洋国鬼子从东海水路反至此，京城边朝有奸臣一党，端华、肃顺等心怀不良，诓诱皇上至热河，明谓躲难，暗有调度，鬼子反至海店，圆明园，火烧围场，毁坏官室，又攻打京城德胜门，有破城之势，至后两相讲和。咸丰皇帝崩在热河，死时人不得明白，此时朝中皇太后听政与众臣速议，将端华、肃顺二贼提京定罪，余党尽皆诛之。咸丰皇帝在位十一年，天下无一日太平。

同治元年，陕西回回造反，自西安渭南孝义川起首，朝廷命圣保代罪征之，领兵至此，又不敢见阵，陕西一带川西反遍，圣上又命将军

15 页

多大人出征，数阵将回回打败奔逃，死者甚多，退至甘省界金鸡堡，多大人中炮子，伤在营内。再后，上命左宗棠又征之，破金鸡堡，见数十阵，回回死无数，不能尽灭。左大人先征后和而息，前后反八九年。同治□年宋锦思由陕西军营引他党人逃走，出潼关过黄河，有盗军中令箭一支为据，一路抢夺作乱，唯到祁县，周太爷接待甚好，遇官兵火炮打散。宋锦思原在河南为寇，红胡子出身，圣保领兵在河南时，拜保为干亲，至后复命圣保去陕西征回子，锦思

16 页

随在营下，圣保征回无功，上撤回京。宋锦思见事不好，先引他党人逃走，一路横行抢夺，与贼无异，祁县民人早闻有此信，心慌神乱，不知如何。在大路住者，净躲避外乡亲朋，临大路近处，移躲甚多。同治六年夏，长毛见小燕王张由河南至潼关入陕西境，到灞桥打一阵，长毛大胜，自此威名四达，兵民惧怕，一带川面横乱走遍，官兵不能阻挡，任意横行，及至腊月，黄河冻水，贼人踏水过河，陷河死者及多，从吉州口入山西境，至乡宁县到平阳府城，又至洪洞县界。李大人领兵一阵打，败伤贼人无数，余者逃奔至河南以后漫散。

17 页

光绪三年旱灾年荒志

从来国以民为本，民以食为重，本朝开国以来，治天下，十有八省以宽宏爱民为本，而唯山陕两省之民屡受饥馑之苦者兹不胜记，试以山西之

地言之，自同治七年以至光绪四年，其间屡遭旱灾，唯光绪三年阖省全旱荒极，汾、平、蒲、辽、沁、潞、霍等处甚重，黎民残伤困苦无比，饥者难为食，渴者难为饮。五六月之间，仰观天道密云而不雨，俯视地理禾苗而枯槁，粮价昂贵，祁县谷米每斗价值钱一千四百有零，各处粮粟斗斛不一，难以细载。

18 页

银价过贱，祁县宝银每两价值钱一千二百上下，各处平银钱底不一。此时，天气忽明忽暗，日傍双耳时出。夏田有大半收成，秋禾一概枯槁。粮价渐大，祁县谷米每斗价值钱一千七百有零，白面每斤价钱七十上下，宝银每两价值钱一千一百上下。此时家有田、房、物器卖之，从无受主，亲戚里党揭借不能，穷困无奈，拆毁房屋，零卖烧柴。如此，致使老者坐于涂炭，壮者散而之四方。以及各村、堡、寨杀食耕牛、犬马之肉。至于草根、树皮、沙蓬、苦苣之类，俱以为人食，暂充其饥，难以度日。民有饥色，野有饿殍。当此之际，

19 页

男不以女为室，徒利己者，全无恩爱之情；女不以男为家，直从人者，何有相敬之意？由是本省巡抚曾国荃，协同布、按两司奏闻朝廷。钦命阎敬铭大人督办赈务之事。自光绪三年冬奉旨，各处开仓放谷，赈济贫民。祁县各村庄，按贫民人口领谷，惟圐圙村等，知县萧官不与，本村自护。皇恩奉旨本年下忙钱、粮独免，上谕各处设立捐输局。祁县放委员同知衔张元鼎、本县绅襟闫肇统等，官捐绅助，富者乐输其财，贫者日望其食，又村乡庄户，各村捐资米以及助赈，省城设立官卖米局，又设男女饭厂。

20 页

抚台出示各府、州、县俱设饭厂，每日施粥一大碗，厂中每日有饿死之人，各处有弃尸万人坑。乡庄贫民，大口每日官给银一分，小口每日给银五厘。各村执事人乡地，每月到衙一领回各村，十日一散花名。四年，朝廷从京又发来老米与麦，散之各村贫民。以上数宗，圐圙村一概未领，又有邻省捐输己助山西之赈，施粥给粮，赈济自三年冬起至四年夏止，如此散资放粟，不能救民之困厄，此乃天也，非人之所能为也。贫民大半饿死者，尸横遍野，无人管理，各村、堡、寨动烟火者十无二三，饥寒之苦日夜不能安息，死生

21 页

朝不保暮。迨至四年，春霖不降，麦苗枯槁。粮价贵极，祁县谷米每斗价值钱渐至二千七百上下，宝银每两价值钱一千一百有零，白面每斤价钱九十七八，咸盐过贱，每斤价钱十文上下。此时民人家无颗粟之存，亲朋投之无门，困急无聊，饥寒难忍，剐食死人之肉者有之，吃土石之面者有之，以及荄秆、谷草碾面食之，即致人死，此是获罪于天无所祷也。当此时也，父子不相见，兄弟妻子离散，男妇老幼各讨方便，投生免死，随便从人，渐至结党成群，执刀逞刁者，伤人行凶，劫掠财物，无所不为；放火抢夺者，

22 页

争分财粮，不夺不厌矣。各处州县出示，有人拿缚禀官者，严刑立死，不能念不忍人之心也。是年各处遭瘟疫传染，人殁极多，又兼豺狼当道，伤人无数。民受困苦，未有盛于此时也。及至七月，蚜蝗食谷叶，吃尽只留杆穗。八月荄子插花，唯玉荄、糜黍有收成。皇恩奉旨，本年上下两忙，钱粮独免。是年前旱后涝，大略收成三四分之谱，而赖外省来粟。继之太、汾、潞、沁等处，由直隶、邯郸、获鹿、张家口、数路商贾贩来米面。平、蒲、绛、霍等处由河南彰德、卫辉、怀庆府一带来粟。如此，粮价渐小，厥后存民略有生机。

23 页

　　熟意世道人心不古，藉年荒旱，屡受饥馑之苦，所以天道之感人由于人心之不善致之耳。人心之不善者，是非天道无以化之也，则人心退而天心长，当效耕三余一，耕九余三之典。迨至五年春，朝廷发来牛、马，散之州县，遭灾重处有之，祁县未有。教民耕种田地，受牲者出银八两，未受牲者分得银置办农器物件，各处散麦子银，南几府有之，省北未有，此二宗。山西阖省州、县一百有零，放粟、散牲款、免钱粮，有无多寡各处不同，难以各一细载，此其大略也。

24 页

　　朝廷以仁育万物，以义正万民。斯可纳庶民于仁寿之域，同享太平之福也哉。此所谓山西大遭旱灾者是为序。

　　光绪七年岁次辛巳清和月（四月）

　　祁邑高顺理撰书

　　光绪三年旱灾年荒，圐圙村设立救荒社，舍粥赈济。本县衙内仓谷与

济贫银，知县萧官一概不与，教本村自护。求本村关帝庙助白银一千三百两，村中富户共捐谷米九十石有零。在县捐输过，家、村中不捐，共计吃贫人二百三十余家，男女大小人口四百八十余口，大口三百二十口，每日一口领粥四碗，用米一合六勺。

25 页

小口一百六十余口，每日领粥三碗，用米一合二勺。巡夜打更人共拨八十名，两班轮流，每夜一人工钱三十文，占窝铺四座：一在关帝庙社房；一在观音堂社房；一在文昌庙东房；一在西门内空院。各铺所用火药、灯油、烧煤，每日上社各领。分四路巡查，每夜巡二十回，轮流转牌。村中每日巡街人四名，一人工钱三十文，俱是以工代赈。自三年十一月初一日舍粥起，至四年四月二十日舍粥止。以后减去人口，男人佣工挽（挖）东、西二渠，每日一人工钱八十文代赈，下余老少妇口二百有零，大口每日领钱二十文，小口每日领钱十五文。又

26 页

至六月十五日舍钱止。吃贫巡夜人起止同日，每日用熬粥人六名，一人工钱三十文，每日熬粥十二锅，每一锅用水两担，下谷米六官升，通共用谷米一百二十石有零，每斗均价钱一千八百有零。

经理人　高立道　高锡垫　高则裕　高必昌　高镇绣　高锡冕

光绪七年岁次辛巳仲吕月（四月）祁邑高顺理撰书

27 页

山西省太原府为省会，在京师西南一千二百一十五里，东西距八百八十里，南北距一千六百二十里，领府九，直隶州十，属州六，县八十五，阖省共地四十九万五千九百三十四顷零，额征粮银二百九十九万六百七十五两零，州县内统四乡：乐平乡、清源乡、马邑乡、平顺乡。祁县，县城在太原府西南一百四十里，领村庄堡寨一百零二村，共地五千三百八十一顷零，额征丁粮银三万五千一百五十七两零，盐课银六百三十八两九钱八分，仓谷一万三千石，每亩水地粮八升二合，上地粮六升二合，中地粮五升三合，下地粮三升八合五勺五抄五撮，

28 页

滩地粮二升三合二勺，每石粮征银一两三钱八分四厘二毫，另有盐课银一分五厘三毫。祁县四乡：举善、世祥、麓台、西关。每一乡分为六都，每一都分为十甲，共二十四都。有寺二十四座，统辖一县粮草。祁县盐务领

河东之盐引，而不食河东之盐，因本境土盐足用，共盐课银六百三十八两九钱八分，丁池各纳一半，丁纳三百一十九两零，池纳三百一十九两零。丁归地粮，每石粮纳盐课银一分五厘三毫。祁县路当孔道，往来通衢，西大路设贾令驿，东大路设盘陀驿。本邑管辖村庄共一百零二村，有东西旁路村庄二十八村，称为

29页（同28页）

30页

铺路村。

护送人犯，修理道路桥梁，支夫役差，内有城赵村为残伤村，奉旨优免杂差。乾隆四十三年因支差不均，众散村与铺路等村成讼，胡道断结裁革公和局，令七十四散村立鱼鳞号簿，寻常差使号马支应用，车马过多之差，七十四散村分派支应：三合七村支应正月一个月，下余十一个月六十七村分四路支应，一路支两个月二十三天，按村庄大小粮石多寡均派，车不过百辆，马不过二百四。有凯旋大差，四路公办，残伤铺路等村，以粮减半均派支应。祁县八景：麓台龙洞、昌源春水、碛山晚照、

31页

龙舟夜月、高峰积雪、双井古柏、古县龙槐、沙城断碑。

昌源河，源出沁源山，从西交沟与平遥上店山水合，东流至武乡南关镇，与胡甲山水合。胡甲山即分水岭，又北流至祁县北关镇，与南凤沟水合，至来远，与东峪沟水合，又与谷峪沟水合至盘陀镇，与张登沟水合至子洪镇出口，灌祁县诸村地，至文水、平遥入汾河。子洪镇有夫子洞，世佛岩内有连山石佛，八角琉璃井在水母庙，龙鸦嘴在口内西山，西岩寺在山口外，口内西湾有水磨二盘，镇北长流活水灌地。麓台山在子洪南四十余里，上有二洞，岁旱求雨。

32页

圈圉堡在祁县城东北十八里，明嘉靖二十年筑堡。周围五百五十步，有东门南门二座，俱有楼，小北门一座，西门后开。光绪四年，村中造挨门户口册，共五百三十七户，男女大小人口共二千四百二十口，本年造地亩册，共地五十七顷九十三亩六分，内有庙地一顷五十三亩八分，共民粮一百七十四石四斗三升零，晋府官粮银二十五两八钱三分三厘，以二五加银六两四钱五分八厘零，共银三十二两二钱九分一厘二毫五系，在徐沟县纳每年村中执事人经理总纳。圈圉村大东渠，高进登等开自顺治四年。在

本村东门外观音

33 页

堂后，渠阔二丈，河内南北筑堰，自东六支河引水，路经马家堡村西地界，灌至圙圙村村北，地尽而止。马家堡在上打闸三道灌地，因占地界，无工使水，本村打闸十五道，灌地三十五顷零，大东渠西两旁有支渠十八道，每年夏至后择吉日捥（挖）渠，照昔年派定，按地亩做工，八天为限。众地户以地亩应做工七百二十个，十家甲头在渠上经理八天，俱有无工使水甲头地，花户有无工出水钱地，有做堰上账房地。每年村中在河邦堰执事人经管渠簿、渠图，在河神庙勒碑刻石。河神庙每年六月六，七月十一日献羊，渠上有水雇长锹，俱使用水钱，

34 页

于道光二十五年、咸丰五年、同治八年、光绪三年，以上前后四年，本村堰上渠内点水未见。圙村一盖未浇灌，十七年圙村地未浇。于咸丰、同治年间，姜家堡开多年废渠红沙渠，在本村东渠堰上开他渠口分水。己村不允，因此两村屡次成讼不了，及至后来，本县周太爷断结，各寻各渠口，日后不许搅扰谷恋村渠堰。于同治年间，与长头村，因他胡长渠在河内渠口，与本村河内引水渠合并为一处，因而成讼。本县太爷断结，各占各渠口地界，以后不许争端，两村二渠不混一处，具结息讼。

35 页

于光绪三年，贾令镇与丰固村、杨羽村等三村合而为一，开五道渠。三村人等聚众口明言，定要挑谷恋堰。他在当河开渠三道，将本村堰上挑口三个。己村未支，到邑成讼。知县萧太爷亲自去采验审，谷恋堰旧有，当此河水涨发之时，暂且将堰补足。贾令等村怨气不遵，去省上告。知府道台及至抚台案下、巡抚委同知衔张元鼎亲来采验，审过数堂断：如有大水，谷恋村使水一昼夜，挑堰放水，本村不允，未结，张委员亦走。延至四年春，本村又递诉呈，巡抚委周委员来县断结：如遇有水，谷恋村浇灌一

36 页

昼夜完，开堰放水，如一昼夜浇灌不完，再等二轮水来浇。如若浇完，极速开堰放水。周委员又要本村渠上地亩册，每间有四至。村中速造花名地亩册，大东渠十五闸灌地三十五顷花名、挨间各有四至，一样造地亩册二本。县衙内存一本，村中公存一本。每年堰上有水灌地，速报官知，差衙

役来村巡视。自十年上免报、役不来村。圈圙村西渠与塔寺村系伙渠一道，在二村两界间。塔寺村名小东渠，长七里有余，自昌源河引水灌塔寺村地，以至本村西门外、玉皇阁前灌至村北地尽而止。每年夏至日挽渠，照昔年派定，按

37 页

地亩做工三天为限。二村俱有甲头经管。塔寺甲头领头程、二程、三程、四半程；本村甲头领四半程、五程、六程、七程、八程。每程工二十七个，脱误一工，现钱二百文。渠上有无工出水钱地。于嘉庆年间，范公村屡次争竞此渠是他村范公渠，因而成讼至省抚台案下，有委员来采验。前后十年，官事差完，照旧原是塔寺、谷恋二村伙渠一道，与范公村无干。红沙渠在本村大东渠东，与长头村、姜家堡轮日使水，本村于一月内轮水三天：初一、十一、二十一打闸灌地。因渠占地界，无工使水。

38 页

于道光十几年间，马家堡垒在他村西胡帐渠上修大石桥一空。此路俗名草道，原是上年人走小路，后行车道。本村与长头、姜堡三村，因此处修桥恐日后使水不便，商议都有拆桥之意。迨至第二年夏，三村会同择日齐到将桥拆段，未见马家堡一人，他村去邑成讼。本县程太爷亲自采验审问，修桥铺路亦是善事，往来行走与众方便，不应拆毁。三村等讼，往北不远古道有桥，往来便行。三村使红水灌地，此渠修桥，使水大有不便。官家不由分解，总以拆桥是大过。三村人等看事大变，难以取胜，到省上告，（交城燕怀蔺写呈），至抚台案下。

39 页

委员亲来采验，此是有桥修桥，大道有桥，僻路不必再修。况此地离河不远，若修石桥，堵塞河水不得任流。三村用水微细，灌地不足，不能以一村便，使三村受制，若遇有水，行走古道。北左渠在圈圙村结义庙后，自昌源河引水灌塔寺、圈圙、吴家堡、左墩、北左诸村地。兴福寺在贾令镇西北，统辖西关五都籍贯、户口、人丁。咸丰年间，本村麦地内始生雁雁草极多，至今更盛，从前盖无此种草。山西汾河原出北口，外流至西南绛州河津县铁家湾入黄河。

40 页

咸丰元年本村造门牌，男女大小人口共三千有零，七年本村造门牌男女大小人口共二千九百零。同治十一年本村造门牌男女大小人口共

二千七百零。光绪四年本村造户口册男女大小人口共二千四百二十口，七年本村造门牌男女大小人口共二千二百七十口，十八年十月造阖村门牌共四百五十余户男女大小人共二千零四十口。自戏楼南门分中，往东三百户，往西一百五十户。高姓东西共四百户，众姓共五十户，大小铺舍共四十家。

41 页

文昌庙，光绪元年重修，择二月初七日动工拆庙，十七日移神像于关帝庙正殿，八月十七日请回本庙金妆，择十月初七日午时开光献戏。永福寿班在庙后地搭彩台。又修南门外五道庙一事，经理重修，同日开光献戏三出。修盖一应费银一千五百两有零，开光费银四百余，前后宝银钱数一千七百文。经理人高则裕、高必昌。四外布施银一千六百零五两，布施钱二十一千文。四乡布施银六十七两，布施钱九十九千文。本村布施银八百二十二两，布施钱一百二十千文。

42 页

四年十月初八日立碑二通，共买价钱三十千文，起磨平交货。錾字连边座共用工一百八十个。二碑共大字六百八十个，每工錾四十个上下，小字五千四百六十八个，每工錾七十个上下。一应连立共费钱二百千文。二十九年修理院内，载柏树二，东旁起灰沙圈墙，安米碾二盘。

玉皇阁，光绪元年重修。二月动工，九月开光献戏（双梨园）。修盖连开光共费银二千两上下，经理人高履谦、高镇候。关帝庙，光绪八年重修，移后六丈许。于六年九月动木工，七年二月动土工拆庙，移神像于结义庙，请诸神牌位于观音堂。是年七月十一日在此庙献秋报戏，至又七月由结义庙请神像回本庙。又至

43 页

八年春，金妆神像，彩画庙宇。戏楼西旁又盖社房四十余间，正房供奉三官火神，择七月初四日寅时开光献戏，聚梨园上班。一应修盖开光杂花共费银一万两有零（一千六百余钱），俱是本庙屡年积存现银，布施分文未花。两正殿内俱有名人字画。风水先生赵文斗（盂县），经理人高必昌、高锡堃、高则裕。真武殿己身献牌，曰权尊北极，在东出厂内学门上。光绪十八年七月，重续宗谱，五院共四百三十余家，自道光二十六年续后，至今四十六年未续。今重续，举意经理人则裕、必昌、锡壁。

44 页

咸丰四年祁县宝银每两价值钱二千七百三十文。同治四年每两价

值钱一千二百六十文，九年每两价值钱二千文。光绪三年每两价值钱一千一百三十文，九年每两价值钱一千七百八十文，二十四年每两价值钱一千零八十文。咸丰四年祁县谷米每斗价钱三百八十文，同治九年每斗价钱一千二百文。光绪四年每斗价钱二千七百文，九年每斗价钱四百文，二十八年每斗价钱一千五百文，三十年每斗价钱六百文。咸丰五年祁县棉花每斤价钱二百文，同治十年每斤价钱四百八十文。

45 页

咸丰五年，祁县使铁钱，每千使三十文。同治十一年各行公议禁使铁钱。咸丰年间，祁县城里关外，上、中字号二百三十余家。现成钱行五十余家，书铺四家，迟期钱盘行六十余家，花店三家，城乡当铺六十余家在城九家，茶庄二十三家，大布庄二十三家，南京绸缎十二家，杂货铺十六家，会兑京账局十四家，油店七家。咸丰年间粟贱银贵，又兼南路反乱，卖买不行，平、介、祁、太生意各行不好交代，歇业者甚多。同治三年是上元甲子，有日月合璧祥瑞之兆，冬降大雪数尺，天气过冷。

46 页

山西省当行共屯本银二十万零九千，零散一省州县众当铺二十万整，余零存布政司衙内。众州县各处领屯本银多寡不同，按月一分行息。一宗息谷银月一分行息，一宗户部余平银按月一分行息。上项交布政司衙门收。当帖税每年各家银五两。光绪十二年六月二十五日，祁县城东关大遭水灾，房屋货物毁坏甚多。治家最要财物出入俱当记账，不独日后有所稽查，且可预计其收用存留之度耳。

47 页

光绪九年春，祁县补仓谷。系旧年冬省城巡抚张发来三年上赈济余银。本县太爷胡教各村按粮石领银买谷补仓。自光绪十一年四月十四日寅时，天无云而鸣似雷，非雷有红光二元，似闪非闪，自东北起落至西南，而有声在口外见之。光绪十一年八九月间，果杏树复开花结实，未成果树，开者及多。自咸丰元年至光绪七年共三十年，村中按门牌稽来男女大小共短少人七百余口。光绪三十三年村中重修南门，经人高秉蔚，光绪八年祁捐富户增修志书。

48 页

大清盛朝皇帝

顺治讳福临在位十八年，康熙讳玄烨在位六十一年，雍正讳胤禛在位十三年，乾隆讳弘历在位六十年，嘉庆讳颙琰在位二十五年，道光讳旻宁在位三十年，咸丰讳奕詝在位十一年，同治讳载淳在位十三年，光绪讳载湉在位三十四年，宣统讳

49 页

沁州路程：圐圙村东南七里马家堡、三里东六支、南庄、六里太谷榆林、四里至祁县南团柏、八里鲁村、五里子洪镇、五里三贾村、五里西磨支、二里东磨支、八里盘陀镇、五里谷峧口、八里团城、七里来远、十里北关、五里师庄、五里武乡南关、五里窑儿头、八里土门、四里石窑会、三里分水岭、五里良侯铺、十五里勋欢、十里权店驿、五里沁州走马岭盐税、五里西汤、十里牛侍铺、十五里漳源镇俗名交口、五里漳源村、五里北河、五里固亦、五里口头、七里温庄、八里至沁州城。

50 页

沁州城北至太原府三百三十里，至祁县城二百一十里，至太谷城二百一十里，至祁县子洪镇一百八十里，南至泽州府三百七十里，至潞安府一百八十里，至长子鲍店镇一百五十里，至襄垣城一百二十里，至沁源城九十里，至武乡城六十里。子洪镇北十五里团柏铺，十五里白圭镇，三十里清德铺，十里徐沟城，十里同戈站，三十五里太原小店镇，二十五里杨家堡，十里省城太原府。道光二十三年六月出门，到沁州前账庄后钱铺。同治六年至光绪五年生意歇业，分散卖账。八年冬又去一回，其间往来回数甚多，不悉载。

51 页

祁县至归化城路程：祁县城北二十里至贾令镇，十里清源西罗村，十里清源尧城，十里徐沟高华，十里徐沟县城，十里徐沟同戈，十里徐沟北格，十五里太原东桥，十里太原小店镇，十五里太原阴家堡，二十里省城太原府税阳曲县，四十五里阳曲青龙镇，六十里阳曲石岭关，三十五里忻州城，五十五里忻州新口税，三十里崞县原平镇，四十里崞县城，四十五里代州阳明堡税，三十里代州南口，二十里代州雁门关，二十里代州广武城边墙，七十里山阴安应铺，三十五里怀仁黄花梁，此处东西两口分路，四十五里左云吴家窑出瓷器，七十里左云秦家山，七十里朔平府

52 页

右玉县，二十里右玉杀虎口税。由西路行三十里榆林城，二十里榆树梁，七十里和林格尔，五十里南沙尔庆，七十里归化城。出口由东路行六十里

宁远厅，八十里杨盖板申，六十里归化城，北二十里大清山。祁县城北一百四十里省城太原府，三百六十里代州雁门关，三百三十里右卫杀虎口，二百四十里归化城，共一千零七十里。乾隆四年，右卫将军移口外，绥远城在归化城东北五里。雁门关上对云：三边冲要无双地，九塞重崇第一关。代州城在雁门关东南四十里，雁平道驻代州管理雁门三关等事。

53 页

归化城门四座，南北正街一道，城外大东街、小东街、大西街、小西街、大南街、小北街、东顺城街、西顺城街、太平街、通顺街、长盛街、得胜街、棋盘街、桥头街、三官庙街、泥弹街、文庙街、半道街、圪辽街、头道巷、二道巷、大南街有戴恩牌坊一座。九龙湾、西河湾、圪脖湾、老龙滩、马莲滩、狗家滩、孤坟滩、东五十家则、西五十家则、南柴火市儿、北大桥上、海窟上、东夹道、西夹道、人市儿、美人桥儿、皮袄裆、牛桥上。各街巷道甚多，难以逐一细载。归化城隋朝为丰州，俗土默川。

54 页

大召：通顺召、石立图召、五塔寺召、太平召、乃莫气召。小召：宏庆召、巧儿气召、广法寺召、可阑召、五淑图召。

御泉井在大召前，下是一洞，上有八口，取之不尽，上有井泉龙王堂，对云：源泉常混混不舍一昼夜，庙貌垂千古御泉镇八方。玉皇阁在棋盘街，文庙在大南街，吕祖庙在马莲滩。关帝庙有六角钟鼓楼，酒仙翁庙、马王庙、金龙庙、文昌庙正门上有八角挂面奎星楼，以上五庙俱在小东街一处。财神庙，费公祠匾曰：镇守归化城抚远大将军费公之祠，

55 页

以上二庙在财神庙巷。地藏寺、火神庙二庙在小北街路西巷。三官庙、鲁班庙正殿卷棚一间，两旁挂面四挑角院，中挂面牌坊，观音寺、娘娘庙有六角钟鼓楼，以上四庙俱在三官庙街一处。龙王庙、文昌庙正门上有奎星楼；下一层四挑角，中一层出厂；明柱六挑角，上一层挂面无斗八挑角，以上二庙在海窟上一处。城隍庙院中有挂面牌坊，戏楼前后四挑角，在城北一里许。三贤庙在本巷，菩萨庙在南柴火市，河神庙在大桥北，真武楼在城北门上，三官堂在西瓮城，大仓在城隍庙西。

56 页

东茶坊老郎庙，西茶坊关帝庙有六角钟鼓楼，戏楼四挑角。北茶坊关帝庙，财神庙，马王庙，有下四柱、上八挑角挂面钟鼓楼。南茶坊关帝庙、

祖师庙、瘟神庙、圣祖宫，东岳庙在孤坟，以上召庙俱在化城外，众庙共戏楼十九座。启运书院在文庙西，都统衙门在归化城里，归绥道同知、巡检，俱在城外西北。将军衙门在绥远城里。都司在城外西北，同知在城里。宁远厅在化城东南一百四十里，和林格尔在化城南一百二十里，萨拉齐在化城西颇北二百七十里，托克托城在化城西颇南一百六十里。

57 页

毕齐克齐在化城西颇北七十里，西包头在化城三百六十里，河口在化城西南一百六十五里，三两庄在化城西南七十里，清水河在西南二百余里，近河保营。吴公坝在化城西北二十里，往后山大路。绥远城在化城东北五里，中十字街有四明挑角鼓楼。文庙在大东街北，关帝庙在大南街西巷，城隍庙在大南街东巷，将军衙门在大西街。归化城里有总税局，东西南北四栅口俱有税亭，柴火市亦有税亭，化城各召内都有活佛，惟通顺召无活佛，是康熙年费将军杀之。昭君墓在化城南颇西二十里，大黑河岸上，每日早午晚三变像。

58 页

察素齐在化城西一百里，保儿合少在化城东北七十里，可可以力更在归化城北九十里，东白塔儿在化城东九十里。

祁县至陕西眉县齐家寨路程：祁县城西南二百一十里灵石界、韩信岭，二百四十里平阳府，二百一十里闻喜县，三百里陕西潼关，二百六十里省城西安府，二百八十里凤翔府眉县齐家寨，共地理一千五百里，祁县至黄河共九百五十里。光绪六年八月初间到陕西眉县齐家寨，七年九月十九日回家到。十年三月初一日到归化城，初七日到三两庄，十一年六月初七日回家到。

59 页

谢土祭文

维

大清光绪几年，岁在干支几月几日某时，山西太原府祁县某都甲，某姓某名，谨以清酌广馐之仪敢昭告于，土府之神曰窃念某等，生逢盛世，幸处中华承荷生成之德，常蒙覆载之恩，每切感戴恒怀答报，兹因居处不便，修饰屋间其间，兴工动土不无触犯神祇，兹值太岁在普照之日，土居中宫之辰，阖家齐戒，供秉虔诚，稍申献芹之忱，微报摩涯之德伏，祥云瑞日家道盛而长幼泰和风美景吉。

60 页

　　文庙牌匾：万世师表，康熙皇帝献；生民未有，雍正皇帝献；与天地参，乾隆皇帝献；圣集大成，嘉庆皇帝献；圣协时中，道光皇帝献；德齐帱载，咸丰皇帝献；盛神天纵，同治皇帝献；斯文在兹，光绪皇帝献。

61 页

祥生而福寿长，不胜感激敬谨之至。

　　尚食：用土处取土一碗，用水处取水一碗，俱供桌上，三牲一设，面蒸供五支，素供菜五碗，炉食五碟，地果二个，即葫白、堂斗一支，五色表旗各两杆，弓箭五支，腰刀铜镜一面，黄表牌位五尊，本宅土神，值年太岁，值年三煞，太阳星君，太阴星君，二十八宿星君，金神大将军，谢土吉日：甲寅、甲申、丁丑、丁未、庚子、庚午、癸亥、癸巳。

62 页

　　维

　　大清光绪几年，岁次干支几月几日某时，某乡某都甲，某姓人氏，谨以清酌广馐之仪致祭，于本方后土之神，曰：盖闻古人郊以祭天，社以祭地，祭地者祭土神也。夫五神各有专祀，而土则朝肃而野处，百神分享四时，而土独春祈而秋报恩，以上至君公，固皆敦仁而安之，下逮广民亦无不毛而践之，其为德也，昭于六府有地，即著其功德，旺于四时，无日不彰其显赫，念稼穑之自成，黎广众彼其庙，溯财货之由生，商贾亦蒙其惠，总无

63 页

营建而托庇，下犹宜设馔以告处况，今修造，触犯而有握动之余，敢不致其而图报。兹当土工告竣之后，正明禋酬德之时，爰焚香楮以表微忱。

尚享　对联

　　土府龙神降道场，九宫八卦来临佑，黄幡豹尾增吉庆，

　　消灾免难福无疆，朱雀元武镇西方，太岁将军送千详，

　　吉日安谢诸神位，一时虔诚蒙神佑，玉律金科酌土德，

　　合家老幼保康宁，千载安宁□圣扶，龙章凤姿登星辰，

64 页

　　酌谢土神皆大吉，土煞还宫吉，谢土皆大吉，永保平安，

　　答报太岁永平安，龙神复位祥，四季保平安，

　　谢土求吉庆，人口保平安，谢土用八日大吉：甲寅、甲申、丁丑、丁

未、庚子、庚午、癸巳、癸亥。

本村河神庙内，坐像行像二尊，坐像是原日修庙时塑，行像是道光年昌源河发大水漂来本村东渠口，村人见之捞起，请回村中河神庙金妆供奉至今，每年七月十一日村中唱戏，请到关帝庙，三天末唱完送回本庙。

65 页

二十八宿值日吉凶：角木蛟吉星、亢金龙凶星、氐土貉凶星、房日兔吉星、心月狐凶星、尾火虎吉星、箕水豹吉星；斗木獬吉星、牛金牛凶星、女土蝠凶星、虚日鼠凶星、危月燕凶星、室火猪吉星、壁水貐吉星；奎木狼凶星、娄金狗吉星、胃土雉吉星、昴日鸡凶星、毕月乌吉星、觜火猴凶星、参水猿吉星；井木犴吉星、鬼金羊凶星、柳土獐凶星、星日马吉星、张月鹿吉星、翼火蛇凶星、轸水蚓吉星。

66 页

五行相生相克：金生水、水生木、木生火、火生土、土生金；金克木，木克土，土克水，水克火，火克金。

天干属五行：东方甲乙木，南方丙丁火，中央戊己土，西方庚辛金，北方壬癸水。

地支属五行：亥子属水，寅卯属木，巳午属火，申酉属金。

67 页

辰戌丑未皆属土，八卦阴阳分八方：乾为父西北方，坎为中男正北方，艮为少男东北方，震为长男正东方，巽为长女东南方，离为中女正南方，坤为母西南方，兑为少女正西方。

八卦正象：乾三连为天，坤六断为地，震仰盂为雷，艮覆碗为山，离中虚为火，坎中满为水，

68 页

兑上缺为泽，巽下断为风。

乾为父，震为长男，坎为中男，艮为少男；坤为母，巽为长女，离为中女，兑为少女。

五音：宫属土，商属金，角属水，徵属火，羽属水。

年上起月决：甲乙起丙寅，乙庚起戊寅，丙辛起庚寅，丁壬起壬寅，戊癸起甲寅，每年正月建寅如甲年乙年正月起丙寅月。

日上起时决：

69 页

甲乙还加甲，乙庚丙作初，丙辛从戊起，丁壬庚子居，戊癸是壬子。每日从子时起，如甲日乙日起甲子时。

喜神游方日：百事迎之大吉，甲乙在艮乙庚乾，丙辛坤位喜神安，丁壬正在离宫坐。

大偷修吉日：壬子、癸丑、丙辰、丁巳、戊午、己未、庚申、辛酉，此八日乃凶神朝天，八方俱空，动土修造无忌。

70 页

男女合婚总论（模糊）

71 页

生气上等婚：男一宫女四宫，男二宫女八宫，男三宫女九宫，男四宫女一宫，男六宫女七宫，男七宫女六宫，男八宫女二宫，男九宫女三宫。

天医上等婚：男一宫女八宫，男二宫女四宫，男三宫女六宫，男四宫女二宫，男六宫女三宫，男七宫女九宫，男八宫女一宫，男九宫女七宫。

福德上等婚：男一宫女三宫，男二宫女七宫，男三宫女一宫，男四宫女九宫，

72 页

男六宫女八宫，男七宫女二宫，男八宫女六宫，男九宫女四宫。

绝体中等婚：男一宫女九宫，男二宫女六宫，男三宫女四宫，男四宫女三宫，男六宫女二宫，男七宫女八宫，男八宫女七宫，男九宫女一宫。

游魂中等婚：男一宫女六宫，男二宫女九宫，男三宫女八宫，男四宫女七宫，男六宫女一宫，男七宫女四宫，男八宫女三宫，男九宫女二宫。

归魂中等婚：

73 页

男一宫女一宫，男二宫女二宫，男三宫女三宫，男四宫女四宫，男六宫女六宫，男七宫女七宫，男八宫女八宫，男九宫女九宫。

五鬼下等婚：男一宫女七宫，男二宫女三宫，男三宫女二宫，男四宫女六宫，男六宫女四宫，男七宫女一宫，男八宫女九宫，男九宫女八宫。

绝命下等婚：男一宫女二宫，男二宫女一宫，男三宫女七宫，男四宫女八宫，男六宫女九宫，男七宫女三宫，男八宫女四宫，男九宫女六宫。

74 页

男女犯铁扫帚：申子辰年，男生正月，女生腊月，亥卯未年，男生二

月，女生八月；寅午戌年，男生四月，女生七月，巳酉丑年，男生六月，女生九月。

男犯骨髓破：鼠生二月，牛生三月，虎生十月，兔生五月，龙生腊月，蛇生正月，马生八月，羊生九月，猴生四月，鸡生十一月，狗生六月，猪生七月。

女犯骨髓破：鼠生六月，牛生四月，虎生三月，兔生正月，龙生六月，蛇生四月，

75 页

马生三月，羊生八月，猴生六月，鸡生四月，狗生三月，猪生正月。

犯纸簸箕：虎马兔生十一月，狗猪羊生二月，鼠龙蛇生五月，猴鸡牛生八月。

男二宫女二宫，男女不为婚姻：子午男不娶卯酉女，丑未男不娶辰戌女，巳亥男不娶寅申女，以上所犯诸煞不宜执一不可，天不生无禄无依之人，俱有年庚，八字破解，亦有男女神煞抵敌，请明公详论配合无妨，成婚可也。

76 页

月老婚书云：婚姻前生定，赤绳已紧足，造化有长短，贫富命不同，男女嫁娶选择不将日，何为不将？取干支比和为阴阳，不将吉日，再要看宪书择黄道吉星日，有嫁娶遇天德合月德合更佳，再以周堂图推之，方可不宜执一定之，阴阳不将日，开列于后。正月，丙寅，丙子，丁亥，丁丑，丁卯，庚子，庚寅，辛亥，辛丑，辛卯，己亥，己丑。二月，庚戌，庚子，庚寅，己亥，己丑，丁丑，丙子，丙戌，丙寅，乙亥，乙丑。三月，己酉，己亥，己丑，丁酉，丁亥，丁丑，丙戌，丙子，乙酉，乙亥，甲戌，甲子。四月，丁酉，丁亥，丙戌，丙甲，丙子，乙酉，乙亥，甲申，甲戌，甲子，戊申，戊戌。

77 页

五月，丙申，丙戌，乙未，乙酉，乙亥，甲申，甲戌，戊申，戊戌，癸未，癸亥，癸酉。六月，乙未，乙酉，甲午，甲申，戊午，戊甲，癸巳，癸未，癸酉，壬午，壬申。七月，乙巳，乙酉，乙未，甲午，甲申，戊午，戊申，癸巳，癸未，癸酉，壬午，壬申。八月，甲辰，甲午，甲申，戊辰，戊午，戊申，癸巳，癸未，壬午，壬辰，辛巳，辛未。九月，戊午，戊辰，癸卯，癸巳，癸未，壬辰，壬午，辛卯，辛巳，辛未，庚辰，庚午。十月，癸卯，

癸巳，壬寅，壬辰，壬午，辛卯，辛巳，庚寅，庚辰，庚午，己卯，己巳。十一月，壬寅，壬辰，辛丑，辛卯，辛巳，庚寅，庚辰，己丑，己卯，己巳，丁丑，丁巳，丁卯。十二月，辛丑，辛卯，庚子，庚寅，庚辰，己丑，己卯，丁丑，丁卯，丙子，丙辰，丙寅。

78 页

嫁娶阴阳不将全图：

今将嫁娶不将原图录出，以备查考，令学者一见即知。前干配后支不将吉日，前干配前支阴阳日，后干配后支阴阳日，后干配前支阴阳俱将，阳将男不详，阴将女不昌。

79 页

正月月厌在戌，正月从戌字起逆数；二月在酉，与八月卯相对；三月在申，与九月寅相对；四月在未，与十月丑相对；五月在午，与十一月子相对；六月在巳，与十二月亥相对；七月在辰，与正月戌相对；八月在卯，与二月酉相对；九月在寅，与三月申相对；十月在丑，与四月未对；十一月在子，与五月相对；十二月在亥，与六月巳相对；相对着以此照前图上。纵横为界，分前后干支，自几月起，逆数为前干支，至对月者，逆数为后干支。三合局：申子辰会永局，寅午戌会火局，巳酉丑会金局，亥卯未会木局。

80 页

女命大利月：正七鸡与兔，二八虎猴当，三九蛇猪相，四十龙合狗，牛羊五十一，鼠马六腊月。子鼠腊月，丑牛十一月，寅虎二月，卯兔正月，辰龙四月，巳蛇三月，午马六月，未羊五月，申猴八月，酉鸡七月，戌狗十月，亥猪九月。

女命小利月，横竖各有妨：

女属相：鼠马，牛羊，虎猴，兔鸡，龙狗，蛇猪；

妨媒氏：正七月、四十月、三九月、六十二月、五十一月、二八月；

81 页

妨翁姑：二八月、三九月、四十月、五十一月、六十二月、正七月；

妨父母：三九月、二八月、五十一月、四十月、正七月、六十二月；

妨夫主：四十月、正七月、六十二月、三九月、二八月、五十一月；

妨本身：五十一月、六十二月、正七月、二八月、三九月、四十月；

子午寅申辰戌是阳年顺数，丑未卯酉己亥是阴年逆数。

男冠女笄吉日：甲子、丙寅、丁卯、戊辰、辛未、壬申、丙子、戊寅、壬子、丙戌、辛卯、壬辰、癸巳、申午、丙申、癸卯、甲辰、乙巳、

82 页

丙午、丁未、庚戌、甲寅、乙卯、丁巳、辛酉、壬戌。

嫁娶新人忌妨三相：太岁门前一五九，申子辰年蛇鸡牛，巳酉丑年虎马狗，寅午戌年猪兔羊，亥卯未年鼠龙猴，妊娠孀妇孝服人，与新人冲相者不用。

新人下轿歌：初分天地有三才，九宫八卦定安排，今朝择定良辰日，请的新人下轿来，今朝织女下金界，青牛乌鸡两边排，五谷铜钱草节洒，凶神退位喜神来。

83 页

娶亲拜天地歌：鸾凤相配得成双，拜谢乾坤日月光，四府万灵皆降幅，永保夫妇万年昌。

新人下轿方向：寅卯辰日宜向西，巳午未日宜向北，申酉戌日宜向东，亥子丑日宜向南。

五虎元遁：甲乙之年丙作首，乙庚之岁戊为头，丙辛之年寻庚上。

84 页

丁壬壬位顺行流，戊癸年来何方起，甲寅之上好追求。

切指一算时：寅申须加子，卯酉切居寅，辰戌龙位上，巳亥午上存，子午临申地，丑未戌相逢，青龙吉、明堂吉、天刑凶、朱雀凶、金贵吉、天德吉，白虎凶、玉堂吉、天牢凶、玄武凶、司命吉、勾陈凶。

十恶大败日，百事禁忌用：甲辰乙巳与壬申，丙申辰丁亥及庚辰，戊戌癸亥加辛巳，乙丑都来十座神。

四离日：立春、立夏、立秋、立冬，俱是前一日，百事禁忌用。

85 页

四绝日：春分、夏至、秋分、冬至，俱是前一日，百事忌之。

红沙日，百事忌：正四七十逢酉日，二五八十一逢巳日，三六九十二逢丑日。

黄沙日，百事忌：正四七十逢午日，二五八十一逢寅日，三六九十二逢子日。

横天朱雀日：初一十五不嫁娶，初九不立柱上梁，十七日不宜安葬，二十五日不迁移。

86 页

　　修作厨房吉日：丙寅、己巳、辛未、戊寅、己卯、甲申、乙酉、壬子、甲寅、乙卯、己未、庚申、甲子、乙丑、庚午、癸酉。

　　安床吉日：甲子、乙丑、丙寅、丁卯、己巳、庚午、辛未、甲戌、丙子、丁丑、庚辰、辛巳、乙酉、丙戌、丁亥、戊子、癸巳、丁酉、戊戌、己亥、庚子、壬寅、癸卯、甲辰、乙巳、丙午、乙卯、丙辰、丁巳、己未、辛酉、壬戌。

87 页

　　安床忌宿歌：心昴奎娄箕尾参，危宿逢之总不安，修床若犯此星宿，十个孩儿九不生。

　　男女胎胞相冲月：正七月男不娶四十月女，二八月男不娶五十一女，三九月男不娶六十一月女，四十月男不娶正七月女，五十一男不娶二八月女，六十二男不娶三九月女。

　　天地荒芜日，春巳酉丑日，夏中子辰，秋亥卯未，冬寅午戌。

88 页

　　东方：角木蛟吉，亢金龙凶，氐土貉凶，房日兔吉，心月狐凶，尾火虎吉，箕水豹吉。

　　北方：斗木獬吉，牛金牛凶，女土蝠凶，虚日鼠凶，危月燕凶，室火猪吉，壁水貐吉。

　　西方：奎木狼凶，娄金狗吉，胃土雉吉，昴日鸡凶，毕月乌吉，觜火猴凶，参木猿吉。

　　南方：井木犴吉，鬼金羊凶，柳土獐凶，星日马吉，张月鹿吉，翼火蛇凶，轸水蚓吉。

89 页

　　二十八宿定阴阳

　　如逢室壁多风雨，道德奎星天色晴，娄胃有风多主冷，

　　毕昴日阴却急晴，觜参井宿大风起，鬼柳多阴雪雾朦，

　　张翼有风并大雨，角轸微微终露晴，亢宿有风吹上沙，

　　氐亢心尾风雨多，箕斗空云无大雨，牛女虚危三日风。

　　神像开光吉日：春秋二季用心危毕张四宿值日，属太阴吉；夏冬二季用房虚昴星四宿值日，属太阳吉。

90 页

猫眼定时辰：歌曰：猫眼定时自有方子，午午卯酉一线长，寅申巳亥梭枣样，辰戌丑未尽皆光，老猫最灵小猫不验。

泥火门招财法：密取大富人家地下土来家，用净水和泥大门上主富。

去字法：用菖蒲根鱟子石为末水调糁字上，候干，擦之，不见字迹。

字变白纸法：用乌贼鱼水写字，过黄梅天则无影踪，奸人或以此写契约骗脱，须防辨之，大约比墨浅淡，浮于纸上。

晒书法：于伏日天晴，将书早晨展开至午，翻覆在晒到晚收起，冷透入柜，但有热气不可收藏，凡晒一切字画以及衣帽等物，皆用此法妙。

91 页

治去头上白屑方：用侧柏叶三斤，胡桃七个，诃子五个，雪梨一个同捣烂，用井水浸片时，搽患处，白屑自退不生。

干洗头方：用藁叶白芷共为细末涂头上，次日梳之，垢滞尽去。

梨花白面膏：用官粉十两，密陀僧、白檀各二两，轻粉、蛤粉各五两，共研细末，每日用鸡子百调敷面上，白绝似梨花，清香异常。

桃花娇面膏：用官粉十两，密陀僧、寒水石各二两，白芨一两，银朱五钱，共为细末，用鸡子白盛磁罐内封口，蒸熟取出晒干，净水调敷面上，日日如是，面嫩生光，红里映白。

92 页

治书画油秽法：用海螵蛸、滑石各二钱，龙骨一钱五分，白芷一钱，共为细末，铺油秽处，隔纸熨之，若久秽者，水浸透治之。

接纸无痕法：用罗底上白飞麦，用白芨磨水调接，纸无痕迹。

表背字画法：用萝汁生白末、花椒末、黄共入浆糊内表之。

去字画上误笔法：凡有误处，用净笔潢（潰）水炭灰榻去以净，为度扇上金笺上写画不滑法，用赤石脂面将软布潢（潰）了，轻轻擦之艾绒亦可。

小字写大法：大字最难写，另写一小字样，将针锤孔在笔画两边上，点灯将白纸挂壁，以针孔字对影，随意大小，用笔描成，另填。

93 页

治脸上黑点雀斑方：用白姜蚕二两、黑牵牛二两、细辛一两，共研细末，炼蜜为丸，如弹子大，日洗数次，擦之一月后，其斑自去矣。

治脸上黑斑方：用白附子、白芨、白蔹、白茯苓、密陀僧定粉各等分，共为细末，及睡时将脸洗净，用浆水以药涂之，次早洗去，如此数日，以黑斑除去为止。

治雀斑方：用白梅、樱桃枝、小皂角、紫背浮萍各五钱，共为细末，蜜为丸，如弹子大，每晚洗脸擦之，其斑自去。

面上生光方：此乃唐宫妙方，相传杨贵妃所制也。用金色密陀僧

94 页

（模糊）

95 页

治面上生地疮方：用胡粉、水银、胶猪脂同研如泥，夜间敷面上，三日愈。（其余模糊）

96 页

治面上黄水疮方：用酸枣烧存性、荆芥烧存性、羊须烧存性，各一钱，好腻粉五钱，共为细末，槐条煎水洗净，将药敷在疮上即愈。

治面上黑斑汗斑雀斑方：用紫背浮萍、汉防己等分煎水洗，神效之方。

点黑痣方：用藜芦烧灰一两，再用滚水一大碗淋灰汁于通气中，外以汤煮如黑膏，以针微挑破痣处，点之不过三次即脱。

治去瘊子并搽赘瘤方：用至大天南星研细末，同重罗面陈醋调搽之。

治头上生发：用泰椒、白芷、川芎各一两，蔓荆子、零陵香、附子各五钱，俱生用锉碎，绢袋盛贮，以清香油浸二十一天，取油每日三度擦无发

97 页

处，其发自生，切忌勿令油滴白肉上，此药虽秃头搽之亦即生乌发。

治脱头发方：用猴姜浸水擦之，或用生姜浸油不时搽之，发即生矣。

治蒜发方：未老即生白发，俗名蒜发，用大干柿子滚煎茅香汤，煮烂枸杞子，酒浸焙干，共捣为丸桐子大，空心，茅香汤下五六十丸，临卧。

治足上肉刺鸡眼疼痛方：用黄丹、枯矾、朴硝各等分为末，炒葱白涂足上鸡眼疮，不可用铁刀割，只用磁锋割，即不再生，患处用荸荠捣烂敷上，在以绢缚之即愈。足上烂疮，用秋茄根煎汤，趁热洗之，如皮破处，用螃蟹壳烧灰掺之。

98 页

唐虞尧舜时有四岳，至周朝始有五岳。东岳泰山，在山东泰安州；西岳华山，在陕西华阴县；南岳衡山，在湖广衡州；北岳恒山，在山西浑源

县；中岳嵩山，在河南登封县。蓬莱山在东海中间，上有金台玉阁，乃仙家所居之处。滕王阁在江西南昌府城外。唐高祖四子元婴为南昌刺史所建。元婴曾封滕王，后人因名曰滕王阁也，王勃作序。王勃，字子安，绛州龙门人，文中子孙也。阿房宫在陕西咸阳，秦始皇建。铜雀台在河南邺郡，曹操建。

99 页

天子所居之地曰京师，京大也，师众也，天子之居，必以众大言之。贸易之地曰市井，市者人集之处，井者汲水之所，古于汲水处为市，故谓之市井。甘露寺在镇江府，岳阳楼在湖广岳州府。武夷山在福建省建宁府崇安县南三十里，出美茶。山上唐建武夷观，宋赐名冲佑观，朱熹隐居于此山，结草堂读书其中，十七年力耕自给，无求于世，惟与胡宪、刘勉之、刘子翚三君子为友，日相来往，讲论经传圣贤之道，外无杂言，一意下学，不求人知。

100 页

度朔山桃树下有二神，一名神荼，一名郁垒，性能执鬼，鬼皆畏之。令人削桃枝画二神像，悬于门以御百鬼，名曰"桃符板"。

秦始皇在东海作石桥，欲过海观日出处，有神人驱石下海，石行不诉，鞭之流血。

晋　令狐策夜梦立水上与水下人语，所统占之，云为阳语阴媒介事也，后当为人作媒水泮成婚，故谓媒人曰水人，以此。

唐　韦固旅次宋城，遇一老人倚囊而坐向月捡书，因问何书？老人曰，天下之婚牍也，又问囊中赤绳何用？老人曰以系夫妇

101 页

之足，虽仇敌、异域，此绳一系，终不易也。今称媒人为月老，以此。

咸阳雍伯致义，将水以给行人三年外，有一人饮讫，取石子一升与之，曰种此石得美玉，并得好妇。雍伯种之，果得白玉后，北平徐氏女佳，雍伯求之，徐公曰得白玉一双乃可，雍伯乃于种玉所得白璧五双为聘遂妻，以女因名其田曰玉田，亦曰蓝田。

夫妇合卺之礼：一瓠分为两瓢，谓之合卺，夫与妇各执酒一瓢略饮，相换再饮，谓之交杯换盏，取合体同尊卑之意。

婚姻六礼：一曰纳采，二曰问名，三曰纳吉，四曰纳征，五曰请期，六曰亲迎。

102 页

天子之女曰公主，何也？周制天子嫁女于诸侯，天子至尊，不自主婚，只使诸侯同姓者主之，故谓之公主。

传国玉玺：此玉是东周列国时楚国卞和于荆山下，或见凤凰栖于石上，载而进之楚文王，解之，果得宝玉，名曰和氏璧。至秦始皇二十六年，令良工琢为玉玺，方圆四寸，上镌五龙交纽，命丞相李斯上篆八字云"受命于天，既寿永昌"。传至汉孝平黄帝王莽篡位，皇太后将玉玺打王莽，落地，上崩其一角，后以金镶之。自汉以来，屡朝随从帝王，传至大清盛朝。

103 页

人之所姓，始于姬姜二姓，后之众姓者皆姬姜之枝派也。姓者生也，所以统系百世，使不相别也。氏者家也，所以别子孙之所出故也。族者属也，统属一宗九族也。别而称之曰氏，合而言之曰族。高姓角音渤海郡，系出姜姓炎帝神农之后。神农生于姜水，固姓姜氏。黄帝时封神农氏子孙于齐，世主太岳之祀，为齐公，至齐文公子字子高，后以字为姓氏。神主以栖灵位者，主用木为之，取木落叶归本、有始终之义。祭祀献牲：牛曰太牢，羊曰少牢，鹅、猪、鱼曰三牲。

104 页

六德：智、仁、圣、义、中、和。六行，六艺。文举饮宴谓之鹿鸣宴，武举饮宴谓之鹰扬宴，进士饮宴谓之琼林宴。进士始于隋朝，盛于唐朝。宋朝始分三等甲，赐宴曰琼林。唐时有飞钱合券，特通商贾之厚齐贸易者，盖执券以取钱，而非以券为钱也。宋时自真宗以后，蜀始有交子，高宗以后，东南有会子，而始置以纸为钱也。交子、会子名钞，又谓之钱引，又谓关子，其实一而已矣。

105 页

汉　班超，字仲升，常为人书，记意不屑，遂投笔，有封侯万里之志，后果封定远侯。

后汉　雷义，字仲公，陈重，字景公，二人义交如漆，同拜为尚书郎。

后汉　杨震，字伯起，镇守雁门关，至今关上立庙祀之。

饮中八仙：李白、贺知章、张旭、焦遂、王进、崔宗之、苏晋、李适之。

晋武帝时，雷焕为丰城令，狱中握得二剑，一名干将，一名莫邪。

106 页

　　昔秦始皇，外国进有方镜，能照人心胆，凡暗昧不肯自认者，则令奸民持镜自照，镜中即现出为非形状，不待刑讯而民尽伏罪，所以后世称官之明察，以为秦镜高悬，此之谓也。

　　唐　张公艺，九世同居，高宗询其法，公艺书忍字百余以进，上善之。

　　明朝有一罗状元，名伦，江西吉水县人，是个理学大儒，腹中博通古今，天下事物无所不知，极有胆气，一日由扬州经过行到湾头东乡地方，忽然阴云四合，大雨倾盆，罗状元奔到村馆中避雨，只见雷电交加，霹雳一声，将一耕牛击死田内，少刻，云散雨速止，

107 页

远近人闻之都拥挤来看，罗状元亦随众往看，只见牛身被雷斧破开，血流倒地，因而心中不忿，大喊道："牛是诸畜中最有功于人的，每日耕田耙地，千辛万苦，到来后皮肉筋骨都供人用，最为可怜，有何罪过？"此时，朝中有许多大奸大恶，天雷不击，何以击此最苦之牛，就借村馆笔砚，在于牛身上大书二句云"不去朝中击奸相，反来田内打耕牛"，同看人都说批得真正有理。忽见天上乌云一块疾来如飞，罩聚牛身上，复又一雷，那牛身上二句之下另写二句云"他是唐朝李林甫，十世为牛九世娼"，才知此牛缘由

108 页

是奸相变的，他受尽千万苦楚，再加雷斧击死，以报宿世之恶也。

　　粮船，方长式样，头中平艄略高，天仓亦方长，俱用木板例装，官仓在中间，用三枝桅杆，中一枝极高大，后枝次之，前枝又次之。小风帆用篾的漕粮例装一千二百石，连搭客货，总有二千余石，载头工、舵工俱带家眷在船上住，连粮官及旅丁在中官仓住，货客及水手众仓俱可住头工、舵工、水手。淮安、扬州、南昌等处人多盐船式样，头有二三尺矮一级，两边无空艄，尾中开口，俱用木板，仓斗深大的装盐五千担，只行到青山地方为止，装三千担的，方

109 页

可行至江西南昌府，头工、舵工、水手，江苏、湖广、九江等处人多。

　　新建修房造物择上吉日，开工备香烛，礼拜天地神祇，先令工人将正梁木，锯下木头一个，用红纸写"开工大吉"四字贴在木头上，供奉家神桌上礼拜，再另用黄纸一张写"姜太公在此"贴在匠人处。修造用木，植柱木要根下稍上，梁木要根左稍右，用心看匠人不可倒错用之。凡造屋以

单数为吉，每进宜造一、三、五、七、九开为吉利，不可造成双数，一盖
上下尺寸亦用单数大吉。竖柱上梁择上吉日，俱要在一日，又宜在上半日
太阳光照时最

110 页

能伏治诸煞，不可用夜间时刻，竖柱时要大吉，上梁时次吉不妨。竖柱上
梁日，备用香烛、烧醮、奠酒、鞭炮、蒸面、三牲，大馒馒二个，小馒馒
百个，将正中梁请在桌上，披红结彩，焚香奠酒礼拜，再用梁上浇三杯，
主人扶梁请起，工人副之，梁上放鞭炮，主人焚香再拜。四方散施馒馒，
大馒馒主人一个，匠人一个，是日大犒众工人。竖柱上梁时，预防匠人将
柱之上下、梁之左右，安放树叶、头发、断筋、坏墨及鸟兽鱼鳖毛骨魇魅
物件。于立木之日，先一时抬木一根于基上，架在木马上，令木匠为首者
引锯，截去巴鼻，即时拾

111 页

起口云"头在这里了"，即将携入家内，用笔写"魇魅匠人头在此"七个字
在木头上，藏于神桌地下，待屋造完，取于新建正屋中间，用斧劈碎、焚
煅成灰，及有魇魅物件其法部验矣。大抵匠人做魇损坏之事，多半由于主
人太俭约、太琐碎所致也。予以为丰厚待彼，再加和颜美语以慰之，知彼
饥寒，待彼长厚，则匠人未有不尽心于我矣，予修造数年，督工日久，深
知此理，敢为嘱众。修造工成之日，备用香烛、酒礼并净水一碗、柳条一
枝，置于神前，拜祭天地神祇、家神、灶神，祭毕用神前净水以柳枝遍洒
各门各柱，

112 页

以水洒完为止，及魇魅等邪俱变为吉祥，然后再择吉日谢土。移居入宅择
吉日，先入人口后搬家伙则吉，只宜进财，紧忌出财，又忌先搬家伙后入
人口则不吉，择某吉日移居，前一二日备办香烛纸炮，供献奠酒五谷，门
上贴红对。凡入新宅，阖家大小俱不可空手入宅，各要执物件，男执银钱，
女执布帛之类，一应所用物件，预先早备，待吉日黎明，家主于旧中庭神
前焚香礼拜，然后捧家神先行，家母带铜镜于胸前，长男抱器盛五谷随行，
入宅家眷男女大小次第连入，先男后女，中庭铺席，置前执物其上，侯家
主捧香于炉，

113 页

致诚献礼，安完家神，焚香再拜，阖家大小都叩首，祝曰：天阳地阴，二

气化神，三光普照，吉曜临门，家和事昌，喜庆祯祥，田财万倍，福寿绵长，子孙兴旺，科第联芳，迎请家堂，可命六神，万年香火，永镇家庭。祝毕，焚化预先用红纸誊写备用，叩首再拜，然后用五谷，各屋四方洒之，阖家人口俱不可浮言乱语，三日内水火莫出。大约迁居入宅宜在早晨吉时，取其渐渐光明乃妙。

新开井：预知某处有甘泉，凡开新井，先用几大盆水置各处，候气清星朗之夜，观所照何处，最大而光明者则就此地开，下必有甘泉水旺。

114 页

人家居住，先要择邻，凡寺庙神佛之旁，显宦财主之侧，前后近河之所，窝访凶暴之地，娼优相杂之间，都不可居也。必择淳良之乡居，房屋不在大小多少，只要坚固整齐，凡有损坏，及时修补完全。主人需是勤加扫拭，门庭光洁乃是兴旺之象，每见有等人家高大。厅堂破落，欹斜尘灰，昏暗非独，不饰观瞻，且主衰败之兆也。房屋不可多留空间，凡人多屋少是人胜宅吉，屋多人少是宅盛人不吉。房屋向南者为上宅，向东者次之，向北者又次之，切不可向西，主不利也。房院虽小，亦要分别内外，每见有等人家，宾客到来，妇女声音杂，

115 页

闻于外成何体统，甚有妇女买物应门，不以男子为主者，更属不雅，人家门户要开闭，有时全在主人照管，未晚先闭门户，倘有事迟归，需张灯遍照，以防躲贼。要早睡早起，则事无懈误而家道兴隆，人若早睡则夜间自能醒觉，但有声响可疑之处，不可认作猫鼠，直说是贼，起来呼伴惊。遂人家勤俭乃是根本，勤则无废弛之事，俭则无空乏之虞，人所不能做的事我能做的是勤也，人所易尽的物我犹存的是俭也。如婚娶厚薄可以量力，礼节往来可以原情，各要相称，宁可朴实莫学奢华，不然用多进少，未免贫穷求人耳。

116 页

南岳衡山之南有一峰，名曰回雁峰，雁不过此峰之南。终南山在陕西省西安府南上祀太白神庙。霓虹，雨久而晚见于东虹，则必晴，晴久而早见西虹，则必雨；日与雨交映日，而光朝西暮东，天地淫气之所致也。雷震惊百里，何以知之，以阴阳之数及之阳动为九，其数三十六，阴静为八，其数三十二，震一阳二阴，故曰百里。阴阳际遇谓之嘉吉，故谓婚礼日为之嘉礼。祓禊沐浴也，三月上巳日临流水处洗濯以除不详也。

117 页

　　宫室，皇帝所创，古者贵贱俱称宫室，自秦始皇定天子至尊，所居曰宫，凡人所居曰室。武将东西门曰辕门，何也？古者两国交兵，以车为阵，及至安营下寨，以车为垣，车辕相向为门，故曰辕门。凡草木花皆五出，雪花六出，其数属阴。井，伯益始作。石碑，王莽时所设。海，天池以纳百川，又九夷八狄七戎六蛮谓之四海。黄河，水出积石山，自乾位而来，千里一曲，九曲而入海。

118 页

　　昆仑山，在西海戌地方，北海亥地，地方二万里，周围水远匝，山上有王母宫，金基五方。蓬莱山在东海中，世传东方朔曾到之，自传一名蓬丘。扶桑山在东海中，地方万里，上有金凤凰九色鸟，日升凤凰一鸣，天下群鸡应之，日则出矣。方丈山在大海中，高四万七千丈，上有碧桃紫李，昔有歌曰：碧桃紫李新成熟，又换仙人一万里。沧浪山在大海中，高五百里，方二千余里，四面皆水，其色仓赤，

119 页

乃仙浪也，中有紫玉石室灵芝。

　　瀛洲地方四千里，上有青丘、毕水二山，真宫重室又产昆吾之锋，为刀刃切玉如泥，又产灵芝瑞草凤凰可异之物。东海曰渤海神名阿明，西海曰清海神名咒良，北海曰瀚海神名愚强，南海曰张海神名巨元，中有观音岩，青草湖在岳州，鄱阳湖在饶州，丹阳湖在太平州，洞庭湖在鄂州，太湖在苏州。

120 页

　　外国方向明近者：女直国在边城外盛京东北，鄂罗斯国在盛京北边城外，蒙古士在盛京西北，扶桑高丽国居东海近山东江南，日本国居海近闽浙，琉球红毛国在福建海东南，安南国在广西之南，占城、交趾、暹罗等国近云南之东南，南海诸国多近广东之南，缅甸西洋近云南之西南，佛兰西近西洋之西南，西藏阿里拱丹等国近四川之西南，土番近云南之西北，毛见革生西番西域等处近四川之西，

121 页

鞑靼在边城外甘肃之北，暗门土鲁番近甘肃之西，北狄在边城外山西之北，契丹在北狄之北

（诵读）他骑骏马我骑驴，心中思量我不如，回头看见推车汉，比上不足下

有余。

大清光绪十年岁次甲申六月　祁邑高顺理抄书

122 页

嫁娶阴阳不将日：正月　月厌在戌，厌对在辰，从戌上逆数十二，自辛至巽为前为阳，顺数自乾至乙为后为阴，戊己居中央，戊寄艮己寄坤戊属阴用配阳支，己属阴用配阴支，俱要干支阴阳各配，前干配后支，为干支比和阴阳不将吉日，前干配前支为阳将不吉，后干配支为阴将不吉，后干配前支为阴阳俱将大不吉利，凡择嫁娶不用月厌日、厌对日、与丑亥二日，月厌妨翁，厌对妨姑，丑不冠带，亥不嫁娶，诸月仿此，虽是阴阳不将日，再要宪书上黄道吉日，有嫁娶遇天月德合更佳，在不与男女生命相冲相穿。

123 页

如女生命子相不用午卯酉三日，子午卯酉相冲相穿，寅申巳亥相冲相穿，辰戌丑未相冲相穿，不犯当梁勾绞，再以周堂图推之，无妨可用。如女生命子相即从子上起顺数，至卯位是平，为当梁数，至酉位是牧，为勾绞如丑相，从丑上起数至辰位是平，当梁数至戌位，是牧为勾绞，余皆仿此。

诸日起吉时歌：寅申需加子，卯酉却居寅，辰戌龙位上，巳亥午上存，子午临申地，丑未戌相寻，青龙明堂与天刑，朱雀金匮天德神，白虎玉堂天牢黑，玄武司命共勾陈。

124 页

如寅申二日，从子时上请起青龙，丑时是明堂，寅时是天刑，数至亥时是勾陈；如卯酉二日，从寅时上起青龙，卯时是明堂，数至丑时是勾陈，余皆仿此。

一青龙吉，二明堂吉，三天刑凶，四朱雀凶，五金匮吉，六天德吉，七白虎凶，八玉堂吉，九天牢凶，十玄武凶，十一司命吉，十二勾陈凶。

上下轿方向：寅卯辰女面西，巳午未女面相北，申酉西女面向东，亥子丑女面向南，宜背本命，如遇五鬼死门在此方，或迎喜神亦可。

安床坐帐方向：寅卯辰申酉戌女，北方西坐壬向丙，南房东间坐丙向壬，巳午未亥子丑女，东房北间坐甲问庚，西房南间坐庚向甲。

125 页

新人下轿拜堂忌踏天狗头尾：天狗头妨翁姑，春酉方，夏午方，秋卯方，冬子方，天狗尾妨夫主，春卯方，夏子方，秋酉方，冬午方。

迎新人进门置鞍糕，令新人抱篦子、绢帛及明镜大吉大利。

126 页

紫白五行歌：一白属水二黑土，三碧四绿皆为木，五黄廉贞居中央，六白七赤二金居，八白阳土九紫火，飞临中宫挨数数。

三元月白歌：子午卯酉四年同，正月八白居正中；寅申巳亥从黑起，入中顺飞列九星；惟有辰戌丑未岁，正月紫白在本宫；出正五黄让绿生，一月一移照此行。

康熙二十三年上元甲子，乾隆九年中元甲子，嘉庆九年下元甲子，同治三年上元甲子。

127 页

嘉庆二十三年，村中人经理设立小桥社，修理本境道路桥梁。众人名共上布施钱二百五十千文。至道光二十一年，本村人名出放钱三百二十千文，城内字号出放银一百二十两。光绪三年，村中借银三百两，无利，十二年还银三百两。至光绪十四年，轮自己经理，本村出放钱三百千文，城内出放标银二千两。前者众纠首经理，至光绪十一年，推与村中另举。社义仓，嘉庆十年二月初一日，从塔寺村领来社仓谷二十六石三斗一升，义仓谷一十七石三斗四升，二宗共谷四十三石六斗五升。当官具领状。至后，村中将谷变钱，出放本村众字号，每家三十千文，年五因出息。至同治年，共存本钱三百千文。

128 页

光绪四年四月，经理村中造地亩册。大东渠十五闸灌地三十五顷有零。各名挨间俱有地名、亩数、四至，一样造二本，交县衙内一本，村中公存一本。又造阖村地亩总册，通共地五十七顷九十三亩六分零。花名各间俱有亩数、地名，各名占一处。共抄三本，每年七月唱社，拨地后，村中经理各名移抄。光绪十二年七月，己经理唱社，置宫灯箱二支，挂灯铁钩二对。十一日起唱双聚梨园戏，价钱一百四十千文。阖村共地五十七顷零五亩七分零，众庙地一顷八十四亩八分零，不出戏钱。众人名地五十五顷二十亩零九分一厘四毛四丝，每亩地派钱三十五文。

129 页

光绪十三年三月，经理村中西港滩上坡地南北两畛地。东渠堰高厚，一齐全叠渠堰、扎柳杆，西畔埋界石。十一日动工，十九日工止，一人经管。共费钱五十余千文。北畛西港滩地五亩，十二年十月，村中公置南畛上坡地六亩。十三年三月村中公置。村中每年小暑前后，执事人经理河内南北筑堰。昔年全是渠上筑堰，以后村中帮工，再后至今，村中全筑。堰成之日，照昔年旧规，渠长经理与马家堡下分水，日期帖三道：头道具马老兄，二道具王老兄，三道具朱杨二老兄。堰成后，本村渠长先占三天，第四日马堡马老兄分水一天，

130 页

第五日王老兄分水一天，第六日朱杨二老兄分水一天。以后，本村十程，甲头每名各分水一天，有伙游池水一天。自马堡马姓分水日起，至游池水，通共十四天一轮。周而复始。上项是昔年旧规如此。如今，与马家堡下分水日期帖，照旧规使水灌地，俱不以旧规，有水便浇。此事远久，不知起自何年。今堰成后，本村先占三天，与马堡下分水帖，从第四天起首下帖后，马姓、王姓、朱杨二姓以次序在渠内打闸三道，俱不以帖上日期使水，有水便浇，浇完放闸。一年打一次，放闸不许再打。光绪二十二年，渠长一应推与村中经管。河内筑堰，每长五丈，坐底宽三丈，高九尺，顶宽七尺，大约用人工五六十个。

131 页

咸丰二年岁次壬子，先父值年管村事，在隆盛公存账。高毓贵是年以地派钱，每亩春秋二季，共派钱二百文。骡马派□□，夫儿二百文。到六月阖村地全浇。夏秋二季八九分收成。及至腊月，南方长毛儿反至湖北武昌府，本邑紫红镇过大兵，本县太爷曹（汉隶或魏碑）芳溢亲往紫红镇办差，带兵房局中先生。连日过兵不计其数，迨至三年五月，反至河南怀庆府，八月反至山西平阳府。咱处人心慌乱。是年高昭绶值年，四面村边新修窝铺七八座，多雇人昼夜四外巡查，及至八月十几，反信越紧，兵马乱行，昭绶引他一子一孙躲到沁州南泉村。

132 页（大东渠）

光绪十六年岁次庚寅，己年六十五岁，值年管村事，在长源当存账。乡地高履平，旧年传来钱一百九十三千七百六十六文。二月初三日消冰经理浇地，渠内水或有或无。在后经理河内上水二次。自渠南地往北浇至村北，十三日渠内水段。闰二月十九、二十日，筑河上老堰，用人工六十个，每工钱一十二文。二十一日，叠港滩上坡地渠堰，用人工三十个，每工钱一十二文，用土车两辆。三月初九日晚下大雨，连夜至初十日午后雨止。

当夜东渠有水半渠，上坝地不浇，村北地多浇，人有怨言。十四日渠内水小，急塞渠口，水流至范公村南。以后浇过地，谷苗全捉，麦子亦好。四月十一日至十五日共收派钱八百九十千文有零。

133 页

四月二十七日开大东渠，四众地户共做工四百二十几个，挖至渠口。五月十六，地又挖渠口引水渠，四天共做工四十多个。五月初十日下大雨一天，二十一日小暑，早下大雨一天，河内不能筑堰，当夜发河。东渠有水半渠上下，无坝，支渠不能上水，流至渠尾。自田龙渠往北，挨渠近者，浇至小官道，上堨地不能浇。村中经理羊道上打水坝，河内再上水，挨大渠近者，又浇至四十亩地止。二十三日晚，渠内水段。南北灌田十七八顷。下剩未浇之地，东西港滩，渠南沙滩，南北石羊，贾家地，武家塬，枣圪塔，□家圪塔。五月二十六日，经理河内筑堰，□□起，南北长五百步有零，坐底宽三丈，高四数，收顶宽七八尺，引水渠南

134 页

至河楞，用人工四百个上下，一连五天。□三十日，一应共用人工三千四百有零，每工钱一十二文。是日西后，收工完，堰上供献烧香毕，只望南山雷闪交作，当夜河发大水，来至堰满渠水灌田。马家堡十三道闸未打，未到天明，本村堰坏，南北无存，渠内水流不绝。六月初一日午下大雨，连夜至初二日午后雨止。满渠水灌地，逢支渠同上。初一日夜，村西有漫水灌地，自港滩齐家地及结义庙左右十甲塬，李家地北至金圪垛地全浇完。初三日，东渠水浇沙道口北滩地，又兑浇西渠上地。此东西二渠地全浇完，退水流至范公村南。初四日，东渠水小，流至初六日午水段，当晚塞渠口。自有水灌地至浇完六昼夜，渠内水流不段。

135 页

小口四万二千六百八十四口，共一十口。

朝代帝王纪年

唐尧帝一百二年，虞舜帝五十年

周武王三十四主八百七十九年，三十四主，秦始皇二主共四十九年，

晋武帝一十四主一百五十五年，宋主五十九……

二十四年，隋文帝三主三十七年，唐高祖……

十三年，后晋二主十二年，后汉□三……

元世祖主九十年，明太祖□□……

谷恋村高氏五院家谱（民国五年宗谱）

2010 年春高怀壮翻印

谷恋高氏家谱另有四本传记：科各门，寿考门，行谊门……

一、高氏宗谱原序　乾隆十七年岁次壬申春三月

盖闻人道莫大于亲亲，亲亲故尊祖，尊祖故敬宗，敬宗故睦族，理所固然，虽千古不能易也。然所恃以笃一本之谊，永世系之传者，则惟谱是类。高氏为昭余巨族，善良熏世，耕读传家，由来久矣。兹以支分派，远虑有遗缺，将叙列以垂不朽，而嘱余言以弁简端。余谓家谱之说，所以志先人之创，贻□竣后人之光□匪细故也，世有亲服未当，即视如□人者，水、斗粟、尺布之讥，同气且然说他人乎若性者。由不知有谱而忘其本故也，又有知之而或冒引他族以诗，世胄如崇韬之抒。汾阳墓与狄青之不附梁公，不可同年而语矣。若次者隆知有谱而不知，虽本以规合，尤无谓也。今观高氏谱中，源源委委，井然不□，可不谓知本者哉。头善作者来心善述，善始者来必善终，全致高氏家风，祖父不失其贻谋，子孙个底于克类，后先继美德福重光，岂非前与浚交合而成之者，与嗣是而继德，方兴而未艾，福愈久而不承。由是绵绵瓜瓞，蔼蔼吉人，济济多士，□□缙绅，上而克□祖厥孙谋远而□纶攸，叙远而世德是乎卜云矣，是为叙。

乾隆十七年岁次壬申春三月纂修族谱成

辛酉科举人候选知县罗维顿首拜撰

二、乙丑年重修　原序　乾隆岁次壬申春三月

余家相传本陕西人，自始祖奉明命迁居兹土。数百年来，瓜瓞绵延，约有三百余户，众云繁矣。而若无传谱连之，又久，恐情暌义隔，将有重祖讳且紊世系，代其一脉之谊，而不知者，良□慨也。若此者殆由支分而莫明其合派，远而莫识其源乎，余盖不忍，一祖之谊，顿忘敦睦之情爱。于壬申春偕族，炮象乾拾登族孙善与，至青等，因流溯源，纂叙谱牒以传将来，维冀百世云孙支附业联而不失同宗之谊，又光拟十余字以为子孙命

名。各地庶几，世世有纪，井然不乱，而敦睦之义，或赖以步坠，是则余之所深幸也。

乾隆岁次壬申春三月十四世孙鸿建熏沐谨志

三、重修族谱叙　嘉庆十年岁次乙丑夏

余族之谱，纂自乾隆壬申年，时余犹未生也，倡而成之者为。先族伯祖，一飞公，迄今嘉庆乙丑闰五十有四年矣，此五十四年来，合族数百户生人，宁可以数计耶。而谱如，故族长者辈以支派愈繁，而旧谱集隘后或不免挂漏与凌乱也。因促余重为编辑，以垂永久。余不敬，恐不能胜任，请待族之能者，而长者备促之益力余，不获辞爱谋之。族叔天柱公，天柱公者，先族伯祖，一飞公次子也，先是尝谓余曰，吾族数百户而世次班行，昭然可考者，以有谱在也。即吾等自十一世祖徙居会善村以来，与本村族人，有素不相习者，而猝然相遇，询及家世，莫不彼此互知为某甲某院。伯叔祖父兄弟辈微谱之。故□克至此虽然有作者，尤必有述者而后可传之。勿替今谱之作已数十年，吾族之繁衍又与年俱增益。将来度难惹战，若不及吾世而扩而充之，则目前尚多所缺略，其何以使后之人长有所考。据知数百户之繁衍不穷者，罔非一祖之裔，群相率而亲亲长长，欢然和好。于□既乎至是遂相与。次计重修，按世次列班行，旧所未载者无不载，且更多为余地，使异日戴今日，所未载者，若夫传之又传，年愈远人愈众，而谱愈不能悉载。后自有人焉，任其事固，俟之而复望之矣，是役也，不唯重长者之命，亦以继先人之志也，至其中与书谱闻有异同，非敢擅易前规，特以使后人之览观耳。

嘉庆十年岁次乙丑夏四月十六世族人乐天居士希曾谨叙于未信堂

四、重修宗谱凡例

乾隆壬申年原纂宗谱人

杳问：

高明山　高现隆　高翠烈　高翠赟　高兴通

高德全　高德荣　高大旺　高全文　高永杰

书稿：

高鸿建　高家乾　高至青

校正:

高翠烈　高岱　高现昱　高现暹　高德明

高德达　高守成　高崇秩　高景魁　高永杰

抄录:

高德芳　高德崇　高尔仪　高普

高鸿建　高象乾　高拾登　高至青

嘉庆乙丑年重修宗谱人

德达　照文　全绲　攀衡　攀垣　福力　攀垣　攀骥　攀瀛　全永

至青　炳　嗣恭　展翔　希曾　至法　希贤　翔　展纪　克覆　克照　克昌

敷山　登贵

五、光绪十八年岁次壬辰八月中秋谨书记

余族之谱自道光二十六年续修后，至今四十六年未续，人丁繁衍，名字重复，族人□者议者，有年而蹉跎岁月，难于举动。虽在壬辰夏季，诸父老以此事要矣，不可再延。因请五院之人上庙共议续修。佥曰善即克日举办，经始于闰六月十六日，至中秋节，越两月而功成告竣。其间捡点支派者，抄草稿者，执笔书者，皆系五院中人，议不备书。自今以后，或五年或十年，即宜再续一次，而尤有要者，不可起名犯先人之讳，不可就本院之谱而私添之。此系阖族望户规爱公议而书，数语于简端。

光绪十八年岁次壬辰八月中秋谨书记

高氏世代总录

宗谱总录

十甲凡三支，五甲凡十一支，东院凡七支，西院凡十五支，中院凡十支。

高氏宗谱目录

卷一：十甲第一支、第二支、第三支

卷二：五甲第一支、第二支、第三支

卷三：五甲第四支、第五支、第六支、第七支

卷四：五甲第八支、第九支、第十支、第十一支

卷五：东院第一支

高氏宗谱总录

始祖

仲远，妻王氏，生三子，长凌霄、次冲霄、三团霄。

二世

仲远长子，凌霄，妻张氏，生二子，长珪、次璜，是为十甲之始。

仲远次子，冲霄，妻王氏，生三子，长景初、次宜初、三仁初，宜初、仁初均无嗣，是为五甲之始。

仲远三子，团霄，妻王氏，生二子，长九安、次九成，继妻刘氏生一子九太，是为二三甲东、西、中三院之始。

三世

凌霄长子，珪，妻武氏，生一子，整，十甲。

十甲

凌霄次子，璜，妻郭氏，生一子，齐，十甲。

冲霄长子，景初，妻王氏，生一子，伯全，五甲。

团霄长子，九安，妻杨氏，生一子，钦，东院。

团霄次子，九成，妻温氏，生一子，山，西院。

团霄三子，九太，妻刘氏，生一子尖，中院。

四世

珪之子，整，妻郭氏、李氏、程氏，生五子，长文栋、次文选、三文通、四文达、五文起。

璜之子，齐，妻张氏，生三子，长文理、次文献、三文辉。

五世

整长子，文栋，妻张氏，生一子，保。

齐次子，文献，妻范氏，生一子，建。

齐三子，文辉，妻李氏，生二子，长泰、次章。

六世

文栋子，保，妻郭氏，生一子，天佑。

文献子，建，妻侯氏，生一子，天爵。

文辉长子，泰，妻岳氏，生一子，天才。

文辉次子，章，妻张氏，生一子，志库。

七世

保之子，天佑，妻□氏，生二子，长尚科、次尚龙。

建之子，天爵，妻凌氏，生二子，长尚登、次尚选，尚登妻赵氏无嗣。

泰之子，天才，妻卢氏，生一子，尚功。

章之子，志库，妻卢氏，生一子，邦（尚）儒。

八世

天佑长子，尚科，妻凌氏，生一子，邦安。

天佑次子，尚龙，妻韩氏，生二子，长邦彦、次邦山，邦山妻符氏无嗣。

天爵次子，尚选，妻范氏、程氏，生一子，邦宁。

天才子，尚功，妻程氏，生一子，邦定。

志库子，尚儒，妻王氏，生一子，邦府。

九世

尚科子，邦安，妻王氏，生四子，长普照、次普显、三普福、四普禄，普照妻岳氏无嗣。

尚龙长子，邦彦，妻张氏，生一子，普月。

尚选子，邦宁，妻马氏，生三子，长运昌、次兴昌、三祚昌。

尚功子，邦定，妻李氏，生一子，普元。

尚儒子，邦府，妻邓氏，生二子，长普兴、次普旺，普旺妻郭氏无嗣。

右凡九世，自此以下分为三支，普显、普福、普禄、普月四祖为第一支，皆五世祖文栋后；运昌、兴昌、祚昌三祖为第二支，皆五世祖文献后；普之、普兴二祖为第三支，乃五世祖文辉后。

十甲第一支

十世

邦安次子，普显，妻李氏，生一子，斗重。

邦安三子，普福，妻岳氏，生三子，长斗占、次斗银、三斗昇。斗占，妻氏，生子明元，无嗣；斗昇，妻王氏，生子常德，无嗣。

邦安四子，普禄，妻田氏，生五子，长斗仰、次斗魁、三斗光、四斗辉、五斗星。

邦彦子，普月，妻郑氏，生二子，长斗智、次尧，斗尧无嗣。

十一世

普显子，斗重，妻刘氏，生一子，常兴（明常）。

普福子，斗银，妻氏，生一子，常贵。

普禄子，斗仰，妻时氏，生二子，长明士、次明全。

普禄次子，斗魁，妻王氏，生一子，明道。

普禄三子，斗光，妻曹氏，生二子，长明山、次明启。

普禄四子，斗辉，妻程氏，生一子，明儒。

普禄五子，斗星，妻张氏，生二子，长常明、次常春。

普月子，斗智，妻郭氏，生二子，长常凤、次常远。

十二世

斗重子，常兴，妻李氏，生三子，长建叶、次建武、三建安。

斗银子，常贵，妻关氏，生一子，建德。

斗仰长子，明士，妻冯氏，生三子，长建雄、次建发、三建旺。

斗仰次子，明全，妻罗氏、刘氏，生一子，建咸。

斗魁子，明道，妻金氏，生四子，长建章、次建仁、三建义、四建礼。

斗光长子，明山，妻张氏，生二子，长建荣、次建临。

斗光次子，明启，妻吕氏，生二子，长建耀、次建奎。

斗辉子，明儒，妻郭氏，生一子，建昇。

斗星长子，常明，妻段氏，生二子，长建成、次建全。

斗星次子，常春，妻段氏，生一子，建亮。

斗智长子，常凤，妻王氏，以常远次子建福为嗣。

斗智次子，常远，妻卢氏，生五子，长建广、次建福、三建永、四建廷、五建明，建福继嗣为常凤。

十三世

常兴长子，建叶，妻温氏，生二子，长照忠、次照绪。

常兴次子，建武，妻王氏，继妻王氏。

常兴三子，建安，妻卢氏，生二子，长照明、次照回。

常贵子，建德，妻刘氏，无嗣。

明士长子，建雄，妻王氏，生一子，照奇。

明士次子，建发，妻关氏，生一子，照成。

明士三子，建旺，妻张氏，生一子，照光。

明全子，建咸，妻刘氏。

明道长子，建章，妻王氏，生一子，照泰。

明道次子，建仁，妻乔氏，生二子，长照文、次照武。

明道三子，建义，妻杨氏，生二子，长照普、次照彩。

明道四子，建礼，妻柳氏，生二子，长照喜、次照域。

明山长子，建荣，妻杨氏，生一子，照清。

明山次子，建临。

明启长子，建耀，妻李氏、王氏，子照元。

明启次子，建奎，妻郭氏、张氏，生二子，长照发、次照财。郭氏改嫁，照财少亡。

明儒子，建昇，妻韩氏，生一子，照旭。

常明长子，建成，住关东。

常明次子，建全，妻许氏，生二子。

常春子，建亮。

常凤子，建福，妻氏，以建永次子照旺为嗣。

常远长子，建广，妻许氏。

常远次子，建永，妻张氏、温氏，生三子，照庆、照旺、照斌。照旺与建福为嗣。

常远四子，建廷，妻胡氏。

常远五子，建明，妻杨氏、张氏，生一子，照保。

十四世

建叶长子，照忠，妻杨氏，生四子，长攀峤、次攀台、攀植、攀微，继妻王氏，生子攀蓬、攀轮。

建叶次子，照绪，妻马氏，继妻韩氏，生子攀凤。

建武子。

建安子，照明，妻王氏，生一子，攀运。

建雄子，照奇，妻王氏，继妻彭氏，又妻董氏，又继妻李氏，以照光长子攀霞为嗣。

建发子，照成，妻李氏，继妻王氏，生子攀枢。

建旺子，照光，妻李氏，生二子，攀霞、攀震。攀霞与照奇为嗣。

建成子。

建章子，照泰，妻段氏，生子攀永，继妻郝氏，生子攀远、攀叶，妾李氏生子攀承，攀承改名攀各。

建仁长子，照文，妻张氏，生四子，攀寿、攀监、攀宁、攀德，攀宁改名攀廖，攀德改名攀铎。

建仁次子，照武，妻刘氏、赵氏、方氏，赵氏生子攀卦。

建义长子，照普，妻齐氏，生一子，攀锦、攀肃。

建义次子，照彩，妻渠氏，生子攀宫、攀增、攀智。

建礼长子，照喜，妻王氏，生子攀桐、攀杰，攀桐改名攀斗。

建礼次子，照域，妻王氏，生子攀栋、攀宇。

建荣子，照清，无嗣。

建临子。

建耀子，照元，妻岳氏，生子攀明、攀晖，攀晖与照发为嗣。

建奎子，照发，妻龙氏，以照元次子攀晖为嗣。

建昇子，照旭。

建亮子。

建福子，照旺，妻渠氏，继妻张氏，生子攀毂、攀和。

建永长子，照庆，妻武氏。

建福三子，照斌，妻郝氏。

建明子，照保。

十五世

照忠长子，攀峤，妻韩氏，生二子，长焕仁、次焕增，继妻王氏生子焕礼，另有传见寿考门。焕增改名焕义，焕义继与攀台为嗣。

照忠次子，攀台，妻孔氏，生子焕唐无嗣，继子焕义。

照忠三子，攀植，妻李氏，继妻张氏，生子焕宪，继妻郝氏。

照忠四子，攀徵，少亡。

照忠五子，攀蓬，少亡。

照忠六子，攀轮，少亡。

照绪子，攀凤，妻张氏，生子焕南，妾郭氏。

照明子，攀运。

照奇子，攀霞，妻卢氏，生三子，喜条、喜缗、喜林。

照成子，攀枢，妻戴氏、李氏，生二子，长喜谦，次喜和。

照光子，攀震。

照泰长子，攀永，妻郭氏，生子焕昌。

照泰次子，攀远，妻刘氏，以攀裕次子焕贵为嗣。

照泰三子，攀承，同名攀裕，妻张氏，生子焕富、焕贵、焕有、焕余。焕贵与攀远为嗣。

照泰四子，攀叶，妻张氏，继妻刘氏、王氏，子焕培。

照文长子，攀寿，妻赵氏，继妻文氏，生二子，焕郁、焕鲁，又继妻范氏，生一子焕齐，焕鲁继与攀德为嗣。

照文次子，攀监，妻渠氏，生子焕邦、焕国，妻赵氏，生子焕寅。

照文三子，攀宁，又名攀廖，妻张氏，继妻吕氏、龚氏，生一子焕晋，改名焕蓝。

照文四子，攀德，改名攀铎，妻龚氏，继子焕鲁。

照武子，攀尌，妻袁氏，继妻任氏，生子焕龙。

照普长子，攀锦，妻王氏，生子凤鸣，改名焕德，次焕亮，焕德改名焕儒。

照普次子，攀肃，妻高氏。

照彩长子，攀官，妻王氏，生子焕琇、焕瑋。

照彩次子，攀增，妻范氏。

照彩三子，攀智，妻戴氏。

照喜长子，攀桐，又名攀斗，妻柳氏，生子焕经、焕纶，继妻武氏。

照喜次子，攀杰，妻王氏，生子焕亶。

照域长子，攀栋，妻岳氏，生子焕通、焕连，继妻钱氏，生子焕选、焕远。

照域次子，攀宇，妻马氏，继妻汪氏，生子焕然。

照元长子，攀明。

照发子，攀晖。

照旺长子，攀毅。

照旺次子，攀和。

十六世

攀峤长子，焕仁，妻氏生子镇泉；继妻胡氏、王氏。

攀峤三子，焕礼，妻氏。

攀台子，焕义，妻安氏，生子镇光、镇方，镇方继嗣与焕宪为嗣。

攀植子，焕宪，继子镇方。

攀凤子，焕南，妻刘氏。

攀霞长子，喜条。

攀霞次子，喜缦。

攀霞三子，喜林，行三，同治元年九月二十九日生，妻梁氏，子镇屏，生次子镇输。

攀枢长子，喜谦，行一，咸丰七年九月初三日生，妻岳氏，生子长镇垣，次镇藩。

攀枢次子，喜和，妻袁氏，继妻白氏、范氏、申氏。

攀永子，焕昌，妻刘氏，继子镇和。

攀远子，焕贵，妻张氏、王氏，生子镇江。

攀裕长子，焕富。

攀裕三子，焕有，妻董氏，生子长镇和、次镇壅、三镇璧，镇和与焕昌为嗣。

攀裕四子，焕余，妻岳氏，生子长镇云、次镇璇、三镇瓒、四镇珠。

攀叶子，焕培，妻温氏，生长子镇党、次镇魁、三镇统。

攀寿子，焕郁，妻张氏，生子长镇岳、次镇岱、三镇岗、四镇威、五镇岚、六镇峰。镇岚与焕鲁为嗣。

攀寿三子，焕齐，妻张氏，继妻卢氏，生子镇恒。

攀监长子，焕邦。

攀监次子，焕国。

攀监三子，焕寅，妻王氏，生子镇玉。

攀廖子，焕蓝，妻范氏，生子长镇常、次镇举。

攀铎子，焕鲁，妻刘氏，继子镇岚。

攀尌子，焕龙，妻韩氏，生子镇镛。

攀锦长子，焕儒，妻张氏，生子镇浮。

攀锦次子，焕亮，妻李氏，生子镇原、镇静。

攀官长子，焕琇。

攀官次子，焕琫。

攀斗长子，焕经，妻张氏，生二子、长镇宽、次镇寅。

攀斗次子，焕纶，妻程氏，生二子、长镇广、次镇明。

攀杰子，焕亶，妻王氏生子镇元、次镇嵬、三镇崙，继妻张氏、金氏。

攀栋长子，焕通，妻张氏，继子镇纪。

攀栋次子，焕连，妻氏，生子镇纪、镇绅，继妻王氏，生子镇绩。

攀栋三子，焕选，妻曾氏，生子镇纯。

攀栋四子，焕远，妻常氏，生子镇淦改潔，次镇淦。

攀宇子，焕然。

十七世

焕仁子，镇泉，妻刘氏，子远庆。

焕义子，镇光，改镇升，行一，同治十三年九月初二日生，务农，娶妻东元支王氏。

焕义次子，镇方，少亡。

喜林子，镇屏，行一，光绪二十一年五月二十七日生，务农。

喜林生二子，镇输，行二，光绪三十一年正月十八日生。

喜谦长子，镇垣，行一，光绪九年二月二十八日生，经商丰镇，娶妻文水西社关氏生女。

喜谦次子，镇藩，行二，光绪十六年四月十五日生，务农。

焕昌子，镇和。

焕贵子，镇江。

焕有子，镇瓮。

焕有三子，镇璧。

焕余长子，镇云，行一，光绪二年九月初一日生，务农，妻岳氏，生长子远观、次远风。

焕余次子，镇璇。

焕余三子，镇瓒，行三，光绪十年九月二十七日生，务农。

焕余四子，镇珠。

焕培子，镇党，行一，咸丰三年腊月二十七日生，妻盛氏，继妻靳氏、吕氏。

焕培次子，镇魁。

焕培三子，镇统。

焕郁长子，镇岳，妻程氏，继妻菜氏，生子远铣。

焕郁次子，镇岱，妻程氏，生子远成。

焕郁三子，镇岗，妻段氏，生子远钊。

焕郁四子，镇威，妻张氏，生子远，寄住关东。

焕郁六子，镇峰，妻平氏，寄住关东。

焕齐子，镇恒，妻张氏，生子远枢（舒）。

焕寅子，镇玉。

焕蓝子，镇常，行一，同治九年十月二十一日生，务农，妻梁氏。

焕蓝次子，镇举，行二，光绪六年七月初四日生，经商北京，娶妻京都王氏。

焕鲁子，镇岚，咸丰九年七月初十日生，务农，妻张氏，生长子远琳。

焕龙子，镇镛。

焕儒子，镇浮，妻朱氏。

焕亮子，镇原。

焕亮次子，镇静。

焕经子，镇宽，妻韩氏，生子远烈，次远珍。

焕经次子，镇寅，行二，咸丰四年正月初八日生，经商太谷，妻杨氏，生子远俊。

焕纶长子，镇广，中殁。

焕纶次子，镇明，中殁。

焕亶长子，镇元，行一，咸丰九年十月十一日生，妻白氏，生子远润，女二。

焕亶次子，镇嵬，行二，字玉山，同治六年三月初二日生。

焕亶三子，镇崙，行三，同治九年十月十二日生，妻卢氏，生子远曜。

焕通长子，镇纪，同治八年十一月初四日生，前经商万荣，后务农，妻韩氏，生子远碧改爕，继妻张氏生子，远弈。

焕连次子，镇绅，行二又行一，同治十二年七月初一日生，经商本邑粮食店，妻闫氏，生子远硕改驸，次远骏、三远騑、四远骥、五远驷、六马驻。

焕连三子，镇绩，行三，光绪九年生，妻郭氏，生一子，中殁。

焕选子，镇纯。

焕远子，镇淦，改漯，行一，光绪十三年正月初一日，妻王氏，生子一、女一。

焕远次子，镇淦，行二，光绪二十一年四月初五日生，经商平县长裕川茶庄，娶妻贾令王氏。

十八世

镇泉子，远庆。

镇云长子，远观，改名中，行一，光绪二十五年八月十五日生。

镇云次子，远凤，行二。

镇云三子，远佩，行三。

镇岳子，远铣。

镇岱子，远成。

镇岗子，远钊。

镇恒子，远枢（舒）。

镇岚子，远琳，光绪二十九年生在本村。

镇宽长子，远烈，行一，字英堂，号也愚，同治三年九月生。

镇宽次子，远珍，行二，字怀玉，同治十一年四月十一日生，经商太谷，现居家赋闲，妻王氏生女三，继娶本村李氏。

镇寅长子，远俊，行一，光绪二十三年七月十七日生，经商太谷，娶妻塔寺村刘氏，生子锡柄。

镇元子，远润，行一，光绪十四年十月二十八日生，经商佗头镇，娶妻西元支李氏，生子长锡霞、次锡霁。

镇嵬长子，远奎。

镇崙长子，远曜。

镇纪子，远燮，行一。

镇绅长子，远驸，行一，光绪十六年二月初八日生，经商北京，妻乔氏。

镇绅次子，远骏，行二，光绪十九年十一月二十二日生，经商平县。

镇绅三子，远骙，行三，光绪二十五年二月初八日生，经商后清当。

镇绅四子，远骥，行四，光绪二十六年十一月十二日生，经商永丰当。

镇绅五子，远驷，行五。

镇绅六子，马驻，行六。

十九世

远烈长子，锡琦，行一，字莜韩，光绪十三年七月十三日生，妻夏氏。

远烈次子，锡瑖，行二，字子纯，光绪十六年九月十三日辰时生，经商存义公票号，妻张氏。

远烈三子，锡三，行三，字润银，光绪十九年十一月初一日午时生，经商本邑得达原茶庄，住湖南，娶妻杨家庄杨氏。

远烈四子，锡欧，行四，字西卿，光绪二十九年腊月十五日巳时生。

远俊长子，锡柄，行一，民国五年腊月初四日生。

远润长子，锡霞，履瑞、履琪、履玮。

远润次子，锡霁，履煜、履炳。

十甲第二支

始祖仲远，仲远长子凌霄，凌霄次子璜，璜子齐，齐次子文献，文献子建，建子天爵，天爵子尚选，尚选子邦宁，后为第二支，以上凡九世，后从十世起。

十世

邦宁长子，运昌，妻卢氏，生二子，长中魁、次中贵。

邦宁次子，兴昌，妻段氏，生三子，长中印、次中义、三中节，中义无嗣。

邦宁三子，祚昌，妻刘氏，生二子，长中文、次中武。

十一世

运昌长子，中魁，妻卢氏，生二子，长愈福、次愈禄（无嗣）。

运昌次子，中贵，妻氏，生一子，愈全。

兴昌长子，中印，妻王氏，生三子，长愈多、次愈才、三愈金，愈多妻卢氏、岳氏，生子通明，娶袁氏无嗣。愈才妻王氏，生子通亮、通智，俱无嗣。

兴昌三子，中节，妻王氏，生二子，长愈隆、次愈芳。愈芳妻，刘氏，生子通宝，无嗣。

祚昌长子，中文，妻孟氏，生二子，长愈明、次愈亮（无嗣）。

祚昌次子，中武，妻刘氏，生二子，长愈兴、次愈旺。

十二世

中魁长子，愈福，妻贾氏，生一子，通顺。

中贵子，愈全，妻张氏，生一子，通达。

中印三子，愈金，妻赵氏，生一子，通贵。

中节长子，愈隆，妻麻氏、高氏，生一子，通山。

中文长子，愈明，妻王氏，生一子，通科。

中武长子，愈兴，妻郭氏，以愈旺次子通梁为嗣。

中武次子，愈旺，妻卢氏，生四子，长通海、次通梁、三通雍、四通豫（少亡）。

十三世

愈福子，通顺，妻闫氏，生四子，长照茂、次照晰、三照景、四照晶。照晰无嗣，照景继嗣通达。

愈全子，通达，妻卢氏，以通顺三子照景为嗣。

愈金子，通贵，妻王氏，生一子，照魁。

愈隆子，通山，妻高氏，生五子，长照仁、次照义、三照礼、四照智、五照运。

愈明子，通科，妻卢氏，生一子，照芳。

愈兴子，通梁，妻武氏。

愈旺子，通海，妻氏，生子照宁。

愈旺三子，通雍。

十四世

通顺长子，照茂，妻武氏，生三子，长永福、次永荷、三永山，永荷继嗣照景。

通顺四子，照晶，无嗣。

通达子，照景，妻氏，以照茂次子永荷为嗣。

通贵子，照魁，妻高氏，生三子，攀轸、攀旺、攀礼；继妻韩氏。

通山长子，照仁，妻王氏，生三子，攀毕、攀辰、攀槎（与照义为嗣）。

通山次子，照义，妻马氏，子攀槎。

通山三子，照礼，妻卢氏，生三子，攀庚、攀圕、攀福。

通山四子，照智，妻魏氏，生四子，长攀琇、次攀咸、三攀富、四攀发。

通山五子，照运，妻武氏，生子长攀槛、次攀辰。

通科子，照芳，妻王氏，生一子，攀清，合族迁出。

通海子，照宁，妻冯氏生，子攀武、次攀立。

通雍子，照星，妻卢氏，生子攀霄，改名攀麟。

十五世

照茂长子，永福，妻杨氏，子恒忻。

照茂三子，永山，妻杨氏，生子恒恺。

照景子，永荷，妻木氏，生子恒愉。

照魁长子，攀轸。

照魁次子，攀旺，妻程氏。

照魁三子，攀礼。

照仁长子，攀毕，妻胡氏，生子长焕荣、次焕宽、三焕信（彬）、四焕敏、五焕锦，嗣与攀槎。

照仁次子，攀辰，妻郭氏，生二子，长焕楷、次焕垣。

照义子，攀槎，妻吕氏，继妻周氏、程氏，生子堂，少亡。

照礼长子，攀庚，妻武氏，生二子，长焕炳、次焕蔚，继妻岳氏。

照礼次子，攀圃，妻郭氏，生二子，长焕观、次焕音。

照礼三子，攀福，无嗣。

照智长子，攀琇，妻卢氏，无嗣。

照智次子，攀咸，妻赵氏，生子焕祥。

照智三子，攀富，无嗣。

照智四子，攀发，无嗣。

照运长子，攀槛，无嗣。

照运次子，攀辰，无嗣。

照宁长子，攀武，妻韩氏，生三子，长焕庸、次焕中、三焕和。

照宁次子，攀立，妻王氏，生三子，长焕进、次焕递、三焕遐。

照星子，攀麟，无嗣。

十六世

永福子，恒忻。

永山子，恒恺。

永荷子，恒愉。

攀毕长子，焕荣，妻郭氏。

攀毕次子，焕宽。

攀毕三子，焕彬。

攀毕四子，焕敏，妻李氏。

攀辰长子，焕楷，字子范，在平县大德兴经商，住北京，后改就大德源罗业，后就河南，妻李氏，生三子，长镇淮、次镇津、三镇瀛，咸丰五年十二月生，宣统三年七月卒于河南。

攀辰次子，焕垣，字曜齐，妻杨氏，生子长镇济。

攀槎子，焕堂，妻武氏。

攀槎子，焕锦。

攀庚长子，焕炳，妻戴氏长头村，生二子，长镇权、次镇枢；继妻生子镇模。

攀庚次子，焕蔚，妻王氏，生二子，长镇梅、次镇桐。

攀圉长子，焕观，妻阎氏。

攀圉次子，焕音。

攀咸长子，焕祥，妻氏，寄住包头镇。

攀武子，焕庸，妻武氏。

攀武次子，焕中。

攀武三子，焕和。

攀立长子，焕进，妻王氏。

攀立次子，焕递，妻戴氏。

攀立三子，焕遐。

十七世

焕楷长子，镇淮，妻温氏，继妻郭氏、孟氏，子远威。

焕楷次子，镇津。

焕楷三子，镇瀛，妻罗家庄张氏，生子远安。

焕恒长子，镇齐，改镇江。

焕炳长子，镇权，同治十年十一月二十二日生，妻马氏、高氏，生子远恭。

焕炳次子，镇枢。

焕炳三子，镇模，妻长头村楼氏，生子远俭，寄住左墩村。

焕蔚长子，镇梅。

焕蔚次子，镇桐。

十八世

镇淮子，远威。

镇瀛子，远安。

镇权长子，远恭。

镇模长子，远俭。

十甲第三支

始祖仲远，仲远长子凌霄，凌霄次子瑛，瑛子齐，齐三子文辉子泰与章，泰子天才，章子志库，天才子尚功，志库子尚儒，尚功子邦定，尚儒子邦乔，后为第三支，以上凡九世，后从十世起。

十世

邦定子，普元，妻许氏，生二子，长举、次台。

邦乔子，普兴，妻武氏，生二子，长科、次中。

十一世

普元长子，举，妻赵氏，生一子，愈俊。

普元次子，台，妻杨氏、冯氏，生二子，长愈攀、次愈皇。

普兴长子，科，妻马氏，生一子，明威。

普兴次子，中，妻武氏，生二子，长明远、次明奎。

十二世

举之子，愈俊，妻孔氏、何氏，生一子，通茂。

台长子，愈攀，妻张氏，生二子，长通岭、次通显。

台次子，愈皇，妻杨氏，生二子，长通轩、次通殿。

科之子，明威，妻王氏，生一子，德上。

中长子，明远，妻武氏、梁氏，生一子，德泉。

中次子，明奎，妻张氏，生三子，长德宝、次德杰、三德禄。

十三世

愈俊子，通茂，妻王氏，以通轩次子照林为嗣。

愈攀长子，通岭，妻李氏，生一子，照禄。

愈攀次子，通显，妻杨氏，生一子，照桢。

愈皇长子，通轩，妻段氏、周氏，生二子，长照全、次照林，照林继嗣通茂。

愈皇次子，通殿，妻郭氏，生二子，照详、照凤。

明威子，德上，妻梁氏，生二子，长照广（无嗣）、次照曜。

明远子，德泉，妻王氏、阮氏，生一子，照吉。

明奎长子，德宝，妻武氏，寄居关东。

明奎次子，德杰，妻武氏，生二子，长有栋、次有梁。

明奎三子，德禄，妻武氏，寄居关东。

十四世

通茂子，照林，以照全次子叶荣为嗣。

通岭长子，照禄。

通显子，照桢，妻郭氏，生子长攀充、次攀奎。

通轩子，照全，妻杨氏，生二子，长叶广、次叶荣，继嗣照林。

通殿长子，照祥，妻曹氏，生子长攀升、次攀登。

通殿次子，照凤，妻郭氏，生子攀恒，继妻李氏，子攀礼，生子攀荣、攀华。

德上子，照曜。

德泉子，照吉，妻颜氏，继妻李氏，生一子，叶兴。

德杰长子，有栋，妻张氏，生子叶旺。

德杰次子，有梁，妻程氏，无嗣。

十五世

照林子，叶荣，妻陈氏，生子恒书。

照桢长子，攀充。

照桢次子，攀奎。

照全子，叶广，妻郭氏，生二子，长恒悦、次恒统。

照详长子，攀升，妻刘氏，继妻刘氏，生二子，长焕璪、次焕琰。

照详次子，攀登，妻龙氏，继妻王氏，生三子，长焕壁、次焕黄、三焕章。

照凤长子，攀恒，妻程氏，生二子，长焕良、次焕功。

照凤次子，攀礼，妻伍氏，生五子，长焕寿、次焕变、三焕宁、四焕德、五焕桎。

照凤三子，攀荣，妻王氏，子焕彩。

照凤四子，攀华，咸丰八年十二月二十四日生，妻王氏，继子焕植。

照吉子，叶兴，妻梁氏，生二子，长恒昌、次恒旺。

有栋子，叶旺，寄住关东。

十六世

叶荣子，恒喜，妻王氏，继子镇烈。

叶广长子，恒悦，妻王氏，继妻王氏，生四子，长镇庆、次镇烈、三镇显、四镇英，镇烈与恒喜为嗣。

叶广次子，恒统，妻武氏，继妻刘氏，生子镇冀。

攀升长子，焕璪。

攀升次子，焕琰。

攀登长子，焕壁。

攀登次子，焕黄。

攀登三子，焕章。

攀恒长子，焕良，妻张氏，生子镇威。

攀恒次子，焕功。

攀礼长子，焕寿，妻白氏，生子镇茂。

攀礼次子，焕变，妻程氏，生子长镇苔、次镇兰、三镇莫、四镇庄。

攀礼三子，焕宁。

攀礼四子，焕德。

攀华子，焕植，光绪九年四月初一日生，妻张家堡王氏。

攀荣子，焕彩。

十七世

恒喜子，镇烈，妻范氏，继子远茶。

恒悦长子，镇庆，妻赵氏，生子长远椿、次远卿、三远茶，远卿继与镇显，远茶继与镇烈。

恒悦三子，镇显，妻许氏，继子远卿。

恒悦四子，镇英。

恒统子，镇冀。

焕良长子，镇威。

焕寿长子，镇茂。

恒昌长子，镇莱，妻庞氏，子远喜。

恒昌次子，镇宁。

恒旺长子，镇习，同治六年八月二十三日生，妻马氏。

恒旺次子，镇有。

焕变长子，镇苔。

焕变次子，镇兰。

焕变三子，镇莫。

焕变四子，镇庄。

十八世

镇庆长子，远椿。

镇庆次子，远卿。

镇庆三子，远茶。

镇莱子，远喜。

（卷一，123 张，206 页，原卷长 36.7 厘米，宽 19.5 厘米）

五甲

高氏宗谱卷二：五甲第一支至第三支

始祖

仲远，妻王氏，生三子，长凌霄、次冲霄、三团霄。

二世

仲远次子，冲霄，妻王氏，生三子，长景初、次宜初、三仁初，宜初、仁初均无嗣。

三世

冲霄长子，景初，妻王氏，生一子，伯全。

四世

景初子，伯全，妻温氏，生三子，长文植、次文广、三文林。

五世

伯全长子，文植，妻米氏，生三子，长才旺、次才玘、三才胜。

伯全次子，文广，妻杨氏，生一子，才生，才生妻郭氏，生子学，学妻桑氏生子奉先、奉仁，奉先妻武氏无嗣，奉仁妻解氏生子光隆，光隆妻王氏，生子福贵，妻关氏无嗣。

伯全三子，文林，妻董氏，生一子，才支，才支妻刘氏，生二子长弥、次钺，王氏无嗣，弥妻张氏，生子廷桂、廷相，廷桂妻赵氏，生子朝，廷相妻王氏，生子云，俱无嗣。

六世

文植长子，才旺，妻米氏，生二子，长大保、次大傅，大保妻卢氏，生子奉忠，奉忠妻王氏，生子冲雨，无嗣。

文植次子，才玑，妻温氏，生三子，长大库、次大殿、三大仓，大库妻卢氏，生子奉经，无嗣。

文植三子，才胜，妻王氏，生四子，长贤、次怀、三庆、四玄，怀、玄俱无嗣，庆妻古氏，生子廷仓、廷良，廷仓妻许氏，生子材，廷良妻王氏，生子邦，俱无嗣。

七世

才旺次子，大傅，妻李氏，生二子，长奉岐、次奉仪。

才玑次子，大殿，妻靳氏，生三子，长奉鸣、次奉鹤、三奉鹏，奉鸣妻卢氏，生子光正，妻郭氏，奉鹤妻程氏，生子冲刚，妻时氏，俱无嗣。

才玑三子，大仓，妻卢氏，生四子，长奉祥、次奉许、三奉洪、四奉禄。

才胜长子，贤，妻董氏，生四子，长廷礼、次自然、三自勉、四自贵，廷礼妻程氏，生子文，妻米氏，自然妻王氏，生子武，俱无嗣。

八世

大傅长子，奉岐，妻许氏，生一子，光兴。

大傅次子，奉仪，妻韩氏，生三子，长一登、次一科、三一清，王氏一清无嗣，一科妻韩氏，生子万，万妻郭氏，生子国雨，无嗣。

大殿三子，奉鹏，妻李氏，生二子，长冲威、次一刚，冲威无嗣。

大仓长子，奉祥，妻卢氏，生四子，长光显、次光蒲、三光汉、四光花，光蒲妻程氏无嗣，光汉妻白氏，生子垌，垌妻何氏，生子国通，国通妻乔氏，生子明柱，无嗣。

大仓次子，奉许，妻时氏，生二子，长光化、次光武，光武无嗣。

大仓三子，奉洪，妻张氏，生二子，长光永、次光著。

大仓四子，奉禄，妻卢氏，生二子，长光教、次光启。

贤三子，自勉，妻魏氏，生一子，仕。

贤四子，自贵，妻时氏，生一子，邓。

九世

奉岐子，光兴，妻卢氏，生二子，长京中、次京魁。

奉仪长子，一登，妻王氏生二子，长迁、次迎，迎妻武氏生子国彭，无嗣。

奉鹏次子，一刚，妻闫氏，生一子，清。

奉祥长子，光显，妻魏氏，生一子，谈。

奉祥四子，光花，妻尚氏，生一子，库。

奉许长子，光化，妻李氏，生二子，长夏敬、次夏恭，夏敬妻生子国玘，国玘妻生子明著，无嗣。

奉洪长子，光永，妻乔氏，生二子，长管、次总，总妻王氏，生子国彪，无嗣。

奉洪次子，光著，妻岳氏，生一子，省，继妻王氏，生一子，玉。

奉禄长子，光教，妻岳氏、贾氏，生一子，论。

奉禄次子，光启，妻霍氏、刘氏，生二子，长奖、次都。

自勉子，仕，妻董氏，生一子，维仪。

自贵子，邓，妻闫氏生四子，长维山、次维林、三维长、四维合，维林妻孔氏，维长妻郭氏，维合妻王氏，俱无嗣。

古凡九世，自此以下，分十一支：京中、京魁，二祖为第一支；迁祖为第二支，系六世祖才旺后；清祖为第三支；谈祖、库祖为第四支；夏恭祖为第五支；管祖为第六支；省祖、玉祖为第七支；论祖为第八支；奖祖、都祖为第九支。皆六世祖才玘后。维仪祖为第十支；维山祖为第十一支，系六世祖才胜后。

五甲第一支

始祖

仲远，仲远次子冲霄，冲霄长子景初，景初子伯全，伯全长子文植，文植长子才旺，才旺次子大傅，大傅长子奉岐，奉岐子光兴，后第一支以上，凡九世后从十世起。

十世

光兴长子，京中，妻杨氏，生四子，长国安、次国定、三国关、四国宦，国定无嗣，国宦妻郭氏，生子贵成，寄居河南。

光兴次子京魁，妻董氏，生一子，国花。

十一世

京中长子，国安，妻闫氏，生一子，明宪。

京中四子，国宦，妻董氏，生五子，长明清、次明龙、三明朝、四明月、五明爵。

京魁子，国花，妻岳氏，生一子，明光。

十二世

国安子，明宪，妻颉氏、刘氏，生二子，长德喜、次德悦。

国宝长子，明清，妻周氏，生一子，德贤，德贤妻王氏、杨氏、刘氏生子复昌、复政、复发，俱无嗣。

国宝次子，明龙，妻卢氏，生一子，德名。

国宝三子，明朝，妻李氏，生二子，长德变、次德进，德变妻马氏无嗣。

国宝四子，明月，妻马氏、王氏，王氏生二子，长德芳、次德魁。

国宝五子，明爵，妻范氏，生一子，德达。

国花子，明光，妻卢氏，生三子，长德振、次德长、三德可，德长无嗣。

十三世

明宪长子，德喜，妻王氏，生一子，守仁。

明宪次子，德悦，妻马氏，生一子，守义。

明龙子，德名，妻王氏，生一子，复珍。

明朝子，德进，妻闫氏，生一子，复元。

明月长子，德芳，妻王氏、李氏，生二子，长复关、次复宫。

明月次子，德魁，妻宋氏，生一子，复初。

明爵子，德达，耆宾，妻吕氏、杜氏、程氏、刘氏，生四子，长复盛、次复广、三复耀、四复临。

明光长子，德振，妻李氏，生三子，长复美、次复明、三复云，复美、复云俱无嗣。

明光三子，德可，妻韩氏、贾氏、张氏，子复茂。

十四世

德喜子，守仁，妻郝氏，生二子，长玉发、次玉刚。

德悦子，守义，妻李氏、张氏，生二子，长玉章、次玉玺。

德名子，复珍，妻程氏，生一子，攀峰。

德进子，复元，妻张氏，生二子，长玉瑄、次玉璠。

德芳长子，复关，妻武氏，生二子，长玉衡、次玉树。

德芳次子，复宫，字桂林，妻王氏、贾氏，生二子，长玉瓒、次玉琪。

德魁子，复初，字见心，妻王氏，生二子，长玉英，次玉杰。

德达长子，复盛，妻韩氏，生一子，玉积。

德达次子，复广，妻魏氏，生二子，长玉润、次玉琛。

德达三子，复耀，妻马氏，生二子，长玉琇、次玉铉。

德达四子，复临，妻董氏，生二子，玉鹏、玉柱。

德振次子，复明，妻王氏、郭氏，生二子，玉林、玉儒。

德可子，复茂，妻马氏，生子玉瑝。

十五世

守仁长子，玉发，妻闫氏。

守仁次子，玉刚，妻李氏、马氏，生一子，喜正。

守义长子，玉章，妻张氏，生二子，喜荣、喜华。

守义次子，玉玺，妻贾氏，生四子，长喜茂、次喜盛、三喜珮、四喜璧，喜珮改名喜丰，喜璧改名喜兴。

复珍子，攀峄，妻郭氏，生一子焕翔，继妻赵氏，生四子，焕昭、焕著、焕阳、焕俊。

复元长子，玉瑄，妻岳氏，生二子，长焕月、次焕明，焕月改名焕仓，焕明改名焕硕。

复元次子，玉璠，妻畅氏，生一子，焕珠，改名焕斗。

复关长子，玉衡，妻畅氏，生三子，长焕淦、次焕业、焕泰，焕淦改名焕哲，焕业与玉树为嗣。

复关次子，玉树，妻薛氏，以玉衡次子焕业为嗣，妾氏嗣子焕业。

复官长子，玉瓒，妻卢氏，生四子，长焕朝、次焕章、三焕勋、焕生。

复官次子，玉琪，妻郭氏，生一子，焕国，嗣二子，焕章、焕坦。

复初长子，玉英，妻张氏，生一子，焕昌。

复初次子，玉杰，妻米氏，生一子，焕普，继妻马氏，生子焕乾、焕轮，改名玉杰，字荣隆，另有传见寿考门。

复盛子，玉积，妻韩氏、赵氏，生二子，焕瑾、焕娄，焕瑾改名焕奎。

复广长子，玉润，妻王氏，嗣子焕标。

复广次子，玉琛，妻罗氏，继妻卢氏，生子焕标，妾程氏，焕标与玉润为嗣。

复耀长子，玉琇，妻薛氏，生子焕京。

复耀次子，玉铉，妻任氏。

复临长子，玉鹏，字天池，乡饮耆宾，妻杨氏，生二子，焕璞、甫明，甫明与玉柱为嗣。

复临次子，玉柱，妻刘氏，嗣子甫明，字天样。

复明长子，玉林，妻武氏，妾王氏，子焕旭，生子焕律、焕圆、焕举，焕举与玉瑝为嗣。

复明次子，玉儒，妻刘氏，继妻石氏，生子焕辉。

复茂子，玉瑝，妻□氏，嗣子焕举。

十六世

玉刚子，喜正，妻刘氏生子，长镇峨，次镇嵋改名镇殿。

玉章长子，喜荣，妻武氏，生一子，镇峄，峄继妻杨氏。

玉章次子，喜华。

玉玺长子，喜茂，字载光，妻韩氏，生二子，长镇秦、次镇宇，镇宇
与喜丰为嗣。

玉玺次子，喜盛，字生光，妻马氏，嗣子镇汉。

玉玺三子，喜珮，改名喜丰，字昌光，妻马氏，嗣子镇宇。

玉玺四子，喜璧，改名喜兴，字世光，妻王氏，生二子，长镇河、次
镇汉，镇汉与喜盛为嗣。

攀峄长子，焕翔，妻高氏，生三子，镇邦、镇周、镇侯。

攀峄次子，焕昭，庠生，妻郭氏，生一子，镇世，另有传见科名门。

攀峄三子，焕著。

攀峄四子，焕阳，妻王氏，生子镇平、镇宝，另有传见行谊门。

攀峄五子，焕俊，妻卢氏，生子镇合，另有传见寿考门。

玉瑝长子，焕月，改名焕仓，嗣子镇台，妻郝氏。

玉瑝次子，焕明，改名焕硕，妻渠氏。

玉璠子，焕珠，改名焕斗，妻李氏，生二子，镇里、镇台，镇台与焕
仓为嗣。

玉衡长子，焕淦，改名焕哲，字文明，妻刘氏，生五子，镇悦、镇定、
镇旺、镇阁、镇垣。

玉衡三子，焕泰，妻刘氏。

玉树子，焕业，字振基，妻张氏，生三子，镇峰、镇恋、镇椴。

玉瓒长子，焕朝，妻刘氏，嗣子镇湧。

玉瓒三子，焕勋。

玉琠长子，焕章。

玉琠次子，焕坦，字聚星，改名焕堂，妻郭氏，生子镇湧、镇相。

玉英子，焕昌，妻温氏，嗣子镇绣。

玉杰长子，焕普，字冒临，太学生，妻翟氏，生二子，镇光、镇绣，

继妻张氏，生子镇裕，另有传见寿考门，镇绣与焕昌为嗣。

玉洁次子，焕乾，字恒临，妻董氏，生子镇五。

玉洁三子，焕轮，字恒照，从九品，妻武氏，生二子，长镇扬、次镇达，继妻郭氏。

玉积长子，焕奎，妻袁氏，子镇初。

玉积次子，焕娄，妻古氏。

玉润嗣子，焕标，妻段氏，生子长镇曜、次镇寿、三镇辉、四镇富。

玉琇子，焕京。

玉鹏长子，焕璞，字连璧，妻刘氏，继妻岳氏，生子镇冀，继妻张氏，张氏生子镇斌、镇鍪，又继妻郝氏生子镇鳌，继妻梁氏，另有传见寿考门。

玉柱嗣子，甫明，字焕光，妻董氏，生子镇星。

玉林长子，焕旭，妻李氏。

玉林次子，焕律，妻阎氏，生子镇雄，继妻韩氏、袁氏。

玉林三子，焕圆。

玉儒子，焕辉，妻程氏，继妻王氏，生子镇芳。

玉瑾嗣子，焕举，妻段氏，生子长镇域、次镇贵。

十七世

喜正长子，镇峨，妻王氏。

喜正次子，镇嵋，改名镇殿，妻程氏。

喜荣子，镇峄。

喜茂子，镇秦，字长安，妻张氏，生子向极，改名远旺，继妻程氏，生子远辰。

喜盛子，镇汉，妻郭氏，生子长远云、次远宏，远云与镇河为嗣。

喜丰子，镇宇，字普济，妻渠氏，继妻卢氏，生二子，长远怀、次远思。

喜兴长子，镇河，妻卢氏，嗣子远云。

喜兴次子，镇汉，移前与喜盛为嗣。

焕翔长子，镇邦，妻戴氏，生子长远效、次远敬，貤赠文林郎，翰林院庶吉士，另有传见行谊门。

焕翔三子，镇侯，字百里，妻乔氏，生子远致，殇，妾张氏，生次子远声、三子远庆，乡饮介宾，另有传见寿考门。

焕昭子，镇世，妻段氏，无子。

焕著子。

焕阳长子，镇平，妻段氏，继子远新。

焕阳次子，镇宝，妻段氏，生子长远协、次远新，继妻郭氏，远新继与镇平为嗣。

焕俊长子，镇合，妻崔氏，生二子，长远和、次远顺。

焕仓子，镇台，改定，妻马氏，生子远荣，另有传见寿考门。

焕斗长子，镇理，字文堂，妻王氏，生子长远治、次远烈、三远槐、四远阁。

焕斗次子，镇台，移前与焕仓为嗣。

焕哲长子，镇悦。

焕哲次子，镇定，妻马氏。

焕哲三子，镇旺，妻李氏，生子长远祯、次远相。

焕哲四子，镇阁，妻苗氏，生子远瑞。

焕哲五子，镇垣。

焕业长子，镇峰。

焕业次子，镇峦。

焕业三子，镇嵷。

焕朝子，镇湧，字超源，妻武氏，嗣子远堃。

焕烈子。

焕章子。

焕堂次子，镇相，字清齐，妻张氏，生子远堃、远增，远堃与镇湧为嗣。

焕昌嗣子，镇绣，字大章，乡饮介宾。

焕普长子，镇光，字文华，妻曹氏，生子长远升、次远达、三远扬，继妻薛氏，另有传见寿考门。

焕普三子，镇裕，字大成，妻王氏，生子远睿。

焕乾长子，镇五，妻许氏，继妻王氏。

焕轮长子，镇扬，字大烈，从九品，妻张氏，生子长远绩、次远绍，继妻罗氏、王氏，生子远亨。

焕轮次子，镇达，字维典，从九品，妻武氏，生长子远昌，继妻郭氏，生次子远华，继妻王氏。

焕奎子，镇初，改名镇福。

焕标长子，镇曜，殇。

焕标次子，镇寿，殇。

焕标三子，镇辉，妻氏生子。

焕标四子，镇富，殇。

焕璞长子，镇冀，字晋番，妻任氏，生一子，远方，殇，嗣子远耀。

焕璞次子，镇斌，太学生，字宪卿，妻赵氏，继妻渠氏，生子远发，殇。

焕璞三子，镇鎏，妻郜氏，生子远如。

焕璞四子，镇鳌，妻段氏，生子远耀。

甫明长子，镇星，妻武氏。

焕律子，镇雄，妻闫氏生子，长远中、次远正。

焕辉子，镇芳。

焕举长子，镇域，妻田氏。

焕举次子，镇贵。

十八世

镇秦长子，远旺，妻孔氏，继妻郝氏，嗣子锡荣。

镇秦次子，远辰，妻武氏，生子锡荣、锡富，锡荣与远旺为嗣。

镇汉次子，远宏，妻许氏，生长子，锡芳。

镇宇长子，远怀，妻阎氏，嗣子锡元。

镇宇次子，远思，妻阎氏，生子长锡元、次锡状、三锡会，锡元与远怀为嗣。

镇河嗣子，远云。

镇邦长子，远效，道光六年丙戌十月生，光绪二十五年三月卒，享寿七十三岁，葬青羊地新阡。字皆向，例封文林郎，翰林院庶吉士，朝议大夫。妻段氏，生子长锡泰、次锡华，继妻李氏，无出，继妻李氏，生子锡琛、锡璠、锡玙。

镇邦次子，远敬，字尊兄，行二，母戴家堡戴氏，道光二十四年甲辰生，光绪二十年甲午卒，享年五十二岁，另有传见行谊门。妻卢氏，生子长锡智、次锡勇、三锡庚。

镇周长子，远义，字质斋，行一，母文水温氏，同治三年甲子正月生，幼就本县合盛元票号经商，住北京、河南分庄，该号歇业后，充本县商会书记，民国六年十二月卒，享寿五十四岁，葬圮塔地先墓。妻岳氏，生长子锡铭、次子锡钰，锡钰与远文为嗣。

镇周次子，远文，妻李氏，行二，母文水温氏，早卒，以锡钰嗣。

镇侯长子，远致，行一，母乔家堡乔氏。

镇侯次子，远声，行二，母文水武村张氏，同治十二年癸酉四月生，幼经商于本县，县在奉天经营商业，妻李氏、张氏，生子锡镜、锡鉴，继妻岳氏。

镇侯三子，远庆，行三，母文水武村张氏，光绪八年壬午生，在本县复泰谦茶庄及太谷大德川票号经商，现在家经理田地，妻乔氏生子一女二。

镇宝长子，远协，妻韩氏，生子锡玺、次子锡印，继妻张氏。

镇宝次子，远新，行二，母贾令段氏，咸丰十一年辛酉生，幼经商，营杂货生意，中年后罢业回里务农业，妻吕氏，生子锡云。

镇合长子，远和，行二，母高村马氏，同治七年戊辰生，幼入商界，营业未成，究心医理，中年后以悬壶为业，妻许氏。

镇合次子，远顺。

镇台子，远荣，妻罗氏，生子锡珮、次子锡旺。

镇理长子，远治，妻段氏，继妻卢氏，生子长锡瑞、次锡璋、三锡瑾。

镇理次子，远勋，妻柳氏生子，长锡瑜、次锡璿。

镇理三子，远槐。

镇理四子，远富（阁），妻程氏。

镇旺长子，远祯。

镇旺次子，远相。

镇阁子，远瑞。

镇湧嗣子，远堃，字静齐，行一，母贾令张氏，光绪十六年四月生，幼在票号，现在张家口兴业银行，妻左东贾氏，继娶小贾村岳氏。

镇相次子，远增。

镇绣长子，远明，妻张氏生子，长锡莘、次锡库、三锡鼐、四锡连、五锡举。

镇绣次子，远庚。

镇光长子，远升，字和厚，咸丰二年壬子四月生，幼入商界，后去永宁州贸易，现在陕西。

镇光次子，远达，字通理，咸丰八年戊午六月生，幼经商于本县大益永，现在柳林镇贸易，妻董氏，继妻王氏。

镇光三子，远扬，字忠恕，母秦村曹氏，同治三年甲子六月生，幼经商，罢业后在家授童子读，兼习阴阳家言，妻袁氏，继妻罗氏。

镇裕子，远睿，字照明，妻郭氏，瓦屋村人，生子锡聚、次子锡宝。

镇扬长子，远绩，字子勋，从九品，妻任氏生子，长锡忠、次锡恕。

镇扬次子，远绍。

镇扬三子，远亨，行三，母大萨村王氏，光绪十二年七月生，幼经商，现在张家口，贸易于蒙，妻修善村人。

镇达长子，远昌，字子美，光绪辛卯年议叙，从九品，顶戴，例授登仕左郎，从九品，妻阎氏，配妻□氏，继子锡慧，宣统三年九月十五日生。

镇达次子，远华，字春登，妻张氏，继妻张氏，生子锡慧，锡慧与远昌为嗣（锡慧为远昌继子）。

镇冀嗣子，远耀。

镇鏊子，远如。

镇雄长子，远中。

镇雄次子，远正。

镇雄三子，远登。

十九世

远旺嗣子，锡荣，妻戴氏戴家堡人，生子履元、次子履亨。

远辰次子，锡富，妻殷氏，塔寺村人，生子履贞。

远宏长子，锡芳。

远怀嗣子，锡元，妻程氏生子履昱，继妻王氏。

远思次子，锡状，妻郭氏。

远思三子，锡会。

远效长子，锡泰，字子岱，同治癸酉年入泮，光绪四年考取一等，补食廪饩，乙酉檄取令德堂肄业，另有传，咸丰三年八月初八日生，光绪十二年五月初八日卒，享年三十四岁，葬青羊地先墓，妻乔氏，生子荫家。

远效次子，锡华，妻戴氏，继妻张氏，生子荫宸、次子荫寰，继妻王氏，生子荫宣，继妻韩氏，妾王氏，生子荫宇，妾杨氏、张氏。行二，母贾令段恭人，咸丰七年丁巳正月生，荫寰、荫宇与锡琛、锡璠为嗣。字子春，号紫莼，字宝田，同治癸酉年府案首入泮，光绪丁丑年考取一等第一名，补廪，壬午年调入令德堂肄业，壬午科考取优贡第一名，癸未年朝考一等十二名，钦用知县，戊子科乡试第十六名举人，己丑年考取国子监，南学肄业，壬辰科会试第九十七名，贡士，殿试二甲，赐进士出身，钦点翰林院庶吉士，甲午散馆，选授湖北京山县知县，钦加同知衔，赏戴花翎，在任候补直隶州，历任河南桐栢项城等县知县，陕西澄城白水武功安定等县知县，诰授朝议大夫，现官陕西候补府正堂，另有传，光绪三十三年丁内艰回籍，宣统元年在北京充清德宗景皇帝崇陵工程。

远效三子，锡琛，殇母，九汲村李氏，同治十年辛未四月生，幼入太谷经商，光绪十三年丁亥九月卒，年十七岁而亡，葬青羊地新阡，处办事官兼督办盐政，处总务厅机要科科长，民军起义后回籍，民国元年，经邑人公推为县公署民治科内务科科长，众议员，初选当选人，现充商会文案，妻郭氏，继子荫寰。

远效四子，锡璠，字韫辉，太学生，妻李氏，继子荫宇，母九汲村李氏，同治十二年癸酉六月生，幼就太谷志成信经商，住北京，光绪二十六年卒，春秋二十八岁，葬青羊地新阡。

效远五子，锡玙，殇，权厝于西边地，母九汲村李氏，光绪二年丙子生。

远敬长子，锡智，妻郭氏，瓦屋村人，字友三，母沙堡卢氏，同治六年丁卯十二月生，幼在本县兴隆贞，晋丰德绸缎，京货铺经商，中年，而后就本村国民学校司事。

远敬次子，锡勇，子义山，一字仲英，母沙堡卢氏，同治十一年九月，幼就本县大德恒票庄，集义布庄经商，现在家居赋闲，妻曹氏先卒，生女一。

远敬三子，锡庚，字梦九，行三，母沙堡卢氏，光绪元年乙亥十月十一日生，幼入商界，就本县中兴和票号，歇业后，就北京大盛隆账庄，又歇业，现在张家口商业银行，住丰镇，妻郝氏，西高家堡人，先卒，生一女。

远义长子，锡铭，行一，母贾令岳氏，光绪十九年癸巳生，入本县中学校肄业，现充本村国民学校教员，妻武氏，夏家堡人，生子不育，先卒。

远义次子，锡钰，行二，母贾令岳氏，光绪二十三年□月生，幼入商界，在本县宏晋银号学商，现在住永聚祥茶庄，娶北左村张氏，生子一。

远声长子，锡镜，行一，母北左村张氏，光绪十九年癸巳，□月生，幼入商界，在本县长源川习商，现改就长盛公司，在湖北茶山买茶，娶张庄村曹氏，生子一女一。

远声次子，锡鉴，行二，母北左村张氏，光绪二十三年□月生，幼在奉天营烧锅业。

远新长子，锡云。

远协子，锡宝，改玺，妻薛氏，贾令人。

远协次子，锡印。

远荣长子，锡珮。

远荣次子，锡旺。

远治长子，锡瑞。

远治次子，锡璋。

远治三子，锡瑾。

远勋长子，锡瑜。

远勋次子，锡璇。

远睿长子，锡聚。

远睿次子，锡宝。

远明长子，锡辇。

远明次子，锡库。

远明三子，锡辇。

远明四子，锡连。

远明五子，锡举。

远升长子，锡盾，字伯勋。

远升次子，锡运，字伯恩。

远绩长子，锡忠，妻祁县人渠氏。

远绩次子，锡恕。

远昌嗣子，锡慧。

二十世

锡荣长子，履元，行一，母戴家堡戴氏。

锡荣次子，履亨，行二，母戴家堡戴氏。

锡富长子，履贞，行一，母殷氏，塔寺村人。

锡元长子，履昱。

锡泰子，荫家，字保之，行一，又行三，母乔家堡乔氏，光绪十一年十一月生，就本县长裕川茶庄经商，现在湖南茶山买茶，娶程家庄时氏，生女二。

锡华长子，荫宸，官名履宸，字侍枫，行一，母徐沟南内道张氏，光绪七年辛巳六月生，前清生员，顺天候补知县，民国初元考取知事，分京兆荐任，现充固安县承审官，娶文水里村王氏，生子式曾、式璧，女一；妾，清宗室女，生子式祖、式墉，女一，另有传见科名门。

锡华次子，荫寰，字海清，行二，母南内道张氏，光绪十年甲申十月生，前清生员，省城自治研究所最优等毕业生，尚志医学堂最优等毕业生，现充村长，娶塔寺村刘氏，继妻段家窑马氏，生一女，大兴，刘氏生子一女一，另有传见科名门。

锡华三子，荫宣，字耐勤，行三又行四，母小武村王氏，光绪十七年四月生，就本县大德通经商，住陕西营口天津等处，娶东左墩韩氏，生子一，式轸。

锡琛嗣子，荫寰，字海清，行二，本生父锡华，生母南内道张氏，光绪十年甲申十月生，县学生员，钦加六品衔，陕西候补典史，妻刘氏、马氏、刘氏、刘氏。

锡璠嗣子，荫宇，字亦员，排行五，本生父锡华，本生母绥远王氏，嗣母贾令李氏，光绪二十六年十二月十二日生，幼入本县学堂，现入太谷铭贤学校肄业，妻前塔寺段氏。

锡玙长子，荫椿，行一，母北左村张氏，中华民国六年九月生，妻。

锡镜长子，荫楠，行一，字国栋，母张庄村曹氏，中华民国六年十二月生，妻晓义庄程氏，生长子仰岁、次子仰仑。

二十一世

荫宸长子，式曾，行一，字鹤孙，母文水里村王氏，光绪二十七年正月初四日生，入本县中学校，民国七年入太谷铭贤中学校，娶吴家堡武氏。

荫宸次子，式祖，行二，字绳武，号龙标，母王氏，生母清宗室□氏，民国九年生于北京。

荫宸三子，式璧，行三又行四，字雍光，母王氏，民国三年十月十一日生。

荫宸四子，式墉，行四又行六，字季崇，母王氏，生母清宗室□氏，民国七年生于京兆固安县公署。

荫寰长子，式奎，行一又行三，字曜垣，生母大兴县刘氏，民国三年九月初九日生。

荫宣长子，式轸，行一又行五，字戴乾，母东左墩韩氏，民国六年丁巳八月十四日生。

荫家长子，式型，行一又行六，字用仪，母程家庄时氏氏国。

荫宣次子，式仪，行二又行六，字渐鸿，母左墩韩氏，民国十二年。

荫棠长子，式崧，行一又行七，字巍，生母后塔寺村段氏，民国十三年八月二十九日生。

五甲第二支

始祖

仲远，仲远次子冲霄，冲霄长子景初，景初子伯全，伯全长子文植，文植长子才旺，才旺次子大傅，大傅次子奉仪，奉仪长子一登，后为第二支，以上凡九世后从十世起。

十世

一登长子，迁，妻王氏、袁氏、马氏，生三子，长国顺、次国宁、三国守。

十一世

国顺无嗣，迁次子。

国宁，妻段氏、高氏，生二子，长明府、次明州，明州妻温氏生子，德秀、德才，俱无嗣，迁三子。

国守，妻段氏，生一子，明镜。

十二世

国宁长子，明府，妻王氏，生二子，长德大、次德爵，德大无嗣。

国守子，明镜，妻赵氏，生四子，长德旺、次德宏、三德现、四德修。

十三世

明府次子，德爵，妻卢氏，生二子，长崇善，次崇希。

明镜长子，德旺，妻闫氏，生一子，崇武。

明镜次子，德宏，妻乔氏，生一子，崇魁。

明镜三子，德现，妻王氏，生一子，崇文。

明镜四子，德修，妻卢氏、马氏，生五子，长崇宽、次崇润、三崇信、四崇义、五崇玉，崇宽、崇玉无嗣。

十四世

德爵长子，崇喜，妻刘氏、高氏，生三子，长玉俊、次玉洪、三玉春。

德爵次子，崇希，妻王氏，生三子，长玉照、次玉达、三玉治，继妻张氏。

德旺子，崇武，妻吕氏，生一子，玉亨。

德宏子，崇魁，妻张氏，生一子，玉昌。

德现子，崇文，妻张氏，生一子，玉珝。

德修次子，崇润，妻王氏，生一子，玉德。

德修三子，崇信，妻王氏。

德修四子，崇义，妻程氏，生一子，玉时。

十五世

崇喜长子，玉俊，妻段氏，生子焕先。

崇喜次子，玉洪，妻武氏，生三子，长焕长、次焕永、焕斌。

崇喜三子，玉春，妻王氏，生子焕晶。

崇希长子，玉照，妻武氏，生三子，焕成、焕齐、焕梁，焕齐改名焕永。

崇希次子，玉达，妻郭氏，生子焕赵、焕鲁，焕鲁少亡。

崇希三子，玉治，妻刘氏，生子焕普。

崇武子，玉亨，妻贾氏。

崇魁子，玉昌。

崇文子，玉珝，妻□氏，生子焕祖。

崇润子，玉德。

崇信子。

崇义子，玉时。

十六世

玉俊子，焕先。

玉洪长子，焕长，改名焕文，妻薛氏，生子镇垣。

玉洪次子，焕永，改名焕武，妻闫氏，继妻石氏。

玉洪三子，焕斌。

玉春子，焕晶。

玉照长子，焕成，妻张氏，嗣子镇江。

玉照次子，焕永，妻于氏，生子镇江、镇淮。

玉照三子，焕梁。

玉达子，焕赵，妻渠氏，生子镇崧、镇岚、四子镇□、五镇□。

玉治子，焕普。

玉珝子，焕祖。

十七世

焕文子，镇垣，妻朱氏生子，长远金、次远玉。

焕成子，镇江。

焕永子，镇淮。

焕赵长子，镇崧。

焕赵次子，镇岚。

焕赵四子，镇□。

焕赵五子，镇□。

十八世

镇垣长子，远金。

镇垣次子，远玉。

五甲第三支

始祖

仲远，仲远次子冲霄，冲霄长子景初，景初子伯全，伯全长子文植，文植次子才玘，才玘次子大厫，大厫三子奉鹏，奉鹏次子一刚，后为第三支，以上凡九世后从十世起。

十世

一刚子，清，妻范氏，生一子，国进。

十一世

清之子，国进，妻范氏，生一子，明烈。

十二世

国进子，明烈，妻吕氏，生二子，长德友、次德金。

十三世

明烈长子，德友，妻梁氏，生三子，长振信、次振声、三振法，振声无嗣。

明烈次子，德金，妻武氏，生二子，长振荣、次振奇。

十四世

德友长子，振信，妻白氏，生一子，攀贵。

德友三子，振法，妻畅氏，生二子，长攀魁、次攀顺。

德金长子，振荣，妻吕氏、刘氏，生一子，攀英。

德金次子，振奇，妻岳氏，生一子，攀泰。

十五世

振信子，攀贵，妻卢氏，生一子，焕瑞。

振法长子，攀魁，妻杨氏，以攀顺长子焕之为嗣。

振法次子，攀顺，妻王氏，生二子，长焕之、次焕然，焕之与攀魁为嗣。

振荣子，攀英，妻武氏，生四子，长焕儒、次焕普、三焕山、四焕岚。

振奇子，攀泰，妻王氏，生二子，长焕宫、次焕澄。

十六世

攀贵子，焕瑞，改名焕祥，妻张氏，生一子，镇宇。

攀魁子，焕之，妻庞氏，继妻刘氏，子镇连、次子镇维。

攀顺子，焕然。

攀英长子，焕儒，妻曹氏，生二子，镇普、镇府。

攀英次子，焕普。

攀英三子，焕山，妻董氏。

攀英四子，焕岚，妻渠氏，生一子，镇远。

攀泰长子，焕宫，改名焕明，妻孟氏，生二子，镇通、镇达，另有传见寿考门。

攀泰次子，焕澄，改名焕津，另有传见寿考门。

攀泰三子，焕津，妻张氏，生子镇隆，继妻闫氏，继妻梁氏，生子镇康、镇顺，另有传见寿考门。

十七世

焕祥子，镇宇。

焕之子，镇连。

焕之次子，镇维。

焕儒长子，镇普，妻卢氏。

焕儒次子，镇府，妻闫氏。

焕岚子，镇远，妻弓氏。

焕明长子，镇通，妻韩氏，继妻宋氏，生子远郁、继子远超、次子远德。

焕明次子，镇达，妻段氏，生三子，长远章、次远超、三远益，远超与镇通为嗣。

焕津长子，镇隆，妻卢氏，继妻韩氏，生二子，远鉴、次子远铜。

焕津次子，镇康，妻赵氏，生子远镰。

焕津三子，镇顺，行三，母梁氏，同治九年生，妻郭氏，生子远志。

十八世

镇通嗣子，远超，行二，生母段氏，同治八年生，现在北京粮食店经商，妻乔氏，生长子锡良、次子锡恭、三子锡让、四子锡祉。

镇通长子，远郁。

镇通次子，远德，行三，母宋氏，光绪十九年生。

镇达长子，远章，妻杨氏。

镇达三子，远益，行三，同治十年生，务农业，妻卢氏，生长子锡温、次锡俭、三锡钰、四锡杰。

镇隆长子，远鉴，行一，母韩氏，光绪十一年生，妻王氏，生子锡峻。

镇隆次子，远铜，行二，母韩氏，光绪二十二年生。

镇康子，远镰，行一，母赵氏，光绪十六年生。

镇顺长子，远志，行一，母郭氏，民国二年生。

十九世

远超长子，锡良，行一，母乔氏，光绪三十年生。

远超次子，锡恭，行二，母乔氏，光绪三十三年生。

远超三子，锡让，行三，母乔氏，民国元年生。

远超四子，锡祉，行四，母乔氏，民国三年生。

远益长子，锡温，行一，母沙堡村人卢氏，光绪二十七年生，幼入学堂，后赴北京，改营商业。

远益次子，锡俭，行一，母沙堡村卢氏，宣统元年生。

远益三子，锡钰，行三，母沙堡村卢氏，民国三年生。

远益四子，锡杰，行四，母沙堡村卢氏，民国七年生。

二十世

远鉴长子，锡峻，行一，母王氏，民国四年生。

（卷二，82 张，164 页，原卷长 36.7 厘米，宽 19.5 厘米）

高氏宗谱卷三：五甲第四支至第七支

高氏宗谱卷四：五甲第八支至第十一支 [①]

---

① 卷三、卷四资料缺损。

东院

高氏宗谱卷五

东院总录

始祖

仲远，妻王氏，生三子，长凌霄、次冲霄、三团霄。

二世

仲远三子，团霄，妻王氏，生二子，长九安、次九成，继妻刘氏，生一子，九太。

三世

团霄长子，九安，妻杨氏，生一子，钦。

四世

九安子，钦，妻武氏，生子文贵、文景、文三。

五世

钦长子，文贵，妻杨氏，生子，友才、友善。

钦次子，文景，妻范氏，生一子，友昌。

六世

文贵长子，友才，妻侯氏，生子，长郎、次虎、三茂（无嗣）。

文景子，友昌，妻朱氏，生二子，长增、次墨。

七世

友才长子，郎，妻郭氏，生一子，唐。

友才次子，虎，妻武氏，生二子，长潜、次祥。

友昌子，增，妻尚氏，生一子，尚贤。

八世

郎之子，唐，妻郭氏，生三子，元义、元美、元智，元美、元智俱无嗣。

虎长子，潜，妻郝氏，生一子，元节。

虎次子，祥，妻安氏，生三子，元仁、元海、元润。

增之子，尚贤，妻赵氏，生一子，元吉。

九世

唐长子，元义，妻郭氏，生二子，应春、应秋。

潜之子，元节，妻籍氏、于氏，生四子，长时起、次时德、三时照、四时兴。

祥长子，元仁，妻魏氏，生三子，长时亮、次时雷、三时月。

祥次子，元海，妻梁氏，生一子，时露。

祥三子，元润，妻卢氏、郭氏，生一子，时崙。

右凡九世，自此以下分为七支，应泰祖为第一支，应秋祖为第二支，时起、时德、时照、时兴四祖为第三支，时亮、时雷、时月三祖为第四支，时露祖为第五支，时崙祖为第六支，皆五世祖文贵后，应忠祖为第七支，皆五世祖文景后。

东院第一支

始祖仲远，仲远三子团霄，团霄长子九安，九安子钦，钦长子文贵，文贵长子友才，友才长子郎，郎子唐，唐长子元义，元义长为第一支，以上九世后从十世起。

十世

元义子，应春，妻王氏，生一子，化明。

十一世

应春子，化明，妻王氏，生一子，选程。

十二世

化明子，选程，妻郝氏，生一子，翠先。

十三世

选程子，翠先，妻陈氏，生六子，长尔昌、次尔庆、三尔全、四尔喜、五尔宁、六尔贵。

十四世

翠先长子，尔昌，妻段氏，生三子，永昇、永清、永亮。

翠先次子，尔庆，妻程氏，生二子，永太（无嗣）、永仕。

翠先四子，尔喜，妻王氏，生三子，永大、永吉、永祥。

翠先五子，尔宁，妻梁氏，生一子，永敬。

翠先六子，尔贵，子永隆。

十五世

尔昌长子，永昇，妻卢氏，生一子，峻。

尔昌次子，永清，妻郝氏，生二子，长杰、次彬。

尔昌三子，永亮，妻张氏，生二子，长福、次禄。

尔庆次子，永仕，妻温氏，生一子，惠。

尔喜长子，永大，妻王氏，生四子，长印、次英、三宝、四奇，俱无嗣。

尔喜次子，永吉，妻张氏，生三子，长晟、次德、三明。

尔喜三子，永祥，妻杨氏、程氏，生三子，长梅、次开、三达，梅、开俱无嗣。

尔宁子，永敬，妻马氏，生一子，全。

尔贵子，永隆，妻薛氏，生三子，长昇、次煜、三星。

十六世

永昇子，峻，妻袁氏，生二子，长克辉、次克耀（无嗣）。

永清长子，杰，妻郑氏，生二子，长克庄、次克义，克义无嗣。

永清次子，彬，妻戴氏，生四子，长克生、次克长、三克御、四克书，继妻张氏，生一子克旺，克御、克旺俱无嗣。

永亮长子，福，妻杨氏，生一子，克锦。

永亮次子，禄，妻杨氏，生子克智。

永敬子，全，妻董氏，生二子，克振、克通。

永隆三子，星，妻王氏，继妻赵氏，生一子，克承。

十七世

峻长子，克辉，以士发次子锡亮为嗣。

杰长子，克庄，妻王氏，生一子，士海。

彬长子，克生，妻郭氏，生一子，士清。

彬四子，克书，妻马氏，生三子[①]

高氏宗谱卷六：东院第二支

卷七：东院第三支

卷八：东院第四支

卷九：东院第五支

高氏宗谱卷十：东院第六支、第七支

高氏宗谱卷十一：西院第一支、第二支

西院总录

始祖

仲远，妻王氏，生三子，长凌霄、次冲霄、三团霄。

---

① 后文至卷十资料缺损。

二世

仲远三子，团霄，妻王氏，生二子，长九安、次九成，继妻刘氏，生一子，九太，东西中三院祖。（注：九安是东院祖，九成是西院祖，九太是中院祖）

三世

团霄次子，九成，妻温氏，生一子，山。西院祖。

四世

九成子，山，妻武氏，生一子，林。

五世

山之子，林，妻张氏，生一子，友旺，继妻刘氏，生一子，友胜。

六世

林长子，友旺，妻乔氏，生四子，长袆、次荣（无嗣）、三雷、四贞。荣妻岳氏，生二子，长子春无嗣、次子江；妻武氏，生子烦；烦妻岳氏，生子良怀；良怀妻程氏，生子进选；进选妻武氏，生子玉会，无嗣。

七世

友旺长子，袆，妻田氏，生四子，长子宁、次子成、三子恭、四子温，子恭、子温俱无嗣。

友旺三子，雷，妻柳氏，生六子，长子花、次子富、三子贵、四子相、五子金、六子禄。子相，妻杨氏，生子仁，仁妻温氏，生子应显，无嗣。子金，妻安氏，生二子，长苗，妻武氏，生子应成，无嗣。次生，妻张氏，生子应山，应山生化富，化富生三占，无嗣。

友旺四子，贞，妻杨氏，生一子，子明。

友胜长子，信，妻张氏，生一子，子余。

八世

袆长子，子宁，妻安氏，生四子，长崇、次定、三完、四资。

袆次子，子成，妻段氏，生三子，长洪、次乾、三铠；妻程氏，生二子，长应孝，无嗣，次应顺，妻李氏，生子进双、进宝。宝妻段氏，生子文贵，无嗣。

雷长子，子花，妻范氏，生二子，长智、次杞。智妻段氏，生二子，长应期、次应明，应期段氏生二子，长化福无嗣，次化真，妻氏生三岭，三岭生翠龙，翠龙俱无嗣。应明妻王氏，生子化建，化建妻氏，生三闰，三闰生翠友，无嗣。

雷次子，子富，妻马氏，生二子，长左、次右，右无嗣。

雷三子，子贵，妻李氏，生一子，许。

雷六子，子禄，妻张氏，生一子，恩。

贞之子，子明，妻武氏，生一子，付。

信之子，子余，妻郭氏，生一子，元成。

九世

子宁长子，崇，妻赵氏祁，生四子，长应元、次应畏、三应全、四应整。应元妻段氏，生子如林无嗣，应畏、应整俱无嗣。

子宁次子，定，妻岳氏，生二子，长应奎、次应罡。应罡妻马氏，生子进晋无嗣。

子宁三子，完，妻岳氏，生三子，长应鸾、次应凤、三应凰。

子宁四子，资，妻朱氏，生二子，长应文、次应武。应武妻卢氏，生子进善、进喜，俱无嗣。

子成长子，洪，妻刘氏，生二子，长应学、次应才，应学无嗣。

子成三子，铠，妻段氏，生一子，应德。

子花次子，杞，妻白氏，生一子，应林。

子富长子，左，妻马氏，生一子，应兴。

子贵子，许，妻孟氏、马氏，生二子，长应邦、次应齐。应邦妻程氏，生子化众、化成，俱无嗣。

子禄子，恩，妻卢氏，生二子，长应宁、次应正。

子明子，付，妻武氏，生一子，应瑗。

子余子，元成，妻董氏，生三子，长应福、次应旺、三应广，应广无嗣。

右凡九世，自此以下分十五支，应全祖为第一支，应奎祖为第二支，应鸾祖为第三支，应凤祖为第四支，应凰祖为第五支，应文祖为第六支，应才祖为第七支，应德祖为第八支，应林祖为第九支，应兴祖为第十支，应齐祖为第十一支，应宁祖为第十二支，应正祖为第十三支，应瑗祖为第十四支，皆六世祖友旺后；应福、应旺二祖为第十五支，乃六世祖友胜后。

西院第一支

始祖仲远，仲远三子团霄，团霄次子九成，九成子山，山子林，林长子友旺，友旺长子衬，衬长子子宁，子宁长子崇，后为第一支，以上九世后从十世起。

十世

崇三子，应全，妻梁氏，生一子，如山。

十一世

应全子，如山，妻氏，生三子，长三兴、次三旺、三三玘，三旺、三玘俱无嗣。

十二世

如山长子，三兴，妻董氏，生二子，长翼力、次翼亮。

十三世

三兴长子，翼力，妻段氏，生一子，尔正。

三兴次子，翼亮，妻康氏，生一子，尔振。

十四世

翼力子，尔正，妻常氏，生一子，景富。

翼亮子，尔振，妻高氏，生四子，长景山、次景智、三景福、四景禄，景山无嗣。

十五世

尔正子，景富，妻郭氏，生一子，先武。

尔振次子，景智，妻范氏、武氏，生一子，先义。

尔振三子，景福，妻武氏，生三子，长先龙、次先虎、三先侯。

尔振四子，景禄，妻王氏，生一子，先好。

十六世

景富子，先武，妻关氏，子廷文。

景智子，先义，妻李氏、岳氏，生二子，长廷胥、次廷呈。

景福长子，先龙，妻郭氏，生子廷晃。

景福次子，先虎。

景福三子，先侯，妻乔氏，生子步楼。

景禄子，先好，妻张氏，生子廷辉、廷光、廷烁、廷寿，廷光与第四支先贵为嗣。

十七世

先武子，廷文，妻武氏，生子昭合。

先义长子，廷胥，妻王氏，生二子，昭龄、昭彰，昭彰与廷呈为嗣。

先义次子，廷呈，妻郭氏，嗣子昭彰。

先龙子，廷晃。

先侯子，步楼。

先好长子，廷辉，妻张氏。

先好次子，廷光，与先贵为嗣。

先好三子，廷烁，妻氏，生子昭本。

先好四子，廷寿，妻张氏，生子秉善。

十八世

廷文子，昭合。

廷冑长子，昭龄，妻刘氏，生子锡茂。

廷呈子，昭彰，妻郭氏，生子锡通。

廷烁子，昭本，妻卢氏。

廷寿子，秉善，妻刘氏，生子锡三，次子锡宝。

十九世

昭龄子，锡茂，妻氏，生子履森。

昭彰子，锡通，妻霍氏，生子履惠、履荃，履惠少亡。

秉善长子，锡三。

秉善次子，锡宝。

二十世

锡茂子，履森。

锡通子，履荃，妻大贾村温氏。

西院第二支

始祖仲远，仲远三子团霄，团霄次子九成，九成子山，山子林，林长子友旺，友旺长子礽，礽长子子宁，子宁次子定，后为第二支，以上凡九世，后从十世起。

十世

定长子，应奎，妻段氏，生二子，长进周、次遇周。

十一世

应奎长子，进周，妻卢氏，生三子，长三奇、次三世、三三湛。

应奎次子，遇周，妻郭氏，生二子，长三海、次三江，三江无嗣。

十二世

进周长子，三奇，妻氏，生一子，翠德。

遇周长子，三海，妻程氏，生三子，长翠明、次翠亮、三翠克。

十三世

三奇子，翠德，妻梁氏，生二子，长尔玘、次尔才。

三海长子，翠明，妻武氏，生二子，长定富、次定福，定福无嗣。

三海次子，翠亮，妻安氏，生二子，长定忠、次定义。

十四世

翠德长子，尔玘，妻马氏，生二子，长全成（无嗣）、次全美。

翠德次子，尔才，妻卢氏，生一子，全明。

翠明长子，定富，妻许氏，生二子，长全长、次全境。

翠亮长子，定忠，妻段氏，生一子，全密。

十五世

尔玘次子，全美，妻卢氏，生子先登。

尔才子，全明，妻罗氏，生子先开。

定富长子，全长，妻段氏，生子宝法。

定富次子，全境，妻刘氏，生子宝德。

定忠子，全密，妻郭氏，生二子，长宝泰、次宝兴，宝泰无嗣。

定义长子，全智，妻刘氏，生子宝魁。

定义次子，全慧，妻卢氏，生四子，长宝善、次宝仁、三宝贤、四宝华。

十六世

全美子，先登，妻李氏，生二子，廷瑶、廷琪。

全明子，先开，妻杨氏，生三子，廷选、廷华、廷山。

全长子，宝法，妻袁氏，生四子，长廷瓒、次廷玑、三廷琮、四廷珪。

全境子，宝德，妻文氏，生三子，长廷旺、次廷发、三廷隆。

全密子次子，宝兴，妻宋氏，生子廷训。

全智子，宝魁，妻乔氏，生二子，长廷忠、次廷裕。

全慧长子，宝善，妻杨氏，生五子，长廷璇、次廷璲、三廷琦、四廷瑛、五廷珉。

全慧次子，宝仁，妻杨氏，生二子，长廷珝、次廷瑜，继妻杨氏，生一子，廷瑄。

全慧三子，宝贤，妻郝氏，生一子，廷珏。

全慧四子，宝华，妻王氏，生一子，廷瑞，继妻郝氏，生子廷理。

全绩长子，宝铭，妻贾氏，生四子，长廷琳、次廷繡、三廷琇、四廷玭。

全绩次子，宝信，妻乔氏，生二子，长廷现、次廷绢。

全绩三子，宝庆，妻韩氏，生三子，长廷珍、次廷珠、三廷珩。

十七世

先登长子，廷瑶，字国珍，妻刘氏，生子士式。

先登次子，廷琪，字君玉，妻李氏。

先开长子，廷选，妻张氏，生二子，长士茂、次士盛。

先开次子，廷华，妻姜氏，生子士本，改名士尧。

先开三子，廷山，妻袁氏，生子长善兴、次善化、三士福，善兴改名士呈，善化改名士辉，士福与廷隆为嗣。

宝法长子，廷瓒，妻卢氏改嫁，生一子，士壮，改名士威。

宝法次子，廷玑，妻段氏，生子士贞。

宝法三子，廷琮，妻渠氏，嗣子士济。

宝法四子，廷珪，改名廷宁，妻薛氏，生子士湧，士湧与廷琮为嗣。

宝德长子，廷旺，无嗣。

宝德次子，廷发，无嗣。

宝德三子，廷隆，妻张氏，生子士操、士守（少亡），嗣子士福。

宝兴子，廷训，妻董氏、朱氏，子士怀。

宝魁长子，廷忠，妻张氏，生一子，士信。

宝魁次子，廷裕，妻段氏，生三子，长士敏、次士应、三士广，少亡。

宝善长子，廷璇，妻张氏，生一子，士温。

宝善次子，廷璲，妻戴氏，生二子，长士恭、次士俭。

宝善三子，廷琦，妻崔氏，继妻段氏，生子士让，改名秉桂。

宝善四子，廷瑛，妻卢氏，生子士元。

宝善五子，廷珉，妻段氏，继妻程氏，生子秉立，改名廷俊。

宝仁长子，廷珝，妻范氏，嗣子秉富。

宝仁次子，廷瑜，妻刘氏，生子秉荣、秉昌，继妻程氏，生子秉富，秉富与廷珝为嗣。

宝仁三子，廷瑄，妻武氏，生子秉吉。

宝贤子，廷珏，妻卢氏，继妻段氏，生子秉仁，改名廷栋。

宝华子，廷瑞，妻刘氏，生子士探，继妻马氏，生子士攀、士才，士才改名士斌，士攀与廷理为嗣。

宝铭长子，廷琳，妻乔氏，生一子，士丰。

宝铭次子，廷繐，妻郝氏，生一子，士采。

宝铭三子，廷琇，妻武氏，生一子，士瑚（少亡），继妻乔氏，生子士艺。

宝铭四子，廷玳，妻杨氏，继妻韩氏，生子秉簥。

宝信长子，廷现，妻李氏，生子士超、士翠，继妻李氏、范氏。

宝信次子，廷绢，妻段氏，继妻乔氏、石氏，生子士玉。

宝庆长子，廷珍，妻李氏，生子士用。

宝庆次子，廷珠，妻刘氏，生子士热。

宝庆三子，廷珩，无嗣。

宝华次子，廷理，妻武氏，嗣子士攀，此名号与廷瑞相近，因前无住改序此。

十八世

廷瑶子，士式。

廷选长子，士茂，妻张氏，子作成。

廷选次子，士盛，妻氏，子作熙。

廷华子，士尧，妻郭氏。

廷山长子，士呈。

廷瓒子，士威，妻高氏。

廷玑子，士贞，妻郝氏，生子作陞。

廷琮子，士济，妻高氏。

廷隆子，士操。

廷隆次子，士福。

廷训子，士怀，妻庞氏。

廷忠子，士信，妻魏氏，继妻段氏，生子作仁、作义。

廷裕长子，士敏，妻氏，嗣子作腾。

廷裕次子，士应，妻武氏，生子作耀、作腾、作鹏，作鹏与士敏为嗣。

廷璇子，士温，妻梁氏，继妻葛氏，子作谦。

廷璲长子，士恭。

廷璲次子，士俭，妻高氏，生子作镇。

廷琦子，秉桂，妻杨氏。

廷瑛子，士元，妻李氏。

廷俊子，秉立，妻田氏，子作霞、次子作望，作霞妻吕氏，作望妻卢氏，俱无嗣。

廷珝子，秉富，妻武氏，生子作全，继妻袁氏。

廷瑜长子，秉荣，妻王氏，继妻闫氏、郝氏，生子作玉。

廷瑜次子，秉昌，妻王氏，生子作汇。

廷瑄子，秉吉，妻武氏，子作邦。

廷栋子，秉仁。

廷瑞长子，士探，妻高氏，子作亮。

廷瑞次子，士才，妻王氏，子作珍，生子作珠，改名士斌。

廷理子，士攀。

廷琳子，士丰，妻乔氏，子作舟，生子作哲，作哲与士来为嗣。

廷总子，士采，妻朱氏，嗣子作哲。

廷琇子，士云。

廷玳子，秉篇，妻王氏。

廷现长子，士超，妻郝氏，生子作凤。

廷现次子，士翠，妻段氏。

廷绢子，士玉，妻乔氏，生子作岱。

廷珍子，士用，妻张氏，生子作旭。

廷珠子，士热，妻武氏，妾张氏，生子作山。

十九世

士茂子，作成。

士盛子，作熙，妻岳氏，生子长康杰、次少亡。

士贞子，作陛，妻氏，继子履训。

士信长子，作仁，妻，嗣子康衡。

士信次子，作义，妻武氏，生子康衡、次康宝，康衡嗣与作仁。

士敏子，作腾，妻张氏，生子康沂、次康睿、三康荣，改康湜，康睿嗣与作耀。

士应长子，作耀，妻，嗣子康睿。

士应三子，作鹏。

士温子，作谦，妻氏，子康宁。

士俭子，作镇，妻郭氏，生二子，长康元、次康和。

秉富子，作全。

秉荣子，作玉。

秉昌子，作汇，妻岳氏，生二子，长康泰、次康福。

秉吉子，作邦，妻许氏。

士斌子，作珍。

士斌次子，作珠。

士丰子，作舟，妻刘氏，生子康建、次子康邈。

士采子，作哲，妻武氏，生子康磬、次康达、三康祚、四康通。

士超子，作凤，妻段氏，生子康辅、次康弼、三康明、四康亮。

士玉子，作岱。

士用子，作旭，妻段氏。

士热子，作山，在归化城经商，妻东元支王氏，生子康庆。

二十世

作熙子，康杰。

作陛子，履训。

作仁子，康衡，继子硕中。

作义子，康宝，妻段氏，生二子，长硕中、次硕庸，硕中与康衡为嗣。

作腾子，康沂。

作腾三子，康湜，妻王乔村赵氏，继妻长头村邹氏。

作耀子，康济，光绪丁酉年生员，癸卯年一等第一名，补廪膳生员癸卯科中式第五十八名举人。妻武氏，子哲。

作谦子，康宁，妻杨氏，姜家堡人，子硕巍。

作镇子，康元。

作镇次子，康和。

作荣子，康泰，妻李氏，生长子硕钦，继妻武氏，生次子硕尉。

作荣次子，康福，妻王氏，继妻杨氏。

作舟长子，康建，妻袁氏，生二子，长硕俊、次硕杰。

作舟次子，康邈。

作哲子，康磬，妻于氏。

作哲次子，康达，妻于氏。

作哲三子，康祚。

作哲四子，康通，妻乔氏。

作凤长子，康辅。

作凤次子，康弼，妻西堡村郭氏。

作凤三子，康明。

作凤四子，康亮，妻夏家堡武氏。

作山长子，康庆。

二十一世

康衡继子，硕中。

康宝次子，硕庸。

康泰长子，硕钦。

康泰次子，硕尌。

康建长子，硕俊。

康建次子，硕杰。

康宁子，硕巍。

（卷十一，88 张，176 页，原卷长 36.7 厘米，宽 19.5 厘米）

高氏宗谱卷十二：西院第三支

西院第三支

始祖仲远，仲远三子团霄，团霄次子九成，九成子山，山子林，林长子友旺，友旺长子祄，祄长子子宁，子宁三子完，完长子后为第三支，以上凡九世，后从十世起。

十世

完长子，应鸾，妻卢氏，生三子，长进照、次进科、三附科，进照、附科俱无嗣。

十一世

应鸾次子，进科，妻张氏，生三子，长三御、次三俊、三三元。

十二世

进科长子，三御，妻王氏，生三子，长翠鸿、次翠鹏、三翠鹭。

进科次子，三俊，妻贾氏，生五子，长翠荣、次翠章、三翠利、四翠秀、五翠文。

进科三子，三元，妻岳氏，生五子，长翠嵩、次翠峰、三翠巍、四翠仕、五翠峋。

十三世

三御长子，翠鸿，妻关氏，生一子，尔升。

三御次子，翠鹏，妻卢氏，生三子，长尔玉、次尔珍、三尔法。

三御三子，翠鹭，妻袁氏，生四子，长尔太、次尔山、三尔林、四尔彪。

三俊长子，翠荣，妻郝氏，生一子，尔照。

三俊次子，翠章，妻卢氏，生二子，长尔英、次尔璧，尔英无嗣。

三俊三子，翠利，妻李氏，生一子，尔雄，墓在老坟，前有记墓石。

三俊四子，翠秀，妻岳氏，生二子，长尔主、次尔进，尔主无嗣，尔进妻马氏，生子景龙、景凤、景成，俱无嗣。

三俊五子，翠文，妻郭氏，生二子，长尔功、次尔道。

三元次子，翠峰，妻柴氏，生一子，尔尚。

三元三子，翠巍，妻刘氏、罗氏，生二子，长尔忠、次尔兵，尔忠妻卢氏，生子永耀、永孝，俱无嗣。

三元四子，翠仕，妻魏氏，生一子，尔大。

三元五子，翠峋，妻王氏，生五子，长尔朝、次尔建、三尔孔、四尔威、五尔全，尔建妻王氏，生学礼，尔孔妻武氏，生学德，尔威妻氏，生学贤，俱无嗣。

十四世

翠鸿子，尔升，妻卢氏，生一子，景明。

翠鹏长子，尔玉，妻郭氏，生一子，永昌，永昌妻卢氏、郝氏、郭氏，生子先山、先德，俱无嗣。

翠鹏次子，尔珍，妻李氏，生四子，长永贵、次永忠、三永威、四永宽。

翠鹏三子，尔法，妻岳氏，生二子，长永奇、次永全，俱寄居义州。

翠鹭长子，尔太，妻罗氏、韩氏，生一子，景亮。

翠鹭次子，尔山，妻马氏，生一子，永智。

翠鹭三子，尔林，妻袁氏，生二子，长永宁、次永喜，永喜无嗣。

翠鹭四子，尔彪，妻康氏，生一子，永会。

翠荣子，尔照，妻乔氏，生二子，长永福、次永禄。

翠章次子，尔璧，妻孙氏，生四子，长永定、次永仲、三永文、四永杰，永定、永仲、永文俱无嗣。

翠利子，尔雄，妻李氏，生三子，长景魁、次景旺、三景星，墓台村北金圪朵祖穴，前有石碑。

翠文长子，尔功，妻董氏，生一子，景秀。

翠文次子，尔道，妻李氏，生一子，永义。

翠峰子，尔尚，妻董氏，生一子，学明。

翠巍次子，尔兵，妻李氏，生三子，长永乐、次永直、三永照，永乐无嗣。

翠仕子，尔大，妻关氏，生一子，永现。

翠峋长子，尔朝，妻王氏，生三子，长学文、次学章、三学隆，继妻唐氏。

翠峋五子，尔全，妻张氏，生一子，学仁。

十五世

尔升子，景明，妻李氏，生一子，先俊。

尔珍长子，永贵，妻郭氏，生二子，长先唐、次先合，先唐无嗣。

尔珍次子，永忠，妻温氏，生二子，长先亮、次先旺，先亮妻许氏，生子屏，无嗣。

尔珍三子，永威，妻段氏，生一子，先珏。

尔珍四子，永宽，妻马氏、申氏、张氏，生一子，先达，寄居关东。

尔太子，景亮，妻卢氏，生二子，长先魁、次先福。

尔山子，永智，妻郭氏，生二子，长先荣、次广荣。

尔林长子，永宁，妻卢氏、乔氏，生一子，先明。

尔彪子，永会，妻许氏、袁氏，生一子，先保。

尔照长子，永福，妻卢氏，生三子，长一元、次一星、三一真。

尔照次子，永禄，妻武氏，生二子，长一德、次一成。

尔璧四子，永杰，字汉三，妻闫氏、赵氏、杨氏，生三子，长显明（无嗣）、次显亮、三显光。

尔雄长子，景魁，妻梁氏，生一子，广，较正宗谱，金圪朵第二穴墓在北边。

尔雄次子，景旺，妻范氏，生三子，长焕，次灿，三炳，灿无嗣。

尔雄三子，景星，妻贾氏，生一子，煌。

尔功子，景秀，妻王氏，生一子，礼，继妻程氏，生一子，忠，忠无嗣。

尔道子，永义，妻武氏，生五子，长先锦、次先锐、三先印、四先林、五先花，先锐妻郭氏，生子敷亮，无嗣。

尔尚子，学明，妻罗氏，生一子，先璧。

尔兵次子，永直，妻陆氏，生一子，先彩。

尔兵三子，永照，妻李氏，生二子，长一清、次一山，一山无嗣。

尔大子，永现，妻关氏，生一子，先进，继妻张氏，生三子，先道、先通、先运。

尔朝长子，学文，妻刘氏，生二子，长先仁、次先礼，先礼无嗣。

尔朝次子，学章，妻董氏，生一子，先信。

尔朝三子，学隆，妻周氏，生二子，长先艺、次先智，先智无嗣。

尔全子，学仁，妻刘氏，生一子，先鉴。

十六世

景明子，先俊，妻韩氏、许氏、范氏，生二子，长敷广、次敷禄。

永贵次子，先合，妻郭氏，生二子，长敷馨、次敷奎。

永忠次子，先旺，妻温氏，生一子，屏锦。

永威子，先珏，妻梁氏、许氏、高氏，生一子，敷成。

永宽子，先达，妻刘氏，寄居关东。

景亮长子，先魁，妻张氏，子克海。

景亮次子，先福，妻郭氏，生子克英。

永智长子，先荣，妻卢氏，生三子，长廷肃、次廷和、三廷睦，继妻郭氏。

永智次子，广荣，妻贾氏，继妻朱氏，生二子，长廷艺、次廷耀。

永宁子，先明，妻氏，生子。

永会子，先保，妻武氏，生一子，廷一。

永福长子，一元，妻刘氏，子积登。

永福次子，一星，妻乔氏，生四子，长廷绍、次廷灵、三廷裕、四廷芳。

永福三子，一贞（真），妻郭氏，生一子，积广。

永禄长子，一德，妻段氏，生一子，廷元。

永禄次子，一成，妻楼氏，生二子，长廷英、次廷枢。

永杰次子，显亮，妻吕氏，生四子，长敷廷、次敷琮、三敷山、四敷林，敷林与显亮为嗣，敷琮无嗣。

永杰三子，显光，子敷林。

景魁子，广，妻武氏，生一子，敷政，继妻张家堡武氏，生三子，敷官、敷化、敷邦。

景旺长子，焕，妻张氏，生一子，敷茂。

景旺三子，炳，字文耀，号天章，妻张氏，生三子，长敷勋、次敷职、三敷春。

景星子，煌，妻刘氏，生一子，敷治。

景秀子，礼，妻李氏，生一子，敷显。

永义长子，先锦，妻白氏，生二子，长敷明、次敷哲。

永义三子，先印，妻郭氏，生三子，长敷彩、次敷照、三敷光。

永义四子，先林，妻万氏，生一子。

永义五子，先花，妻氏，子敷耀。

学明子，先璧，妻氏，生子敷有，寄居关东。

永直子，先彩，妻杨氏，子敷顺。

永照子，一清，妻氏，子敷蓝。

永现次子，先道，妻郭氏，生二子，长敷昌、次敷永。

学文子，先仁，妻段氏，寄居归化城。

学章子，先信，妻张氏，生一子，扶（敷）娃。

学隆子，先艺，妻程氏，生一子，敷全。

学仁子，先鉴，妻游氏，生二子，长敷芝、次敷槐。

十七世

先俊长子，敷广，妻张氏，生三子，长立中、次立成（无嗣）、三立良。

先俊次子，敷禄，妻朱氏，生一子，善根。

先合长子，敷馨，妻姜氏，继妻杨氏，以廷光次子善行为嗣。

先合次子，敷奎，妻杨氏，生子善贸。

先旺子，屏锦，妻郭氏，生二子，长善吉、次善庆。

先珏子，敷成，妻胡氏，生二子，长善海、次善河。

先魁子，克海，妻王氏，生二子，寄居归化城。

先福子，克英，妻张氏，生一子，玉宝。

先保子，廷一，妻王氏，生子长善达、次善旺、三善魁。

一星长子，廷绍，妻李氏，生子昭阳，少亡，妾氏生子昭仁、昭义、昭善。

一星次子，廷灵，妻霍氏，生一子，昭立。

一星三子，廷裕，妻刘氏、李氏，生二子，长昭书、次昭典。

一星四子，廷芳，妻卢氏，生子昭文，继妻王氏，生二子，昭法、昭礼。

一贞子，积广，妻李氏，继妻贺氏，生一子，登贵。

一德子，廷元，妻程氏，继妻温氏，生一子，善林。

一成长子，廷英，妻温氏，生二子，长昭烈、次昭勋。

一成次子，廷枢，妻陈氏，继子昭勋。

显亮三子，敷山，妻王氏，生一子，善坦。

广长子，敷政，字廷宪，妻段氏，生二子，长士元、次士玉。

广次子，敷宫，字子诚，妻李氏，生四子，士达、士成、士科、士举。

广三子，敷化，妻梁氏，无嗣。

广四子，敷邦，字国宪，耆宾，乾隆二十三年十二月十七日生，道光二十七年九月初七日巳时终，寿九十岁，妻乔家堡乔氏，生二子，长士扬、次士显，乾隆二十四年八月初八日生，道光十六年正月初一日终，寿七十八岁，继妻贾令顾氏，合葬于丰桑渠东，小贾村道北祖穴。

焕之子，敷茂，妻张氏，继妻武氏，生子善良。

炳长子，敷勋，妻刘氏，生一子，士贤。

炳次子，敷职，妻郭氏，生子士虎、士振、士铎，继妻生子士宁。

炳三子，敷春，继子士铎。

煌之子，敷治，妻王氏，继妻袁氏、李氏，生三子，士俊、士杰、士珍。

礼之子，敷显，妻何氏，继妻闻氏，生子善庆。

先锦长子，敷明，妻刘氏，生子善机。

先锦次子，敷哲，妻刘氏，生三子，善荣、善斗、善斛。

先印次子，敷照，妻段氏，生三子，善智、善正、善怀。

先印三子，敷光，妻关氏，生二子，善齐、善教。

先道长子，敷昌，妻李氏，生二子，善福、善职。

先道次子，敷永，妻武氏，生一子，善成。

十八世

敷广子，立中，妻赵氏，生子锡计。

敷广三子，立良，妻武氏，生三子，锡训、锡訏、锡诏。

敷禄子，善根，妻郭氏，继妻马氏，生三子，则功、则别、则栋。

敷馨子，善行，妻刘氏，生二子，则敬、则聪。

敷奎子，善宝，妻王氏，生子则成，改名则源。

屏锦长子，善吉，妻氏，生一子，则道。

屏锦次子，善庆，妻王氏，生二子，则通、则德。

敷成长子，善海，妻陈氏，子则和。

克英子，玉宝，妻段氏，生子则顺、则宽。

廷睦次子，善通，妻段氏，生子则永、则喜。

廷光三子，善修，妻武氏，生子则瓶、则林。

廷一长子，善达，妻刘氏，生子则昹、则旭。

廷一次子，善旺，妻武氏，生子则泉、则桂。

廷一三子，善魁，妻乔氏，生子则兰。

廷绍长子，昭仁，妻武氏，继妻卢氏，生二子，锡清、锡杨，锡杨与昭义为嗣。

廷芳长子，昭文，妻卢氏，继妻朱氏、程氏，子锡彤。

廷芳次子，昭法，妻岳氏，子锡秀。

廷芳三子，昭礼，妻马氏，继妻李氏，生三子，锡秀、锡彬、锡彭，锡秀与昭法为嗣。

廷元子，善林，字松山，妻段氏，生一子，锡旆。

廷英子，昭烈，妻张氏，继妻韩氏，生子锡治。

廷枢子，昭勋，妻张氏，生子锡侯、锡田。

敷山子，善坦，妻张氏，子锡宝。

敷政长子，士元，妻张氏，生五子，则昇、则义、则礼、则智、则信。则义无嗣，则智、则信与士玉为嗣。

敷政次子，士玉，妻段氏，继子则智、则信。

敷宫长子，士达，妻郭氏、安氏，继子则详。

敷宫次子，士成，妻程氏，生子则祺、则详。

敷宫三子，士科，妻花氏，继子则亨。

敷宫四子，士举，字中选，妻王氏，生子则荣、则序、则昌。

敷邦长子，士扬，字耀武，耆宾，妻塔寺刘氏，继妻东六支张氏，生三子，长则勤、次则克、三则楷。

敷邦次子，士显，字耀祖，例授九品，乾隆六十年九月十二日生，咸丰八年五月十九日亥时终，寿六十四岁，妻高家堡武氏，生二子，长则光、次则裕，乾隆五十九年三月二十日生，同治元年六月二十一日戌时终，寿六十九岁，道光八年修盖（盖）住院，咸丰二年执村事。

敷茂子，善良，妻董氏，生子则廷、则咸。

敷职长子，士虎，妻氏，继子则露。

敷职次子，士振，妻河氏，继子则魁。

敷职三子，士铎，妻氏，继子则璧。

敷职子，士宁，字寿山，妻贾氏，继妻闫氏，妾张氏，生子则露、则魁、则璧、则雯。

敷治长子，士俊，妻张氏，生一子，则明。

敷治次子，士杰，妻时氏，继妻高氏，生子则清、则宪，则清改名则著。

敷治三子，士珍，字懿德，妻程氏，生子则昭。

敷明子，善机，妻郭氏，生子锡美、锡仁。

敷哲次子，善斗，妻武氏，生子锡坦。

敷照长子，善智，妻韩氏，生子锡义、锡亨。

敷照次子，善正，妻段氏，生子锡敬、锡龙。

敷光长子，善齐，妻杨氏，生子锡福、锡禄。

敷光次子，善教，妻杨氏，生子锡振、锡龄。

敷昌长子，善福，妻温氏，继妻王氏，生子锡范，锡范改名锡征。

敷昌次子，善职，妻乔氏，生四子，锡冕、锡详、锡玮、锡瑚，锡详与善德为嗣。

敷永子，善成，妻贾氏，继妻郭氏，生子锡缳。

十九世

立中子，锡计。

善宝子，则源，妻卢氏，子康成。

善修长子，则瓶。

善修次子，则林。

善积子，则俞，妻郭氏，继妻于氏，生一子，康陆。

善积次子，则辉，妻张氏。

善旺长子，则泉。

善旺次子，则桂。

昭详长子，锡平，妻程氏。

昭详次子，锡和，妻李氏，子履裔。

昭立长子，锡命，妻程氏，生子履仁、履吉。

昭立次子，锡桓，妻程氏，继妻闫氏，生子履瑞、履珍、履璜。

昭立四子，锡著，妻郝氏，生子履峻。

昭烈子，锡治，妻段氏，生子履崑、履崙、履岗。

昭勋长子，锡侯，妻王氏。

昭勋次子，锡田，妻武氏、段氏，生子履岳。

士元长子，则昇，妻魏氏、陈氏，继子康诰。

士元三子，则礼，妻刘氏，子康福。

士玉长子，则智，妻李氏，生子康福，继妻吕氏，生子康祯，康福与则礼为嗣。

士玉次子，则信，妻程氏，生子康庆、康诰、康乐，继妻康氏。

士达子，则详，妻关氏，继妻段氏。

士成子，则祺，妻郭氏，生子向韩、向立，继妻梁氏，生子康和，向韩改康归，向立改康督。

士科子，则亨，妻范氏，生子康节，继妻齐氏，生子康寿。

士举长子，则荣，妻李氏，继妻段氏，生子康保、康侯，康保改名康年。

士举三子，则昌，妻吕氏，生二子，长康宁、次康绪。

士杨长子，则勤，妻刘氏，继妻段氏，生子康秀、康明、康磬。

士杨次子，则克，字俊德，武生，另有传见科名门，妻张氏，生子康茂，继妻许氏，生子康植。

士杨三子，则楷，妻杜氏，生四子，康建、康吉、康瑞、康成，继妻李氏、武氏。

士显长子，则光，字云逸，妻东六支朱氏，继妻西建安陈氏，生二子，长康悦、次康申，医内，外两科。

士显次子，则裕，字顺理，道光六年十二月十九日巳时生，民国五年九月初七日戌时终，寿九十一岁，妻吴家堡武氏，生二子，长康第、次康济，道光六年正月初七日丑时生，光绪十六年七月十一日戌时终，寿六十五岁。光绪元年重修文昌庙，光绪三年经理村中赈济，十六年执村事，八年重修关帝庙，十八年续修宗谱。

善良长子，则廷，妻闫氏，生子康泰，继妻郝氏，子康年。

善良次子，则咸，妻闫氏、程氏，子康枢。

士虎子，则露，字吉人，光绪七年七月十一日生，妻阎氏，生子康瑄。

士振子，则魁，妻卢氏。

士铎子，则璧，光绪十七年六月初七日生，妻张氏，生子康绾。

士俊子，则明，妻刘氏，继妻卢氏，生子康晋、康豫，继妻吕氏，生子康谦。

士杰长子，则著，妻武氏，继妻石氏，生子康正。

士杰次子，则宪，妻卢氏。

善斗子，锡坦，妻王氏，生子履级、履俊、履德、履烈、履藩。

善智次子，锡亨，改名锡援，妻刘氏，生子履贤。

善正长子，锡敬，妻郝氏，继妻马氏，生子履峤。

善齐次子，锡禄，改名锡鹿，妻张氏，生子履昭。

善教长子，锡振，字玉卿，妻王氏，继妻范氏，生子履忠。

善福子，锡征，妻岳氏，生二子，长康旺、次康恒。

善成子，锡缳，妻罗氏，子履陆、履廊。

二十世

则源子，康成。

则俞子，康陆。

锡桓长子，履瑞，妻郭氏，生子长执元、次执权。

锡桓次子，履珍，妻范氏，生子执玉，武生。

锡桓三子，履璜，妻关氏，继妻钱氏、李氏，生子执璘。

锡官次子，履详，妻李氏，生子执云。

锡治长子，履崑，妻阎氏，生子执王，继妻韩氏，生子执亮。

锡治次子，履崙，五十五岁而亡，妻侯氏。

锡治三子，履岗，字仁山，妻程氏，继妻岳氏。

则礼子，康福，妻张氏，继子硕旺。

则信子，康庆，妻王氏，生子硕彦。

则亨长子，康节，生员，道光十七年正月初一日生，光绪十五年七月初五日卒，妻张氏，继妻郝氏，生子硕儒。

则亨次子，康寿，道光二十七年十月二十日生，光绪十四年五月初四日卒，妻秦氏，生子硕德，继妻白氏，生子硕仁、硕义、硕礼，墓在李家地祖穴。

则荣长子，康年，妻岳氏，生子硕辅，继妻段氏，生子硕弼。

则荣次子，康侯，妻程氏，继妻王氏、马氏，生子硕谟、硕范、硕衡。

则昌长子，康宁，贡生，道光二十六年七月二十四日生，光绪十七年十二月二十七日卒，妻郝氏、王氏，继子硕庭。

则昌次子，康绪，增生，咸丰五年十月初六日生，光绪十七年十二月二十四日卒，妻杨氏、程氏，生子硕庭。

则裕长子，康第，字肯堂，道光二十三年九月初九日戌时生，光绪十八年正月初七日巳时终，寿五十岁。妻南社村王氏，生二子，长硕瑞、次硕栋，道光二十三年闰七月十一日亥时生，光绪十八年正月初四日丑时终，寿五十岁。

则裕次子，康济，字世卿，咸丰四年九月十三日戌时生，妻城内戴氏，生二子，长硕炳、次硕恩，咸丰四年七月十一日廿时生，光绪十一年正月二十一日未时终，年三十二岁，继妻小义村程氏，生一子硕纯，同治五年十一月初八日生，光绪十八年六月二十四日终，年二十七岁，继妻贾令贾氏，生三子，硕纶、硕珞、硕权，同治十一年二月十四日生，民国元年经理修盖宗衍堂。

则楷长子，康建，妻刘氏，生子硕亮。

则楷次子，康吉，咸丰八年四月十六日生，妻张氏。

则楷三子，康瑞，妻王氏，生子硕宽。

则楷四子，康成，同治二年四月初四日生，妻薛氏，继妻朱氏。

则廷长子，康泰，妻张氏，生子硕永，继妻程氏。

则明长子，康晋，妻李氏，生子硕英，妾段氏，生子硕荃。

则明次子，康豫，妻王氏，继子硕贵。

则明三子，康谦，妻卢氏，生子硕贵，继妻朱氏，生子硕富，硕贵与康豫为嗣。

则著子，康正，妻卢氏、张氏、杜氏、李氏，生子硕恒、硕宝。

锡仁次子，履保，改名履宝，妻小贾村范氏。

锡坦长子，履级，妻王氏。

锡坦次子，履俊，妻武氏，西观人。

锡坦三子，履德，改名履业，妻大贾村温氏，生子执琛。

锡坦四子，履烈。

锡坦五子，履藩，妻塔寺村段。

锡征次子，康恒，妻张氏，生子硕宪、硕丞、硕煌。

二十一世

履瑞长子，执元，妻段氏，生子长著明、次著勋。

履详子，执云。

履良子，执柄，字子权，妻郝氏，继妻袁氏，生子著清。

履俭子，执璜，妻张氏，生子著康，继妻王氏，生子著绩。

康诰子，硕俊，咸丰元年十月二十三日生。

康庆子，硕彦，寄居西包头。

康乐长子，硕基，字百里，光绪四年六月十八日生。

康乐次子，硕业，字精勤，光绪八年七月初九日生。

康节子，硕儒，贡生，咸丰十年九月十四日生，民国四年六月初五日卒，妻郭氏、范氏、阎氏、梁氏，生子著翰。

康寿长子，硕德，贡生，同治八年七月二十七日生，民国二年九月十二日卒，妻岳氏，继妻胡氏、程氏、范氏。

康寿次子，硕仁，贡生，同治十三年十一月初十日生，妻陈氏，继妻杨氏，生子著辉。

康寿三子，硕义，贡生，光绪三年七月初一日生，三十四年三月初一日卒，妻阎氏，生一子，著文，继妻罗氏，生一子，著伦。

康寿四子，硕礼，光绪十一年五月十三日生，二十五年正月十五日卒，妻卢氏。

康年长子，硕辅，监生，同治三年八月二十六日生，光绪十七年七月初一日卒，妻杨氏、孙氏、姜氏，嗣子著贤。

康年次子，硕弼，光绪乙未生员，妻杨氏，继妻张氏，生子著贤。

康直次子，硕荣，光绪三十年四月十六日生。

康建子，硕亮，字明亭，同治十二年十二月初二日生，妻贾氏，继妻范氏，子著绅。

康第长子，硕瑞，字熙春，同治十二年五月二十七日生，生员，妻丰泽村杨氏，继妻丰泽村杨氏，生一子，著鉴，继妻闫名村常氏，生一子著恭，继妻张左米氏，继东六支杨氏，生一子著敏，继妻祁城村阎氏，生一子著惠。

康第次子，硕栋，字松巷，同治十三年十二月十五日生，生员，民国八年七月十一日终，寿四十六岁，妻贾令范式，生一子著章，续亲范氏，继妻高家堡武氏，继妻秦村李氏，继妻程家庄时氏，生一子，著宽，光绪二十一年五月初九日吉时生，民国十二年十月终。

康济长子，硕炳，字虎臣，同治十二年九月初六日戌时生，民国十五年八月初七日巳时终，五十四岁，妻古县王氏，双生二子，长著纲、次著常，同治十二年正月十七日生，光绪二十年九月初二日终，年二十一岁，继妻长珍村王氏（灵石），生三子，著纬、著官、著宸。

康济次子，硕恩，字天宠，光绪二年九月二十六日戌时生，民国十四年十一月初四终，寿五十岁，妻文水里村王氏，生二子，长著书、次著哲，光绪二年四月二十九日吉时生，民国十九年十二月廿五日终，寿五十五岁。

康济三子，硕纯，字天锡，号锦绣，光绪十五年九月二十四日午时生，妻姜家堡武氏，继妻谷村岳氏，继妻三合村郝氏，生三子著元、著宝、著玉。

康济四子，硕纶，字继美，光绪二十一年十月初四日生，妻小贾村贾氏，继妻江墅村郝氏，生六子，著宏、著德、著明、著义、著男、著宁。

康济五子，硕珞，字熙三，光绪二十七年六月十六日生，妻杨邑村王氏，生一子，著廉，继妻杨家庄朱氏，继妻吕氏。

康济六子，硕权，字系三，光绪三十二年正月初四日吉时生，妻贾令袁氏。

康正子，硕宝，自在望，光绪八年四月二十五日生，妻范公村人程氏。

二十二世

执元长子，著明。

执元次子，著勋，妻马氏。

执柄子，著清，妻孙氏，生子怀玉。

硕恒子，著经，寄居陕西齐家寨。

硕仁子，著辉，字子远，光绪三十四年八月十七日生。

硕义长子，著文，字焕章，光绪十九年三月二十七日生，妻东观镇王氏，生子怀珍、怀琇。

硕义次子，著伦，光绪二十五年十一月二十六日生。

硕辅子，著贤，宣统二年九月初一日生。

硕亮子，著绅。

硕颂次子，著寿，民国六年五月初二日生。

硕栋长子，著章，少亡

硕栋次子，著宽，民国七年五月初一日午时生，妻李家堡刘氏，民国五年生。

硕炳长子，著纲，字因三，号子永，光绪十八年闰六月十七日戌时生，妻姜堡武氏，光绪十九年七月廿八日生，民国元年十二月廿三日终，继妻东六支马氏，生一子，怀宝，光绪二十三年七月二十四日生，又生次子怀玺、怀德。

硕炳次子，著常，光绪十八年闰六月十七日生，妻武氏，夏家堡人。

硕炳三子，著纬，字子张，光绪二十九年十二月十一日吉时生，妻北左村杨氏。

硕炳四子，著官，字敬三，宣统二年四月二十七日吉时生。

硕炳五子，著宸，字枫仲，民国三年七月二十七日吉时生，妻杨家庄史氏。

硕恩长子，著书，字子□，号玉璧，光绪二十四年十月二十七日吉时生，妻北左村陈氏，光绪二十四年二月初六日寅时生，生一子怀瑾，民国十四年正月十二日终，年二十八岁，继妻修善村梁氏，光绪三十三年十一月二十九日巳时生，生一子，怀瑜，继妻大贾村，生二子。

硕恩次子，著哲，字明甫，民国二年五月十二日吉时生。

硕纶长子，著宏，民国五年三月初四日子时生。

硕纶次子，著德，民国七年五月十一日亥时生。

二十三世

著清长子，怀玉。

著礼长子，怀鼎。

著文长子，怀珍，民国二年八月初三日生。

著文次子，怀琇，民国七年六月初三日生。

著纲长子，怀宝，字子善，民国五年六月初一日卯时生。

（卷十二，108 张，216 页，原卷长 36.7 厘米，宽 19.5 厘米）

高氏宗谱卷十三：西院第四支至六支

西院第四支

始祖仲远，仲远三子团霄，团霄次子九成，九成子山，山子林，林长子友旺，友旺长子礽，礽长子子宁，子宁三子完，完次子为第四支，以上九世，后从十世起。

十世

完次子，应凤，妻罗氏，生一子，进贤。

十一世

应凤子，进贤，妻马氏，生一子，三开。

十二世

进贤子，三开，妻杨氏，生五子，翼安、贵安、平安、贵贞、贵友，翼安、平安俱无嗣。

十三世

三开次子，贵安，妻郭氏，生一子，尔学。

三开四子，贵贞，妻郝氏，生三子，尔吉、尔旺、尔宁（无嗣）。

三开五子，贵友，妻胡氏，生二子，长文魁，次文杰。

十四世

贵安子，尔学，妻李氏，生二子，全奇、全赋（无嗣）。

贵贞长子，尔吉，妻马氏，生一子，永玘。

贵友长子，文魁，妻李氏，生一子，景周。

贵友次子，文杰，妻程氏，生二子，景德（无嗣）、景盛。

十五世

尔学长子，全奇，子章。

文魁子，景周，妻张氏，生二子，至礼、至智。

文杰次子，景盛，妻郭氏，生二子，先贵、先斌。

十六世

全奇子，章，妻马氏，生一子，敷庆。

景周次子，至智，妻王氏，子敷宝、敷裕。

景盛长子，先贵，妻李氏，生子敷泰，无嗣。

景盛次子，先斌，寄居归化城。

十七世

章之子，敷庆，寄居关东。

至智长子，敷宝，妻乔氏，继妻闫氏，生子秉权。

至智次子，敷裕，妻薛氏，子秉隆、秉刚。

十八世

敷宝子，秉权，妻武氏，生子锡精、锡辉。

敷裕次子，秉刚，妻朱氏，生子锡瑛、锡珪、锡琮、锡璋。

十九世

秉权子，锡精。

秉权次子，锡辉。

秉刚子，锡瑛、锡珪、锡琮、锡璋。

西院第五支

始祖仲远，仲远三子团霄，团霄次子九成，九成子山，山子林，林长子友旺，友旺长子礽，礽长子子宁，子宁三子完，完三子为第五支，以上凡九世，后从十世起。

十世

完三子，应凰，妻王氏，生一子，本科。

十一世

应凰子，本科，妻闫氏，生二子，三会、三合。

十二世

本科长子，三会，妻张氏，生三子，种文、二奇、云庆。

本科次子，三合，妻李氏，生二子，云茂、云喜（无嗣）。

十三世

三会长子，种文，妻张氏，生一子，定熙。

三会次子，云庆，妻林氏，生一子，定国。

三合子，云茂，妻刘氏，生二子，定文、定成。

十四世

种文子，定熙，妻郭氏，生一子，全福。

云庆子，定国，妻刘氏，生一子，全英。

云茂长子，定文，妻刘氏，生二子，全道、全宽（无嗣）。

云茂次子，定成，妻郭氏，生三子，全亮、全朗、全书。

十五世

定熙子，全福，妻程氏，生子一凤。

定国子，全英，妻张氏，生二子，长飞、次龙。

定文长子，全道，妻程氏、王氏，生三子，希尧、希舜、希禹，希禹与全宽为嗣。

定文次子，全宽，嗣子希禹。

定成长子，全亮，妻武氏，生一子，展云。

定成次子，全朗，妻郭氏，生四子，展发、展富（少亡）、展贵、展福。

定成三子，全书，妻郭氏，生二子，展德、展信。

十六世

全福子，一凤，妻张氏，生一子，廷智。

全英长子，飞，妻周氏，生三子，廷玘、廷义、廷锡，继妻郝氏，生二子，廷玲、廷广。

全英次子，龙，妻冯氏，生一子，廷彻。

全道长子，希尧，妻曹氏，生三子，敷艺、敷莲、敷果。

全道次子，希舜，妻段氏，生二子，廷善、廷美。

全道三子，希禹，妻李氏，生四子，敷文、敷章、敷礼、敷乐。

全亮子，展云，妻袁氏，生一子，廷伦。

全朗长子，展发，子廷修，无嗣。

全朗四子，展福，妻韩氏，生子廷钰，寄居包头。

全书长子，展德，妻张氏，生子廷序、廷廪。

全书次子，展信，妻梁氏，生子敷地。

十七世

一凤子，廷智，妻程氏，继妻李氏，生四子，善富、善华、善元、善魁。

飞长子，廷玘，妻马氏，子昭连。

飞次子，廷义，妻梁氏，继妻李氏，生子昭信、昭旺、昭灵，昭灵与廷彻为嗣。

飞三子，廷锡，妻马氏，子昭临。

飞四子，廷玲，妻武氏，生子昭玉、昭香，昭香与廷彻为嗣。

飞五子，廷广，妻赵氏，生子昭雄，继妻任氏。

希尧长子，敷艺，妻王氏，生一子，善卿。

希尧次子，敷莲，妻韩氏，生子士印。

希尧三子，敷果，妻韩氏。

希舜长子，廷善，妻闫氏，生子士雅、士正，士雅改名士宏，士正改名士旺。

希舜次子，廷美，妻袁氏，生子士毅、士恒、士常。

希禹长子，敷文，妻韩氏，生子善书、善学、善至。

希禹次子，敷章，妻袁氏，生子秉清、秉年、秉康。

希禹三子，敷礼，妻闫氏，生子士麟。

希禹四子，敷乐。

十八世

廷智长子，善富，妻段氏，嗣子锡柱。

廷智次子，善华，妻郭氏，生四子，锡柱、锡德、锡连、锡荃。

廷智三子，善元，妻张氏，生子锡义。

廷智四子，善魁，妻李氏，生子锡爵。

廷义长子，昭信，妻李氏，生子树杨、树柳、树林、树榆。

廷印长子，昭玉，妻张氏。

廷善长子，士宏，妻乔氏，生二子，树棠、树槐。

廷善次子，士旺，字大雅，太学生，妻程氏，生子树藩、树垣、树屏，继妻梁氏，生子树翰，树垣改名应午，与士恒为嗣。

廷美次子，士恒，妻许氏，继子应午。

敷章长子，秉清，妻申氏，继妻卢氏，生子锡晃。

敷章次子，秉年，妻范氏，生子锡辉

敷章三子，秉康，妻曹氏，生子锡耀。

敷礼子，士麟，妻刘氏，生子则宽、则天、则高，则天与士烈为嗣。

十九世

善富子，锡柱，妻范氏。

善华次子，锡德，妻范氏，生子履道，改名履尚。

善华三子，锡连，妻刘氏，生子履和。

善华四子，锡荃，妻张氏，生子履培，改名履福，次履禄、三履秀。

善元子，锡义，妻郭氏，生子履通、履顺。

昭信长子，树杨，妻段氏，生子履诚。

昭信次子，树柳，妻乔氏，生子履积、履庆、履有。

士宏长子，树棠，妻段氏，生子仰贤，改名履官。

士宏次子，树槐，妻张氏，生子履永、履成。

士旺长子，树藩，字宝善，妻戴氏，生子履宽、履坦。

士旺次子，树垣，改名应午，继与士恒。

士旺三子，树屏，改名桌午，妻张氏，继妻闫氏，继子履坦。

士旺四子，树翰，改名及午，妻武氏，生子履魁、履贤。

秉年子，锡辉，妻王氏，生子康瑄，改柱，次子康互。

士麟长子，则宽，妻孙氏，生子康绩。

士烈子，则天，妻周氏，生子康瑶。

二十世

锡德子，履尚，妻马氏，生子执璋。

锡连子，履和，妻田氏，生子执全、执玉、执银、执金。

锡荃长子，履福，妻岳氏，生子执茂、执盛、执利、执瑞，执瑞与通为嗣。

锡荃次子，履禄，妻张氏，子执琬。

锡义长子，履通，妻岳氏，继子执瑞。

正午长子，履宽，妻范氏，生子执书、执经、执典、执锐。

桌午子，履坦，妻马氏，继妻吕氏，生子执铭。

及午长子，履魁，妻赵氏，生子执棱。

则天长子，康瑶。

二十一世

履尚子，执璋，妻程氏，继妻李氏，生子著明。

履宸长子，执灵，妻塔寺董氏。

二十二世

执璋子，著明，妻胡氏，生子怀仁。

二十三世

著明子，怀仁。

西院第六支

始祖仲远，仲远三子团霄，团霄次子九成，九成子山，山子林，林长子友旺，友旺长子衱，衱长子子宁，子宁四子资后为第六支，以上凡九世，后从十世起。

十世

资长子，应文，妻胡氏，生一子，进英。

十一世

应文子，进英，妻张氏，生一子，三省。

十二世

进英子，三省，妻许氏，生一子，翠芳。

十三世

三省子，翠芳，妻田氏，生三子，尔光（无嗣）、尔明、尔亮。

十四世

翠芳次子，尔明，妻李氏，生一子，永覆。

翠芳三子，尔亮，妻王氏，生一子，永功。

十五世

尔明子，永覆，妻乔氏，生五子，一建、一昇、一杨，一建无嗣，四、五寄居关东无稽。

尔亮子，永功，妻高氏，生二子，长立、次照，立无嗣。

十六世

永覆次子，一昇，妻周氏，生二子，敷隆、敷珍，敷珍与照为嗣。

永覆三子，一杨，妻于氏，生二子，敷盛、敷康。

十七世

一昇子，敷隆，妻崔氏，子善喜。

照之子，敷珍，住关东。

十八世

敷隆子，善喜，妻武氏，子锡福。

十九世

善喜子，锡福，妻阎氏。

（卷十三，73张，146页，原卷长36.7厘米，宽19.5厘米）

高氏宗谱卷十四：西院第七支至第九支

西院第七支

始祖仲远，仲远三子团霄，团霄次子九成，九成子山，山子林，林长子友旺，友旺长子衿，衿次子子成，子成长子洪后为第七支，以上凡九世，后从十世起。

十世

洪次子，应才，妻杨氏，生二子，进登、进道，进道妻王氏，生子三龙、三虎，俱无嗣。

十一世

应才长子，进登，妻武氏，生一子，三照。

十二世

进登子，三照，妻罗氏，生二子，翠岗、翠岭，翠岭妻王氏，生子尔仁，尔仁妻董氏，生子全勋，无嗣。

十三世

三照长子，翠岗，妻李氏、杨氏，生三子，尔智、尔和、尔仪，尔和妻张氏、卢氏，生子学乾，无嗣。

十四世

翠岗长子，尔智，妻吕氏、程氏，生二子，全乾（无嗣）、若乾。

翠岗三子，尔仪，妻卢氏，生二子，象乾、效乾。

十五世

尔智次子，若乾，妻张氏，子衍元。

尔仪长子，象乾，字子健，妻卢氏，生二子，衍庆、衍宗。

尔仪次子，效乾，妻范氏，生子衍文。

十六世

若乾子，衍元，妻郭氏，子廷宁。

象乾长子，衍庆，妻赵氏，生三子，廷辅、廷佐、廷彦。

象乾次子，衍宗，妻戴氏，生二子，廷桢、廷标。

效乾子，衍文，妻张氏，子廷瑚、廷琏、廷琦。

十七世

衍庆长子，廷辅，妻陈氏，生子善详，改名映垣。

衍庆次子，廷佐，妻何氏，生子映枢。

衍庆三子，廷彦，妻郭氏。

衍文长子，廷瑚，妻许氏，子善国。

衍文次子，廷琏，妻梁氏，子善治。

衍文三子，廷琦，妻梁氏，子善齐。

十八世

廷辅子，映垣，妻武氏，子则宝、则卿。

廷瑚子，善国，妻王氏，子则宁。

十九世

映垣长子，则宝，妻高氏，生子履信，改名履升。

映垣次子，则卿。

二十世

则宝子，履升，妻李氏，子双喜，改执璧。

二十一世

履升子，执璧，妻王氏，塔寺村，生二子，著曾、著孟。

二十二世

执璧子，著曾、著孟。

西院第八支

始祖仲远，仲远三子团霄，团霄次子九成，九成子山，山子林，林长子友旺，友旺长子衿，衿次子子成，子成三子铠后为第八支，以上凡九世，后从十世起。

十世

铠之子，应德，妻王氏，生二子，进楼、进阁。

十一世

应德长子，进楼，妻程氏，生二子，三乐（无嗣）、三礼。

应德次子，进阁，妻马氏，生三子，三杰、三义（无嗣）、三益。

十二世

进楼次子，三礼，妻郭氏，生二子，长升、次长。

进阁长子，三杰，妻郭氏，生一子超。

进阁三子，三益，妻郭氏，生二子，长起、次越。

十三世

三礼长子，升，妻韩氏，生一子，尔精。

三礼次子，长，妻闫氏，子尔位。

三杰子，超，生员，妻王氏，子尔爵。

三益长子，起，妻段氏，生二子，尔邦、尔佐。

三益次子，越，妻白氏，子尔善。

十四世

升之子，尔精，妻吕氏，生二子，全法、全律。

长之子，尔位，妻梁氏，生二子，全璧、全璋。

超之子，尔爵，妻关氏，生三子，全德、全功、全烈。

起长子，尔邦，妻尚氏，子全敏。

起次子，尔佐，妻岳氏，子全命。

越之子，尔善，妻段氏，生一子，全耀。

十五世

尔精长子，全法，妻卢氏，生二子，长简、次萃。

尔精次子，全律，妻马氏，生一子，嗣英。

尔位长子，全璧，妻岳氏，生一子，嗣义。

尔位次子，全璋，妻程氏，生三子，嗣昌（无嗣）、嗣雄（无嗣）、嗣泰。

尔爵次子，全功，妻马氏，生二子，长绪（无嗣）、次嗣尔，妻刘氏，生子廷弼，无嗣。

尔爵三子，全烈，妻武氏，生三子，嗣贤、嗣哲、嗣荣。

尔佐子，全命，妻梁氏，生五子，嗣中、嗣元、嗣魁、嗣武、嗣俊。

尔善子，全耀，妻王氏，生子尚志。

十六世

全律子，嗣英，妻崔氏，生三子，敷福、敷贵、敷和，敷和与嗣泰为嗣。

全烈长子，嗣贤，妻刘氏，子廷举。

全命次子，嗣元，妻苗氏，生子廷雅、廷贤，改名廷贵、廷芝。

全命三子，嗣魁，妻岳氏，生子廷业、廷万。

全耀子，尚志，妻张氏，生三子，廷科、廷儒、廷献。

十七世

嗣英长子，敷福，妻岳氏，生子善学，继妻郭氏，生子善立。

嗣英次子，敷贵，妻郭氏，继妻李氏，生子善守、善叶。

嗣泰子，敷和，妻卢氏，生子长映午、次映台、三映魁。

嗣贤子，廷举，妻马氏，生二子，善嘉、善美。

嗣元长子，廷雅，妻郭氏，生二子，善璧、善璞。

嗣魁长子，廷业，妻王氏，子善和。

尚志长子，廷科，妻张氏，生二子，善纲、善常，善常与廷献为嗣。

尚志次子，廷儒，妻卢氏，生子善连。

十八世

敷贵长子，善守，妻郭氏，继妻杨氏，生子则选。

敷贵次子，善叶，妻郝氏。

廷举长子，善嘉，妻董氏，继妻卢氏，生三子，则栋、则梁、则柱。

廷举次子，善美，妻闫氏，继妻郭氏，生子则厚。

廷雅长子，善璧，妻武氏，生子则哲改名习盛。

廷雅次子，善璞，妻刘氏，生子习敦。

廷科子，善纲，妻乔氏，生子则蓬、则莱。

廷儒子，善常，妻王氏，生子则正、则印。

十九世

善守子，则选，妻许氏，生子康璟。

善嘉长子，则栋，妻郭氏，子鹏华。

善嘉次子，则梁，妻段氏，生子鹏寿。

善美长子，则厚，妻王氏、李氏，生子鹏选、鹏瑞。

善璧子，习盛，妻郝氏，生子鹏辅，继妻龙氏，子鹏弼，生子鹏至、鹏明、鹏举、鹏星、鹏斗。

善璞子，习敦，妻刘氏，生子鹏汉。

二十世

则选子，康璟，妻贾氏、张氏，生子硕畿。

则栋长子，鹏华，妻朱氏，生子硕学。

则厚子，鹏选，妻闫氏，生子硕明，继妻胡氏。

则厚次子，鹏瑞，妻郭氏，生子硕生。

习厚三子，鹏飞，妻程氏，生子硕金、硕银。

习盛次子，鹏弼。

习盛三子，鹏至。

二十一世

康璟长子，硕畿，行一。

鹏华长子，硕学。

鹏飞子，硕金、硕银。

西院第九支

始祖仲远，仲远三子团霄，团霄次子九成，九成子山，山子林，林长子友旺，友旺三子雷，雷长子子花，子花次子杞后为第九支，以上凡九世，后从十世起。

十世

杞之子，应林，妻孙氏，生一子，化实。

十一世

应林子，化实，妻程氏，生一子，三引。

十二世

化实子，三引，妻魏氏，生一子，翠官。

十三世

三引子，翠官，妻耿氏，生一子，尔奇。

十四世

翠官子，尔奇，妻王氏、樊氏，子永达。

十五世

尔奇子，永达，妻武氏，生三子，先儒、先学、先哲。

十六世

永达长子，先儒，妻武氏，子敷乐。

永达次子，先学，妻段氏，以先哲次子敷惠为嗣。

永达三子，先哲，妻刘氏，生子敷德、敷惠、敷思。

十七世

先儒子，敷乐，妻段氏，生一子，立功。

先学子，敷惠，妻卢氏，以敷思次子立勋为嗣。

先哲长子，敷德，妻袁氏，生三子，立成、立元、立业。

先哲三子，敷思，妻阎氏，生四子，立贵、立勋、立善、立珍。

十八世

敷乐子，立功，妻闫氏，生一子，则圣。

敷惠子，立勋，妻梁氏，生子则亮。

敷德长子，立成，妻梁氏，生一子，则肃。

敷德次子，立元，妻程氏，继妻段氏，生子则景。

敷德三子，立业，改名立耀，妻王氏，子则安。

十九世

立功子，则圣，妻白氏，妾杨氏、何氏，子履怡、履睦。

立勋子，则亮，妻梁氏，继妻卢氏，生子履登。

立成子，则肃，妻李氏，子履正。

立元子，则景，妻张氏，子履晃。

立贵子，则睿，妻刘氏，生子履平。

立珍子，则宏，妻张氏，生子履殿。

二十世

则圣子，履怡，妻乔氏，生五子，执忠、执和、执琦、执辉、执璧。

则圣次子，履睦，妻李氏，继子执辉。

则亮子，履登，妻王氏，继妻卢氏，生子执琅。

则睿子，履平，妻卢氏，生子执瑚。

二十一世

履怡长子，执忠，武生，妻卢氏，生二子，著永、著华。

履怡三子，执琦，字振玉，妻张氏，继妻武氏。

履睦长子，执辉，妻申氏，生二子，长麟笔、次书田。

履平子，执瑚。

二十二世

执忠长子，著永，妻张氏。

执忠次子，著华，妻王氏。

执瑚子，著勋。

（卷十四，70 张，140 页，原卷长 36.7 厘米，宽 19.5 厘米）

高氏宗谱卷十五：西院第十支至十一支

西院第十支

始祖仲远，仲远三子团霄，团霄次子九成，九成子山，山子林，林长子友旺，友旺三子雷，雷次子子富，子富次子左后为第十支，以上凡九世，后从十世起。

十世

左之子，应兴，妻段氏，生四子，化科、化玉、化钦、化敬，化玉、化钦无嗣。

十一世

应兴长子，化科，妻吕氏，生二子，三伍、三品。

应兴四子，化敬，妻王氏，生一子，三只。

十二世

化敬子，三只，妻王氏，生二子，翠乐、翠香。

十三世

三只长子，翠乐，妻何氏、吕氏，生四子，尔安、尔密、尔枝、尔虎，尔安、尔虎无嗣，尔枝生全景，无嗣。

三只次子，翠香，妻马氏，生一子，尔训。

十四世

翠乐子，尔密，妻刘氏，生一子，全荣。

翠香子，尔训，妻张氏，生四子，全理、全仁、全势、全寻。

十五世

尔密子，全荣，妻王氏，生二子，先有、先格。

尔训长子，全理，妻许氏，生四子，善、瑞、现、班。

尔训次子，全仁，妻戴氏，生三子，爵、景、旭，景与旭俱无嗣。

尔训三子，全势，妻郭氏，生四子，鉴、清、铨，俱无嗣，四量。

尔训四子，全寻，妻郝氏，生三子，长典、次侥、三璞。

十六世

全荣长子，先有，妻王氏，生二子，廷福、廷桢。

全荣次子，先格，妻吴氏，生二子，廷禄、廷祥。

全理长子，善，妻李氏，生四子，廷与、廷立、廷弼、廷贤。

全理次子，瑞，妻王氏，生一子，廷璐，又继妻武氏，生一子，廷佩。

全理三子，现，妻刘氏，生三子，廷德、廷道、廷达。

全理四子，班，妻程氏，生一子，廷灿，又妻李氏，生二子，廷琅、廷彦。

全势四子，量，妻程氏，生子廷诰。

十七世

先有长子，廷福，妻李氏，生三子，士权、士衡、士通。

先有次子，廷桢，妻卢氏，生子士选。

先格长子，廷禄，妻袁氏，以廷祥长子士贵为嗣。

先格次子，廷祥，妻卢氏，生二子，士贵、士芳。

善长子，廷与，妻董氏，子士郎。

善三子，廷弼，妻杨氏，生子士刚、士果、士志，士果改名士政。

现三子，廷达，妻马氏，继妻范氏，子士琛。

量之子，廷诰，改名廷雄，妻符氏。

十八世

廷福长子，士权，妻闫氏，生一子，锡毕。

廷福次子，士衡，改名士恒，妻吕氏。

廷桢子，士选，妻武氏，生子锡桃。

廷禄子，士贵，妻赵氏，生三子，锡田、锡旗、锡盟。

廷祥子，士芳，妻高氏，继妻段氏，生子锡印、锡轩。

廷弼长子，士刚，妻靳氏，生子锡宽。

十九世

士选子，锡桃，妻王氏，子康云。

士贵长子，锡田，妻刘氏，继子康瑚。

士贵次子，锡旗，妻郝氏，继子康琏。

士贵三子，锡盟，妻孙氏，生四子，康瑚、康琏、康瑞、康瑛。

士芳长子，锡印，妻郭氏，生子康旺。

士芳次子，锡轩，妻李氏，生子康兆。

士刚子，锡宽，妻张氏，生子康贵。

二十世

锡桃子，康云。

锡旗子，康琏，妻李董氏。

锡印子，康旺。

锡宽子，康贵。

西院第十一支

始祖仲远，仲远三子团霄，团霄次子九成，九成子山，山子林，林长子友旺，友旺三子雷，雷三子子贵，子贵子许后为第十一支，以上凡九世，后从十世起。

十世

许次子，应齐，妻王氏，生三子，化博、化措、化提，化措无嗣。

十一世

应齐长子，化博，妻闫氏，生二子，三明、三林。

应齐三子，化提，妻张氏，生一子，三亮。

十二世

化博长子，三明，妻岳氏、郝氏，生一子，枢。

化博次子，三林，妻柳氏，生一子，针。

化提子，三亮，妻温氏，生四子，岱、华、衡、恒。

十三世

三明子，枢，妻程氏，生二子，尔桌、尔谋，尔谋无嗣。

三林子，针，妻白氏，生三子，尔勉、尔羽、尔荣。

三亮长子，岱，生员，妻高氏，生一子，尔年。

三亮次子，华，妻郝氏，生一子，松年。

三亮三子，衡，妻氏，生二子，长延年、次元年。

三亮四子，恒，妻王氏，生二子，引年、鹤年。

十四世

枢长子，尔桌，妻郭氏，生一子，全印。

针长子，尔勉，妻高氏，生二子，全起、全衍。

针次子，尔羽，妻范氏，生一子，全科。

岱之子，尔年，妻韩氏，生二子，长标、次楷。

华之子，松年，妻高氏，生一子，永彤。

衡长子，延年，妻岳氏，生子，长赡、次仰。

衡次子，元年，妻韩氏，生一子，永久。

十五世

尔桌子，全印，妻王氏，生三子，长一发、次一广、三一华。

尔羽子，全科，妻张氏，生五子，一性、一道、一教、一福、一善。

尔年长子，标，妻程氏，生二子，一仁、一礼。

尔年次子，楷，妻郭氏，生二子，一义、一智。

松年子，永彤，妻程氏，生一子，一昌。

延年长子，赡，妻张氏，生一子，一桂。

延年次子，仰，妻杨氏，生三子，长一槐、次一栋、三一林。

十六世

全印长子，一发，妻王氏。

全印次子，一广，生子敷整、敷立。

全科长子，一性，妻范氏，生二子，敷友、敷明。

标长子，一仁，妻梁氏，生三子，敷齐、敷泰、敷恒。

标次子，一礼，妻刘氏，生二子，敷晋、敷异。

楷长子，一义，妻程氏，生二子，敷猷、敷洁。

永彤子，一昌，妻杨氏，生子□□、□□、敷旺。

赡之子，一桂，妻董氏，继妻杜氏，生子敷道。

十七世

一广长子，敷整，妻马氏，生子，士大。

一仁次子，敷泰，妻梁氏，生子善创。

一礼长子，敷晋，妻段氏，生子善宝。

一礼次子，敷异，妻韩氏，生子善荣。

一义长子，敷猷，妻刘氏，生子善润。

一义次子，敷洁，妻郝氏，生四子，长善泽、次善沛、三善濡、四善济。

一昌三子，敷旺，妻侯氏，生三子，善寿、善福、善禄。

十八世

敷泰子，善创，妻孙氏，生二子，长龙银、次栓银。

敷晋子，善宝，妻乔氏，生子鼠银。

敷猷子，善润，妻王氏，生三子，则仑、则兆、则怀。

敷旺子，善寿，妻史氏，生子则乙。

敷旺次子，善福，妻韩氏，生子则康。

敷旺三子，善禄，妻刘氏，生子则丙。

十九世

善创长子，龙银。

善创次子，栓银。

善寿子，则乙。

善禄子，则丙。

（卷十五，77张，154页，原卷长 36.7 厘米，宽 19.5 厘米）

高氏宗谱卷十六：西院第十二支

西院第十二支

始祖仲远，仲远三子团霄，团霄次子九成，九成子山，山子林，林长子友旺，友旺三子雷，雷六子子禄，子禄子恩，恩长子后为第十二支，以上凡九世，后从十世起。

十世

恩长子，应宁，妻王氏，生三子，加聘、化聘、得聘。

十一世

应宁长子，加聘，妻杨氏，生二子，三仕、三定。

应宁次子，化聘，妻罗氏，生二子，三秀、三儒。

应宁三子，得聘，妻郭氏，生二子，三学、三文。

十二世

加聘长子，三仕，妻乔氏，生一子，翠雷。

加聘次子，三定，妻温氏，生一子，翠风。

化聘长子，三秀，妻罗氏，生一子，翠兴。

化聘次子，三儒，妻梁氏，生一子，翠云。

得聘长子，三学，妻程氏，生二子，翠发、翠旺。

十三世

三仕子，翠雷，妻张氏，生一子，尔应。

三定子，翠风，妻王氏，生三子，尔銮、尔苔、尔权。

三秀子，翠兴，妻卢氏，生二子，尔美、尔然。

三儒子，翠云，妻郝氏，生二子，奇善、奇义。

三学长子，翠发，妻氏，生二子，尔巍、尔峨。

三学次子，翠旺，妻王氏，生二子，尔龙、尔德。

十四世

翠雷子，尔印（应），妻王氏，生二子，长永才（无嗣）、次永顺。

翠风长子，尔銮，妻张氏，生二子，全登、拾登，继妻范氏，生一子，日登。

翠风次子，尔苔，妻程氏，生子全善。

翠风三子，尔权，妻段氏，继妻郭氏，生三子，全永、全选、全文。

翠发长子，尔巍，妻氏，生二子，全达、全振（无嗣）。

翠旺长子，尔龙，妻郝氏，生三子，全喜、全临、全禄。

翠旺次子，尔德，妻郭氏，生二子，全经、全纶（无嗣）。

十五世

尔印次子，永顺，妻马氏，生一子，先振。

尔銮长子，全登，妻武氏，生二子，展琏、展翩。

尔銮次子，拾登，太学生，妻王氏，生二子展翼、展翔。

尔銮三子，日登，妻卢氏，继子展翔。

尔权长子，全永，妻岳氏，生一子，展玠，继妻范氏，生子展瑞。

尔权次子，全选，妻张氏，继妻闫氏，生一子，展职。

尔权三子，全文，妻郝氏，继妻何氏，生四子，展旌、展施、展岁、展翀。

尔美次子，永龄，妻岳氏，生一子，先彦。

十六世

永顺子，先振，妻王氏，子天喜、天明。

全登长子，展琏，妻李氏，生一子，步云，继妻程氏，生一子，步青，又继妻程氏，生一子，步月。

全登次子，展翮，妻武氏，生一子，步辰。

拾登长子，展翼，妻李氏，生三子，步蟾、步瀛、步峤。

日登子，展翔，太学生，妻武氏，生二子，步宵、步岳。

全永长子，展玠，字耀影，甲子科武举，妻程氏，生二子，长步霞、次步翰。

全选子，展职，妻郝氏，继妻翟氏，生二子，步谦、步训。

全文长子，展旌，妻贺氏，嗣子步仁。

全文次子，展施，妻许氏，继妻曹氏，生三子，步仁、步岳、步连。

全文三子，展岁，妻武氏，生一子，步扬，继妻郭氏，生子步莱、步南。

全文四子，展翀，改名展耀，妻梁氏，继妻吴氏，生子列彩。

永龄子，先彦，妻王氏，生三子，步岐、步峰、步崙。

全喜长子，庆富，妻萧氏，生子敷泰，改名步泰。

全喜次子，庆贵，妻王氏，子步坞。

全喜三子，庆荣，妻罗氏，生二子，步灏、步岳。

全喜四子，庆华，妻罗氏，嗣子步岳。

十七世

先振长子，天喜。

先振次子，天明。

展琏长子，步云，妻武氏，生二子，秉正、秉直。

展琏次子，步青，妻梁氏，继妻乔氏，生一子，秉智。

展琏三子，步月，妻王氏，生子秉德，继妻乔氏，生子秉礼、秉恭、秉文、秉武。

展翮子，步辰，妻马氏，生二子，秉仁、秉义，继妻张氏，生二子，秉荣、秉魁，秉荣继嗣步奎。

展翼长子，步蟾，妻温氏，生二子，秉忠、秉信，继妻高氏，又继妻刘氏，字桂林，秉信继嗣步瀛。

展翼次子，步瀛，妻程氏，生二子，秉信、秉健。

展翼三子，步峤，妻王氏，继妻袁氏，生五子，秉哲、秉乾、秉钧、秉钺、秉慧。

展旗长子，步垣，妻马氏，继妻张氏，又继妻梁氏，嗣子秉酌。

展旗次子，步瑶，妻王氏。

展旗三子，步楷，妻梁氏。

展职长子，步谦，妻岳氏，生二子，秉琦、秉璧，继妻程氏，生子秉瑞。

展职次子，步训，妻罗氏，继妻杨氏，生子秉麟，继妻程氏，生子秉五。

展岁三子，步南，妻段氏，生子秉俊，继妻孔氏，生子秉杰。

先彦长子，步岐，妻罗氏，继妻郭氏，生子秉陆。

先彦次子，步峰，妻许氏，生子秉旺。

先彦三子，步崟，妻乔氏，继妻张氏、李氏，生子秉惠。

庆茂子，步森，妻温氏，子士鼎、士彬。

庆旺子，步林，妻程氏，生子士宽。

十八世

步云长子，秉正，妻张氏，嗣子必建、必名。

步云次子，秉直，妻曹氏，生四子，必建、必临、必名、必亮。

步月长子，秉德，妻郭氏，生一子，必元。

步月次子，秉礼，妻马氏，生子必恒。

步月三子，秉恭，妻杨氏，子必庆。

步月四子，秉文，妻卢氏。

步月五子，秉武，妻杨氏，继妻武氏，生子必谦。

步峤长子，秉哲，妻张氏，生子必连。

步峤次子，秉乾，太学生，妻张氏，生子必显。

步峤四子，秉钺，妻卢氏，生子必辉。

步峤五子，秉慧，妻柳氏。

步奎次子，立志，妻郝氏，生子必起。

步仁子，秉修，妻李氏，生一子，必捷。

步谦次子，秉璧，妻孔氏，生子必光。

步训长子，秉麟，妻杨氏，生子必因。

步训次子，秉五，妻魏氏。

步扬长子，秉光，妻翟氏，继妻段氏，生子必升。

步连长子，秉俊，字秀选，妻梁氏，生子必应。

步刚子，秉琛，妻王氏，嗣子必有。

步刚次子，秉望，妻张氏，生子必有、必凤、必裕、必广。

步鸣次子，秉柱，妻武氏，子必礼。

步岳长子，秉睿，妻张氏，生子必状。

步岳次子，秉芳，妻郭氏，生子必洛。

步岳三子，秉龙，妻范氏，生子必余。

步岳四子，秉政，妻董氏，生子必鹤、必崇。

步岳五子，秉龄，妻许氏，生子必森，继妻王氏，生子必茂、三子必康、四子必泰、五子必德。

步森长子，士鼎，妻王氏，生子必圣、必贤。

十九世

秉正子，必建，妻刘氏，生三子，康肇、康修、康豫。

秉直子，必临，改名必荣，妻岳氏，继妻李氏，生三子，康彪、康熊、康舞。

秉正子，必名，妻杨氏，生三子，康翔、康宇、康宝。

秉德子，必元，妻武氏，妾崔氏，生子康锭。

秉仁子，必举，武生，咸丰乙卯科武举，妻朱氏，继妻王氏、孟氏，嗣子康祺。

秉义次子，必兴，贡生，妻吕氏，子康体、康祺、康善，康体改名康贞，康祺嗣与必举。

秉忠子，必照，妻温氏，生子康庆。

秉信长子，必煌，妻刘氏，生子康垚。

秉伦子，必登，妻袁氏，继妻李氏，生子康颐。

秉荣长子，必昌，妻韩氏，继子康哲。

秉荣次子，必详，妻史氏，继妻乔氏，生子康哲、康宫。

秉荣三子，必选，字青中，号醉月，妻杨氏，继妻岳氏、罗氏，生子康六。

秉荣四子，必寿，字德仁，妻刘氏，继妻郭氏，生三子，康武、康明、康儒，康明改名康锐，登仕郎。

立道子，必超，妻闫氏，生子康鼎、康铸。

立政长子，必悦，妻武氏，生二子，阜次、康旺。

立政三子，必德，继子康旺。

秉厚子，必翰，改玮，妻张氏，生子康岭。

秉鉴长子，必旺，妻曹氏，生子康崇。

秉鉴次子，必恩，妻郝氏，生子康藻、康捷、康颐。

秉望子，必凤，妻关家堡武氏，生子康王。

秉政子，必鹤。

秉政次子，必崇。

秉龄子，必森，妻冯氏，生子康璟、康瑄。

秉龄次子，必茂。

秉龄三子，必康。

秉龄四子，必泰。

秉龄五子，必德。

二十世

必建长子，康肇。

必建三子，康豫，妻张氏，生子硕丰、硕广。

必焕长子，康志，妻许氏，继妻张氏，生子硕瀛、硕书、硕人。

必焕次子，康忠，妻郭氏。

必举子，康祺，妻王氏，生子运亨。

必兴长子，康贞，妻王氏，继妻许氏，生子硕年。

必兴次子，康善，字起元，妻卢氏，武生。

必扬长子，康功，妻许氏，生子耀声，改名硕声。

必煌子，康垚。

必贵子，康纪，妻杨氏，生子硕顺。

必祥次子，康宫，妻安氏，生子硕璋、硕旺。

必寿长子，康武，妻段氏，生子硕耀。

必寿三子，康儒，妻阎氏，生子硕钰、硕瑾。

必恩三子，康颐，改瀛，字仙洲。

二十一世

康豫长子，硕丰。

康豫次子，硕广。

康祺子，运亨，妻程氏。

康贞长子，硕年，字子丰，妻刘氏。

康功长子，硕声，妻李氏，生子著显。

康纪子，硕顺，妻耿氏，生子著绩。

康儒长子，硕钰。

康儒次子，硕瑾。

（卷十六，102张，204页，原卷长36.7厘米，宽19.5厘米）

高氏宗谱卷十七：西院第十三支至十五支

西院第十三支

始祖仲远，仲远三子团霄，团霄次子九成，九成子山，山子林，林长子友旺，友旺三子雷，雷六子子禄，子禄子恩，恩次子为第十三支，以上凡九世，后从十世起。

十世

恩次子，应正，妻韩氏，生一子，化巧。

十一世

应正子，化巧，妻张氏，生一子，三进。

十二世

化巧子，三进，妻戴氏，生二子，翠起、翠超。

十三世

三进长子，翠起，妻郭氏，生二子，尔志、尔恕。

三进次子，翠超，妻梁氏，生二子，奇全、奇宁。

十四世

翠起长子，尔志，妻马氏，生一子，永凤。

翠起次子，尔恕，妻马氏，生三子，永德、永库、永仲。

翠超长子，奇全，妻许氏，生三子，永亮、永光、永祥。

翠超次子，奇宁，妻贾氏，生二子，永贤、永福。

十五世

尔志子，永凤，妻时氏，生一子。

尔恕长子，永德，妻王氏，生一子，先照。

尔恕次子，永库，妻乔氏，生一子，先槐。

尔恕三子，永仲，妻苏氏，生子先树、先植。

奇全长子，永亮，妻原氏，生子展泰。

奇全次子，永光，妻韩氏，生子展清，继妻贾氏，生子展英，展英与永瑞为嗣。

十六世

永亮子，展泰，妻许氏，子步崇。

永光子，展清，妻郝氏，生子步峻、步嵬、步通、步顺。

永瑞子，展英，妻武氏，生二子，步峰、步喜。

十七世

展泰子，步崇，太学生，妻王氏，生子登云。

展清长子，步峻，妻马氏，生子登斗。

展清次子，步嵬，妻程氏，生二子，登汉、登瀛，改名步殿。

展清三子，步通，妻刘氏，嗣子登瀛。

展清嗣子，步顺，妻韩氏，生子登寿。

十八世

步崇子，登云，妻梁氏，嗣子起凤。

步峻子，登斗，妻武氏，生子起元、起文、起详。

步殿子，登汉，妻卢氏，生子起凤。

十九世

登云嗣子，起凤，妻张氏，生子康霖。

登斗长子，起元。

二十世

起凤长子，康霖。

西院第十四支

始祖仲远，仲远三子团霄，团霄次子九成，九成子山，山子林，林长子友旺，友旺四子贞，贞子子明，子明子付后为第十四支，以上凡九世，后从十世起。

十世

付之子，应瑗，妻武氏，生二子，进安、进宁。

十一世

应瑗长子，进安，妻罗氏，生一子，三千。

应瑗次子，进宁，妻罗氏，生一子，三重。

十二世

进安子，三千，妻罗氏，生二子，翠星、翠昇。

进宁子，三重，妻罗氏，生四子，翠桢、翠昌、翠奇、翠玉。

十三世

三重长子，翠桢，妻李氏，生三子，尔芳、尔梅、尔睿。

三重次子，翠昌，妻郝氏，生四子，尔占、尔春、尔海、尔雅。

三重三子，翠奇，妻郝氏，生二子，尔变、尔状。

三重四子，翠玉，妻王氏，生一子，尔灿。

十四世

翠桢长子，尔芳，妻武氏，生一子，全廉。

翠桢次子，尔梅，妻郝氏，生二子，全直、全照。

翠桢三子，尔睿，妻张氏，生三子，全宗、全敬、全恕。

翠昌长子，尔占，妻岳氏，生一子，全义。

翠昌次子，尔春，妻郝氏，生一子，全节。

翠昌三子，尔海，妻张氏，生一子，全良。

翠昌四子，尔雅，妻乔氏，生一子，全仲。

十五世

尔芳子，全廉，妻苏氏，生二子，长淳、次昔。

尔梅长子，全直，妻张氏，生一子，凤。

尔睿长子，全宗，妻张氏，生二子，长倬、次伟。

尔睿三子，全恕，妻高氏，生子锦。

尔占子，全义，妻氏，生子长海、次宽。

尔春子，全节，妻武氏，生子长智、次会。

尔海子，全良，妻郭氏，生二子，长浮、次栋。

尔雅子，全仲，妻段氏，生一子，烈，继妻李氏，生一子，怀。

十六世

全廉子，淳，妻乔氏，生三子，廷栋、廷梁、廷柱。

全廉次子，昔，妻武氏，生三子，廷璧、廷瑛、廷璜。

全直子，凤，妻武氏，生子廷科、廷惠。

全宗次子，伟，妻郝氏，生一子，廷通。

全义次子，宽，妻李氏，生子廷荣。

全节长子，智，妻侯氏，生一子，廷璋。

全节次子，会，妻韩氏，生一子，廷功。

全仲长子，烈，妻梁氏，生三子，廷贵、廷富、廷永。

全仲次子，怀，妻卢氏，继妻岳氏，生子廷望。

十七世

淳三子，廷柱，妻许氏，生子，秉福。

昔长子，廷璧，妻吕氏，生一子，秉善。

昔次子，廷瑛，妻张氏，生二子，秉恒、秉刚。

昔三子，廷璜，妻张氏，生二子，秉谦、秉诚。

凤长子，廷科，妻氏，生子秉玉。

凤次子，廷惠，妻张氏，生子秉阳、秉铎。

智之子，廷璋，妻车氏，生子秉聚。

会之子，廷功，妻段氏，生二子，秉和、秉泰。

烈长子，廷贵，妻卢氏，生一子，士仰。

烈次子，廷富，妻王氏，生子士郎。

烈三子，廷永，妻乔氏，继妻王氏，生子秉汉、秉猷，秉汉改名秉聪，秉猷与廷发为嗣。

十八世

廷柱子，秉福，妻武氏，生三子，则喜、则庆、则欢。

廷璧子，秉善，妻袁氏，生子则朔。

廷瑛长子，秉恒，妻张氏，生子作骞、作飞、作霖，作飞与秉刚为嗣。

廷璜长子，秉谦，妻温氏，生子作亮，改名作善。

廷璜次子，秉诚，妻张氏，继子作茂，改名作孝。

廷惠长子，秉阳，妻卢氏，生子作和、作贵。

廷功长子，秉和，妻孟氏，生子作根，作根与秉聚为嗣。

廷功次子，秉泰，妻许氏，生子则远。

十九世

秉福长子，则喜，妻武氏，无嗣。

秉恒长子，作骞，妻董氏，生子履中。

秉恒三子，作霖，妻郝氏，继妻张氏，生三子，康健、康弼、康肇。

秉刚子，作飞，妻张氏，生子履崇，改名康衢。

秉阳长子，作和，妻朱氏，生子履建。

秉阳次子，作贵，妻何氏。

二十世

作翔继子，康弼，妻刘氏。

作霖三子，康肇，妻张氏，继妻武氏，生子硕庠。

作飞子，康衢，妻张氏，生子硕功、硕勋。

作根长子，履俊，妻刘氏，生子执竞。

作根次子，履杰，妻梁氏，生子执忠。

二十一世

康肇子，硕庠。

康衢长子，硕功，妻张氏，继子著伦。

康衢次子，硕勋，妻阎氏，生子著伦、著诚。

康俊子，执竟，妻张氏，继妻郭氏，生子著通，改声。

二十二世

硕功子，著伦，光绪三十二年正月生。

硕勋子，著诚，民国元年正月生。

执竟子，著通。

西院第十五支

始祖仲远，仲远三子团霄，团霄次子九成，九成子山，山子林，林次子友胜，友胜长子信，信子子余，子余子兀成后为第十五支，以上凡九世，后从十世起。

十世

元成长子，应福，妻张氏，生三子，化海、化池、化吉。

元成次子，应旺，妻武氏，生二子，化亨、化国。

十一世

应福次子，化池，妻岳氏，生二子，三仁、三星。

应福三子，化吉，妻魏氏，生二子，三信、三友。

应旺长子，化亨，妻岳氏，生二子，三智、三引。

十二世

化亨长子，三智，妻韩氏，生一子，翠开。

化亨次子，三引，妻武氏，生一子，翠通。

十三世

三智子，翠开，妻田氏，生一子，文德。

三引子，翠通，妻闫氏，生一子，定发。

十四世

翠成次子，尔豫，妻朱氏，生二子，全君、全遂。

翠开子，文德，妻贺氏，生二子，永兵、永将。

十五世

尔豫长子，全君，妻苗氏，生二子，展纲、展维。

尔豫次子，全遂，妻张氏，生以子，展纪。

文德长子，永兵，嗣子植。

十六世

全君长子，展纲，妻郝氏，生三子，步宫、步殿、步堂。

全君次子，展维，妻郭氏，生二子，步升、步登。

全遂子，展纪，妻郭氏，生二子，步台、步阁。

十七世

展纲长子，步宫，妻聂氏，生一子，秉英（少亡）。

展纲次子，步殿，妻袁氏，生一子，秉兴。

展纲三子，步堂，妻武氏，继子秉旺。

展维次子，步登，妻郝氏，生二子，秉旺、秉照。

展纪长子，步台，妻马氏，生四子，秉元、秉天、秉良、秉让。

展纪次子，步阁，妻薛氏，生三子，秉洁、秉鉴、秉亮。

十八世

步殿子，秉兴，妻王氏。

步台长子，秉元，妻张氏，生子必彩。

步台次子，秉天，妻王氏，生子必辰。

步台四子，秉让，妻贾氏，生子必云。

步阁长子，秉洁，妻马氏，生子必全、必玉。

步阁次子，秉鉴，妻马氏，继子必玉。

步阁三子，秉亮，妻董氏，生子必魁，改名必科。

十九世

秉元子，必彩。

秉天子，必辰。

秉明子，必云。

秉洁子，必全。

二十世

必全长子，康春。

必全次子，康琳。

必全三子，康璋。

（卷十七，88 张，176 页，原卷长 36.7 厘米，宽 19.5 厘米）

高氏宗谱卷十八：中院第一支至第四支

中院总录

始祖

仲远，妻王氏，生三子，长凌霄、次冲霄、三团霄。

二世

仲远三子团霄，妻王氏，生二子，长九安、次九成，继妻刘氏，生一子，九太。

三世

团霄三子，九太，妻刘氏，生一子，尖。

四世

九太子，尖，妻温氏，生二子，刚、郁。

五世

尖次子，郁，妻康氏，生二子，友文、友义。

六世

郁次子，友义，妻李氏，生四子，长子谦、次通、三镇、四换。

七世

友义四子，换，妻罗氏，生三子，长子敖、次子怀、三子元。

八世

换长子，子敖，妻温氏，生三子，支应、支良、支德。

换次子，子怀，妻张氏，生五子，支安、支奉、支宴、支建、支官。

换三子，子元，妻郭氏，生六子，支贵、支秀、支贤、支花、支叶、支节。

九世

子敖长子，支应，妻张氏，生二子，彦通、彦达。

子敖次子，支良，妻王氏，生二子，长彦斌、次彦永。

子敖三子，支德，妻于氏，生二子，长彦光、次新光。

子元长子，支贵，妻魏氏，生一子，彦友。

子元次子，支秀，妻刘氏，生三子，彦学、彦仓、彦库。

子元四子，支花，妻安氏，生一子，彦成。

子元六子，支节，妻岳氏，生一子，彦展。

右凡九世，自此以下分十五支，彦达祖为第一支，彦斌、彦永祖为第二支，彦光祖为第三支，皆八世祖子；彦友祖为第四支，彦学、彦库二祖为第五支，彦云祖为第六支，彦意祖为第七支，彦威祖为第八支，彦成祖为第九支，彦展祖为第十支，皆八世祖子元后。

中院第一支

始祖仲远，仲远三子团霄，团霄三子九太，九太子尖，尖次子郁，郁次子友义，友义四子换，换长子子敖，子敖长子支应后为第一支，以上九世，后从十世起。

十世

支应次子，彦达，妻梁氏，生五子，加贵、加福、加禄、加茂、加盛。

十一世

彦达长子，加贵，妻赵氏，生一子，俊梧。

彦达次子，加福，妻魏氏，生四子，俊亮、俊晴、俊智、俊英。

彦达三子，加禄，妻高氏，生一子，俊元。

彦达四子，加茂，妻赵氏，生一子，俊奇。

十二世

加贵子，俊梧，妻武氏，生二子，兴旺、兴发。

加福长子，俊亮，妻卢氏，生三子，兴武、兴楼、兴庭。

加福次子，俊晴，妻贾氏，生二子，兴斌、兴赟。

加禄子，俊元，妻武氏，生二子，兴通、兴朝。

十三世

俊梧次子，兴发，妻姚氏，生二子，奇虎、奇豹。

俊亮长子，兴武，妻张氏，生二子，万山、福山。

俊亮次子，兴楼，妻闫氏，生三子，富山、靠山、常山。

俊亮三子，兴庭，妻李氏，生一子，生山。

俊元长子，兴通，妻袁氏，生一子，奇琮。

俊元次子，兴朝，妻段氏，生二子，奇瑛、奇琰。

十四世

兴武长子，万山，妻王氏，生子学全。

兴楼三子，常山，妻杨氏，生二子，福星、福来。

兴通子，奇琮，妻程氏，生二子，福光、福亮。

兴朝长子，奇瑛，妻卢氏，生三子，全鉴、全锦、全铧。

十五世

万山子，学全，妻张氏，生二子，展飞、展来。

常山子，福星，妻段氏，嗣子展富。

士旺三子，福来，妻梁氏，生子展富，继妻范氏，生三子，展贵、展经、展纬。

十六世

学全长子，展飞，妻卢氏，生二子，毓敏、毓烈。

福星子，展富，妻张氏，生子毓瑞。

福来次子，展贵，妻韩氏，生二子，毓壮、毓精。

福来四子，展纬，妻岳氏，生子毓屋。

福亮次子，展功，妻武氏，生子步良。

福亮三子，展烈，妻郭氏，无嗣。

十七世

展飞长子，毓敏，妻何氏，生二子，培树、培森。

展飞次子，毓烈，妻卢氏，继子培森。

展富子，毓瑞，妻吕氏，生子培玺。

殿锦子，毓玉，妻何氏，继子培升。

殿新子，毓恒，妻许氏，生三子，培业、培茂、培仁。

殿杰子，毓济，妻段氏，继妻何氏，生子培林，寄居陕西耀州。

殿栋长子，毓秀，妻张氏，生子培嵩。

殿栋次子，毓恭。

殿梁长子，毓敬，妻张氏，子培崇、培光。

展贵长子，毓壮，妻李氏，生二子，培凤、培凰。

展贵次子，毓精，妻董氏。

十八世

毓敏之子，培树。

毓烈之子，培森。

毓玉之子，培升。

毓衡次子，培芳，妻李氏，子宗杨。

毓智长子，培栋，妻闫氏，生子宗光。

毓智次子，培模，妻武氏，子宗元。

毓智四子，培枢，妻武氏，子宗悦。

毓恒长子，培业，妻吕氏，生子宗贤。

十九世

培功子，宗谦。

培槐长子，宗正，妻武氏，生子家桂。

培槐三子，宗选，妻程氏，生三子，家钰、家锐、家钺。

培槐四子，宗亲，妻程氏，生子家璧、家珍、家琪。

培桢子，宗道，妻刘氏，生子家声，继妻董氏，生子家愈。

二十世

宗正子，家桂。

宗选长子，家钰。

宗选次子，家锐。

宗选三子，家钺。

宗道长子，家声。

宗道次子，家愈。

中院第二支

始祖仲远，仲远三子团霄，团霄三子九太，九太子尖，尖次子郁，郁次子友义，友义四子换，换长子子敖，子敖次子支良后为第二支，以上九世，后从十世起。

十世

支良长子，彦斌，妻许氏，生二子，化台、化举。

支良次子，彦永，妻康氏，生四子，加库、加才、加友、加保。

十一世

彦斌长子，化台，妻武氏，生一子，俊益。

彦斌次子，化举，妻韩氏，生一子，俊备。

彦永长子，加库，妻杨氏，生一子，俊德。

彦永次子，加才，妻王氏，生一子，俊昇。

彦永四子，加保，妻王氏，生二子，俊现、俊阜。

十二世

化台子，俊益，妻刘氏，生二子，兴明、兴亮。

化举子，俊备，妻张氏，生二子，兴隆、兴赋。

加才子，俊昇，妻高氏，生三子，大明、大运、大德。

加保次子，俊阜，妻武氏，生一子，大旺。

十三世

俊益长子，兴明，妻刘氏，生三子，奇文、奇武、奇才。

俊益次子，兴亮，妻程氏，生二子，奇富、奇贵。

俊阜子，大旺，妻马氏，生二子，世昌、世隆。

十四世

兴明长子，奇文，妻周氏，生三子，永斌、永密、永位。

兴明次子，奇武，妻王氏，生二子，永真、永利。

兴明三子，奇才，妻郭氏，生二子。

兴亮长子，奇富，妻郭氏，生二子，永全、永海。

兴亮次子，奇贵，妻程氏，生二子，永泰、永山。

大旺次子，世隆，妻孙氏，生子连成。

十五世

奇文长子，永斌，妻闫氏，生二子，嗣发、嗣昌。

奇文次子，永密，生子嗣德，寄居张家口。

奇武次子，永利，妻陈氏，生子至昇。

奇贵长子，永泰，妻张氏，生子嗣成。

十六世

永斌次子，嗣昌，妻范氏，继妻卢氏，生二子，步通、步亨。

永利子，至昇，妻段氏，嗣子镇齐。

永泰子，嗣成，妻岳氏，生四子，毓秀、毓善、毓华、毓荣。

福德长子，治国，妻刘氏，生子毓泰。

福亮次子，展功，妻武氏，生子步良。

福亮三子，展烈，妻郭氏，无嗣。

十七世

嗣昌长子，步通，妻胡氏，生子昭德。

至昇子，镇齐，改名步齐，妻武氏，生子彭年、彭午、彭春、彭林。

嗣成次子，毓善，妻阎氏，继子培植。

嗣成三子，毓华，妻卢氏，生子培祥。

嗣成四子，毓荣，妻阎氏，生子培植、培旺。

十八世

步通子，昭德。

毓善子，培植，妻王氏，生子宗凤、宗鹤、宗鸣。

毓华次子，培祥。

毓荣次子，培旺。

十九世

培植长子，宗凤。

培植次子，宗鹤。

中院第三支

始祖仲远，仲远三子团霄，团霄三子九太，九太子尖，尖次子郁，郁次子友义，友义四子换，换长子子敖，子敖三子支德后为第三支，以上九世，后从十世起。

十世

支德长子，彦光，妻郭氏，生三子，加训、加计、加课。

十一世

彦光长子，加训，妻范氏，生二子，俊秀、俊儒。

彦光次子，加计，妻武氏，生子俊山、俊岭。

彦光三子，加课，妻梁氏，生二子，俊法、俊成，俊成妻申氏无嗣，俊法妻王氏，生子兴仁，兴仁妻王氏，生子奇明、亮，俱无嗣。

十二世

加训次子，俊儒，妻张氏，生一子，兴海。

加计长子，俊山，妻武氏，生一子，兴府。

加计次子，俊岭，妻程氏，生一子，兴全。

十三世

俊儒子，兴海，妻温氏，生一子，奇照。

俊山子，兴府，妻马氏，生三子，尔定、奇智、奇谋。

俊岭子，兴全，妻岳氏，生子奇杰。

十四世

兴海子，奇照，妻武氏，生三子，永法、永则、永学。

兴府次子，奇智，妻李氏，生五子，永年、永浩、永雄、永选、永鸿。

兴全子，奇杰，妻刘氏，嗣子永学。

十五世

奇智长子，永年，妻郭氏，生一子，殿荣。

奇智次子，永浩，妻李氏，生一子，殿华，继妻马氏。

十六世

永年子，殿荣，妻氏。

中院第四支

始祖仲远，仲远三子团霄，团霄三子九太，九太子尖，尖次子郁，郁次子友义，友义四子换，换三子子元，子元长子支贵后为第四支，以上九世，后从十世起。

十世

支贵子，彦友，妻乔氏，生一子，化龙。

十一世

彦友子，化龙，妻段氏，生一子，俊英。

十二世

化龙子，俊英，妻段氏，生二子，兴安、兴华。

十三世

俊英长子，兴安，妻张氏，生三子，奇福、奇禄、奇桢。

俊英次子，兴华，妻郭氏、李氏，生一子，宏德。

十四世

兴安长子，奇福，妻王氏，嗣子永威。

兴安次子，奇禄，妻武氏，生五子，永生、永福、永威、永广、永武。

兴华子，宏德，妻张氏，生二子，成章、映章，成章妻武氏无嗣。

十五世

奇福子，永威，妻刘氏，生一子，居京都。

奇禄四子，永广，妻薛氏，生一子，殿龙。

宏德次子，映章，妻张氏，继妻王氏，生子如昌、如盛。

十六世

永广子，殿龙。

映章长子，如昌，妻王氏，生子克用、升禄。

映章次子，如盛，妻范氏，继妻马氏，生子克俭、升锐。

十七世

如昌次子，升禄，在合盛元票庄经商，妻刘氏，嗣子培俊。

如盛次子，升锐，生于咸丰九年正月，妻刘氏，生子培俊、培杰。

十八世

升禄继子，培俊，在村县大德恒票庄经商，住陕西分庄，妻刘氏，生子宗文、宗稷。

升锐次子，培杰，行二，在包头镇广顺长经商，妻范氏。

十九世

培俊长子，宗文，少亡。

培俊次子，宗稷，民国五年四月二十五日酉时生。

（卷十八，102 张，204 页，原卷长 36.7 厘米，宽 19.5 厘米）

高氏宗谱卷十九：中院第五支至七支

中院第五支

始祖仲远，仲远三子团霄，团霄三子九太，九太子尖，尖次子郁，郁次子友义，友义四子换，换三子子元，子元次子支秀后为第五支，以上九世，后从十世起。

十世

支秀长子，彦学，妻胡氏，生二子，长永、次远。

支秀三子，彦库，妻闫氏，生一子，才。

十一世

彦学长子，永，妻马氏，生二子，俊仕、俊杰。

彦学次子，远，妻张氏，生一子，俊魁。

彦库子，才，妻刘氏，生一子，俊怀。

十二世

永长子，俊仕，妻马氏，生三子，现富、现贵、现荣。

远之子，俊魁，妻杨氏，生一子，现奇。

十三世

俊仕长子，现富，妻王氏，生二子，宏毅、宏珍。

俊仕次子，现贵，妻卢氏，生三子，宏奇、宏光、宏明。

俊仕三子，现荣，妻程氏，生一子，宏威。

十四世

现富长子，宏毅，妻王氏，生子永焕。

现贵长子，宏奇，妻王氏，生四子，梦琳、梦良、梦雄、佩璧。

现贵三子，宏明，妻闫氏，生一子，佩章。

现奇长子，宏烈，妻李氏，生一子，生荣。

十五世

宏毅子，永焕，妻吴氏，生五子，如学、如璋、如华、如泰、如奎。

宏奇长子，梦琳，妻于氏，生三子，如绸、如纪、如纶。

宏奇次子，梦良，妻岳氏，生二子，如福、如禄。

宏奇四子，佩璧，妻张氏，继妻闫氏，生子如德、如详。

宏烈子，生荣，妻王氏，生二子，长本泰、次本固。

十六世

永焕长子，如学，妻李氏，生二子，长克瑞、次克宽。

永焕次子，如璋，妻冯氏，生子克正。

佩璧长子，如德，妻李氏，生二子，克通、克达。

生荣次子，本固，妻袁氏。

十七世

如学长子，克瑞，妻李氏，生子士旺。

如学次子，克宽，妻马氏，生子士瑞。

如德长子，克通。

十八世

克瑞子，士旺，妻段氏。

克宽子，士瑞，妻马氏，生子长乐儿、次三乐儿。

克威子，培元，字广泰，妻郝氏，生子宗霞、宗蔚，继妻范氏，生子，宗山、宗海。

十九世

培元长子，宗霞，妻岳氏。

培元次子，宗蔚，妻乔氏。

培义次子，宗智，改名宗银。

二十世

宗富长子，家钰。

宗金长子，家玺。

中院第六支

始祖仲远，仲远三子团霄，团霄三子九太，九太子尖，尖次子郁，郁次子友义，友义四子换，换三子子元，子元三子支贤，支贤长子后为第六支，以上九世，后从十世起。

十世

支贤长子，彦荣，妻郭氏，生二子，长加仕、次加英。

十一世

彦荣长子，加仕，妻李氏，生一子，俊斌。

彦荣次子，加英，妻岳氏，生二子，俊起、俊全。

十二世

加仕子，俊斌，妻闫氏，生三子，现山、现晟、现逻。

加英长子，俊起，妻张氏，生二子，现府、现台。

加英次子，俊全，妻闫氏，生一子，现成。

十三世

俊斌长子，现山，妻戴氏，生二子，尔懿、尔旭。

俊斌三子，现逻，妻卢氏，生一子，尔奋。

俊全子，现成，妻闫氏，生二子，尔晖、尔至（无嗣）。

十四世

现山次子，尔旭，妻张氏，生一子，全万。

现逻子，尔奋，妻程氏，生一子，全贵。

现台子，尔瑗，住西包头。

现成子，尔晖，妻程氏，生二子，全昇、全发。

十五世

尔旭子，全万，妻王氏，生二子，如登、如武。

尔奋子，全贵，妻王氏，生二子，如发、如文。

尔晖长子，全昇，妻闫氏，生二子，如垣、如斗。

尔晖次子，全发，妻程氏，子如威。

十六世

全万长子，如登，妻武氏，子廷立。

全贵长子，如发，妻张氏，生子本亮，改名廷亮。

全昇长子，如垣，妻王氏，生子廷固。

十七世

如发子，廷亮，妻李氏，生子培英。

十八世

廷亮子，培英，妻吴氏。

中院第七支

始祖仲远，仲远三子团霄，团霄三子九太，九太子尖，尖次子郁，郁次子友义，友义四子换，换三子子元，子元三子支贤，支贤次子后为第七支，以上九世，后从十世起。

十世

支贤次子，彦意，妻木氏、李氏，生三子，长加言、次加领、三加柱。

十一世

彦意长子，加言，妻李氏，生二子，俊斗、俊太。

彦意三子，加柱，妻岳氏，生一子，俊生。

十二世

加言长子，俊斗，妻魏氏，生一子，兴宝。

加柱子，俊生，妻武氏，生三子，兴照、兴基、兴开，兴基、兴开俱无嗣。

十三世

俊斗子，兴宝，妻郭氏，生四子，其凤、其鹏、其鹤、其鸣。

俊生长子，兴照，妻刘氏，生二子，其烈、其学。

十四世

兴宝三子，其鹤，妻卢氏，生二子，永威、永镇。

兴宝四子，其鸣，妻刘氏，生一子，永实。

兴照次子，其学，妻郭氏，生一子，全广。

十五世

其鹤长子，永威，妻施氏，生二子，至福、至禄。

其鸣子，永实，妻岳氏，生二子，至桢、至祥。

其学子，全广，妻程氏，生子展旺。

十六世

永威长子，至福，妻刘氏，子毓桐。

永威次子，至禄，妻王氏，生子毓富、毓贵。

永实长子，展基，改名至桢，妻梁氏，生子毓宝、毓花、毓章，毓花改名毓银，毓章改名毓金。

永实次子，展业，改名至祥，妻董氏，生子毓全、毓槐、毓玺。

十七世

至福子，毓桐，妻杨氏，生子士宝。

至禄长子，毓富，妻段氏，生子培兰。

至禄次子，毓贵，妻张氏，生子培恒。

至桢长子，毓宝，妻王氏，嗣子培福。

至桢次子，毓银，妻王氏，嗣子培禄。

至桢三子，毓金，妻申氏，生子培福、培禄、培寿。

十八世

毓桐子，士宝。

毓宝嗣子，培福，妻张氏，生子宗永。

毓银嗣子，培禄，妻高氏，生子宗祥。

十九世

培福长子，宗永。

培禄长子，宗祥。

秉升长子，必明，妻长头村郝氏，生子家琳、家琦、家琛，继妻塔寺村段氏。

二十世

必明长子，家琳。

必明次子，家琦。

必明三子，家琛。

（卷十九，76 张，152 页，原卷长 36.7 厘米，宽 19.5 厘米）

高氏宗谱卷二十：中院第八支至十支

中院第八支

始祖仲远，仲远三子团霄，团霄三子九太，九太子尖，尖次子郁，郁次子友义，友义四子换，换三子子元，子元三子支贤，支贤三子后为第八支，以上九世，后从十世起。

十世

支贤三子，彦威，妻刘氏，生三子，长化武、次化林、三化彪。

十一世

彦威长子，化武，妻王氏，生三子，俊海、俊宁、俊朋。

彦威三子，化彪，妻朱氏，生三子，俊美、俊善、俊喜。

十二世

化武长子，俊海，妻王氏，生三子，现有、现法、现琏。

化武三子，俊朋，妻卢氏，生一子，兴玘。

化彪长子，俊美，妻季氏，生一子，兴福。

化彪三子，俊喜，妻李氏，生二子，兴凤、兴广。

十三世

俊海长子，现有，妻张氏，生二子，尔鉴、尔铎。

俊海三子，现琏，妻许氏，生二子，尔瑾、尔瑜（无嗣）。

俊朋子，兴玘，妻李氏，生一子，尔凰。

俊美子，兴福，妻罗氏、王氏，生二子，奇林、奇士（无嗣）。

俊喜长子，兴凤，妻段氏，生一子，尔法。

俊喜次子，兴广，妻郝氏，生一子，世照。

十四世

现有长子，尔鉴，妻李氏，生一子，全玑。

现琏长子，尔瑾，妻温氏，生一子，全宽。

兴玘子，尔凰，妻杨氏，生一子，全元。

兴福长子，奇林，妻郭氏，生一子，全泰，继妻高氏。

兴凤子，尔法，妻颉氏，生一子，全昭。

十五世

尔鉴子，全玑，妻苗氏，生一子，如恒。

尔瑾子，全宽，妻张氏。

尔凰子，全元，妻韩氏，生一子，殿阁。

奇林子，全泰，妻马氏，生五子，殿硕、殿文、殿鸿、殿喜、殿经。

尔法子，全昭，妻许氏，生子殿珍。

十六世

全玑子，如恒，妻张氏。

全泰长子，殿硕，妻段氏，嗣子毓功。

全泰次子，殿文，妻程氏，生子毓功、毓光、毓良。

全泰三子，殿鸿，妻李氏，生子毓美，改名毓祥。

全泰四子，殿喜，妻杨氏，生子毓秀。

全泰五子，殿经，妻李氏，生子毓芳。

十七世

殿功子，毓芸。

殿文次子，毓光，妻张氏，生子培庆、培余。

殿鸿子，毓美，妻李氏。

十八世

毓荃长子，培荣，妻薛氏，生子宗智。

毓荃次子，培英，妻孙氏，生子宗信。

毓光子，培庆，改名玉，妻魏氏，生子宗蓬、宗药。

毓光次子，培余。

十九世

培荣子，宗智。

培绪子，宗孟，字效贤，妻汪氏，继妻程氏，生五子，长家鹏、次家泰、三家荣、四家宝、五家彦，太学生。

培玉长子，宗蓬。

二十世

宗孟长子，家鹏，字子程。

宗孟次子，家泰，妻王氏。

宗孟三子，家荣，字子华。

宗孟四子，家宝，妻范氏，生子长年、长发。

宗孟五子，家彦，字子翰。

中院第九支

始祖仲远，仲远三子团霄，团霄三子九太，九太子尖，尖次子郁，郁次子友义，友义四子换，换三子子元，子元四子支花后为第九支，以上九世后从十世起。

十世

支花子，彦成，妻刘氏，生三子，长月云、次月雷、三月雨。

十一世

彦成长子，月云，妻岳氏，生二子，俊福、俊禄，俊福妻郭氏无嗣。

十二世

月云次子，俊禄，妻岳氏，生三子，现隆、现兴、现旺。

十三世

俊禄长子，现隆，妻岳氏，生一子，宏亮。

俊禄次子，现兴，妻杨氏，生一子，宏政。

俊禄三子，现旺，妻郝氏，生一子，宏宽。

十四世

现隆子，宏亮，妻梁氏，生二子，增辉、增山。

现兴子，宏政，妻杨氏，生二子，增明、增信。

现旺子，宏宽，妻罗氏，生四子，增高、增义、增广、增光，增高、增光无嗣。

十五世

宏亮长子，增辉，妻段氏，生一子，如青。

宏亮次子，增山，妻梁氏，子如斌。

宏政长子，增明，妻郝氏，生四子，如烈、如吉、如凤、如亨。

宏政次子，增信，妻武氏，生子如吉。

十六世

增辉子，如青，妻张氏，生二子，克祚、克祺。

增山子，如斌，妻薛氏，生三子，克招、克桢、克礼。

增明长子，如烈，妻段氏，生三子，克继、克禄、克本。

增明三子，如凤，妻赵氏，继妻马氏，生子克佑、克荣，克佑改名克耀。

增信长子，如吉，妻王氏，继子克远。

增信次子，如亨，妻马氏，生子克远、克遥、克全。

十七世

如青长子，克祚，改名克谦，妻薛氏，生子昭中，改名培芝，次培兰、三培莲。

如青次子，克祺，妻张氏，生子培苏，改名克英。

如凤长子，克耀，妻武氏，生子培昌。

如凤次子，克荣，妻武氏，生子培斌。

如吉子，克远，妻程氏，嗣子培厚，继妻李氏。

如亨次子，克全。

十八世

克谦长子，培芝，妻程氏，生子锡璞。

克谦次子，培兰，妻赵氏。

克荣子，培斌，妻武氏，生三子，宗俊、宗杰、宗伦。

十九世

培斌长子，宗俊，行一，务农。

培斌次子，宗杰，行二，现充厨工，妻张氏、岳氏。

中院第十支

始祖仲远，仲远三子团霄，团霄三子九太，九太子尖，尖次子郁，郁次子友义，友义四子换，换三子子元，子元六子支节后为第十支，以上九世，后从十世起。

十世

支节子，彦展，妻张氏，生二子，长化崇、次化盛。

十一世

彦展长子，化崇，妻卢氏，生二子，俊明、俊友。

十二世

化崇长子，俊明，妻贾氏、戴氏，生二子，兴成、兴奇。

化崇次子，俊友，妻康氏、范氏，生二子，兴状、兴元。

十三世

俊明长子，兴成，妻温氏，生一子，奇德。

俊友长子，兴状，妻马氏，生一子，奇俊。

俊友次子，兴元，妻陈氏，生三子，奇益、奇岭，奇岭无嗣，三居关东无嗣。

十四世

兴成子，奇德，妻高氏，生一子，永奠。

兴状子，奇俊，妻闫氏，生二子，景贵、景柱。

兴元长子，奇益，妻闫氏，生四子，恩善、恩宝、恩德、恩通。

十五世

奇德子，永奠，妻武氏，生子先上、先科。

奇俊长子，景贵，妻岳氏，子展舒。

奇俊次子，景柱，妻赵氏，生子展雅、展经。

奇益四子，恩通，妻卢氏，生子先筹、先计、先营，筹、计、营改名魁、钟、泰。

十六世

永奠子，先上，妻杨氏，生子克攻。

永奠次子，先科，妻杨氏，子克安。

景柱长子，展雅，妻贾氏，继妻王氏。

景柱次子，展经，妻赵氏，生子毓广。

恩通次子，先钟，妻李氏，继子毓万。

恩通三子，先泰，妻段氏，生子毓万、毓乾、毓维，毓万与先钟为嗣。

十七世

先上子，克攻，妻岳氏，生子士福。

先科长子，克安，妻杜氏，生子士寿、士康、士宿。

展经子，毓广，妻宋氏，生子培升、培裕。

先钟子，毓万，改旺，妻乔氏，生子培桃。

先泰次子，毓乾，改有，妻刘氏，生子培梧、培桐、培玉、培和、培贵、培庆、培杰。

先泰三子，毓维，改长。

十八世

克攻子，士福。

克安子，士寿。

毓广长子，培升，妻张氏，生三子，宗孝、宗节、宗义。

毓有长子，培梧，妻祁县城内范氏。

十九世

培升长子，宗孝，妻李家堡刘氏，生子家福。

培升次子，宗节，妻王氏。

培升三子，宗义。

二十世

宗孝长子，家福。

（卷二十，100 张，200 页，原卷长 36.7 厘米，宽 19.5 厘米）

《民间文献研究》约稿函

1.《民间文献研究》系山西大学历史文化学院暨民间文献整理和研究中心主办的定期出版的学术辑刊，主要反映民间文献相关理论探讨、研究方法、文献整理和研究的最新成果，力争成为民间文献学研究的重要窗口和园地。其宗旨在于秉持严谨扎实的学术风格，以客观、理性的研究理念拓展民间文献研究的广度与深度，凝聚研究力量，促进学术争鸣。除约请海内外相关领域的著名学者专家撰稿外，也鼓励有创新、有深度的青年学者积极撰述赐稿。

2.《民间文献研究》设"专题研究""学术评论""资料选编"等栏目。"专题研究"栏目发表与民间文献相关的理论、方法、实证性研究等成果；"学术评论"刊登与民间文献整理与研究相关的学术史述评；"资料选编"主要选登尚未发表的民间文献资料。

3.专题研究和学术评论字数每篇以不超过3万字为宜，资料选编字数以不超过6万字为宜。

4.来稿将由本刊编辑委员会送请专家学者评审，审查采取双重匿名制。来稿请另页附中英文作者姓名、工作单位、通信地址、电邮方式；论文题目、关键词（3—5个）及论文摘要，中文摘要在300字以内，英文摘要以篇幅1页（1000字内）为宜。

5.本刊注释采用《历史研究》关于引文注释的规定，具体格式请参见 http://www.cssn.cn/ts/ts_bdhd/201310/t20131029_753143.shtml。

6.因人力有限，本刊恕不退稿，投稿两个月内未收到刊用通知，请自行处理，切勿一稿多投。来稿刊出后，酌付作者稿酬，并赠送当辑样书两册。

7.本刊竭诚欢迎海内外学者踊跃赐稿。请通过电子邮件寄至minjianwenxian@126.com，并在邮箱主题栏中注明:《民间文献研究》投稿；或将打印稿寄至：山西省太原市小店区坞城路92号山西大学历史文化学院《民间文献研究》编辑部（邮编：030006）。

8.对以上规定，作者如有异议，请与编辑部协商。